100% 합격을 위한
해커스금융의 특별 혜택

JN401766

하루 10분 개념완성 자료집 [PDF]

5ZHBNB5YUABU

해커스금융 사이트(fn.Hackers.com) 접속 후 로그인 ▶ 우측 상단의 [교재] 클릭 ▶
좌측의 [무료 자료 다운로드] 클릭 ▶ 본 교재 우측의 개념완성 자료집 [다운로드] 클릭 ▶
위 쿠폰번호 입력 후 이용

▲
무료자료 다운로드
바로가기

이론정리+문제풀이 무료 특강

해커스금융 사이트(fn.Hackers.com) 접속 후 로그인 ▶ 우측 상단의 [무료강의] 클릭 ▶
과목별 무료강의 중 [은행/외환자격증] 클릭하여 이용

* 본 교재 강의 중 일부 회차에 한해 무료 제공됩니다.

▲
무료강의
바로가기

무료 바로 채점 및 성적 분석 서비스

해커스금융 사이트(fn.Hackers.com) 접속 후 로그인 ▶ 우측 상단의 [교재] 클릭 ▶
좌측의 [바로채점/성적분석 서비스] 클릭 ▶ 본 교재 우측의 [채점하기] 클릭하여 이용

▲
바로 채점 & 성적 분석
서비스 바로가기

무료 시험후기/합격수기

해커스금융 사이트(fn.Hackers.com) 접속 후 로그인 ▶ 상단 메뉴의 [은행/외환] 클릭 ▶
좌측의 [학습게시판 → 시험후기/합격수기] 클릭하여 이용

▲
합격수기
바로가기

20% 할인쿠폰

최종핵심문제풀이 동영상강의

K623K563A313C673

해커스금융 사이트(fn.Hackers.com) 접속 후 로그인 ▶ 우측 상단의 [마이클래스] 클릭 ▶
좌측의 [결제관리 → My 쿠폰 확인] 클릭 ▶ 위 쿠폰번호 입력 후 이용

* 유효기간: 2026년 12월 31일까지(등록 후 7일간 사용 가능, ID당 1회에 한해 등록 가능)
* 해커스 자산관리사(은행FP) 2부 최종핵심 문제풀이+모의고사(2025) 강의에만 적용 가능(이벤트 강의 적용 불가)
* 이외 쿠폰 관련 문의는 해커스금융 고객센터(02-537-5000)로 연락 바랍니다.

합격의 기준, **해커스금융** fn.Hackers.com

금융자격증 1위* 해커스금융
무료 바로 채점&성적 분석 서비스

*[금융자격증 1위] 주간동아 선정 2022 올해의 교육 브랜드 파워 온·오프라인 금융자격증 부문 1위

한 눈에 보는 서비스 사용법

Step 1.
교재에 있는 모의고사를 풀고
바로 채점 서비스 확인!

Step 2.
[교재명 입력]란에
해당 교재명 입력!

Step 3.
교재 내 표시한 정답
바로 채점 서비스에 입력!

Step 4.
채점 후 나의 석차, 점수,
성적분석 결과 확인!

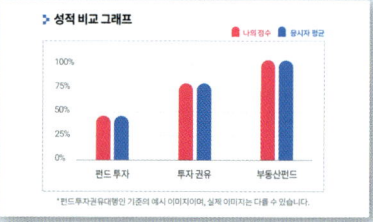

실시간 성적 분석 결과 확인

개인별 맞춤형 학습진단

**실력 최종 점검 후
탄탄하게 마무리**

합격의 기준, 해커스금융 fn.Hackers.com

바로 이용하기 ▶

해커스
은행FP
자산관리사 2부

최종핵심정리문제집

해커스금융

fn.Hackers.com

금융·자격증 전문 교육기관 해커스금융
fn.Hackers.com

은행FP 자산관리사 학습방법, 해커스가 알려드립니다.

방대한 학습량과 높은 난도의 은행FP 자산관리사 시험을 완벽하게 대비할 수 있도록
해커스는 은행FP 자산관리사 합격자들의 학습방법을 분석하고
한국금융연수원의 최신 개정된 기본서 내용을 바탕으로
최신 출제 경향을 철저히 분석하여 교재에 반영하였습니다.

「해커스 은행FP 자산관리사 2부 최종핵심정리문제집」은
개념 이해 및 빈출포인트 파악부터 실전 마무리까지
한 권으로 합격할 수 있도록 구성하였습니다.

「해커스 은행FP 자산관리사 2부 최종핵심정리문제집」을 통해
은행FP 자산관리사 시험을 준비하는 수험생들 모두가 합격의 기쁨을 느끼고
더 큰 목표를 향해 한걸음 더 나아갈 수 있기를 바랍니다.

해커스 은행FP 자산관리사 학습방법

1. 대표 문제를 통해 시험에 나오는 개념을 이해한다.
2. 풍부한 출제예상문제를 통해 실전 감각을 향상한다.
3. 최신 출제경향이 반영된 모의고사로 실전에 대비한다.
4. 시험에 꼭 나오는 것만 모아 확실하게 마무리한다.

목차

해커스 은행FP 자산관리사 학습방법   6
은행FP 자산관리사 자격시험 안내   10
과목별 단기 합격전략   12
학습플랜   14

제1과목 | 금융자산 투자설계

제1장 금융상품   18
    출제경향 및 학습전략
    개념완성문제 / 출제예상문제

제2장 주식투자   66
    출제경향 및 학습전략
    개념완성문제 / 출제예상문제

제3장 채권투자   96
    출제경향 및 학습전략
    개념완성문제 / 출제예상문제

제4장 파생금융상품투자   126
    출제경향 및 학습전략
    개념완성문제 / 출제예상문제

제5장 금융상품 투자설계 프로세스   156
    출제경향 및 학습전략
    개념완성문제 / 출제예상문제

제2과목 | 비금융자산 투자설계

제1장 부동산상담 사전 준비   188
    출제경향 및 학습전략
    개념완성문제 / 출제예상문제

제2장 부동산시장 및 정책 분석   220
    출제경향 및 학습전략
    개념완성문제 / 출제예상문제

제3장 부동산 투자전략   236
    출제경향 및 학습전략
    개념완성문제 / 출제예상문제

제4장 부동산 자산관리 전략   272
    출제경향 및 학습전략
    개념완성문제 / 출제예상문제

| [부록] 필수암기공식 | 286 |

[부록] 적중 실전모의고사	
제1회 적중 실전모의고사	294
제2회 적중 실전모의고사	324
제3회 적중 실전모의고사	356
제4회 적중 실전모의고사	388
정답 및 해설	420

시험에 자주 나오는 개념만 모아놓은
하루 10분 개념완성 자료집
핵심 내용을 빠르게 정리할 수 있습니다.
해커스금융(fn.Hackers.com)

핵심만 콕콕 짚은
명품 동영상강의
학습효율을 높여 단기 합격이 쉬워집니다.
해커스금융(fn.Hackers.com)

해커스 은행FP 자산관리사 학습방법

1단계 대표 문제를 통해 시험에 나오는 **개념**을 **이해**한다.

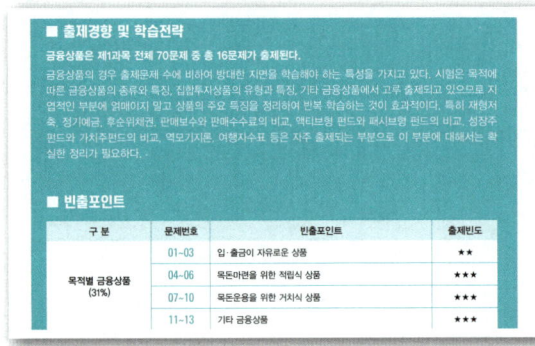

출제경향·학습전략·빈출포인트 파악

효율적인 학습을 위한 출제경향 및 학습전략과 빈출포인트를 수록하였습니다. 빈출포인트에서는 빈출포인트별 출제비중과 출제빈도를 알 수 있어 시험에 나오는 내용 위주로 단기간 학습이 가능합니다.

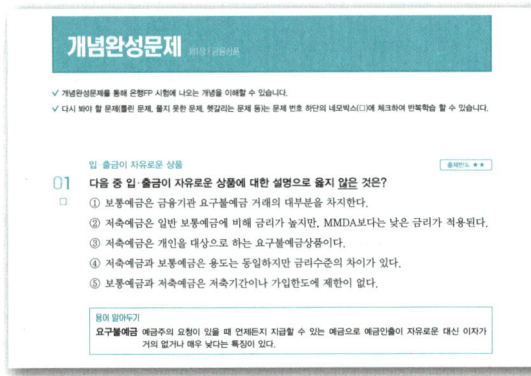

문제를 통한 개념 이해

개념완성문제를 통해 은행FP 자산관리사 시험에 나오는 개념을 이해할 수 있습니다.

또한 시험에 자주 나오는 개념을 알 수 있도록 출제빈도(★~★★★)를 표기하였고, '용어 알아두기'를 통해 생소한 전문 용어를 쉽게 이해할 수 있습니다.

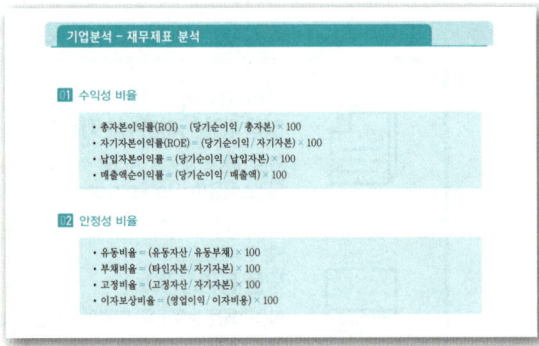

필수암기공식

계산문제에서 고득점할 수 있도록 시험에 자주 나오는 핵심 공식을 엄선하였습니다. 이를 시험 직전까지 활용하면 실전에서 계산문제를 보다 빠르고 정확하게 풀 수 있습니다.

2단계 풍부한 출제예상문제를 통해 **실전 감각을 향상**한다.

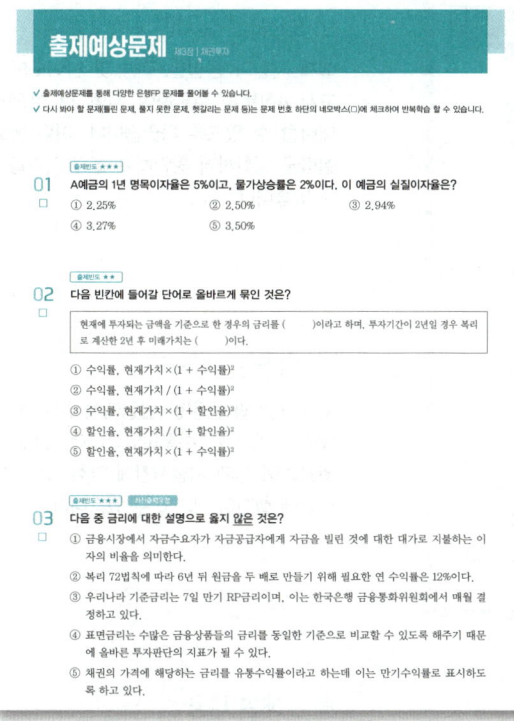

다양한 문제로 실전 감각 향상

출제예상문제를 통해 은행FP 자산관리사 시험에 나올 확률이 높은 다양한 문제를 풀어봄으로써 실전 감각을 향상시킬 수 있습니다.

또한 시험에 자주 나오는 출제포인트를 알 수 있도록 출제빈도(★~★★★)를 표기하였고, '최신출제유형'을 통해 최근 어떤 출제포인트가 시험에 출제되었는지 확인할 수 있습니다.

명쾌한 해설 제공

명쾌한 해설을 제공하여 문제를 보다 쉽고 확실하게 이해할 수 있습니다.

해커스 은행FP 자산관리사 **학습방법**

3단계 최신 출제경향이 반영된 **모의고사**로 **실전에 대비**한다.

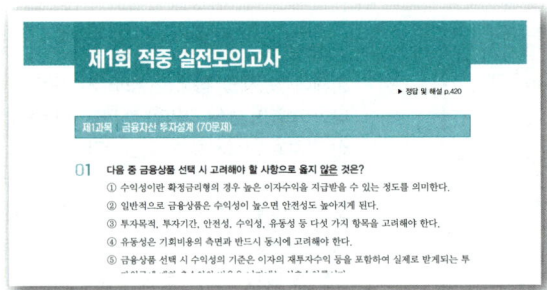

모의고사로 철저한 실전 대비
실제 시험과 동일한 구성 및 난이도의 실전모의고사 4회분을 수록하여 시험 전 실전에 철저히 대비할 수 있도록 하였습니다. 이를 통해 자신의 실력을 정확하게 확인하고 실전 감각을 극대화할 수 있습니다.

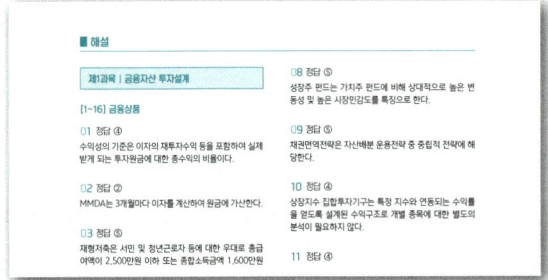

OMR 답안지 제공
실제 시험과 동일한 환경에서 풀어볼 수 있도록 OMR 답안지를 수록하였습니다. OMR 답안지를 활용하여 실제 시험시간에 맞춰 풀어본다면 더욱 실전에 철저히 대비할 수 있습니다.

핵심 해설 제공
학습한 내용을 이해하기 쉽도록 문제별로 핵심적이고 명확한 해설을 수록하였습니다. 모든 문제의 요점을 파악하여 효율적으로 학습할 수 있습니다.

4단계 시험에 꼭 나오는 것만 모아 확실하게 마무리한다.

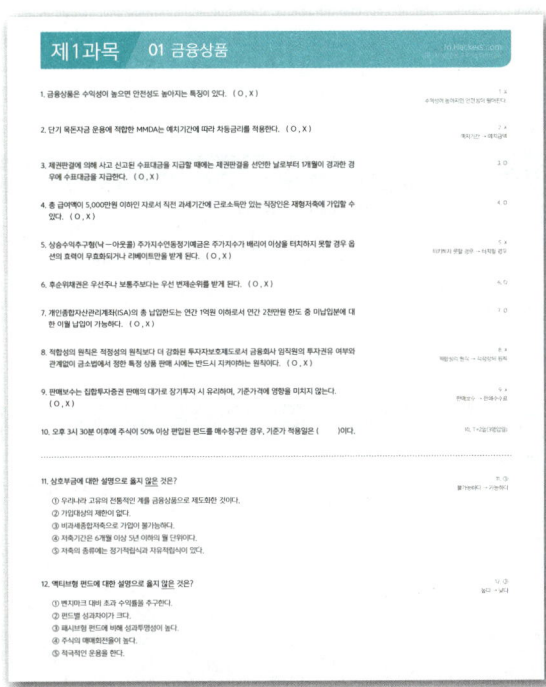

하루 10분 개념완성 자료집[PDF]

해커스금융(fn.Hackers.com)에서 제공하는 자료를 시험 직전 수시로 꺼내보며 최종점검용으로 활용할 수 있습니다.

또한 본 교재와 함께 학습하면 시험에 보다 확실하게 대비할 수 있습니다.

단기 합격의 길로 안내할, 동영상강의와 함께하고 싶다면?
해커스금융 - fn.Hackers.com

은행FP 자산관리사 **자격시험 안내**

■ 은행FP(Financial Planner) 자산관리사란?

금융기관 영업부서의 재테크팀 또는 PB(Private Banking)팀에서 고객의 수입과 지출, 자산 및 부채현황, 가족상황 등 고객에 대한 각종 자료를 수집, 분석하여 고객이 원하는 Life Plan상의 재무목표를 달성할 수 있도록 종합적인 자산설계에 대한 상담과 실행을 지원하는 업무를 수행하는 금융전문가

■ 은행FP 자산관리사 자격시험 안내

■ 시험 일정*

회 차	시험일	시험시간	원서접수일**	합격자발표
제65회	7/26(토)	1부 - 09:00~10:40	6/17(화)~6/24(화)	8/8(금)
제66회	11/8(토)	2부 - 11:00~12:40	9/23(화)~9/30(화)	11/21(금)

  * 자세한 시험 일정은 한국금융연수원 홈페이지(www.kbi.or.kr)에서도 확인할 수 있습니다.
 ** 원서접수는 시작일 오전 10시부터 마감일 오후 8시까지만 가능하므로 유의하시기 바랍니다.

■ 시험과목 및 문항 수, 배점

구 분	시험과목	세부내용	문항 수	배 점	과락기준
1부	자산관리 기본지식	재무설계의 의의 및 재무설계 프로세스	10	40	16문항 미만 득점자
		경제동향분석 및 예측	15		
		법 률	15		
	세무설계	소득세	4	40	16문항 미만 득점자
		금융소득종합과세	8		
		양도소득세	8		
		상속·증여세	16		
		취득세 및 재산세·종합부동산세	4		
	보험 및 은퇴설계	보험설계	10	20	8문항 미만 득점자
		은퇴설계	10		
	소 계		100	100점	
2부	금융자산 투자설계	금융상품	16	70	28문항 미만 득점자
		주식투자	15		
		채권투자	15		
		파생금융상품투자	12		
		금융상품 투자설계 프로세스	12		
	비금융자산 투자설계	부동산상담 사전 준비	9	30	12문항 미만 득점자
		부동산시장 및 정책 분석	9		
		부동산 투자전략	9		
		보유 부동산 자산관리 전략	3		
	소 계		100	100점	
합 계			200	200점	

■ 시험 관련 세부사항

시험주관처	한국금융연수원
원서접수처	한국금융연수원 홈페이지(www.kbi.or.kr)
시험시간	총 200분(1부, 2부 각각 100분)
응시자격	제한 없음
문제형식	객관식 5지선다형
합격기준	다음 각 호의 요건을 모두 충족한 경우 1. 시험과목별로 40점 미만(100점 만점 기준)이 없어야 하고 2. 1부 평균, 2부 평균이 각각 60점(100점 만점 기준) 이상이어야 함 ※ 평균은 총 득점을 총 배점으로 나눈 백분율임 ※ 1부 또는 2부 시험만 합격요건을 갖춘 경우는 부분합격자로 인정함

가장 궁금해하는 질문 BEST 4

Q1 은행FP 자산관리사 자격증을 독학으로 취득할 수 있을까요?

A 네, 누구나 독학으로 자격증 취득이 가능합니다.
본 교재의 개념완성문제와 출제예상문제를 통하여 시험에 출제되는 주요 개념 및 문제를 정리하고, 적중 실전모의고사 풀이를 통해 실전 감각을 익힌다면, 독학으로도 충분히 자격증 취득이 가능합니다.

Q2 은행FP 자산관리사 시험에 합격하기 위해서는 얼마 동안 공부를 해야 하나요?

A 1부와 2부를 합하여 4주 정도 공부하면 충분히 합격할 수 있습니다.
이론 내용을 충분히 이해하고 최신 출제경향이 반영된 문제를 반복 학습한다면 누구나 단기에 자격증을 취득하는 것이 가능합니다. 본 교재에는 문제에 '출제빈도'와 '최신출제유형' 표시가 되어 있어 시험에 자주 나오는 문제 및 최신 출제경향에 대한 파악이 가능하여 우선순위 학습을 통해 단기 합격이 더욱 쉬워집니다.

Q3 꼭 최신개정판 교재로 시험 준비를 해야 하나요?

A 최신개정판으로 학습하는 것이 가장 정확합니다.
은행FP 자산관리사 시험 문제는 매년 개정되는 한국금융연수원의 표준교재 내용을 토대로 출제되기 때문입니다.

Q4 기출문제 샘플은 어디서 풀어볼 수 있나요?

A 한국금융연수원 홈페이지(www.kbi.or.kr)에서 다운로드 받아 풀어보실 수 있습니다.
한국금융연수원 홈페이지의 [자격]–[자격시험안내]–[자산관리사(FP)]–[샘플문제 다운로드]에서 다운받으실 수 있습니다.

과목별 단기 합격전략

은행FP 자산관리사 시험 합격자들의 학습방법을 철저히 분석한 결과와 해커스금융만의 합격노하우를 담은 합격전략입니다.
- 은행FP 자산관리사 2부는 고객이 보유한 자산 및 실무와 밀접하게 관련된 내용을 다루고 있습니다.
- '제1과목 금융자산 투자설계'는 주로 주식, 채권, 파생상품과 관련된 내용을 다루고 있으며, 각각의 가치를 평가하고 투자전략을 세우는 내용을 묻는 문제가 많이 출제됩니다.
- '제2과목 비금융자산 투자설계'는 부동산과 관련된 내용을 다루고 있으며, 부동산의 가치나 투자수익률을 구하는 간단한 계산문제도 출제됩니다.

제1과목 금융자산 투자설계   제1과목에서는 총 70문제가 출제됩니다.

금융상품과 주식, 채권, 파생상품 등의 개념과 투자전략, 투자설계 프로세스에 대한 내용을 이해하는 것이 필요합니다.

- **제1장 금융상품** [16 문항]
  목적에 따른 금융상품의 종류와 특징, 집합투자상품의 유형 및 특징과 신탁, 대출, 외화예금, 신용카드 등 기타 금융상품에서 고루 출제되므로 상품의 주요 특징을 정리하며 반복 학습하세요.

- **제2장 주식투자** [15 문항]
  전체적인 내용을 이해하는 것이 필요해요. 특히 기본적 분석 및 주식가치평가는 이해와 함께 암기하는 것이 좋아요.

- **제3장 채권투자** [15 문항]
  채권가치평가의 채권가격 및 듀레이션, 수익률곡선에서 응용 문제가 출제되는 편이에요. 따라서 꼼꼼한 학습을 통해 반드시 내용을 이해하고 넘어갈 수 있도록 해야 해요.

- **제4장 파생금융상품투자** [12 문항]
  각각의 파생상품에 대한 개념과 상품구조 및 거래 메커니즘을 확실히 이해하는 것이 중요해요. 따라서 본 교재에 수록된 문제를 풀고 틀린 문제는 반드시 반복 학습하여 확실히 이해하고 암기하세요.

- **제5장 금융상품 투자설계 프로세스** [12 문항]
  투자에 중점을 두고 학습하는 장이에요. 투자개념, 투자위험, 투자이론까지 투자와 관련된 다양한 내용을 학습하므로, 문제를 여러 번 반복해서 풀어보고 내용에 익숙해지는 것이 필요해요.

제2과목 비금융자산 투자설계

제2과목에서는 총 30문제가 출제됩니다.

학습할 내용이 많으며 생소하고 난해한 개념이 포함되어 있으므로, 본 교재를 통해 시험에 자주 출제되는 빈출 포인트를 반복해서 학습해야 합니다.

- **제1장 부동산상담 사전 준비** [9~12 문항]
  부동산 관련 용어나 개념을 물어보는 문제가 자주 출제되므로 용어 및 개념을 반드시 숙지하고, 출제빈도가 높은 내용을 꼼꼼히 학습하는 것이 중요해요. 용적률 및 환산보증금과 같은 계산 문제도 출제되니 본 교재에 수록된 문제를 통해 확실히 연습해야 해요.

- **제2장 부동산시장 및 정책 분석** [5~9 문항]
  학습해야 할 범위에 비해 출제비중이 높기 때문에 모든 내용을 꼼꼼하게 학습해야 해요. 특히 정부의 부동산 정책 관련 내용은 주의 깊게 꼼꼼히 학습하세요.

- **제3장 부동산 투자전략** [9~11 문항]
  기대수익률, 투자수익률, 입주부담금을 계산하는 문제의 출제빈도가 높으므로 계산문제에 철저하게 대비하세요.

- **제4장 부동산 자산관리 전략** [2~3 문항]
  부동산 자산관리의 전반적인 내용과 리츠, 프로젝트 파이낸싱(PF) 등 부동산금융상품에 대한 세부적인 내용이 출제되므로 본 교재를 통한 이해 위주의 학습이 필요해요.

학습플랜

자신에게 맞는 학습플랜을 선택하여 본 교재를 학습하세요.
이때 해커스금융(fn.Hackers.com) 동영상강의를 함께 수강하면 더 효과적이에요.

1주 완성 학습플랜

교재에 수록된 문제 중 출제빈도가 가장 높은 별 3개(★★★) 문제를 중심으로 1주 만에 시험 준비를 마칠 수 있어요.
전공자 또는 다른 금융 자격증 취득 경험이 있는 학습자에게 추천해요.

1주	1일 __월 __일	제1과목	제1장 금융상품
	2일 __월 __일	제1과목	제2장 주식투자 제3장 채권투자
	3일 __월 __일	제1과목	제4장 파생금융상품투자 제5장 금융상품 투자설계 프로세스
	4일 __월 __일	제1과목	제1과목 전체 복습
	5일 __월 __일	제2과목	제1장 부동산상담 사전 준비 제2장 부동산시장 및 정책 분석 제3장 부동산 투자전략
	6일 __월 __일	제2과목	제3장 부동산 투자전략 제4장 부동산 자산관리 전략 제2과목 전체 복습
	7일 __월 __일		필수암기공식 적중 실전모의고사 4회분

2주 완성 학습플랜

교재의 모든 내용을 2주간 집중적으로 학습할 수 있어요.
비전공자 또는 다른 금융 자격증 취득 경험이 없는 학습자에게 추천해요.

1주	1일 __월 __일	제1과목	제1장 금융상품
	2일 __월 __일	제1과목	제1장 금융상품
	3일 __월 __일	제1과목	제2장 주식투자
	4일 __월 __일	제1과목	제3장 채권투자
	5일 __월 __일	제1과목	제4장 파생금융상품투자
	6일 __월 __일	제1과목	제5장 금융상품 투자설계 프로세스
	7일 __월 __일	제1과목	제1과목 전체 복습
2주	8일 __월 __일	제2과목	제1장 부동산상담 사전 준비
	9일 __월 __일	제2과목	제2장 부동산시장 및 정책 분석
	10일 __월 __일	제2과목	제3장 부동산 투자전략
	11일 __월 __일	제2과목	제3장 부동산 투자전략
	12일 __월 __일	제2과목	제4장 부동산 자산관리 전략 제2과목 전체 복습
	13일 __월 __일		필수암기공식 적중 실전모의고사 4회분
	14일 __월 __일		최종 마무리 학습

금융·자격증 전문 교육기관 해커스금융

fn.Hackers.com

해커스 은행FP 자산관리사 2부 최종핵심정리문제집

제1과목
금융자산 투자설계

[총 70문항]

제1장 금융상품
제2장 주식투자
제3장 채권투자
제4장 파생금융상품투자
제5장 금융상품 투자설계 프로세스

금융 · 자격증 전문 교육기관 해커스금융
fn.Hackers.com

■ 출제경향 및 학습전략

금융상품은 제1과목 전체 70문제 중 총 16문제가 출제된다.

금융상품의 경우 출제문제 수에 비하여 방대한 지면을 학습해야 하는 특성을 가지고 있다. 시험은 목적에 따른 금융상품의 종류와 특징, 집합투자상품의 유형과 특징, 기타 금융상품에서 고루 출제되고 있으므로 지엽적인 부분에 얽매이지 말고 상품의 주요 특징을 정리하여 반복 학습하는 것이 효과적이다. 특히 재형저축, 정기예금, 후순위채권, 판매보수와 판매수수료의 비교, 액티브형 펀드와 패시브형 펀드의 비교, 성장주펀드와 가치주펀드의 비교, 역모기지론, 여행자수표 등은 자주 출제되는 부분으로 이 부분에 대해서는 확실한 정리가 필요하다.

■ 빈출포인트

구 분	문제번호	빈출포인트	출제빈도
목적별 금융상품 (31%)	01~03	입·출금이 자유로운 상품	★★
	04~06	목돈마련을 위한 적립식 상품	★★★
	07~10	목돈운용을 위한 거치식 상품	★★★
	11~13	기타 금융상품	★★★
집합투자상품 (38%)	14~22	자본시장법과 투자자보호제도의 이해	★★★
	23~28	일반적인 집합투자기구	★★★
	29~32	특수한 형태의 집합투자기구	★★★
	33~34	구조화 상품	★★
기타 금융상품 (31%)	35~36	신탁상품	★★★
	37~39	대출상품	★★★
	40~43	외화예금 상품	★★★
	44~48	신용카드	★★

해커스 은행FP 자산관리사 2부 최종핵심정리문제집

제1과목 금융자산 투자설계

제1장
금융상품

개념완성문제 제1장 | 금융상품

✓ 개념완성문제를 통해 은행FP 자산관리사 시험에 나오는 개념을 이해할 수 있습니다.
✓ 다시 봐야 할 문제(틀린 문제, 풀지 못한 문제, 헷갈리는 문제 등)는 문제 번호 하단의 네모박스(□)에 체크하여 반복학습 할 수 있습니다.

입·출금이 자유로운 상품
출제빈도 ★★

01 다음 중 입·출금이 자유로운 상품에 대한 설명으로 옳지 않은 것은?

① 보통예금은 금융기관 요구불예금 거래의 대부분을 차지한다.
② 저축예금은 일반 보통예금에 비해 금리가 높지만, MMDA보다는 낮은 금리가 적용된다.
③ 저축예금은 개인을 대상으로 하는 요구불예금상품이다.
④ 저축예금과 보통예금은 용도는 동일하지만 금리수준의 차이가 있다.
⑤ 보통예금과 저축예금은 저축기간이나 가입한도에 제한이 없다.

> **용어 알아두기**
> **요구불예금** 예금주의 요청이 있을 때 언제든지 지급할 수 있는 예금으로 예금인출이 자유로운 대신 이자가 거의 없거나 매우 낮다는 특징이 있다.

입·출금이 자유로운 상품
출제빈도 ★★

02 다음 중 MMDA와 CMA에 대한 설명으로 옳지 않은 것은?

① CMA는 은행의 MMDA, 자산운용회사의 MMF와 경쟁상품이다.
② 증권회사의 CMA는 예금자보호를 받지 못한다.
③ MMDA는 예치기간에 따라 차등금리가 적용된다.
④ CMA는 해당 금융기관의 고시금리를 지급하는 형태인 RP형과 실적배당형 상품인 MMW형, MMF형 등이 있다.
⑤ MMDA는 시장금리부 수시 입·출금식 예금상품이다.

정답 및 해설

01 ① 보통예금은 현재 특별한 경우를 제외하고는 거래가 거의 이루어지지 않고 있다.
02 ③ MMDA는 예치금액에 따라 차등금리가 적용되며, 3개월마다 이자를 계산하여 원금에 가산한다.

입·출금이 자유로운 상품 출제빈도 ★★

03 다음 중 당좌예금에 대한 설명으로 옳지 <u>않은</u> 것은?

① 당좌계좌 개설을 위해 당좌거래개설보증금을 예치해야 한다.
② 전 금융기관을 통해 1인 1계좌만 개설할 수 있다.
③ 은행과 예금주 등 당사자 간 이루어지는 지급위탁계약의 형태이다.
④ 지급은 원칙적으로 예금주가 발행한 어음·수표를 결제하는 방식으로 처리되며 이자는 지급하지 않는다.
⑤ 당좌계좌 개설을 위해 신용조사를 받아야 하며, 개설 이후에도 연 1회 이상 지속적인 신용조사를 받아야 한다.

> **용어 알아두기**
> **지급위탁** 예금주가 발행한 약속어음·당좌수표의 지급업무를 은행에 위탁하는 것을 말한다.

목돈마련을 위한 적립식 상품 출제빈도 ★★★

04 다음 중 상호부금에 대한 설명으로 옳지 <u>않은</u> 것은?

① 저축기간은 6개월 이상 5년 이하의 월 단위이다.
② 예금자 보호 대상이다.
③ 우리나라 고유의 전통적인 계를 제도화한 상품이다.
④ 정기적립식의 형태로만 가입이 가능하다.
⑤ 비과세종합저축으로 가입이 가능하다.

정답 및 해설

03 ② 당좌예금은 금융기관 복수계좌 개설이 가능하다.
04 ④ 상호부금의 종류에는 정기적립식과 자유적립식이 있다.

목돈마련을 위한 적립식 상품

출제빈도 ★★★

05 금융기관 상품판매 창구직원이 재형저축과 관련하여 고객과 상담한 내용으로 옳지 <u>않은</u> 것은?

① 총급여액이 4,500만원인 직장인은 재형저축에 가입할 수 있다고 설명하였다.

② 총급여액이 3,500만원인 직장인은 재형저축에 가입할 수 있다고 설명하였다.

③ 종합소득금액이 3,500만원인 개인사업자는 재형저축에 가입할 수 있다고 설명하였다.

④ 총급여액이 2,500만원인 직장인이 재형저축에 가입한 경우 최소 7년간 계약기간을 유지해야 비과세 혜택을 받을 수 있다고 설명하였다.

⑤ 종합소득금액이 1,500만원인 개인사업자가 재형저축에 가입한 경우 3년만 계약기간을 유지해도 비과세 혜택을 받을 수 있다고 설명하였다.

목돈마련을 위한 적립식 상품

출제빈도 ★★★

06 다음 중 농어가목돈마련저축에 대한 설명으로 옳지 <u>않은</u> 것은?

① 지역농협이나 지구별·업종별 수협, 산림조합에서 취급하는 3년 이상의 특별우대 비과세 저축상품이다.

② 연간 240만원 범위 내에서 월 5,000원 이상 1,000원 단위로 납입할 수 있다.

③ 저축기간은 3년 또는 5년이며 예금자보호법에 의한 보호 대상이다.

④ 만기해지 또는 특별중도해지 사유에 해당하는 경우 이자소득 및 저축장려금에 대하여 소득세 및 증여세·상속세 비과세 혜택이 있다.

⑤ 가입대상은 일정 요건에 해당하는 일반 상품과 저소득 상품으로 구분된다.

정답 및 해설

05 ④ 서민 및 청년근로자 등에 대한 우대로 총급여액이 2,500만원 이하인 근로자의 경우 계약기간을 최소 3년만 유지해도 비과세 혜택을 받을 수 있다.

06 ③ 농어가목돈마련저축은 예금자보호법에 의한 보호 대상이 아니다.

목돈운용을 위한 거치식 상품　　　　　　　　　　　　　　　　　출제빈도 ★★★

07 다음 중 정기예금에 대한 설명으로 옳지 <u>않은</u> 것은?

① 주가지수연동정기예금에서 이용하는 낙아웃 옵션이란 주가지수 등의 기초자산의 가격이 일정 수준에 도달하면 기존의 수익구조가 사라지는 것을 말한다.
② 금리가 상승하는 경우 회전식 정기예금은 일반 정기예금에 비해 유리하다.
③ 주가지수연동정기예금은 원금과 이자 부문에 대한 위험이 따른다.
④ 정기예금은 매우 안정성이 높은 거치식 상품이다.
⑤ 회전식 정기예금은 회전 단위 기간별로 이자가 복리 계산된다.

목돈운용을 위한 거치식 상품　　　　　　　　　　　　　　　　　출제빈도 ★★★

08 다음 중 정기예탁금에 대한 설명으로 옳지 <u>않은</u> 것은?

① 은행이 취급하는 정기예금과 유사한 형태의 상품이다.
② 신용협동기구에서 취급하는 거치식 상품이다.
③ 예금자보호법에 의한 보호 대상이 아니다.
④ 비과세종합저축제도와 합산하여 1인당 3천만원 한도 내에서 세금우대 혜택이 주어진다.
⑤ 가입대상은 신용협동기구의 조합원 및 회원이다.

정답 및 해설

07　③　주가지수연동정기예금은 원금 부분은 보장되지만 이자 부문에 대한 리스크가 있는 상품이다.
08　④　비과세종합저축제도와 별도로 1인당 3천만원 한도 내에서 세금우대 혜택이 주어진다.

목돈운용을 위한 거치식 상품 출제빈도 ★★★

09 다음 중 양도성예금증서(CD)에 대한 설명으로 옳지 <u>않은</u> 것은?

① 중도 해지가 가능하고 비과세종합저축으로 가입할 수 있다.
② 3개월에서 1년 이내의 목돈을 운용하기에 적합한 상품이다.
③ 무기명 할인식으로 발행한 정기예금증서이다.
④ CD등록발행제도로 발행하는 경우 고객에게 통장을 발행한다.
⑤ 예금자보호법에 의한 보호 대상이 아니다.

목돈운용을 위한 거치식 상품 출제빈도 ★★★

10 다음 중 표지어음에 대한 설명으로 옳지 <u>않은</u> 것은?

① 중도 해지는 불가능하지만 배서에 의한 양도는 가능하다.
② 가입한도 및 발행기간의 제한이 없는 상품이다.
③ 시장 실세금리를 적용하여 1~6개월 정도의 목돈 운용에 적합한 상품이다.
④ 예금자보호법에 의한 보호 대상이다.
⑤ 발행주체는 금융기관이며 선이자지급식으로 발행한다.

> **용어 알아두기**
> **배 서** 어음을 양도할 때 어음 뒷면에 양도의사를 표시하고 기명날인하여 양수인에게 교부하는 것을 말한다.

정답 및 해설

09 ① 양도성예금증서(CD)는 중도 해지 및 비과세종합저축으로 가입이 불가능하다.
10 ② 가입한도의 제한은 없으나, 발행기간의 최장은 원 어음의 만기일 범위 내로 해야 한다.

기타 금융상품

11 다음 중 주택청약 관련 금융상품에 대한 설명으로 옳지 <u>않은</u> 것은? 출제빈도 ★★★

① 주택청약종합저축은 국민주택과 민영주택에 모두 청약할 수 있는 자유적립식 형태의 입주자저축이다.
② 주택청약종합저축은 별도 만기가 없고 가입한 날로부터 입주자로 선정된 날까지를 계약기간으로 한다.
③ 청약예금은 계약기간이 있는 상호부금 형태의 적립식 청약상품이다.
④ 청약부금은 자유적립식 또는 정기적립식 납입방법을 선택할 수 있다.
⑤ 청약저축의 적용이율 및 지급방법은 주택청약종합저축과 동일하다.

기타 금융상품

12 다음 중 후순위채권에 대한 설명으로 옳지 <u>않은</u> 것은? 출제빈도 ★★★

① 채권 발행회사가 선순위채권을 우선 변제하고 남은 재산에 대해 당해 채무를 후순위로 상환하기로 약정되어 있는 채권을 말한다.
② 후순위채권을 담보로 한 대출은 가능하지만, 타인에게 양도는 불가능하다.
③ 예금자보호법에 의한 보호를 받을 수 없는 상품이다.
④ 우선주나 보통주보다는 변제순위가 앞선다.
⑤ 후순위채권 중 10년 이상 장기채권의 경우 분리과세가 가능하다.

정답 및 해설

11 ③ 청약부금에 대한 설명이다.
12 ② 후순위채권을 담보로 한 대출은 불가능하지만, 타인에게 양도는 가능하다.

기타 금융상품

출제빈도 ★★★

13 다음 중 골드뱅킹에 대한 설명으로 옳지 <u>않은</u> 것은?

① 금 실물에 투자하는 형태와 금 가격에 투자하는 형태가 있다.
② 골드투자통장은 예금자보호법에 의한 보호 대상이 아니다.
③ 매도나 매수 시점의 환율 변동에 따라 투자손익이 변동될 수 있다.
④ 금 실물에 골드뱅킹의 경우 부가가치세 문제가 발생한다.
⑤ 금 가격에 투자하는 경우 부가가치세 문제가 발생하지 않으며, 매매차익은 비과세된다.

자본시장법과 투자자보호제도의 이해

출제빈도 ★★★

14 다음 중 자본시장법과 금융소비자보호법에 대한 설명으로 옳지 <u>않은</u> 것은?

① 금융기관의 종류에 관계없이 경제적 실질에 따라 동일한 금융기능은 동일하게 규율한다.
② 금융투자상품의 정의를 투자성이 있는 모든 금융상품으로 정의하는 포괄주의 방식을 택하고 있다.
③ 금융투자업 상호 간 겸영을 허용하지 않는다.
④ 자본시장법에서 규율하고 있던 적합성의 원칙, 적정성의 원칙, 설명의무, 부당권유행위 금지 등의 소비자보호제도가 금융소비자 보호에 관한 법률(금융소비자보호법)로 변경되어 더욱 강화되었다.
⑤ 금융소비자보호법은 투자성 상품에 대한 청약의 철회제도 및 위법계약의 해지권 등을 신설하였다.

정답 및 해설

13 ⑤ 금 가격에 투자하는 골드뱅킹의 경우 매매차익에 따른 배당소득세가 부과된다.
14 ③ 자본시장법은 6개 금융투자업 상호 간 겸영을 허용하고 있다.

자본시장법과 투자자보호제도의 이해   출제빈도 ★★★

15 다음 중 집합투자에 대한 설명으로 옳지 <u>않은</u> 것은?

① 펀드운용에 따른 수익·손실은 모두 투자자에게 귀속된다.
② 재산의 운용에 있어서 투자자의 운용지시를 받지 않는다.
③ 투자합명회사는 자본시장법에서 규정하고 있는 법적기구에 속하지 않는다.
④ 1인 이상의 투자자에게 투자권유를 하여 모은 금전을 운용하고 그 결과를 투자자에게 귀속시키는 것이다.
⑤ 분산투자를 통해 투자위험을 최소화시킨다.

자본시장법과 투자자보호제도의 이해   출제빈도 ★★★

16 다음 중 자본시장법에서 정한 파생결합증권에 속하지 <u>않는</u> 것은?

① 주가연계증권(ELS)
② 파생결합사채
③ 환율연계증권
④ ELW
⑤ DLS

정답 및 해설

15 ④ 집합투자는 2인 이상의 투자자에게 투자권유를 하여 모은 금전을 운용하는 것을 말한다.
16 ② 파생결합사채는 파생결합증권이 아닌 채무증권에 속한다.

자본시장법과 투자자보호제도의 이해 출제빈도 ★★★

17 다음 중 집합투자증권의 발행방법에 대한 설명으로 옳지 <u>않은</u> 것은?

① 투자회사의 주식은 무액면, 기명식으로 발행한다.
② 수익증권은 고객 명의로 하여 일괄예탁 방식으로 발행한다.
③ 투자신탁의 수익증권은 무액면, 기명식으로 발행한다.
④ 투자회사의 주식은 보통주만을 발행해야 한다.
⑤ 수익증권의 경우 발행가액은 원칙적으로 현금으로 납입해야 한다.

자본시장법과 투자자보호제도의 이해 출제빈도 ★★★

18 금융소비자보호법에서 정한 부당권유 금지행위에 해당하지 <u>않는</u> 것은?

① 불확실한 사항에 대하여 단정적 판단을 제공하거나 확실하다고 오인하게 할 소지가 있는 내용을 알리는 행위
② 금융상품 내용의 일부에 대하여 비교대상 및 기준을 밝히지 않거나 객관적인 근거 없이 다른 금융상품과 비교하여 해당 금융상품이 우수하거나 유리하다고 알리는 행위
③ 금융상품의 가치에 중대한 영향을 미치는 사항을 미리 알고 있으면서 금융소비자에게 알리지 않는 행위
④ 투자성 상품인 증권, 장내파생상품에 대하여 금융소비자로부터 계약의 체결권유를 해줄 것을 요청받지 않고 방문·전화 등 실시간 대화의 방법을 이용하는 행위
⑤ 계약의 체결권유를 받은 금융소비자가 이를 거부하는 취지의 의사표시를 하였는데도 해당 상품에 대한 체결권유를 계속하는 행위

정답 및 해설

17 ② 투자신탁의 수익증권은 한국예탁결제원 명의로 하여 일괄예탁 방식으로 발행한다.
18 ④ 투자성 상품에 대하여 금융소비자로부터 계약의 체결권유를 해줄 것을 요청받지 않고 방문·전화 등 실시간 대화의 방법을 이용하는 행위는 금지되나, 증권 또는 장내파생상품에 대해 투자권유를 하는 행위는 제외한다.

자본시장법과 투자자보호제도의 이해 출제빈도 ★★★

19 다음 중 집합투자증권의 판매수수료와 판매보수에 대한 설명으로 옳지 <u>않은</u> 것은?

① 판매수수료는 기준가격에 영향을 미치지 않으나 판매보수는 기준가격에 영향을 미친다.
② 판매수수료의 경우 판매 및 환매금액의 1%를 한도로 하고 있다.
③ 판매보수는 투자매매업자 또는 투자중개업자가 투자자에게 지속적으로 제공하는 용역의 대가이다.
④ 판매보수는 투자매매업자 또는 투자중개업자가 집합투자기구로부터 취득한다.
⑤ 판매수수료는 집합투자증권 판매의 대가로서 투자자가 직접 부담한다.

자본시장법과 투자자보호제도의 이해 출제빈도 ★★★

20 고객이 펀드판매창구에서 주식이 50% 이상 편입된 펀드를 월요일 오후 4시에 환매청구할 경우 기준가 적용일은?

① 월요일(T일)
② 화요일(T+1일)
③ 수요일(T+2일)
④ 목요일(T+3일)
⑤ 금요일(T+4일)

정답 및 해설

19 ② 판매수수료의 경우 판매 및 환매금액의 2%를 한도로 한다.
20 ③ 주식이 50% 이상 편입된 펀드를 오후 3시 30분 이후에 환매청구할 경우 기준가 적용일은 'T+2일'로 즉, 수요일이 된다.

자본시장법과 투자자보호제도의 이해

출제빈도 ★★★

21 다음 중 집합투자상품의 분류에 대한 설명으로 옳지 않은 것은?

① 목적식은 거치식, 적립식, 목표식으로 분류할 수 있다.
② 법적 설립형태에 따라 투자신탁형, 투자회사형, 투자조합형으로 구분된다.
③ 공모형은 50인 이상의 불특정 고객을 대상으로 하는 공모방식을 말한다.
④ 저축방법에 따라 추가형과 단위형으로 분류된다.
⑤ 원칙적으로 외국펀드는 외국 법률의 적용을 받는다.

자본시장법과 투자자보호제도의 이해

출제빈도 ★★★

22 다음 중 해외펀드에 대한 설명으로 옳지 않은 것은?

① 역외펀드는 외화로 투자된다.
② 해외투자펀드는 전 세계 자산에 투자하는 상품으로 국내 투자자를 대상으로 한다.
③ 역외펀드는 투자신탁의 형태가 일반적이다.
④ 역외펀드는 전 세계 투자자를 대상으로 판매된다.
⑤ 해외투자펀드는 국내법에 의하여 설립·운영된다.

정답 및 해설

21 ④ 펀드 추가설정 가능 여부에 따라 추가형과 단위형으로 분류된다.
22 ③ 역외펀드는 투자회사(뮤추얼펀드)의 형태가 일반적이다.

일반적인 집합투자기구

23 다음 중 증권집합투자기구에 대한 설명으로 옳지 않은 것은?

① 투자하는 증권의 비율에 따라 주식형·채권형·혼합형 펀드로 분류한다.
② 채권의 편입비율이 70%, 주식의 편입비율이 5%일 경우 채권형 펀드로 구분된다.
③ 집합투자재산의 50%를 초과하여 증권에 투자하는 펀드를 말한다.
④ 주식형 펀드는 주식의 편입비율이 60% 이상인 펀드를 말한다.
⑤ 주식혼합형 펀드는 주식의 최고편입비율이 50% 이상인 펀드를 말한다.

일반적인 집합투자기구

24 다음 중 액티브형 펀드에 대한 설명으로 옳지 않은 것은?

① 일반적으로 패시브형 펀드에 비해 성과투명성이 낮다.
② 펀드별로 성과의 차이가 작다.
③ 운용방식이 적극적이기 때문에 주식의 매매회전율이 높다.
④ 비교대상보다 높은 수익률을 목표로 한다.
⑤ 일반적으로 패시브형 펀드에 비해 성과지속성이 낮다.

정답 및 해설

23 ② 채권형 펀드는 집합투자재산의 60% 이상을 채권 및 관련 상품에 투자하면서 주식을 편입하지 않는 펀드이다. 따라서 해당 보기는 주식의 편입비율이 5%이며, 주식의 최고편입비율이 50% 이하이므로 채권혼합형 상품으로 구분된다.
24 ② 펀드별로 성과의 차이가 크다.

일반적인 집합투자기구

25 금융기관 창구직원이 가치주펀드와 성장주펀드의 차이에 대해 설명한 것으로 옳지 <u>않은</u> 것은?

① 가치주펀드는 기업의 내재가치에 비해 시장에서 저평가된 가격에 거래되는 종목에 투자한다.
② 가치주펀드는 주로 Bottom-Up 방식으로 투자의사를 결정한다.
③ 성장주펀드는 가치주펀드에 비해 상대적으로 낮은 매매회전율을 가진다.
④ 성장주펀드는 가치주펀드에 비해 상대적으로 높은 시장민감도를 가진다.
⑤ 성장주펀드는 가치주펀드에 비해 상대적으로 높은 변동성을 가진다.

일반적인 집합투자기구

26 다음 빈칸에 들어갈 말로 적절한 것은?

> 파생결합증권에 투자하는 파생상품펀드는 다양한 형태의 기초자산을 사용하여 구조화할 수 있는데, CLS 투자펀드는 (　　)에 연계한 파생결합증권에 투자하는 파생상품펀드를 말한다.

① 주가지수
② 환 율
③ 이자율
④ 부동산
⑤ 상 품

정답 및 해설

25　③　성장주펀드는 가치주펀드에 비해 상대적으로 높은 매매회전율을 가진다.
26　⑤　CLS 투자펀드는 금, 원유 등과 같은 (상품)에 연계한 파생결합증권에 투자하는 파생상품펀드를 말한다.

일반적인 집합투자기구

27 다음 중 체계적 위험에 해당하지 않는 것은?

① 자본시장 변동 위험
② 유동성 위험
③ 경제 위험
④ 금융 위험
⑤ 인구통계학적 위험

일반적인 집합투자기구

28 다음 중 집합투자기구에 대한 설명으로 옳지 않은 것은?

① 특별자산펀드의 투자기간은 다른 펀드에 비해 장기이며 폐쇄형이다.
② 단기금융집합투자기구는 시가평가를 원칙으로 한다.
③ 단기금융집합투자기구는 법에서 정하는 단기금융상품에 한하여 투자하는 집합투자기구를 말한다.
④ 특별자산의 범위는 증권 및 부동산을 제외한 경제적 가치를 가지고 있는 모든 자산으로 포괄적으로 규정되고 있다.
⑤ 혼합자산집합투자기구는 증권·부동산·특별자산 집합투자기구 관련 규정의 제한을 받지 않는 집합투자기구이다.

정답 및 해설

27 ④ 금융 위험은 비체계적 위험에 해당한다.
28 ② 단기금융집합투자기구는 장부가평가를 원칙으로 한다.

특수한 형태의 집합투자기구   출제빈도 ★★★

29 다음 중 환매금지형 집합투자기구에 대한 설명으로 옳지 않은 것은?

① 최초 발행일로부터 60일 이내에 거래소시장에 상장해야 한다.

② 원칙적으로 집합투자증권의 추가발행이 제한되어 있다.

③ 존속기간을 정해야 한다.

④ 부동산펀드, 특별자산펀드 등 펀드자산 총액의 20% 이상을 시장성 없는 자산에 투자하는 펀드는 반드시 폐쇄형 펀드로 설립해야 한다.

⑤ 폐쇄형 펀드라고도 한다.

특수한 형태의 집합투자기구   출제빈도 ★★★

30 다음 중 종류형 집합투자기구에 대한 설명으로 옳지 않은 것은?

① 클래스별로 자산의 운용 및 평가방법은 다르게 할 수 없다.

② 클래스 수의 제한은 없다.

③ 판매보수 및 판매수수료 체계가 달라야 한다.

④ 클래스별로 환매수수료의 차별은 불가능하다.

⑤ 클래스에서 다른 클래스로의 전환이 가능하다.

정답 및 해설

29 ① 최초 발행일로부터 90일 이내에 거래소시장에 상장해야 한다.
30 ④ 클래스별로 환매수수료의 차별이 가능하다.

특수한 형태의 집합투자기구

출제빈도 ★★★

31 다음 중 전환형 및 모자형 집합투자기구에 대한 설명으로 옳지 <u>않은</u> 것은?

① 자펀드에서 모인 펀드재산은 모펀드에서 운용된다.
② 전환형 펀드는 투자자에게 펀드 전환권을 부여하고 있다.
③ 모펀드와 자펀드의 자산운용회사는 각각 다를 수 있다.
④ 자펀드는 모펀드가 발행한 집합투자증권 외의 집합투자증권 취득이 불가능하다.
⑤ 전환형 펀드의 경우 환매수수료, 선취판매수수료를 징수하지 않아 수수료 절감 효과가 있다.

특수한 형태의 집합투자기구

출제빈도 ★★★

32 다음 중 상장지수집합투자기구(ETF)에 대한 설명으로 옳지 <u>않은</u> 것은?

① 설정일로부터 30일 이내에 증권시장에 상장되어야 한다.
② 국내 주식형 상품만 있고, 해외형이나 채권형 상품은 없다.
③ 개방형, 추가형, 상장형 집합투자기구이다.
④ 지수를 구성하는 종목은 10종목 이상이어야 한다.
⑤ 거래소를 통해 실시간 매매된다는 점에서 인덱스펀드와 차이가 있다.

정답 및 해설

31 ③ 모펀드와 자펀드의 자산운용회사는 동일해야 한다.
32 ② 국내 주식형 이외에도 산업·그룹·해외·원자재선물·채권형 등 다양한 형태에 투자할 수 있는 상장지수집합투자기구(ETF)가 개발되어 판매되고 있으며 거래량도 증가하고 있다

구조화 상품 출제빈도 ★★

33 다음 중 구조화 상품의 특징으로 옳지 <u>않은</u> 것은?

① 일정 모집기간 동안 판매하는 단위형 상품이다.

② 발행사나 운용사의 운용능력보다는 안전성이 중요하다.

③ 다양한 기초자산을 선택할 수 있다.

④ 손익구조가 매우 다양하다.

⑤ 기대수익률 예측이 어렵다.

구조화 상품 출제빈도 ★★

34 구조화 상품의 손익구조 중 기초자산 가격이 기준가격 대비 95~105% 구간에 있을 경우 연 3%의 쿠폰수익률을 지급하고 그렇지 않을 경우 원금만 지급하는 형태는?

① 범위형

② 디지털형

③ 방향성 수익추구형

④ 조기상환방식의 스텝다운형

⑤ 원금부분보장형

정답 및 해설

33 ⑤ 구조화 상품은 사전적인 기대수익률 예측이 가능하다.
34 ① 범위형에 대한 설명이다.

신탁상품

출제빈도 ★★★

35 다음 중 신탁에 대한 설명으로 옳지 <u>않은</u> 것은?

① 신탁재산에 대한 강제집행 및 경매가 금지된다.
② 신탁관리인은 수익자를 위하여 법원이 선임하는 자이다.
③ 수탁자의 고유재산이나 다른 신탁재산과 구분하여 분리계정으로 운용된다.
④ 수익자는 위탁자가 지정한 특정인이거나 위탁자 자신이 될 수 있다.
⑤ 신탁행위의 당사자인 수익자는 신탁 설정행위 당시 반드시 특정해야 한다.

신탁상품

출제빈도 ★★★

36 연금저축신탁(연금신탁)에 대한 설명으로 옳지 <u>않은</u> 것은?

① 예금자보호법에 의해 보호받는 금융상품이다.
② 원본보존형 상품이나 이익보전 의무는 없다.
③ 운용방법에 따라 채권형과 안정형이 있다.
④ 시가평가형 상품이다.
⑤ 연간 납입액의 40% 범위 내에서 최대 72만원까지 소득공제 혜택이 있다.

정답 및 해설

35 ⑤ 수익자는 신탁행위의 당사자가 아니므로 신탁 설정행위 당시 반드시 특정하거나 존재할 필요는 없다.
36 ⑤ 기존의 개인연금신탁이 비과세 혜택과 함께 연간 납입액의 40% 범위 내에서 최대 72만원까지 소득공제 혜택이 있던 것에 비하여, 연금저축신탁은 비과세 상품이 아닌 연금소득세를 원천징수하고 연간 납입액의 일정액 범위 내에서 세액공제 혜택을 준다.

대출상품

37 다음 중 대출에 대한 설명으로 옳지 않은 것은?

① 중도상환수수료를 부과하는 것은 채무자 입장에서 불리한 조건이다.
② 프라임레이트가 상승하면 기존 대출자의 금리도 상승하게 된다.
③ 면책적 채무인수 시 기존 채무에 대해 재대출이 불가능하다.
④ 재대출이란 기존 대출의 상환을 위해 동일한 채무자의 계약 중 중요 부분을 달리하여 신규에 준하는 절차에 따라 취급하는 행위를 말한다.
⑤ 고정금리부대출은 채무자 입장에서 미래의 금리 상승 위험에 노출되지 않아 고정적인 소득이 발생하는 가계에 적합한 금리조건이라 할 수 있다.

대출상품

38 다음 중 담보권에 대한 설명으로 옳지 않은 것은?

① 특정채무담보란 담보 약정 시 지정된 대출과 그로 인해 발생하는 대출을 담보하는 것을 말한다.
② 한정근담보는 지정된 대출기한 만료 후 기간연장이 가능하다는 점에서 특정채무담보와 차이가 있다.
③ 포괄근담보는 담보제공 책임을 대출종류가 아니라 채무자를 기준으로 채무자와 금융기관 간 모든 거래에 대해 책임을 지는 것을 말한다.
④ 한정근담보는 기간연장 및 재대출이 가능하다.
⑤ 특정근담보의 경우 동일대출에 대한 기간연장이 가능하다.

정답 및 해설

37 ④ 대환대출에 대한 설명이다.
38 ① 특정채무담보란 담보 약정 시 지정된 대출에 대해서만 담보를 제공하는 것으로, 지정된 대출과 그로 인해 발생하는 대출을 담보하는 것은 특정근담보에 해당한다.

대출상품

39 다음 중 담보조건에 따른 대출의 종류에 대한 설명으로 옳지 않은 것은?

① 주택담보대출은 일반적으로 다른 부동산 담보대출에 비해 금리가 낮은 편이다.
② 모기지론은 주택구입자금을 마련하기 위한 용도인 반면, 역모기지론은 노후생활자금을 마련하기 위한 용도이다.
③ LTV 및 DTI 규제는 금융기관 자산건전성을 제고하기 위한 제도로 부동산 시장이 침체된 지역에 대해서는 낮은 LTV, DTI를 적용한다.
④ 모기지론은 장기 고정금리 상품으로 향후 금리상승 위험을 회피하고자 하는 고객에게 적합하다.
⑤ 역모기지론은 일반 주택담보대출에 비해 낮은 금리가 적용된다.

외화예금 상품

40 다음 중 환율에 대한 설명으로 옳지 않은 것은?

① 대고객매매율에서 최고환율이 되는 것은 현찰매입률이다.
② 외화예금은 외국통화로 거래되는 계정이기 때문에 환율이 개입되며, 우리나라는 외환의 수요·공급에 의해 결정되는 시장평균환율제도가 적용된다.
③ 수출환어음의 매입, 타발송금, 외화수표의 매입에 적용되는 환율은 전신환매입률이다.
④ 자국통화표시법은 외국화폐 1단위당 자국화폐의 교환가치로서 우리나라를 포함한 대부분의 국가에서 사용하고 있다.
⑤ 매매기준율이란 미달러화의 현물환 매매 중 익익영업일 결제거래에서 형성되는 율을 거래량으로 가중평균하여 산출되는 시장평균환율을 의미한다.

정답 및 해설

39 ③ 부동산 시장이 침체되거나 투기지역이 아닌 지역에 대해서는 높은 LTV, DTI를 적용한다.
40 ① 대고객매매율에서 최고환율이 되는 것은 현찰매도율이며, 현찰매입율은 최저환율이 된다.

외화예금 상품

출제빈도 ★★★

41 다음 중 외국환거래법상 거주자에 해당하는 경우는?

① 비거주자였던 자로서 입국하여 국내에 3개월 이상 체재하고 있는 자
② 외국에서 영업활동에 종사하는 대한민국 국민
③ 2년 이상 외국에서 체재하고 있는 자
④ 국내에 있는 외국 정부의 공관
⑤ 외국의 국제기구에서 근무하고 있는 대한민국 국민

외화예금 상품

출제빈도 ★★★

42 다음 중 외화예금에 대한 설명으로 옳지 않은 것은?

① 1인당 최고 5천만원까지 예금자보호법에 의한 보호를 받는 상품이다.
② 이자계산은 일 단위로 예치하는 경우 원금에다 연이율에 예치일수를 곱하여 365일로 나누어 계산한다.
③ 신규 또는 입금 시에는 전신환매도율이 적용된다.
④ 외화당좌예금은 보통예금과 같이 만기를 정하지 않으면서 수시입출금이 가능한 예금으로 수표 및 지급청구서에 의해 거래된다.
⑤ 외국인 또는 비거주자 등이 사용하는 외화예금계정을 대외계정이라고 한다.

정답 및 해설

41 ① ②③④⑤ 비거주자에 해당한다.
42 ② 이자계산은 일 단위로 계산하는 경우 360일로 환산하여 계산한다.

외화예금 상품

출제빈도 ★★★

43 다음 중 여행자수표에 대한 설명으로 옳지 <u>않은</u> 것은?

① 여행자의 현금 휴대에 따른 분실, 도난의 위험을 방지하기 위해 고안된 수표이다.
② 여행자수표상의 서명은 고객이 은행 창구에서 직접해야 한다.
③ 여행자수표의 분실 시 사고신고 후에도 재발급이나 재환금은 불가능하다.
④ 비거주 및 외국인 거주자의 경우 여권 뒷면에 판매일자 및 판매금액 등 여행자수표의 판매내역을 기재해야 한다.
⑤ 여행자수표상의 서명은 반드시 구매신청서상의 서명과 동일해야 한다.

신용카드

출제빈도 ★★

44 다음 중 신용카드의 이용에 대한 설명으로 옳지 <u>않은</u> 것은?

① 본인회원은 만 20세 이상의 결제능력이 있는 실명의 개인이다.
② 사용자 지정카드란 기업회원에 의해 지정된 특정 임직원의 명의를 카드표면에 기입한 카드이다.
③ 기업 공용카드란 특정 이용자의 지정 없이 임직원이 공동으로 사용하는 카드이다.
④ 미성년자는 법정대리인의 동의가 있을 경우 발급이 가능하다.
⑤ 가족회원은 직계혈족 이외에도 본인회원이 지정하고 본인회원이 책임을 부담할 것을 승낙한 일정 연령 이상인 형제자매도 가능하다.

정답 및 해설

43 ③ 분실 시에도 T/C 구매신청서 사본을 보관하고 있다면, 사고신고 후 재발급이나 재환금을 받을 수 있다.
44 ① 본인회원은 만 18세 이상의 결제능력이 있는 실명의 개인이다.

신용카드

45 다음 중 신용카드의 한도에 대한 설명으로 옳지 않은 것은?

출제빈도 ★★

① 초기한도란 회원의 최초 카드 발행 시 부여되는 한도이다.
② 해외 기본한도는 매 영업일 전신환매도율을 기준으로 관리한다.
③ 가족회원의 한도는 본인회원의 한도에 포함하여 관리한다.
④ 특별한도란 잔여한도를 초과하여 1회에 한하여 승인하는 한도를 말한다.
⑤ 신용카드의 이용한도는 총한도 범위 내에서 일시불·할부·해외·현금서비스 한도로 구분하여 관리한다.

신용카드

46 다음 중 신용카드대금의 결제에 대한 적절한 설명으로 모두 고른 것은?

출제빈도 ★★

가. 일시적으로 결제대금이 부족할 경우 회전결제를 통해 유연하게 대처할 수 있다.
나. 신용카드대금의 결제일은 매월 1일부터 30일 사이의 날짜 중 회원이 선택할 수 있다.
다. 회전결제의 경우 미결제금액이 있더라도 연체관리의 대상이 되지 않는다.
라. 일반결제는 연체금액에 대해 미결제 연체이율이 적용된다.

① 가, 나
② 나, 다
③ 가, 다, 라
④ 나, 다, 라
⑤ 가, 나, 다, 라

정답 및 해설

45 ④ 잔여한도를 초과하여 1회에 한하여 승인하는 한도는 초과한도에 해당한다.
46 ⑤ '가, 나, 다, 라' 모두 적절한 설명이다.

신용카드

47 다음 중 신용카드 부정사용대금의 보상에 대한 설명으로 옳지 않은 것은?

출제빈도 ★★

① 카드 분실 및 도난의 경우 신고 시점 이후에 발생한 사용대금에 한해서만 보상이 가능하다.
② 신변의 위협에 의해 비밀번호를 누설하여 발생한 손해에 대해서는 보상받을 수 있다.
③ 카드 뒷면에 서명하지 않은 경우 부정사용액에 대해 보상이 불가능하다.
④ 명의도용에 의한 사고의 경우 카드사가 회원의 고의 또는 중과실로 인해 비밀번호가 유출되었음을 입증할 수 없을 경우 부정사용액에 대해 모두 보상해야 한다.
⑤ 신용카드를 다른 사람에게 빌려주어 사용하다가 발생한 피해에 대해서는 보상받을 수 없다.

신용카드

48 다음 중 신용카드 회원에 대한 적절한 설명으로 모두 고른 것은?

출제빈도 ★★

가. 개인회원 중 본인회원은 만 18세 이상, 결제능력 심사기준을 충족하는 실명의 개인을 말한다.
나. 법정대리인의 동의가 있다면 미성년자의 경우에도 개인회원으로 신용카드 발급이 가능하다.
다. 개인회원 중 가족회원은 본인회원이 지정 및 카드이용의 책임을 부담하기로 한 일정 연령 이상의 회원이다.
라. 본인회원의 부모, 배우자, 배우자의 부모, 자녀를 본인회원이 가족회원으로 지정 가능하다.

① 가, 나
② 나, 라
③ 가, 나, 다
④ 나, 다, 라
⑤ 가, 나, 다, 라

정답 및 해설

47 ① 카드 분실 및 도난의 경우 신고 시점 이후에 발생한 사용대금, 신고 전 60일 이내에 발생한 사용대금에 대해 보상받을 수 있다.
48 ⑤ '가, 나, 다, 라' 모두 적절한 설명이다.

출제예상문제 제1장 | 금융상품

✓ 출제예상문제를 통해 다양한 은행FP 자산관리사 문제를 풀어볼 수 있습니다.
✓ 다시 봐야 할 문제(틀린 문제, 풀지 못한 문제, 헷갈리는 문제 등)는 문제 번호 하단의 네모박스(□)에 체크하여 반복학습 할 수 있습니다.

출제빈도 ★★★ **최신출제유형**

01 다음 중 금융상품 선택에 있어서 고려해야 할 사항에 대한 설명으로 옳지 <u>않은</u> 것은?

① 투자목적, 투자기간, 안전성, 수익성, 유동성의 다섯 가지 항목을 고려해야 한다.
② 투자의 3요소인 안전성, 수익성, 유동성은 서로 상반되는 관계에 있다.
③ 수익성이란 확정금리형의 경우 높은 이자수익을 지급받을 수 있는 정도를 말한다.
④ 금융상품을 선택함에 있어 고려해야 할 수익성의 기준이 되는 수익률은 명목수익률이다.
⑤ 보유한 금융상품을 언제든지 손해 없이 현금화할 수 있는 정도를 유동성 또는 환금성이라 한다.

출제빈도 ★★

02 다음 중 입·출금이 자유로운 상품에 대한 설명으로 옳지 <u>않은</u> 것은?

① 요구불예금은 유동성이 높은 반면 수익성이 낮다는 특징이 있다.
② 보통예금은 저축예금, MMDA 등이 출시됨에 따라 거의 거래되지 않고 있다.
③ MMDA는 단기 고금리 예금상품으로 기간별 예치금액에 따라 차등금리가 적용되며, 3개월마다 이자를 계산하여 원금에 가산한다.
④ 예금금리는 저축예금이 가장 높으며 '저축예금, MMDA, 보통예금' 순이다.
⑤ 당좌예금을 개설하기 위해서는 당좌거래개설보증금을 예치해야 하며, 당좌개설을 위한 신용조사를 받아야 한다.

출제빈도 ★★

03 다음 중 입·출금이 자유로운 상품에 해당하지 <u>않는</u> 것은?

① MMDA   ② 당좌예금   ③ 어음관리구좌
④ 별단예금   ⑤ 정기예금

출제빈도 ★★

04 다음 중 자기앞수표의 분실, 도난, 멸실, 훼손에 따른 사고신고에 대한 설명으로 옳지 않은 것은?

① 자기앞수표의 분실 등에 의한 사고신고는 원칙적으로 서면으로 해야 한다.
② 사고신고된 수표에 대해 사고신고인과 수표의 소지인 간 합의가 있는 경우 사고신고의 철회 절차에 따라 수표대금을 지급할 수 있다.
③ 제권판결에 의한 수표대금 지급 시 제권판결을 선언한 날로부터 3개월이 경과한 경우에 수표대금을 지급하게 된다.
④ 수표의 소지인이 수표 관련 소송에서 승소하여 승소판결문과 함께 판결확정증명원을 제출하면, 수표의 소지인에게 수표대금의 지급이 가능하다.
⑤ 사고신고된 자기앞수표에 대해 수표의 선의취득자가 수표의 지급제시기간 내에 해당 수표의 지급을 제시하는 경우 은행은 수표대금을 지급할 수 있다.

정답 및 해설

01 ④ 금융상품을 선택함에 있어 고려해야 할 수익성의 기준이 되는 수익률은 실효수익률이다.
02 ④ 예금금리는 MMDA가 가장 높으며, 'MMDA > 저축예금 > 보통예금'의 순이다.
03 ⑤ 입·출금이 자유로운 상품에는 보통예금, 저축예금, MMDA, 당좌예금, 어음관리구좌(CMA), 별단예금이 있다. 정기예금은 목돈운용을 위한 거치식 상품에 해당한다.
04 ③ 제권판결에 의한 수표대금 지급 시 제권판결을 선언한 날부터 1개월이 경과한 경우에 수표대금을 지급하게 된다.

출제빈도 ★

05 다음 중 어음관리구좌(CMA)에 대한 설명으로 옳지 <u>않은</u> 것은?

① 신용카드 대금이나 공과금 자동이체 설정이 가능하다.
② RP형 CMA와 MMF형 CMA, MMW형 CMA 등이 있다.
③ 단기 실적배당형 상품으로 실세금리 수준의 수익을 올릴 수 있다.
④ 종합금융회사에서 취급하는 CMA는 예금자보호법에 의한 보호를 받을 수 없다.
⑤ 예탁기간은 1년 이내이다.

출제빈도 ★★★

06 다음 중 재형저축에 대한 설명으로 옳지 <u>않은</u> 것은?

① 근로자만 가입할 수 있는 상품이다.
② 총급여액이 4,500만원인 직장인은 최소 7년간 계약기간을 유지해야만 비과세 혜택을 받을 수 있다.
③ 펀드와 같은 실적배당형 상품의 경우 예금자보호법에 의한 보호를 받지 않는다.
④ 적립식저축으로서 분기별 한도 범위 내에서는 자유롭게 납입이 가능하다.
⑤ 의무 가입기간 경과 후 해지 시 비과세되며, 만기 후 이자는 일반과세된다.

출제빈도 ★★

07 다음 중 농어가목돈마련저축에 대한 설명으로 옳지 <u>않은</u> 것은?

① 3년 이상의 장기저축상품이다.
② 농어민의 재산형성을 지원하기 위해 도입된 상품으로 일반 시중 은행에서 취급하고 있다.
③ 납입방법으로는 월납, 분기납, 반기납이 있다.
④ 예금자보호법에 의한 보호 대상이 아니다.
⑤ 만기 시 기본 금리 외에 법정 장려 금리를 가산하여 지급하고 있다.

08 출제빈도 ★★★ 최신출제유형

다음의 경우 금융기관 창구직원이 고객에게 추천할만한 상품으로 가장 적절한 것은?

> 은행의 예금금리가 1%로 역대 최저치를 기록함에 따라 은행의 예금상품은 마음에 들지 않고 그렇다고 원금손실 위험이 따르는 주식형 펀드에 투자하는 것은 원치 않는 보수적 투자성향을 가진 투자자이다. 원금보장이 된다면 높은 수익을 위해 이자에 대한 리스크는 감수할 수 있다.

① 회전식 정기예금
② 주가지수연동정기예금
③ 양도성예금증서
④ 표지어음
⑤ 환매조건부채권

09 출제빈도 ★★★ 최신출제유형

다음과 같은 수익구조를 가진 1년 만기 주가지수연동정기예금(ELD)에 가입한 경우 만기 시 수익률은?

> • 수익구조
>   – 상승추구수익형(낙아웃콜형)
>   – 참여율 : 50%
>   – 낙아웃 배리어 : 30%
>   – 리베이트(보상수익) : 3%
> • 가입 당시 주가지수 : 1,000p
> • 만기 당시 주가지수 : 1,400p

① 0%
② 3%
③ 6%
④ 20%
⑤ 40%

정답 및 해설

05 ④ 종금사에서 취급하는 CMA는 예금자보호법에 의한 보호를 받을 수 있다.
06 ① 재형저축은 총급여액이 5,000만원 이하인 근로자뿐만 아니라 종합소득금액이 3,500만원 이하인 자영업자도 가입이 가능하다.
07 ② 농어가목돈마련저축은 지역농협, 지구별·업종별 수협, 산림조합에서 취급하는 상품이다.
08 ② 주가지수연동정기예금은 원금보장은 하되 이자 부문에 대한 리스크가 따르는 상품으로 보수적 투자성향을 가진 투자자들이 가입하기에 가장 적합한 상품이다.
09 ② 30% 낙아웃 상승수익추구형으로 주가가 30% 이상으로 상승했기 때문에 기존의 수익구조가 사라져 사전에 약정한 소정의 리베이트(보상수익)만을 지급받게 되어 만기 시 수익률은 3%가 된다.

출제빈도 ★★★ 최신출제유형

10 다음 중 환매조건부채권에 대한 설명으로 옳지 <u>않은</u> 것은?

① 시장의 실세금리를 반영하는 상품이다.
② 비과세종합저축으로 가입이 가능하다.
③ 일반적으로 만기 후 이자를 지급하고 있다.
④ 금융기관이 발행기관으로부터 인수한 채권을 일정 기간 경과 후 일정 가액으로 환매수할 것을 조건으로 고객에게 매도하는 상품이다.
⑤ 예금자보호법에 의한 보호가 되지 않는다.

출제빈도 ★★★

11 다음 중 목돈운용을 위한 거치식 상품에 대한 설명으로 옳지 <u>않은</u> 것은?

① CD는 중도 해지가 불가능하지만, RP는 중도 해지가 가능하다.
② RP는 예금자보호법에 의한 보호 대상이 아니지만, 대상 채권들은 대부분 우량 채권을 대상으로 하므로 안전성이 매우 높다.
③ 양도성예금증서와 표지어음은 이자계산방식이 할인식으로 구성되어 있다.
④ 기업어음은 상품투자에 있어서 어음을 발행하는 기업의 신용도가 매우 중요한 상품이다.
⑤ CD는 비과세종합저축으로 가입이 가능하다.

출제빈도 ★★★

12 다음 중 예금자보호법에 의한 보호가 되지 <u>않는</u> 상품은?

① 기업어음 ② 상호부금 ③ 표지어음
④ 종금사의 CMA ⑤ 정기예금

13 다음 중 주택청약종합저축에 대한 설명으로 옳지 <u>않은</u> 것은?

① 가입대상은 만 19세 이상의 무주택 세대주이다.
② 예금자보호법에 의해 보호되지 않는다.
③ 국민주택 및 민영주택청약이 가능하다.
④ 매월 신규가입일을 약정 납입일로 하여 2만원 이상 50만원 이하 범위 내에서 자유로운 납입이 가능하다.
⑤ 별도의 만기가 없고 가입일로부터 입주자로 선정된 날까지를 계약기간으로 한다.

14 다음 중 개인종합자산관리계좌(ISA)에 대한 설명으로 옳지 <u>않은</u> 것은?

① 하나의 통장 안에서 펀드, ELS, 예금, 적금 등 다양한 금융상품 포트폴리오를 구성할 수 있다.
② 서민형, 농어민형 ISA 가입자격 중 종합소득금액 기준은 3,800만원 이하이다.
③ 가입자격에 따라 일반형, 서민형, 농어민형으로 구분되며, 일반형은 200만원, 서민형과 농어민형은 400만원의 비과세 한도가 적용된다.
④ 운용기간 중 발생한 손익을 통산하지 않아 운용기간 중 한 해만 수익이 발생하면 과세한다.
⑤ 총납입한도는 1억원 이하로 연간 2천만원 한도 중 미납입분에 대하여 이월 납입이 가능하다.

정답 및 해설

10 ③ 환매조건부채권은 만기 후 이자를 지급하지 않고 있다.
11 ⑤ 양도성예금증서(CD)는 비과세종합저축으로 가입이 불가능하다.
12 ① 기업어음은 예금자보호법에 의한 보호가 되지 않는 상품이며, 상호부금, 표지어음, 종금사의 CMA, 정기예금은 예금자보호법에 의한 보호가 되는 상품이다.
13 ① 주택청약종합저축은 세대주 여부나 연령에 관계없이 실명의 개인이면 가입이 가능하다.
14 ④ 개인종합자산관리계좌는 매년 과세하지 않고, 보유기간 중 발생한 손익을 통산하여 펀드를 환매할 때 일괄과세한다.

15 다음 중 자본시장법의 특징에 대한 적절한 설명으로 모두 고른 것은?

> 가. 금융기관별 규율체계
> 나. 투자자보호제도의 선진화
> 다. 금융투자업의 상호 겸영 허용
> 라. 금융상품의 포괄주의 방식 채택

① 가, 나 ② 나, 다 ③ 다, 라
④ 가, 나, 다 ⑤ 나, 다, 라

16 다음 중 집합투자에 대한 설명으로 옳지 않은 것은?
① 간접투자에 따른 실적배당원칙을 바탕으로 투자에 대한 손익은 투자자에게 귀속된다.
② 국내의 집합투자기구는 대부분 신탁형인 투자신탁 형태로 설정되어 있다.
③ 재산의 운용과 관련하여 투자자로부터 일상적인 운용지시를 받는 투자형태이다.
④ 집합투자는 2인 이상에게 투자권유를 해야 한다.
⑤ 투자주식회사형 집합투자기구는 주식의 형태로 투자증권을 발행한다.

17 다음 중 집합투자기구별 투자대상 자산이 올바르게 연결되지 않은 것은?
① 증권집합투자기구 - 파생상품
② 단기금융 집합투자기구 - 특별자산
③ 부동산 집합투자기구 - 증권
④ 혼합자산 집합투자기구 - 실물자산
⑤ 특별자산 집합투자기구 - 부동산

출제빈도 ★★

18 다음 중 금융투자상품에 대한 설명으로 옳지 <u>않은</u> 것은?

① 투자원본 범위 내에서 손실가능성이 있는 금융투자상품을 파생상품이라고 한다.
② ELS, ELW 등은 파생결합증권에 속한다.
③ 증권은 채무증권, 지분증권, 수익증권, 증권예탁증권, 투자계약증권, 파생결합증권으로 구분된다.
④ 파생상품은 정형화된 시장의 거래 여부를 기준으로 장내파생상품과 장외파생상품으로 구분된다.
⑤ 파생상품은 선물, 옵션, 스왑으로 구분된다.

출제빈도 ★★

19 다음 중 투자신탁과 수익증권에 대한 설명으로 옳지 <u>않은</u> 것은?

① 수익증권은 수탁회사의 확인을 받아 자산운용회사가 발행한다.
② 유가증권의 보관, 관리를 담당하는 신탁업자는 수탁자이다.
③ 유가증권에 투자, 운용하는 자산운용회사는 위탁자이다.
④ 수익증권은 한국예탁결제원 명의로 하여 일괄예탁 방식으로 발행한다.
⑤ 수익증권 발행가액의 납입은 현물납입을 원칙으로 한다.

정답 및 해설

15 ⑤ '나, 다, 라'는 적절한 설명이다.
　　　가. 금융기관별 규율체계에서 금융기능별 규율체계로 전환되었다.
16 ③ 집합투자는 투자자로부터 일상적인 운용지시를 받지 않는다.
17 ② 단기금융 집합투자기구의 경우 증권에만 투자할 수 있으며, 단기금융 집합투자기구를 제외한 모든 집합투자기구는 증권, 파생상품, 부동산, 실물자산, 특별자산에 대해 모두 투자할 수 있다.
18 ① 투자원본 범위 내에서 손실가능성이 있는 금융투자상품을 증권이라 하며, 투자원본을 초과하여 손실가능성이 있는 금융투자상품을 파생상품이라고 한다.
19 ⑤ 수익증권 발행가액의 납입은 현금납입을 원칙으로 한다.

20 자본시장법과 금융소비자보호법상 투자자보호제도에 대한 설명으로 옳지 <u>않은</u> 것은?

① 설명서의 제공의무뿐만 아니라 소비자의 이해도에 대한 확인의무를 부여하고 있으나 설명서 제공에 대해서는 예외를 인정하고 있다.
② 금융투자상품에 대해 동일 또는 유사 상품에 대한 투자경험이 풍부하거나 해당 상품에 대한 지식수준이 높은 투자자 등에 대해서는 보다 간단하게 설명할 수 있다.
③ 적합성 원칙이란 투자자정보를 통해 투자자의 투자성향을 파악하고 해당 투자자에게 적합하지 않다고 인정되는 투자성 상품의 투자권유를 해서는 안 된다는 원칙을 의미한다.
④ 투자성 상품 및 금융상품자문 계약에 대하여 계약서류를 제공받은 날부터 10일 이내에 철회가 가능하다.
⑤ 금융상품판매업자 등은 금융소비자가 계약 해지권에 따라 계약을 해지할 경우 계약의 해지와 관련한 수수료, 위약금 등의 비용을 요구할 수 없다.

21 다음 중 집합투자증권의 판매와 관련한 수수료 및 보수에 대한 설명으로 옳지 <u>않은</u> 것은?

① 판매수수료는 1회성 비용이며, 판매보수는 환매 시까지 지속적으로 부담해야 하는 비용이다.
② 판매보수는 투자자로부터 직접 취득하는 금전이다.
③ 고객 입장에서는 장기투자 시 판매수수료 방식이 판매보수 방식보다 유리하다.
④ 판매수수료는 판매금액 등을 기준으로 차등하여 지급받을 수 있다.
⑤ 판매보수는 기준가격에 영향을 미친다.

22 다음 중 1월 6일(화) 오후 2시에 주식 편입비율이 50% 미만인 펀드를 가입(매수 청구)한 경우 기준가 적용일은?

① 1월 6일(화) ② 1월 7일(수) ③ 1월 8일(목)
④ 1월 9일(금) ⑤ 1월 12일(월)

23 다음 중 주식이 50% 이상 편입된 펀드를 오후 1시에 환매 청구하는 경우 환매금 지급일은?
(단, T일은 환매 청구일을 의미한다)

① T일　　② T+1일　　③ T+2일
④ T+3일　　⑤ T+4일

24 다음 중 펀드의 매입 및 환매가격과 장 마감 후 거래의 규제에 대한 설명으로 옳지 않은 것은?

① 투자자의 환매청구일로부터 15일 이내에 집합투자규약에서 정한 환매일에 환매대금을 지급해야 한다.
② 펀드의 매입 및 환매가격은 일부 예외를 제외하고는 미래가격의 적용을 원칙으로 한다.
③ 장 마감 후 거래의 규제 관련 투자자의 신규 및 환매거래 규제 시점은 오후 3시 30분과 오후 5시로 이원화하고 있다.
④ 장 마감 후 거래의 규제와 관련하여 주식 50% 이상 편입의 기준은 실제 편입비율이 기준이 된다.
⑤ 시장성 없는 자산에 투자하는 비중이 각 집합투자기구 자산총액의 10%를 초과하는 경우 환매청구일로부터 15일을 초과하여 환매일을 정할 수 있다.

정답 및 해설

20 ④ 투자성 상품 및 금융상품 자문 계약에 대하여 계약서류를 제공받은 날로부터 7일 이내에 철회가 가능하다. 다만, 계약서류를 제공하지 않는 경우에는 계약체결일로부터 7일 이내 철회가 가능하다.
21 ② 판매보수는 집합투자기구로부터 취득하는 금전이며, 판매수수료의 경우 투자자로부터 직접 취득하게 된다.
22 ② 주식이 50% 미만 편입된 펀드를 오후 5시 이전에 매수 청구한 경우 기준가 적용일은 'T+1일'이 되어, 1월 7일(수)이 기준가 적용일이 된다.
23 ④ 주식이 50% 이상 편입된 펀드를 오후 3시 30분 이전에 환매 청구한 경우 환매금 지급일은 'T+3일'이다.
24 ④ 주식 50% 이상 편입의 기준은 실제 편입비율이 기준이 아니며 집합투자규약상 최대 편입비율을 기준으로 한다.

25 다음 중 해외투자펀드에 대한 설명으로 옳지 않은 것은?

① 외국 법률에 따라 해외 운용사에서 운용한다.
② 국내 투자자를 대상으로 한다.
③ 대부분의 경우 투자신탁의 형태로 투자된다.
④ 원화로 투자된다.
⑤ 전 세계 투자 자산에 투자한다는 점은 역외펀드와 동일하다.

26 다음 중 증권집합투자기구에 대한 설명으로 옳지 않은 것은?

① 증권집합투자기구란 집합투자재산의 50%를 초과하여 증권에 투자하는 집합투자기구를 말한다.
② 증권집합투자기구는 투자하는 증권의 비율에 따라 주식형 펀드, 채권형 펀드, 혼합형 펀드로 구분된다.
③ 주식혼합형 펀드란 주식의 최고편입비율이 50% 이상인 펀드를 말한다.
④ 주식형 펀드란 주식의 편입비율이 50% 이상인 펀드를 말한다.
⑤ 채권형 펀드의 주식편입비율은 0%이다.

27 다음 중 패시브형 펀드에 대한 설명으로 옳지 않은 것은?

① 펀드매니저에 대한 의존도가 낮으며 각종 비용이 저렴하다.
② 가장 대표적인 패시브 운용상품은 인덱스펀드이다.
③ 액티브형 펀드에 비해 성과지속성이 낮다.
④ 지수추적을 목표로 하며 주식의 매매회전율이 낮다.
⑤ 펀드별로 성과의 차이가 적다.

28 다음 중 가치주펀드와 성장주펀드의 특징을 비교한 내용으로 옳지 않은 것은?

① 가치주펀드는 기업의 내재가치에 주목하여 저평가된 주식에 투자하는 주식형 펀드를 말한다.
② 가치주펀드는 성장주펀드에 비해 낮은 매매회전율을 지닌다.
③ 가치주펀드는 성장주펀드에 비해 높은 시장민감도를 지닌다.
④ 성장주펀드는 일반적으로 고PER주, 고PBR주를 주요 투자종목으로 한다.
⑤ 일반적으로 가치주펀드는 Bottom-Up방식에 의해 투자 의사결정을 한다.

29 다음 중 채권형 펀드에 대한 설명으로 옳지 않은 것은?

① 만기보유전략은 소극적 전략, 스프레드 운용전략은 적극적 전략으로 구분한다.
② 발행자의 신용도, 잔존기간은 채권가격에 영향을 미치는 내적요인에 속한다.
③ 전환사채에 투자하여 보유할 수 있지만 주식으로 전환할 수 없다.
④ 금리 하락 시 채권가격이 상승하여 수익률이 떨어진다.
⑤ 수익률에 가장 큰 영향을 미치는 요인은 신용위험과 금리위험이다.

정답 및 해설

25 ① 국내 법률에 따라 국내 운용사가 운영한다.
26 ④ 주식형 펀드란 주식의 편입비율이 60% 이상인 펀드를 말한다.
27 ③ 액티브형 펀드에 비해 성과지속성이 높다.
28 ③ 가치주펀드는 성장주펀드에 비해 상대적으로 낮은 시장민감도를 지닌다.
29 ④ 금리 하락 시 채권가격이 상승하여 수익률이 올라가며, 금리 상승 시 채권가격이 하락하여 수익률이 떨어진다.

30 다음 중 말킬의 채권가격 정리에 대한 설명으로 옳지 않은 것은?

① 채권가격과 채권수익률은 반비례 관계를 가진다.
② 채권의 수익률 변동에 따른 채권가격 변동폭은 만기가 짧아질수록 작아진다.
③ 채권의 이자지급 주기가 짧을수록 채권수익률 변동으로 인한 채권가격의 변동률이 적어진다.
④ 표면이율이 높을수록 채권수익률 변동으로 인한 채권가격의 변동률이 적어진다.
⑤ 만기가 일정할 때 수익률 하락으로 인한 가격상승폭은 같은 수익률의 상승으로 인한 가격하락폭보다 작다.

31 다음 중 부동산의 체계적 위험과 비체계적 위험이 순서대로 연결된 것은?

① 경제 위험, 유동성 위험
② 인구통계학적 위험, 물리적 하자 위험
③ 자본시장 변동 위험, 경제 위험
④ 금융 위험, 관리 위험
⑤ 물리적 하자 위험, 유동성 위험

32 다음 중 아파트나 상가를 짓는 시행회사에 초기 토지매입대금 및 시공비 등을 대출방식으로 빌려준 후 그 이자를 받아 배당해주는 부동산펀드상품으로 일반적으로 3~6개월마다 배당이 이루어지며 만기가 2~3년으로 짧은 것이 특징인 상품은?

① 임대수익형 부동산펀드
② PF형 부동산펀드
③ 경매·공매형 부동산펀드
④ 권리형 부동산펀드
⑤ 직접개발형 부동산펀드

출제빈도 ★★

33 다음 중 단기금융집합투자기구에서 투자할 수 있는 단기금융상품의 종류로 옳지 <u>않은</u> 것은?

① 남은 만기가 6개월 이내인 양도성예금증서
② 남은 만기가 5년 이내인 지방채증권
③ 만기가 6개월 이내인 금융기관에의 예치
④ 다른 단기금융집합투자기구의 집합투자증권
⑤ 금융기관에 대한 30일 이내의 단기대출

출제빈도 ★★★   최신출제유형

34 종류형 집합투자기구의 종류(Class) A와 C를 고객에게 설명하고자 한다. 다음 설명 중 옳지 <u>않은</u> 것은?

① 종류(Class) A와 종류(Class) C는 판매보수 및 판매수수료가 다릅니다.
② 종류(Class) A와 종류(Class) C는 운용방법과 평가방법이 같습니다.
③ 펀드의 기준가격은 클래스별로 산정되어 공고됩니다.
④ 투자설명서에 클래스별 세부내용을 기술하고 있습니다.
⑤ 수익자총회는 전체 수익자총회로 통합되어 운용됩니다.

정답 및 해설

30 ⑤ 만기가 일정할 때 수익률 하락으로 인한 가격상승폭은 같은 수익률의 상승으로 인한 가격하락폭보다 크다.
31 ② • 부동산의 체계적 위험 : 경제 위험, 인구통계학적 위험, 자본시장 변동 위험, 유동성 위험
      • 부동산의 비체계적 위험 : 금융 위험, 물리적 하자 위험, 관리 위험
32 ② 아파트나 상가를 짓는 시행회사에 초기 토지매입자금·시공비 등을 대출방식으로 빌려준 후 이자를 받아 배당해주는 부동산펀드를 PF형 부동산펀드라고 한다.
33 ② 남은 만기가 1년 이내인 지방채증권, 남은 만기가 5년 이내인 국채증권에 투자할 수 있다.
34 ⑤ 수익자총회는 전체 수익자총회와 클래스별 수익자총회로 구분하여 운용한다.

35 펀드창구 직원이 상장지수집합투자기구(ETF)에 대하여 고객과 상담한 내용으로 옳지 <u>않은</u> 것은?

① 지수에 투자하는 인덱스펀드의 특징을 가지고 있어서 개별 종목에 대한 별도의 분석이 필요하지 않습니다.
② 거래소에 상장하여 주식처럼 실시간 매매되고 있습니다.
③ 거래가 빈번하게 이루어짐에 따라 비용이 비싼 반면, 성과측정이 투명한 편입니다.
④ 주식형 상품 이외에도 산업형, 해외형, 채권형 등 다양한 형태의 상품이 개발되고 있습니다.
⑤ 집합투자기구 설정일로부터 30일 이내에 거래소시장에 상장해야 합니다.

36 다음 중 예금자보호법에 의한 보호를 받는 상품은?

① 주가연계증권(ELS)
② 주가연계신탁(ELT)
③ 주가연계펀드(ELF)
④ 주가연계정기예금(ELD)
⑤ 주가연계파생결합채권(ELB)

37 다음 중 구조화 상품의 특징으로 옳지 <u>않은</u> 것은?

① 파생상품을 이용하는 상품으로 수익구조가 복잡하다.
② 고객에게 사전에 기대수익률을 예측하여 제시할 수 있다.
③ 일반적으로 중도해지가 불가능한 상품이다.
④ 다른 펀드상품과 달리 만기가 있는 상품이다.
⑤ 적정성의 원칙 등 강화된 투자자보호제도가 적용된다.

38 다음 중 신탁에 대한 설명으로 옳지 않은 것은?

① 신탁재산은 수탁자의 고유재산이 된 것을 제외하고는 수탁자의 상속재산을 구성하지 않는다.
② 신탁재산의 관리·처분·멸실·훼손 기타의 사유에 의해 수탁자가 얻은 재산은 신탁재산에 속한다.
③ 신탁은 위탁자와 수탁자 간 특별한 신임관계에 기초하여 이루어지는 행위로서 위탁자와 수탁자 간 신탁계약 또는 위탁자의 유언에 의해 성립한다.
④ 신탁관리인은 수탁자가 불가피한 사정으로 사임되었을 경우 수탁자를 대신하여 임시적으로 신탁재산을 관리하는 자이다.
⑤ 수익자는 신탁행위의 당사자가 아니며, 신탁 설정 시 반드시 특정할 필요는 없다.

39 다음 중 신탁의 특징·운용에 대한 설명으로 옳지 않은 것은?

① 실적배당의 원칙을 기본으로 한다.
② 수탁자의 고유재산 및 다른 신탁재산과 별도로 분리계정으로 운용한다.
③ 통상 권리능력이 있는 모든 자는 수익자가 될 수 있다.
④ 신탁재산에 대한 강제집행 및 경매는 불가능하다.
⑤ 연금신탁 등 모든 신탁상품에 대해서는 원본보존의 의무가 없다.

정답 및 해설

35 ③ 거래가 빈번하게 이루어지지 않으므로 비용이 저렴한 편이다.
36 ④ 주가연계정기예금(ELD)은 예금자보호법에 의한 보호를 받을 수 있는 상품이다.
37 ③ 일반적으로 중도해지가 가능하나 중도해지수수료의 부담이 있는 상품이다.
38 ④ 신탁관리인은 수익자가 특정하게 지정되어 있지 않은 경우 수익자를 대신하여 법원이 선임하는 자를 말하며, 수탁자의 사임 및 해임 시 수탁자를 대신하여 임시적으로 신탁재산을 관리하는 자는 신탁재산관리인이라고 한다.
39 ⑤ 신탁상품은 원칙적으로 원본보존 의무가 없으나, 예외적으로 연금신탁은 원본보존 의무가 있는 상품이다.

출제빈도 ★★

40 연금저축신탁(연금신탁)에 대한 적절한 설명으로 모두 묶인 것은?

> 가. 일정 기간 이상 적립금을 납입한 후, 적립기간이 만료된 때부터 그 납입원본과 이익을 일정 기간 이상 연금으로 나누어 수령하는 연금저축 상품의 한 종류이다.
> 나. 예금자보호법에 의해 보호되는 금융상품이다.
> 다. 신탁의 해지 또는 종료 시 신탁기간 중 발생한 신탁손익의 합계액이 마이너스(−)인 경우 신탁손익의 합계액을 영(0)으로 한다.
> 라. 연간 납입액의 40% 범위 내에서 최대 72만원까지 소득공제 혜택이 있다.
> 마. 2018년부터 은행에서 판매하던 원본보존형 연금저축신탁의 신규판매가 중단되었다.

① 가, 다
② 나, 마
③ 가, 나, 다
④ 나, 라, 마
⑤ 가, 나, 다, 마

출제빈도 ★★★

41 2013년 1월 1일 이후부터 판매되고 있는 연금신탁에 대한 설명으로 옳지 <u>않은</u> 것은?

① 가입자의 연령제한은 없다.
② 최소 납입기간은 10년 이상으로, 연금은 만 55세 이후부터 수령할 수 있다.
③ 국민인 비거주자와 외국인인 비거주자는 가입대상이 아니다.
④ 최저 1만원부터 납입 가능하며 한도는 연간 1,800만원 이내이다.
⑤ 연금수령 한도 범위 내에서 수령하는 연금에 대해서는 연령에 따른 차등 연금소득세율이 적용된다.

출제빈도 ★

42 다음 중 특정금전신탁에 대한 설명으로 옳지 <u>않은</u> 것은?

① 원칙적으로 중도해지가 가능하지만, 중도해지수수료가 부과된다.
② 특정금전신탁에서 운용할 수 있는 기초자산의 종류는 특별히 제한되어 있지 않다.
③ 단기 고수익 신탁상품인 MMT도 특정금전신탁의 한 종류로 볼 수 있다.
④ 특정금전신탁은 고액자산가에 한하여 가입할 수 있다.
⑤ 실적배당형 운용상품으로 원본보존의 의무가 없다.

43 다음 중 자산유동화증권에 대한 설명으로 옳지 않은 것은?

① 자산유동화증권에 대한 신용보강수단이 존재한다.
② 자산보유자 입장에서는 자금조달비용을 절감하고, 재무구조를 개선할 수 있다는 장점이 있다.
③ 투자자 입장에서는 동일한 신용도를 가진 일반 채권에 비해 상대적으로 높은 수익률을 획득할 수 있다는 장점이 있다.
④ 자산보유자의 개별 신용도에 근거하여 신용등급이 결정된다.
⑤ 금융기관 및 기업이 보유하고 있는 자산을 표준화 및 특정 조건별로 집합화하여 이를 기초로 증권을 발행한 후, 매각하여 자산을 현금화하는 증권을 말한다.

44 다음은 어떤 담보권에 관한 설명인가?

> 담보제공 약정 당시 특별히 지정된 대출에 대해서만 담보를 제공한다는 담보권의 종류로서 대출의 기한 연장 및 갱신이 허용되지 않는다.

① 한정근담보 ② 특정근담보 ③ 포괄근담보
④ 특정채무담보 ⑤ 한정채무담보

정답 및 해설

40 ⑤ '가, 나, 다, 마'는 적절한 설명이다.
   라. 기존의 개인연금신탁은 신탁이익에 대하여 비과세 혜택과 함께 연간 납입액의 40% 범위 내에서 최대 72만원까지 소득공제 혜택을 부여했던 것에 비하여, 연금저축신탁은 비과세 상품이 아니며 연금소득세를 원천징수하고 추가로 연간 납입액의 일정액 범위에서 세액공제 혜택을 준다.
41 ② 최소 납입기간은 5년 이상이다.
42 ④ 특정금전신탁의 가입자격에는 제한이 없다.
43 ④ 자산보유자의 신용도에 상관없이 기초자산의 질에 근거하여 신용등급이 결정된다.
44 ④ 담보제공 약정 시 특별히 지정된 대출에 한하여 담보를 제공하는 담보권의 종류로서 대출의 기한 연장 및 갱신 등이 허용되지 않는 담보권은 특정채무담보에 해당한다.

출제빈도 ★★

45 다음 중 대출에 대한 설명으로 옳지 않은 것은?

① 카드론은 일반적으로 제1금융권 대출 금리에 비해 이자 수준이 높다.
② 수익권 담보대출의 담보인정비율은 예·적금 담보인정비율에 비해 높은 수준이다.
③ 주택 이외의 부동산담보대출은 일반적으로 주택담보대출에 비해 고금리가 적용된다.
④ 역모기지론의 금리는 일반 주택담보대출에 비해 저금리가 적용된다.
⑤ 모기지론의 금리는 일반 주택자금대출 금리에 비해 저금리가 적용된다.

출제빈도 ★★

46 다음 중 주택담보대출에 대한 적절한 설명으로 모두 묶인 것은?

> 가. DTI란 채무자의 연간 원리금상환액이 총소득에서 차지하는 비율을 의미한다.
> 나. 금융기관의 LTV·DTI에 대한 규제는 과도한 주택담보대출로 인한 부동산투기를 방지하기 위한 제도이다.
> 다. 부동산시장이 과열되었을 경우 대출가능금액이 줄어들도록 DTI비율을 낮게 조정해야 한다.
> 라. LTV의 수준이 60%인 경우 1억원 상당의 주택을 담보로 한다면 최대 대출가능금액은 6천만원이다.
> 마. DSR은 DTI보다 한층 강화된 대출 규제로서 신규대출뿐만 아니라 기존 모든 금융기관의 부채원리금상환액을 포함하여 계산한다.

① 가, 나, 다   ② 나, 다, 라   ③ 다, 라, 마
④ 가, 다, 라, 마   ⑤ 가, 나, 다, 라, 마

출제빈도 ★★

47 다음 중 주택을 소유하고 있는 고령자의 노후안정자금을 지원하기 위한 목적의 공적 대출로서 한국주택금융공사에서 공적보증을 제공하여 취급하고 있는 대출은?

① 모기지론   ② 역모기지론   ③ 공유형 모기지
④ 주택담보대출   ⑤ 생활자금대출

48 다음 중 대고객매매율에서 최고환율과 최저환율이 되는 환율은 각각 무엇인가?

① 여행사수표매도율, 현찰매입률
② 현찰매입률, 현찰매도율
③ 현찰매도율, 현찰매입률
④ 전신환매도율, 전신환매입률
⑤ 전신환매입률, 전신환매도율

49 다음 지문에서 설명하는 것은?

> 외국환 중개회사를 통해 거래가 이루어진 미달러화의 현물환 매매 중 익익영업일 결제 거래에서 형성되는 율을 거래량으로 가중평균하여 산출되는 시장평균환율

① 재정환율
② 매매기준율
③ 대고객매매율
④ 전신환매매율
⑤ 현찰매매율

정답 및 해설

45	②	수익권 담보대출의 담보인정비율은 예·적금 담보인정비율에 비해 낮은 수준이다.
46	⑤	'가, 나, 다, 라, 마' 모두 적절한 설명이다.
47	②	역모기지론에 대한 설명이다.
48	③	현찰매도율과 현찰매입률은 대고객매매율에서 각각 최고환율과 최저환율이 된다.
49	②	매매기준율은 최근 거래일의 외국환 중개회사를 통해 거래가 이루어진 현물환 매매 중 익익영업일 결제 거래에서 형성되는 율을 거래량으로 가중평균하여 산출되는 시장평균환율이다.

출제빈도 ★★★

50 다음 중 외국환거래법상 외국인 비거주자로 분류되는 것은?

① 대한민국 재외공관
② 국내에서 영업활동에 종사하고 있는 외국인
③ 주한미군 및 이에 준하는 국제연합군
④ 6개월 이상 국내에서 체재하고 있는 외국인
⑤ 외국에 있는 국제기구에서 근무하고 있는 대한민국 국민

출제빈도 ★★

51 다음 중 외화예금에 대한 설명으로 옳지 않은 것은?

① 외화예금은 예금자보호법에 의한 보호를 받을 수 있다.
② 환율이 고시되는 통화에 한하여 가입이 제한되어 있다.
③ 입금 시에는 전신환매입률이, 지급 시에는 전신환매도율이 적용된다.
④ 외화당좌예금은 보통예금과 같이 만기를 정하지 않으면서 수시입출금이 가능한 예금으로 수표 및 지급청구서에 의해 거래된다.
⑤ 외화적립식예금은 정기적립식과 자유적립식 상품이 있으며, 예치기간별 금리를 지급한다.

출제빈도 ★★★ **최신출제유형**

52 외화수표의 제시기간이 긴 순서로 적절한 것은?

① 여행자수표 > 미재무성 수표 > 유효기간 3개월의 기타 수표 > 유효기간 표시가 없는 기타 수표
② 여행자수표 > 미재무성 수표 > 유효기간 표시가 없는 기타 수표 > 유효기간 3개월의 기타 수표
③ 미재무성 수표 > 여행자수표 > 유효기간 3개월의 기타 수표 > 유효기간 표시가 없는 기타 수표
④ 미재무성 수표 > 여행자수표 > 유효기간 표시가 없는 기타 수표 > 유효기간 3개월의 기타 수표
⑤ 유효기간 표시가 없는 기타 수표 > 유효기간 3개월의 기타 수표 > 미재무성 수표 > 여행자수표

출제빈도 ★★★

53 다음 중 신용카드에 대한 설명으로 옳지 않은 것은?

① 재발급은 신용카드 유효기간이 도래하고 일정 기준을 충족하는 경우 신용카드업자가 자동으로 발급하는 것이다.
② 본인회원은 결제능력 및 심사기준에 따라 결제능력이 있는 만 18세 이상의 실명의 개인을 대상으로 한다.
③ 체크카드와 직불카드는 사용금액에 대해 고객의 계좌에서 즉시 출금되어 결제된다는 점에서 신용카드와 차이가 있다.
④ 신용카드는 지급결제 수단, 신용공여 및 신용창조, 거래투명화 및 세원확보, 신분증명의 기능을 지닌다.
⑤ 선불카드는 고객이 신용카드업자에게 일정금액을 선납하고 선납금액 범위 내에서 자유롭게 사용할 수 있는 카드를 말한다.

출제빈도 ★★★ 최신출제유형

54 금융회사 창구직원인 윤진우 대리는 '카드사고와 부정사용대금의 보상'에 관련하여 고객에게 설명하고 있다. 다음 설명 중 옳지 않은 것은?

① 사고사유가 분실 및 도난인 경우, 회원의 신고 시점 이후에 발생한 사용대금 및 신고 전 90일 이내에 발생된 카드사용에 대해서는 전액 카드사로부터 보상을 받을 수 있다.
② 사고사유가 위·변조 및 명의도용인 경우 회원의 고의 또는 중과실로 비밀번호가 유출되었음을 카드사가 입증하는 때를 제외하고는 모두 카드회사의 책임이다.
③ 회원의 고의로 인한 부정사용의 경우 보상하지 않는다.
④ 회원의 가족에 의한 부정사용의 경우 보상하지 않는다.
⑤ 카드의 분실·도난 사실을 인지하고도 즉시 신고하지 않은 경우 보상하지 않는다.

정답 및 해설

50 ③ 주한미군 및 이에 준하는 국제연합군은 외국환거래법상 외국인 비거주자에 해당한다.
51 ③ 신규·입금 시에는 전신환매도율이 적용되며, 해약·지급 시에는 전신환매입률이 적용된다.
52 ② 외화수표의 제시기간의 경우 여행자수표는 무기한, 미재무성 수표는 1년, 기타 수표의 경우에는 수표의 표면에 유효기간 표시가 있으면 그에 따라 처리하고, 별도의 유효기간 표시가 없는 경우에는 통상 6개월로 본다.
53 ① 신용카드 유효기간이 도래하고 일정 기준을 충족하는 경우 신용카드업자가 자동으로 발급하는 것은 갱신발급에 해당한다.
54 ① 신고 전 60일 이내에 발생된 카드사용에 대해서 전액 카드사로부터 보상 받을 수 있다.

금융·자격증 전문 교육기관 해커스금융
fn.Hackers.com

■ 출제경향 및 학습전략

주식투자는 제1과목 전체 70문제 중 총 15문제가 출제된다.
주식투자의 경우 금융과 관련된 학습 또는 자격증 준비를 해 봤다면 한 번쯤은 접해봤을 수 있는 기본적 분석, 주식의 가치평가, 주식투자전략 등을 다루고 있다. 재무비율, 주식의 가치평가, 위험조정성과 평가 지표와 관련된 문제는 이론에 대한 이해를 바탕으로 계산문제에 대비할 필요가 있다.

■ 빈출포인트

구 분	문제번호	빈출포인트	출제빈도
주식투자의 기초 (27%)	01	주식투자의 의의 및 주식가격의 결정	★★★
	02~03	주식시장의 이해	★★★
기본적 분석 (20%)	04	기본적 분석의 개요	★
	05	경제분석	★★★
	06	산업분석	★★★
	07~08	기업분석	★★★
주식가치의 평가 (20%)	09	보통주 평가모형	★★★
	10~11	주가배수 평가모형	★★★
주식포트폴리오 운용 (13%)	12	주식포트폴리오 운용계획과 구성 및 실행	★★
	13	포트폴리오 성과 평정	★★★
주식투자전략 (20%)	14	소극적 투자전략	★★★
	15	적극적 투자운용방법	★★★

해커스 은행FP 자산관리사 2부 최종핵심정리문제집

제1과목 **금융자산 투자설계**

제2장
주식투자

개념완성문제 제2장 | 주식투자

✔ 개념완성문제를 통해 은행FP 자산관리사 시험에 나오는 개념을 이해할 수 있습니다.
✔ 다시 봐야 할 문제(틀린 문제, 풀지 못한 문제, 헷갈리는 문제 등)는 문제 번호 하단의 네모박스(□)에 체크하여 반복학습 할 수 있습니다.

주식투자의 의의 및 주식가격의 결정
출제빈도 ★★★

01 다음 중 주식에 대한 설명으로 옳지 않은 것은?

① 주식은 주주의 출자에 대해 교부하는 유가증권을 의미한다.
② 주식투자를 통해 시세차익, 배당수익, 유·무상수익, 세제상의 혜택을 얻을 수 있다.
③ 경영자의 자질, 주주현황, 기술수준 등은 주가에 영향을 미치는 기업 내적요인이다.
④ 주가에 영향을 미치는 경기변동, 물가와 이자율, 환율은 시장 내적요인이다.
⑤ 기본적 분석은 주가가 장기적으로 기업의 내재가치를 반영한다고 전제한다.

> **용어 알아두기**
> **유가증권** 일정한 금전이나 화물 등의 유가물에 대해 청구할 수 있는 권리가 표시된 증서로 재산권을 나타내며, 단순히 줄여서 증권이라고 한다.

주식시장의 이해
출제빈도 ★★★

02 다음 중 주식시장에 대한 설명으로 옳지 않은 것은?

① 주식시장은 금융시장 중에서 직접금융시장에 해당한다.
② 발행시장은 1차 시장으로 투자를 촉진시켜 환금성을 제공하는 기능을 한다.
③ 유통시장은 2차 시장으로 기업의 자금조달과는 직접적인 관련이 없다.
④ 구체적 증권시장은 거래소가 개설하는 시장으로 구체적이고 조직적인 시장이다.
⑤ 거래소시장은 상장증권을 대상으로 지속적으로 거래되는 계속적 시장이라는 특징을 갖는다.

> **용어 알아두기**
> **환금성** 일반적으로 유동성(Liquidity)과 동의어로 사용되며, 자산의 완전한 가치를 현금화하는 데 필요한 기간 또는 현금화할 수 있는 가능성을 의미한다.

정답 및 해설

01 ④ 주가에 영향을 미치는 경기변동, 물가와 이자율, 환율은 시장 외적요인이다.
02 ② 환금성을 제공하는 기능을 하는 것은 유통시장이다.

주식시장의 이해　　　　　　　　　　　　　　　　　　　　　　　출제빈도 ★★★

03 다음 중 주가지수에 대한 설명으로 옳지 <u>않은</u> 것은?

① 주가지수는 경기변동의 선행지표로 이용된다.
② 우리나라의 종합주가지수인 KOSPI는 주가평균식 방법에 의해 산출된다.
③ 코스닥 스타지수는 코스닥시장에 상장된 주식 중 우량 30종목을 구성종목으로 한다.
④ 다우존스산업지수에 편입된 종목은 30개로 산업의 대표기업들로만 구성되어 있다.
⑤ 중국의 B주 시장은 외국인 전용시장으로 미국 달러로 거래된다.

기본적 분석의 개요　　　　　　　　　　　　　　　　　　　　　　출제빈도 ★

04 다음 중 기본적 분석에 대한 설명으로 옳지 <u>않은</u> 것은?

① 주가에 영향을 미치는 제반 요인을 분석하여 기업의 내재가치를 구하고자 하는 것이다.
② 기업에서 시작해서 산업, 그리고 경제를 분석하는 미시방식이 많이 사용된다.
③ 주식투자 시 저평가 혹은 고평가된 주식을 발견하는 데 유용한 정보를 제공한다.
④ 회계처리기준에 따라 재무제표가 달라질 수 있기 때문에 객관적이지 못할 수 있다는 단점이 존재한다.
⑤ 기업이 속한 산업에 따라 기업의 장기적 수익성과 위험이 결정되는 경향이 강하므로 산업분석이 필요하다.

정답 및 해설

03　②　KOSPI를 포함한 우리나라 대부분의 주가지수는 시가총액식 방법에 의해 산출된다.
04　②　경제에서 시작해서 산업, 그리고 기업의 순으로 분석하는 거시방식이 많이 사용된다.

경제분석

출제빈도 ★★★

05 다음 중 경기변동과 경제변수가 주가에 미치는 영향에 대한 설명으로 옳지 <u>않은</u> 것은?

① 대개 주가는 경기에 비해 6~9개월 정도 선행한다.

② 경기변동은 한 주기 내에서 확장기와 수축기의 길이가 다른 것이 일반적이다.

③ 일반적으로 이자율이 상승하면 주가도 상승한다.

④ 단기적으로 통화량이 증가할 경우 자산대체 효과로 주식에 대한 수요가 증가하고 주가가 상승한다.

⑤ 일반적으로 환율 상승은 주가에 긍정적이나 수입비중이 높은 기업의 경우 정반대의 현상이 나타날 수 있다.

산업분석

출제빈도 ★★★

06 기본적 분석 중 산업분석에 대한 설명으로 옳지 <u>않은</u> 것은?

① 산업 내 분석뿐만 아니라 산업 간 분석도 산업분석의 대상이다.

② 기존 기업의 입장에서 가장 매력적인 산업은 진입장벽이 낮은 시장이다.

③ 성장기는 자금조달 능력이 중요한 이슈로 작용하는 단계이다.

④ 성숙기의 기업은 수익성이 체감적으로 증가하며, 경영위험이 점차 증가한다.

⑤ 포터는 산업의 경쟁강도와 잠재적인 수익성이 진입장벽, 대체 가능성, 기존 기업 간의 경쟁, 구매자·공급자의 교섭력에 의해 결정된다고 보았다.

정답 및 해설

05 ③ 일반적으로 이자율과 주가는 역(-)의 관계를 갖기 때문에 이자율이 상승(하락)하면 주가는 하락(상승)한다.
06 ② 기존 기업의 입장에서 가장 매력적인 산업은 진입장벽이 높고, 철수장벽이 낮은 시장이다.

기업분석

07 다음 기업분석의 내용 중 질적 분석으로 옳지 <u>않은</u> 것은?

① 회사의 연혁
② 회사의 손익계산서
③ 노사관계 분석
④ 경영자의 능력 분석
⑤ 업계에서의 위치 분석

기업분석

08 기업분석 중 시장가치비율 분석에 대한 설명으로 옳지 <u>않은</u> 것은?

① 투자자들이 기업의 가치를 어떻게 바라보는가를 파악할 수 있게 해준다.
② 주가수익비율(PER)이 낮을수록 기업의 가치가 저평가되어 있다고 판단한다.
③ 주가순자산비율(PBR) 산출 시 분모는 장부가치를, 분자는 시장가치를 사용한다.
④ 주가현금흐름비율(PCR)은 기업의 영업성과와 자금조달 능력을 나타낸다.
⑤ 토빈의 q가 1보다 클 경우에는 M&A의 대상이 되기도 한다.

> **용어 알아두기**
> **M&A** Mergers & Acquisitions의 약자로 기업의 인수와 합병을 의미한다.

정답 및 해설

07 ② 기업의 재무제표 항목인 대차대조표, 손익계산서, 현금흐름표 등은 양적 분석에 해당한다.
08 ⑤ 토빈의 q가 1보다 작을 경우 자산의 시장가치가 대체비용에 비해 저렴하게 평가되어 있는 것을 의미하므로 M&A의 대상이 되기도 한다.

보통주 평가모형

09 다음 중 보통주 평가모형에 대한 설명으로 옳지 않은 것은?

① 배당평가모형에 의한 증권의 내재가치는 영속적인 미래배당흐름을 요구수익률로 할인한 현재가치이다.
② 정률성장 배당모형에서 요구수익률은 일정하며, 성장률보다 큰 것으로 가정한다.
③ 정률성장 배당모형에 의하면 요구수익률이 클수록 주가는 상승한다.
④ 이익평가 모형에 따르면 재투자수익률이 요구수익률보다 클 때 주식가치는 높아진다.
⑤ 자산가치 평가모형은 자산가치가 급등락하는 경제상황에서 상대적으로 중요성을 띤다.

주가배수 평가모형

10 다음 중 주가수익비율(PER) 평가모형에 대한 설명으로 옳은 것은?

① PER은 주당순이익을 주가로 나눈 값으로 그 값이 낮을수록 저평가되어 있다고 본다.
② 다른 조건이 같다면 PER은 기대수익률과 이익성장률이 클수록 커진다.
③ 배당을 지급하지 않는 기업의 주식을 평가할 때에는 이용할 수 없다.
④ 배당평가모형에 비해 이론적인 근거가 명확하다.
⑤ 다른 조건이 같다면 배당성향이 증가할수록 PER은 커진다.

정답 및 해설

09 ③ 정률성장 배당모형에 의하면 요구수익률이 클수록 주가는 하락한다.
10 ⑤ ① PER은 주가를 주당순이익으로 나눈 값이다.
② 다른 조건이 같다면 PER은 배당성향과 이익성장률이 클수록 커지고, 기대수익률이 클수록 작아진다.
③ 이익을 기준으로 계산하므로 배당을 지급하지 않는 기업의 주식(무배당주식)을 평가할 때에도 이용할 수 있다.
④ 배당평가모형과 달리 이론적인 근거가 명확하지 않다.

주가배수 평가모형

출제빈도 ★★★

11 다음 중 주가배수 평가모형에 대한 설명으로 옳지 <u>않은</u> 것은?

① 시간성과 집합성, 자산·부채의 인식기준에 대한 차이 때문에 PBR은 대개 1보다 크거나 작다.
② PBR은 부(−)의 EPS를 갖는 기업에도 적용 가능하다는 장점이 있다.
③ EV/EBITDA는 철강산업과 같은 자본집약산업을 평가할 때 유용하다.
④ PSR은 적자 기업에 적용 가능하나 회계처리방법에 의해 왜곡될 가능성이 크다.
⑤ PBR은 기업의 마진, 활동성, 부채레버리지, 기업 수익력의 질적 측면(PER)이 반영된 지표이다.

주식포트폴리오 운용계획과 구성 및 실행

출제빈도 ★★

12 다음 중 주식포트폴리오 운용에 대한 설명으로 옳지 <u>않은</u> 것은?

① 통합적 투자관리 체계는 계획(Plan), 실행(Do), 평가(See)의 세 단계로 이루어진다.
② 투자목표 수립 시 투자기간이 길수록 고객의 위험수용도가 높아짐을 고려한다.
③ 투자계획서에는 투자목표, 투자분석, 자산배분과 종목선정 등이 포함되어야 한다.
④ 액티브 운용에서 주식포트폴리오 구성을 위한 마지막 단계는 실제포트폴리오를 복제한 모델포트폴리오를 구성하는 것이다.
⑤ 선정된 종목은 주식포트폴리오의 성격을 충분히 반영할 수 있어야 하며, 주어진 벤치마크를 추종할 수 있어야 한다.

정답 및 해설

11 ④ 매출액은 순이익에 비해 인위적인 조작이 힘들다. 따라서 PSR 평가모형의 경우도 분모인 매출액 측정에 있어 회계처리방법에 의해 왜곡될 가능성이 상대적으로 적다.

12 ④ 액티브 운용에서 주식포트폴리오 구성의 마지막 단계는 모델포트폴리오를 바탕으로 시장상황을 고려한 실제포트폴리오를 구성하는 것이다.

포트폴리오 성과 평정

출제빈도 ★★★

13 다음 중 포트폴리오 성과 평정에 대한 설명으로 옳지 않은 것은?

① 포트폴리오 리밸런싱은 포트폴리오가 갖는 본래의 특성을 유지하고자 변동된 투자비율을 원래대로 환원하는 것이다.
② 포트폴리오 업그레이딩 시 손실을 크게 가져다주는 종목을 포트폴리오에서 제거하는 방법이 주로 사용된다.
③ 산술평균수익률은 시간가중평균수익률로 기간별 투자금액의 크기를 고려하지 않는다.
④ 기하평균수익률은 중간에 현금흐름이 재투자되어 증식되는 것을 감안한 수익률이다.
⑤ 정보비율은 펀드매니저의 능력을 측정할 수 있는 지표로 초과수익률을 포트폴리오 수익률의 표준편차로 나누어 측정한다.

소극적 투자전략

출제빈도 ★★★

14 다음 중 소극적 투자전략에 대한 설명으로 옳지 않은 것은?

① 시장 효율성을 근거로 하여 시장평균 수준의 수익을 얻고자 하는 투자전략이다.
② 단순 매수·보유전략은 분석을 통해 저평가된 종목을 매수하여 보유하는 전략이다.
③ 정보비용을 극소화하면서 거래비용을 최소화시키려는 특성을 가진다.
④ 가장 적극적인 의미에서 소극적 투자전략은 인덱스펀드에 투자하는 것이다.
⑤ 평균 투자법은 단기보다는 장기에 효과가 크며, 가장 큰 장점은 Cost Averaging이다.

> **용어 알아두기**
> Cost Averaging 평균 매입 단가의 하락을 의미한다. 주가가 상승할 때 주식을 적게 매입하고, 주가가 하락할 때는 주식을 많이 매입하면 주당 평균 매입 단가는 하락한다.

정답 및 해설

13 ⑤ 정보비율은 초과수익률을 비체계적 위험이 측정된 잔차의 표준편차(추적오차)로 나누어 측정한다.
14 ② 단순 매수·보유전략은 특정 종목을 선택하고자 의도적인 노력을 하지 않고, 무작위적으로 선택한 주식을 매입하여 보유하는 전략이다.

적극적 투자운용방법

15 다음 중 적극적 투자전략에 대한 설명으로 옳지 않은 것은?

① 시장이 비효율적인 것을 전제로 초과수익을 얻고자 노력한다.
② 여러 종목에 분산투자하기보다는 소수 정예종목에 집중 투자하는 경향이 있다.
③ 포뮬라 플랜은 일정한 규칙에 따라 기계적으로 자산배분을 하는 방법이다.
④ 시장이 강세일 때는 베타계수가 높은 종목을 포트폴리오에 포함한다.
⑤ 저PER투자, 역행투자, 고배당수익률 투자는 성장투자 스타일에 해당한다.

정답 및 해설

15 ⑤ 저PER투자, 역행투자, 고배당수익률 투자는 가치투자 스타일에 해당한다.

출제예상문제 제2장 | 주식투자

✓ 출제예상문제를 통해 다양한 은행FP 자산관리사 문제를 풀어볼 수 있습니다.
✓ 다시 봐야 할 문제(틀린 문제, 풀지 못한 문제, 헷갈리는 문제 등)는 문제 번호 하단의 네모박스(□)에 체크하여 반복학습 할 수 있습니다.

출제빈도 ★

01 다음 중 주식투자에 대한 설명으로 옳지 <u>않은</u> 것은?
① 주식은 채권에 비해 변동성이 크기 때문에 위험자산으로 분류된다.
② 주식은 유가증권을 지칭하며 증권보다 포괄적인 의미를 가진다.
③ 저금리 기조가 정착되면서 배당수익은 중요한 주식투자 목적이 되고 있다.
④ 국내 현행법상 주식 매매차익에 대해 비과세함으로써 상대적으로 세제혜택을 받을 수 있다.
⑤ 투자의 3요소인 수익성, 안정성, 유동성을 고려할 때 주식은 수익성과 유동성은 우수하나 안정성은 떨어진다.

출제빈도 ★★★ 최신출제유형

02 증권 분류 중 자본증권에 해당하지 <u>않는</u> 것은?
① 주 식 ② 채 권 ③ 수익증권
④ 선하증권 ⑤ 파생증권

출제빈도 ★★★ 최신출제유형

03 다음 중 주식투자로부터 발생하는 수익요인과 가장 거리가 <u>먼</u> 것은?
① 시세차익 ② 매매차익 비과세 ③ 배당수익
④ 유·무상증자 수익 ⑤ 이자소득

04 기업 외적인 주가 결정요인 중 시장 내적요인에 해당하는 것으로 올바르게 묶인 것은?

| 가. 경기변동 | 나. 투자자의 심리동향 | 다. 정치·사회적 변화 |
| 라. 당국의 시장규제 | 마. 물가와 이자율 | 바. 증시 수급관계 |

① 가, 나, 다
② 가, 다, 마
③ 가, 마, 바
④ 나, 다, 라
⑤ 나, 라, 바

05 다음 중 주식투자 접근방법에 대한 설명으로 옳지 않은 것은?

① 증권분석은 개별주식을 독립적으로 분석하는 방법으로 기본적 분석과 기술적 분석으로 분류할 수 있다.
② 기본적 분석을 통해 내재가치가 시장가격보다 낮게 형성되어 있으면 매도한다.
③ 기술적 분석은 매매시점을 포착하기 위해 차트를 이용하여 내재가치를 분석한다.
④ 포트폴리오 분석법은 가장 바람직한 증권들의 결합을 찾고, 투자위험을 관리하는 것에 초점을 둔다.
⑤ 개별적으로는 성과가 우수한 증권일지라도 포트폴리오에 편입된 후 열등한 증권으로 평가될 수 있다.

정답 및 해설

01 ② 증권은 유가증권을 지칭하며 주식보다 포괄적인 의미를 가진다.
02 ④ 자본증권에는 주식, 채권, 수익증권, 파생증권이 있으며, 선하증권은 상품증권에 분류된다.
03 ⑤ 이자소득은 채권투자로부터 발생하는 수익요인이다.
04 ⑤ '나, 라, 바'는 시장 내적요인에 해당하며, '가, 다, 마'는 시장 외적요인에 해당한다.
05 ③ 기술적 분석은 매매시점을 포착하기 위해 차트를 이용하여 패턴과 추세를 분석하며, 내재가치를 분석하는 것은 기본적 분석이다.

06 다음 중 발행시장의 주요 기능과 가장 거리가 먼 것은?

① 자금조달
② 환금성 제공
③ 금융정책의 수단 제공
④ 자산운용 대상 제공
⑤ 자본의 효율적 배분

07 다음 중 구체적 증권시장에 대한 설명으로 옳지 않은 것은?

① 좁은 의미의 증권시장으로, 거래소가 개설하는 시장을 의미한다.
② 추상적 시장인 유통시장이 구체적인 기능을 발휘하는 곳이다.
③ 일정한 시간 동안 지속적으로 거래되는 계속적 시장이다.
④ 상장증권과 비상장증권을 매매 대상으로 하며, 공개적 경쟁매매이다.
⑤ 거래가 일정한 시설과 장소에 집합되어 구체적이고 조직적인 시장이다.

08 다음 중 우리나라와 해외의 주가지수에 대한 설명으로 옳지 않은 것은?

① KOSPI200은 시가총액식으로 산출되며, 주가지수선물의 대상지수이다.
② KRX100은 코스닥시장의 대표 종목 100개로 구성되어 있다.
③ 미국의 나스닥지수는 기술주와 성장주의 성과를 측정하는 지수로 널리 사용된다.
④ 일본의 Nikkei225지수는 주가평균식으로 산출되며, 일본의 통화단위인 엔으로 표시된다.
⑤ 중국의 A주 시장은 중국인을 대상으로 하는 주식시장이지만, 적격투자자 자격을 얻은 외국금융사도 투자 가능하다.

09 출제빈도 ★★

1996년 5월부터 시작된 주가지수선물의 대상지수로서 거래소에 상장된 종목 중 거래가 활발하며 시가총액이 일정 규모 이상인 200개의 종목으로 구성된 지수는?

① KOSPI ② KRX100 ③ KOSPI100
④ KOSPI200 ⑤ KOSDAQ50

10 출제빈도 ★★★

다음 중 주식시장의 시장지표에 대한 설명으로 옳지 않은 것은?

① 주가수익비율(PER)은 기업의 내재가치를 평가하기 위한 절대적 기준이다.
② 주가순자산비율(PBR)이 1 미만이면 주가가 청산가치에 미치지 못함을 의미한다.
③ 배당수익률은 주당배당금을 주가로 나눈 것으로 종목 간 주가수준을 비교하는 데 이용된다.
④ 상장주식회전율은 주식의 유동상황을 판단하기 위해 시점이 다른 거래량을 똑같이 비교할 수 있도록 산출되는 지표이다.
⑤ 상장주식회전율이 높을수록 거래가 활발하고 시장인기도가 높음을 의미한다.

정답 및 해설

06 ② 환금성 제공은 유통시장의 주요 기능이다.
07 ④ 구체적 증권시장인 거래소시장은 상장증권만을 매매 대상으로 한다.
08 ② KRX100은 유가증권시장과 코스닥시장의 우량종목 100개를 고루 편입한 통합주가지수이다.
09 ④ KOSPI200에 대한 설명이다.
10 ① 주가수익비율(PER)은 절대적 기준이 아니라 상대적 기준이다.

출제빈도 ★★★

11 다음 중 경기변동과 주가에 대한 설명으로 옳지 않은 것은?

① 경기가 최고조에 달하기 전 주가는 이미 상승세에서 하락세로 접어든다.
② 경기호황이 예상되면 주가는 상승하고, 경기침체가 예상되면 주가는 하락한다.
③ 경기회복기에는 경기부양을 위해 통화량이 증가하고 고용과 소비가 확대된다.
④ 일반적으로 경기의 한 주기 내에서 확장기와 수축기의 길이가 다르게 나타난다.
⑤ 주가는 건설·기계수주지표와 같은 경기후행지표의 행보에 가장 민감하게 반응한다.

출제빈도 ★

12 다음 중 경기동향을 파악하는 방법에 대한 설명으로 옳지 않은 것은?

① 개별 경제지표에 의한 방법은 가장 기본적인 경기분석방법으로 부문별 경기동향과 흐름을 파악하는 데 유용하다.
② 경기종합지수(CI)와 같은 종합경기지표에 의한 방법은 경제구조가 빠르게 변화할 경우 경기지표의 경기대응성이 저하될 가능성이 크다.
③ 설문조사에 의한 방법은 비교적 쉽게 경기의 움직임을 파악할 수 있으나 구체적인 경기전환점을 파악하기는 어렵다.
④ 계량모형에 의한 방법은 경제변수들 간의 인과관계나 상관관계를 모형화하여 경기를 예측하거나 분석하는 방법이다.
⑤ 개별 경제지표, 설문조사에 의한 방법은 개인의 주관에 좌우될 가능성이 크다는 단점이 있다.

출제빈도 ★★★ 최신출제유형

13 다음 중 경제변수와 주가에 대한 설명으로 옳지 않은 것은?

① 이자율이 상승하면 주가는 하락한다.
② 장기적인 통화량의 증가는 주가를 하락시킨다.
③ 우리나라의 경우 원자재 가격과 주가는 역(−)의 관계에 있다.
④ 환율이 상승하면 수출기업의 주가는 하락하고, 수입기업의 주가는 상승한다.
⑤ 물가가 완만하게 장기적으로 상승하는 경우 주가는 상승하나 급격한 물가상승은 주가에 부정적으로 작용한다.

출제빈도 ★★★ 최신출제유형

14 다음 중 포터의 산업구조분석에 의한 5가지 경쟁요인에 해당하지 <u>않는</u> 것은?

① 진입장벽
② 보완재의 위협
③ 공급자의 교섭력
④ 구매자의 교섭력
⑤ 산업 내 경쟁 정도

출제빈도 ★★

15 산업구조분석을 기준으로 했을 때 기존 기업의 입장에서 가장 매력적인 시장은?

① 구매자들의 전환비용이 낮은 경우
② 공급자의 제품이 중요한 투입요소일 경우
③ 실질적이거나 잠재적인 대체품이 많은 시장
④ 시장 라이프사이클이 안정기에 있거나 쇠퇴기에 접어든 경우
⑤ 규모의 경제 효과가 잘 나타나고 진출에 따른 소요자본이 막대한 경우

정답 및 해설

11 ⑤ 일반적으로 주가는 경기에 선행하며, 경기선행지수의 행보에 가장 민감하게 반응한다.
12 ① 개별 경제지표에 의한 방법은 부문별 경기동향을 파악하는 데는 유용하나 흐름을 파악하기 어렵다는 단점이 존재한다.
13 ④ 환율이 상승하면 수출기업의 주가는 상승하고, 수입기업의 주가는 하락한다.
14 ② 포터의 산업구조분석에 의한 5가지 경쟁요인은 진입장벽, 대체재의 위협, 공급자의 교섭력, 구매자의 교섭력, 산업 내 경쟁 정도이다.
15 ⑤ 규모의 경제 효과가 잘 나타나고 진출에 따른 소요자본이 막대한 경우는 진입장벽이 높은 시장으로 매력적인 시장이다.
   ① 구매자들의 전환비용이 낮은 경우에는 구매자의 교섭력이 높아지므로 비매력적인 시장이다.
   ② 공급자의 제품이 중요한 투입요소일 경우에는 공급자의 교섭력이 높아지므로 비매력적인 시장이다.
   ③ 실질적이거나 잠재적인 대체품이 많은 시장은 대체품의 위협이 크므로 비매력적인 시장이다.
   ④ 시장 라이프사이클이 안정기에 있거나 쇠퇴기에 접어든 경우는 경쟁이 치열한 시장으로 비매력적인 시장이다.

16 다음 중 제품수명주기에 대한 설명으로 옳지 않은 것은?

① 도입기에는 판매촉진비와 생산비가 크기 때문에 손실이 발생하거나 수익성이 낮다.
② 성장기는 매출이 증가하고 시장규모가 확대되는 시기로 기업의 수익성이 높다.
③ 성숙기에는 안정적인 시장점유율을 차지하게 되며 기업의 수익성이 체증적으로 증가한다.
④ 쇠퇴기는 철수 또는 사업다각화를 고려해야 하는 경영위험이 가장 고조되는 시기이다.
⑤ 성장기는 자금조달 능력이 중요한 단계이며, 성숙기는 차입한 자금을 상환하게 되는 단계이다.

17 제품수명주기 상 도입기의 특징이 아닌 것은?

① 신제품 출하
② 매출 저조
③ 광고비용 과다
④ 경영위험 과다
⑤ 기업 간 경쟁 확대

18 기본석 분석 중 기업분석에 대한 설명으로 옳지 않은 것은?

① 기업분석은 질적 분석과 양적 분석으로 나눌 수 있다.
② 질적 분석은 기업이 공시한 재무제표를 중심으로 이루어진다.
③ 경영자의 능력은 기업의 운명을 좌지우지할 만큼 중요한 요소 중 하나이다.
④ 질적 분석이란 기업의 이익과 성장에는 영향을 미치지만 계량화가 어려운 요인들을 분석하는 것이다.
⑤ 노사관계가 안정적인 기업일수록 상대적으로 생산성이 높으며, 노사관계는 제품의 품질에도 큰 영향을 준다.

19 다음 중 재무비율과 그를 통해 분석하고자 하는 측면의 연결로 옳은 것은?

① 매출액순이익률 – 성장성
② 이자보상비율 – 수익성
③ 총자산증가율 – 유동성
④ 매출채권회수기간 – 활동성
⑤ 당좌비율 – 안정성

20 다음 중 재무비율을 구하는 수식으로 옳지 <u>않은</u> 것은?

① 유동비율 = (유동부채/유동자산) × 100
② 부채비율 = (타인자본/자기자본) × 100
③ 총자산회전율 = 매출액/총자산
④ 이자보상비율 = (영업이익/이자비용) × 100
⑤ 자기자본이익률 = (당기순이익/자기자본) × 100

정답 및 해설

16	③	성숙기에는 안정적인 시장점유율을 차지하게 되지만, 시장이 포화상태에 이르면서 매출성장이 둔화되는 시기이다. 따라서 기업의 수익성은 체감적으로 증가한다.
17	⑤	기업 간 경쟁이 확대되는 특징은 성숙기에 해당한다.
18	②	기업이 공시한 재무제표를 중심으로 한 분석방법은 양적 분석이다. 참고 질적 분석은 수치로 표현되기 힘든 회사 연혁, 경영자 능력, 업계에서의 위치, 노사관계, 금융관계, 주주관계와 구성, 기술수준 등을 분석하는 것을 말함
19	④	① 매출액순이익률 – 수익성 ② 이자보상비율 – 안정성 ③ 총자산증가율 – 성장성 ⑤ 당좌비율 – 유동성
20	①	유동비율 = (유동자산/유동부채) × 100

21 다음 중 재무비율에 대한 설명으로 옳지 <u>않은</u> 것은?

① 고정비율은 고정자산을 얼마나 잘 활용하였는가의 여부와 고정자산의 과대 혹은 과소투자 여부를 평가한다.
② 매출채권회수기간은 매출채권 발생부터 현금회수까지 걸리는 평균기간을 의미한다.
③ 납입자본이익률의 측정 목적은 주로 투자자에게 지급되는 배당률을 아는 데 있다.
④ 당좌비율은 유동비율의 보조지표로 단기채무에 대한 지불능력을 판단하기 위한 비율이다.
⑤ 총자산회전율은 매출활동을 하는 데 보유자산을 몇 번이나 활용하였는가를 측정한다.

22 다음 중 시장가치비율에 대한 설명으로 옳지 <u>않은</u> 것은?

① 주가수익비율(PER)은 주가수익률이라고도 하며, 낮을수록 저평가된 것으로 판단한다.
② 순이익이 나지 않는 기업분석 시 주가수익비율(PER)의 활용은 어렵다.
③ 주가매출액비율(PSR)은 영업성과에 대한 객관적인 자료를 제공해주며, 주가수익비율(PER)의 단점을 보완해준다.
④ 토빈의 q가 1보다 작을 경우 M&A의 대상이 되기도 한다.
⑤ 배당수익률은 주식의 액면가치에 대한 주당배당금액의 비율을 나타낸다.

23 다음 중 배당평가모형에 대한 설명으로 옳지 <u>않은</u> 것은?

① 배당평가모형은 미래에 받게 될 배당금과 주식매각대금을 요구수익률로 할인한 금액을 주가의 이론적 가치로 본다.
② 제로성장 배당모형은 기업이 성장 없이 현상유지만 한다고 가정한 단순한 모형이다.
③ 정률성장 배당모형에서 필요자금은 내부자금과 외부자금으로 조달한다고 가정한다.
④ 정률성장 배당모형에 의하면 요구수익률이 클수록 주가는 하락한다.
⑤ 고속성장 배당모형은 기업의 몇 단계의 성장 변화를 감안한 평가모형이다.

24 A기업의 작년도 배당은 주당 500원이다. 배당성장률은 4%, 요구수익률이 6%일 경우 정률성장 배당할인 모형에 따른 A기업의 주식가치는?

① 23,000원 ② 24,500원 ③ 26,000원
④ 28,500원 ⑤ 30,000원

25 다음 중 이익평가모형에 대한 설명으로 옳지 <u>않은</u> 것은?

① 주식의 가치는 주주가 주식을 소유함으로 인해 얻게 되는 현금흐름의 이익으로 평가한다.
② 배당을 전혀 하지 않는 기업주가의 가치평가 시에도 사용할 수 있다.
③ 평균주당이익이 매년 일정하다고 가정할 경우, 주가는 주당이익을 요구수익률로 나누어 산출한다.
④ 주당이익의 상승을 가정할 경우, 요구수익률이 재투자수익률보다 클 때 주식가치가 상승한다.
⑤ 주당이익의 상승을 가정할 경우, 주가는 성장이 없는 경우의 현재가치와 미래 성장기회의 현재가치를 합산하여 산출한다.

정답 및 해설

21 ① 고정비율(=고정자산/자기자본×100)은 자기자본이 고정자산에 투입된 정도를 나타내는 비율로 자본사용의 적절성을 평가한다. 고정자산을 얼마나 잘 활용하였는가의 여부와 고정자산의 과대 혹은 과소투자 여부를 평가하는 지표는 고정자산회전율(=매출액/고정자산)이다.

22 ⑤ 배당수익률은 주식의 시장가치(주가)에 대한 주당배당금액의 비율을 나타내며, 주식의 액면가치에 대한 주당배당금액의 비율을 나타내는 것은 배당률이다.

23 ③ 정률성장 배당모형에서 필요자금은 내부자금만으로 조달된다고 가정한다.

24 ③ 주식의 가치 = $D_0(1+g)/(k-g) = D_1/(k-g) =$ (500원 × 1.04)/(0.06 - 0.04) = 26,000원

25 ④ 주당이익의 상승을 가정할 경우, 재투자수익률이 요구수익률보다 클 때 주식가치가 상승한다.

이익의 성장을 가정할 경우의 주가(P_0) = 성장기회가 없는 경우의 현재가치 + 미래 성장기회의 현재가치
$= E_1/k_e + E_1/k_e \times [f(r-k_e)/(k_e - f \times r)]$
(E_1 : 기말 예상 주당이익, k_e : 요구수익률, f : 사내유보율, r : 재투자수익률)

26 다음 중 자산가치 평가모형에 대한 설명으로 옳지 않은 것은?

① 청산가치가 보수적으로 추정한 내재가치의 기준이라는 접근 방법이다.
② 장부가치를 기준으로 순자산가치를 평가한 것이기 때문에 실제 주가와 큰 차이를 보일 수 있다.
③ 주당순자산가치의 한계점을 보완하기 위해 순자산의 대체원가를 추정하는 방법을 사용할 수 있다.
④ 자산가치가 급등락하는 경제상황이나 자원개발업체와 같은 업종에서 상대적으로 중요한 평가모형이다.
⑤ 자산가치에 대한 평가를 주당순자산으로 평가하며, 주당순자산은 총자산에서 총부채를 차감한 값을 발행주식수로 나누어 산출한다.

27 다음 중 PER 평가모형에 대한 설명으로 옳지 않은 것은?

① 다른 조건이 같다면, 배당성향이 클수록 PER은 커진다.
② 다른 조건이 같다면, 이익성장률이 클수록 PER은 커진다.
③ 다른 조건이 같다면, 기대수익률이 클수록 PER은 커진다.
④ 다른 조건이 같다면, 재투자수익률이 클수록 PER은 커진다.
⑤ 다른 조건이 유사한 주식들 중 PER이 낮을수록 저평가된 것이다.

28 배당성향이 12%이고 이익성장률은 5%이며, 투자자의 기대수익률은 9%인 A기업의 PER은?

① 3.00　　② 3.15　　③ 3.50
④ 3.75　　⑤ 4.00

29 다음 중 PER 평가모형의 유용성과 문제점에 대한 설명으로 옳지 않은 것은?

① 이익의 크기가 비슷한 기업들 간의 주가수준을 비교하는 데 유용한 정보를 제공한다.
② 주당순이익이 음(−)의 값을 가질 경우에도 PER 평가모형을 적용할 수 있다.
③ 배당할인모형과는 달리 무배당주식의 평가에도 적용할 수 있다.
④ 이익과 발행주식수를 어떠한 기준으로 하느냐에 따라 PER의 크기가 크게 달라진다.
⑤ PER의 분모는 직전 기간의 주당이익을 사용하는 반면, 분자는 현재시가를 사용하기 때문에 시점 불일치가 나타난다.

30 다음 중 PBR 평가모형을 통해 파악할 수 있는 정보에 해당하지 않는 것은?

① 마 진
② 활동성
③ 부채레버리지
④ 수익력의 질적 측면
⑤ 배당과 관련된 정보

정답 및 해설

26 ⑤ 주당순자산은 총자산에서 총부채와 우선주를 차감한 값을 발행주식수로 나누어 산출한다.
- 주당순자산(BPS) = 보통주자산총계/발행주식수
- 보통주자산총계 = 총자산 − 총부채 − 우선주

27 ③ 기대수익률이 클수록 PER은 작아진다.
- PER = 배당성향 × (1 + 이익성장률)/(기대수익률 − 이익성장률)
- 배당성향 = 1 − 사내유보율
- 이익성장률 = 사내유보율 × 재투자수익률

28 ② PER = 배당성향 × (1 + 이익성장률)/(기대수익률 − 이익성장률)
= 0.12 × (1 + 0.05)/(0.09 − 0.05) = 3.15

29 ② 주당순이익이 음(−)의 값을 가질 경우 PER의 의미를 해석하기 힘들다는 문제점이 있다.

30 ⑤ PBR은 기업의 마진, 활동성, 부채레버리지, 수익력의 질적 측면(PER)이 반영된 지표이다.

$$PBR = \frac{자기자본\ 시장가격}{자기자본\ 장부가액} = \frac{순이익}{자기자본\ 장부가액} \times \frac{자기자본\ 시장가격}{순이익}$$

$$= 자기자본\ 순이익률 \times \frac{P}{E}$$

$$= \frac{순이익}{매출액} \times \frac{매출액}{총자산} \times \frac{총자본}{자기자본} \times \frac{P}{E}$$

$$= 마진 \times 활동성 \times 부채레버리지 \times 이익승수$$

31 다음 중 PBR 평가모형에 대한 설명으로 옳지 않은 것은?

① 자산가치에 대한 평가뿐 아니라 수익가치에 대한 포괄적인 정보도 반영된다.
② 부(−)의 주당순이익(EPS)을 가지는 기업에는 적용할 수 없는 평가모형이다.
③ 인플레이션 상황에서는 시장가치와 장부가치의 괴리가 클 수 있다.
④ 시장가치인 주가와 장부가치인 주당순자산이 일치하지 않는 경우가 많으므로 PBR은 대개 1보다 크거나 작다.
⑤ 자산가치는 개별자산의 단순한 합계에 지나지 않기 때문에 기업의 원천적 수익력을 평가할 수 없다.

32 다음은 A기업의 주요 재무현황이다. 이 정보를 바탕으로 계산한 A기업의 PBR은?

- 매출액 : 200억원
- 총자본 : 30억원
- PER : 4배
- 순이익 : 25억원
- 자기자본 : 10억원

① 8배   ② 10배   ③ 12배
④ 14배   ⑤ 16배

33 다음 중 EV/EBITDA 평가모형에 대한 설명으로 옳지 않은 것은?

① 기업가치(EV)를 EBITDA로 나눈 것으로 내재가치(수익가치)와 기업가치를 비교하는 투자지표이다.
② 기업가치가 순수한 영업활동을 통한 이익의 몇 배인가를 알려준다.
③ 회계처리방법과 영업 외적인 요인에 의해 크게 영향을 받지 않는다는 장점이 있다.
④ 철강산업 등 자본집약산업을 평가할 때 유용하게 사용될 수 있다.
⑤ 경제상황이 극도로 악화되어 주가가 극도로 낮아진 경우에는 사용할 수 없다.

출제빈도 ★★

34 다음 중 주가배수 평가모형에 대한 설명으로 옳지 않은 것은?

① PSR 평가모형은 회계처리방법에 의한 왜곡 가능성이 상대적으로 낮다.
② PER 평가모형은 배당할인모형과는 달리 이론적 근거가 명확하지 않다.
③ PSR 평가모형은 적자가 난 기업에도 적용 가능하다는 장점이 있다.
④ PBR 평가모형은 기업의 청산을 전제로 한 청산가치를 추정할 때 유용한 보통주 가치평가의 기준이 된다.
⑤ EV/EBITDA 평가모형에서 기업가치(EV)는 시가총액에 순차입금을 차감하여 구한다.

출제빈도 ★

35 다음 중 통합적 투자관리의 과정을 순서대로 나열한 것은?

가. 투자분석	나. 투자목표 설정
다. 자산배분 결정	라. 종목 선정
마. 투자성과 평가	

① 가 ⇨ 나 ⇨ 다 ⇨ 라 ⇨ 마
② 가 ⇨ 다 ⇨ 라 ⇨ 나 ⇨ 마
③ 나 ⇨ 가 ⇨ 다 ⇨ 라 ⇨ 마
④ 나 ⇨ 가 ⇨ 라 ⇨ 마 ⇨ 다
⑤ 나 ⇨ 라 ⇨ 가 ⇨ 다 ⇨ 마

정답 및 해설

31 ② PBR 평가모형은 부(−)의 주당순이익(EPS)을 가지는 기업에도 적용 가능하다는 장점이 있다.

32 ② $PBR = \frac{순이익}{매출액} \times \frac{매출액}{총자본} \times \frac{총자본}{자기자본} \times \frac{P}{E}$

$= \frac{25억원}{200억원} \times \frac{200억원}{30억원} \times \frac{30억원}{10억원} \times 4배 = 10배$

33 ⑤ EV/EBITDA 모형은 경제상황이 극도로 악화되어 주가가 극도로 낮아진 경우 유용하게 사용될 수 있다.

34 ⑤ EV/EBITDA 평가모형에서 기업가치(EV)는 시가총액에 순차입금을 합하여 구한다.

> EV = 시가총액 + 순차입금(= 총차입금 − 현금 및 투자유가증권)

35 ③ 통합적 투자관리의 과정은 '투자목표 설정 ⇨ 투자분석 ⇨ 자산배분 결정 ⇨ 종목 선정 ⇨ 투자성과 평가' 순이다.

36 다음 중 매매빈도가 높을 경우 민감해질 수 있는 고려사항인 것은?
① 위험수용도 ② 투자기간 ③ 기대수익
④ 세금관계 ⑤ 법적 제약조건

37 다음 중 투자목표 설정 시 고려해야 할 사항에 대한 설명으로 옳지 않은 것은?
① 단순한 수치가 아니라 위험과 투자수익을 동시에 고려한 값으로 설정해야 한다.
② 자금의 성격에 따라 유동성의 요구조건이 달라질 수 있음을 고려해야 한다.
③ 매매빈도가 낮을수록 세금문제에 민감해질 수 있음을 고려해야 한다.
④ 투자기간이 짧을수록 위험수용도가 낮아질 수 있음을 고려해야 한다.
⑤ 위험수용도는 가족의 구성원이나 연령에 의해서도 영향을 받을 수 있음을 인지해야 한다.

38 다음 중 투자계획서에 대한 설명으로 옳지 않은 것은?
① 주요 투자자산의 기대수익률과 위험의 계량적 추정치를 제시해야 한다.
② 제시한 투자목표와 일치하는 자산배분안을 제시해야 한다.
③ 사후적인 포트폴리오 수정과 성과 평정에 관한 내용도 포함되어야 한다.
④ 기대수익률, 위험, 공분산 등 자본시장의 가정을 포함해야 한다.
⑤ 주로 기관투자가들의 입장에서 활용되며, 개인투자자 입장에서는 반드시 필요한 것은 아니다.

출제빈도 ★★

39 다음 중 주식포트폴리오의 구성 및 실행에 대한 설명으로 옳지 않은 것은?

① 액티브 운용의 주식포트폴리오 구성을 위한 첫 단계는 투자 유니버스를 선정하는 것이다.
② 모델포트폴리오(MP)는 실제포트폴리오(AP)를 구성하기 위한 기준이 된다.
③ 내재가치에 비해 시장가치가 높을수록 유망한 종목으로 인식되어 포트폴리오 내의 비중이 높아질 가능성이 크다.
④ 주식포트폴리오 실행 단계는 실제포트폴리오(AP)가 구성될 수 있도록 주식을 매매하는 과정이다.
⑤ 패시브전략은 시장이 효율적이라고 전제하여 벤치마크 등 시장평균수준의 이익 달성을 목표로 한다.

출제빈도 ★★

40 다음 중 포트폴리오 수정에 대한 설명으로 옳지 않은 것은?

① 포트폴리오 수정 시에는 거래비용, 정보비용, 관리비용이 소요되므로 엄격한 비용·수익 분석이 선행될 필요가 있다.
② 포트폴리오 리밸런싱은 상황 변화가 있을 경우 종목의 상대가격 변동에 따른 투자비율 변화를 원래대로 환원하는 것이다.
③ 포트폴리오 리밸런싱은 원하는 비체계적 위험의 수준을 유지하기 위해 투자비율이 높아진 주식을 매각하는 것이다.
④ 포트폴리오 업그레이딩은 위험에 비해 높은 기대수익을 얻거나 기대수익에 비해 낮은 위험을 부담하도록 포트폴리오를 수정하는 것이다.
⑤ 포트폴리오 업그레이딩은 높은 성과를 지닌 주식을 식별하기보다는 손실을 크게 가져다주는 주식을 포트폴리오에서 제거하는 방법이 주로 사용된다.

정답 및 해설

36 ④ 세금관계는 투자수익률에 많은 영향을 미치며 특히 매매빈도가 높을 경우에는 세금 문제가 더욱 민감해질 수 있다.
37 ③ 매매빈도가 높을 경우 세금문제에 더욱 민감해질 수 있다.
38 ⑤ 투자계획서는 주로 기관투자가들의 입장에서 활용되지만 개인투자자 입장에서도 투자 전체의 로드맵을 구성하고 실천하는 데 꼭 필요한 과정이어서 투자목표를 달성하기 위해 반드시 필요하다.
39 ③ 내재가치에 비해 시장가치가 낮을수록 유망한 종목으로 인식되어 포트폴리오 내의 비중도 높아질 가능성이 크다.
40 ③ 포트폴리오 리밸런싱은 원하는 체계적 위험의 수준을 유지하기 위해 투자비율이 높아진 주식은 매각하고, 투자비율이 낮아진 주식은 매수하여 본래의 투자비율을 유지하는 방법이다.

41 다음 중 포트폴리오 운용수익률의 측정에 대한 설명으로 옳지 않은 것은?

① 내부수익률은 현금유출액의 현재가치와 현금유입액의 현재가치를 일치시켜주는 할인율이다.
② 내부수익률은 다른 시점에서 발생한 현금흐름의 크기는 고려되나 화폐의 시간가치가 고려되지 않는다는 문제점이 있다.
③ 산술평균수익률은 기간별 투자금액의 크기를 고려하지 않고 기간에만 가중치를 준 시간가중평균수익률이다.
④ 기하평균수익률은 중도 현금흐름이 재투자되어 증식되는 것을 감안한 평균수익률이다.
⑤ 기하평균수익률은 산술평균수익률보다 합리적인 수익률 측정방법이다.

42 위험조정성과 평가 지표로 가장 많이 이용되며 총위험인 표준편차에 대한 초과수익의 정도를 나타내는 지표는?

① 샤프지수 ② 트레이너지수 ③ 젠센지수
④ 정보비율 ⑤ 소티노비율

43 다음 자료를 토대로 계산한 젠센지수는?

- 시장 수익률 : 10%
- 포트폴리오의 실현수익률 : 12%
- Tracking Error의 표준편차 : 2.5%
- 무위험이자율 : 4%
- 포트폴리오의 베타 : 1.5

① −1.5% ② −1.0% ③ +1.0%
④ +1.5% ⑤ +2.0%

출제빈도 ★★★

44 다음 중 투자위험을 고려한 성과평가지표에 대한 설명으로 옳지 <u>않은</u> 것은?

① 샤프지수는 분산투자가 잘 되어 있는 펀드를 평가할 때 유용한 지표이다.
② 트레이너지수는 수익률 대 변동성비율(RVOL)이라고도 불린다.
③ 젠센지수가 마이너스를 나타내면 시장 수익률보다 성과가 열등함을 나타낸다.
④ 펀드 수익률이 15%, CD금리 5%, 표준편차가 8%, 베타가 1.2라면 샤프지수는 1.25이다.
⑤ 정보비율은 무위험자산과 소수의 주식포트폴리오에 분산투자하고 있는 경우 적절한 평가지표이다.

출제빈도 ★★★

45 다음 중 소극적 투자전략에 대한 설명으로 옳지 <u>않은</u> 것은?

① 시장이 효율적이라는 것을 전제로 투자결정을 위해 특별한 정보수집 활동을 하지 않고 시장의 일반적인 예측을 그대로 받아들인다.
② 단순 매수·보유전략은 포트폴리오의 구성 종목이 증가함에 따라 분산투자효과가 나타나 시장의 평균수익률을 얻을 수 있다는 포트폴리오 이론을 근거로 한다.
③ 가장 적극적인 의미에서의 소극적 투자는 인덱스펀드에 투자하는 것이다.
④ 상장지수펀드에 투자하는 것은 인덱스펀드에 투자하는 것과 효과는 유사하나 비용이 적게 들기 때문에 보다 효율적이다.
⑤ 평균투자법은 시장이 지속적으로 하락하거나 만기에 시장이 하락할 경우에도 이익을 볼 수 있다.

정답 및 해설

41 ② 내부수익률은 다른 시점에서 발생한 현금흐름의 크기와 화폐의 시간가치가 고려된 평균투자수익률이며, 금액가중평균수익률이라고도 한다.

42 ① 샤프지수에 대한 설명이다.

43 ② 젠센지수 = (포트폴리오의 실현수익률 − 무위험이자율) − 포트폴리오의 베타 × (시장 수익률 − 무위험이자율)
= (12% − 4%) − 1.5 × (10% − 4%) = −1.0%

44 ① 샤프지수는 분산투자가 잘 되어 있지 않은 펀드를 평가할 때 유용하며, 분산투자가 잘 되어 있는 펀드를 평가할 때 적합한 지표는 트레이너지수이다.
④ 샤프지수 = (펀드 수익률 − CD금리)/펀드 수익률의 표준편차 = (15% − 5%)/8% = 1.25

45 ⑤ 평균투자법은 시장이 지속적으로 하락하거나 만기에 시장이 하락할 경우 손실을 볼 수 있다.

46 다음 중 적극적 투자전략에 해당하는 것으로 모두 묶인 것은?

가. 시장투자적기포착	나. 인덱스펀드 투자전략
다. 포뮬라 플랜	라. 단순 매수·보유전략
마. 평균투자법	

① 가, 나 ② 가, 다 ③ 나, 라
④ 나, 마 ⑤ 다, 마

47 다음 중 적극적 투자전략에 대한 설명으로 옳지 <u>않은</u> 것은?

① 자산배분결정을 위한 방법으로는 시장투자적기포착법과 포뮬라 플랜이 있다.
② 시장투자적기포착법은 주식시장의 수익률이 무위험자산의 수익률보다 높을 것으로 예상되면 주식펀드의 비중을 높인다.
③ 포뮬라 플랜은 최소한의 위험부담과 함께 경기변동에 탄력적으로 대응하는 방법이다.
④ 종목선정 시 베타계수를 이용할 때 강세시장에서는 베타계수가 낮은 종목군을 선정하여 시장에 대응한다.
⑤ 기업규모 효과, 저PER 효과, 1월 효과, 주말 효과 등 시장의 이례적 현상을 이용하여 종목을 선정하기도 한다.

48 다음 중 초과수익을 얻기 위해 배분된 자산 내에서 개별 투자종목을 선택하는 방법과 가장 거리가 <u>먼</u> 것은?

① 내재가치 추정
② 베타계수 이용
③ 불변비율법 이용
④ 저PER, 저PBR 효과 이용
⑤ 장기수익률의 역전효과 이용

출제빈도 ★★★ | **최신출제유형**

49. 다음 중 운용스타일에 따른 전략에 대한 설명으로 옳지 <u>않은</u> 것은?

① 스타일이란 비슷한 수익패턴을 보이는 운용방식의 집합을 말한다.
② 기업의 수익이 과거 평균치에 회귀한다고 믿는 것은 가치투자 스타일에 해당한다.
③ 성장투자 스타일의 투자자는 성장률이 높은 기업에 대해 시장의 평균 PER보다 높은 가격을 지불한다.
④ 경기침체기에는 가치투자 스타일에 비해 성장투자 스타일의 투자전략이 유리하다.
⑤ 소형주의 경우 대형주에 비해 애널리스트들의 분석이 적어 적정가격 대비 저평가된 기업을 찾을 기회가 많을 것이라는 기대가 있다.

정답 및 해설

46 ② '가, 다'는 적극적 투자전략에 해당하며, '나, 라, 마'는 소극적 투자전략에 해당한다.
47 ④ 종목선정 시 베타계수를 이용할 때 강세시장에서는 베타계수가 높은 종목군을 선정하고, 약세시장에서는 베타계수가 낮은 종목군을 포트폴리오에 포함시켜 시장에 대응한다.
48 ③ 불변비율법은 일정한 규칙에 따라 기계적으로 자산배분을 하는 포뮬러 플랜 중 하나로 종목선정이 아니라 자산배분을 결정하기 위해 사용되는 방법이다.
49 ④ 상대적으로 경기침체기에는 시장불확실성 증대에 따른 위험회피 경향에 따라 가치투자 스타일의 투자전략이 유리하고, 경기성장기에는 성장투자 스타일의 투자전략이 유리하다.

금융·자격증 전문 교육기관 해커스금융
fn.Hackers.com

■ 출제경향 및 학습전략

채권투자는 제1과목 전체 70문제 중 총 15문제가 출제된다.

채권투자의 경우 주식과 더불어 전통적인 운용의 대상인 채권을 다루고 있는 파트이다. 금리체계에 대한 이해를 기반으로 하여 채권의 본질과 채권시장을 학습하고, 궁극적으로 채권과 채권형 펀드의 운용전략에 대해서 학습하게 된다. 계산문제에도 대비해야 하는데 이는 어려운 계산이 아니라 이론을 정확하게 이해하면 단순하게 계산할 수 있는 수준이다.

■ 빈출포인트

구 분	문제번호	빈출포인트	출제빈도
금리와 채권의 개요 (45%)	01	금리의 이해	★★★
	02	금리와 경제	★★★
	03~06	채권의 기초	★★★
	07	채권의 가격과 듀레이션	★★★
채권의 평가와 가치 (35%)	08	수익률곡선의 이해	★★★
	09	채권신용등급의 이해	★★★
	10	채권투자수익의 분해와 계산 및 채권의 평가	★★★
	11	채권의 기대수익률과 위험	★★★
채권투자와 채권형 펀드 운용 (20%)	12	채권투자 철학	★★
	13	채권투자전략	★★★
	14~15	채권형 펀드 운용전략	★★★

해커스 은행FP 자산관리사 2부 최종핵심정리문제집

제1과목 금융자산 투자설계

제3장
채권투자

개념완성문제 제3장 | 채권투자

✓ 개념완성문제를 통해 은행FP 자산관리사 시험에 나오는 개념을 이해할 수 있습니다.
✓ 다시 봐야 할 문제(틀린 문제, 풀지 못한 문제, 헷갈리는 문제 등)는 문제 번호 하단의 네모박스(□)에 체크하여 반복학습 할 수 있습니다.

금리의 이해　　　　　　　　　　　　　　　　　　　　　　　　　　　　　　출제빈도 ★★★

01 다음 중 금리에 대한 설명으로 옳지 <u>않은</u> 것은?

① 물가상승률을 고려한 이자율을 실질이자율이라고 한다.
② 할인율은 미래에 지급되는 금액을 기준으로 한 금리를 말한다.
③ 7일 만기 RP금리는 한국은행 금융통화위원회에서 매월 결정하는 정책금리이다.
④ 실제 정확한 기준으로 평가되어 부담하게 되는 금리를 실효금리라고 하며, 이는 금융상품 선택 시 기준이 된다.
⑤ 채권의 만기수익률은 만기 전에 발생한 모든 현금흐름이 같은 단리수익률로 만기일까지 재투자되는 것을 전제로 한다.

금리와 경제　　　　　　　　　　　　　　　　　　　　　　　　　　　　　　출제빈도 ★★★

02 다음 중 금리에 영향을 주는 주요 경제변수들에 대한 설명으로 옳지 <u>않은</u> 것은?

① 물가와 금리는 정(+)의 상관관계를 보인다.
② 국내경기가 상승하면 자금에 대한 수요가 증가하므로 금리가 상승한다.
③ 정부가 정부지출을 늘리는 확장적 재정정책을 실행할 경우 금리는 상승한다.
④ 한국은행이 통안채를 매입하는 확장적 통화정책을 실행할 경우 금리는 상승한다.
⑤ 세계 경제의 동조화현상이 커지면서 세계적인 금리동향이 국내 금리에 영향을 끼친다.

정답 및 해설

01 ⑤ 채권의 만기수익률은 만기 전에 발생한 모든 현금흐름이 같은 연복리수익률로 만기일까지 재투자되는 것을 전제로 한다.
02 ④ 한국은행이 통안채를 매입하는 확장적 통화정책을 실행할 경우 통화량이 증가하여 금리가 하락한다.

채권의 기초 출제빈도 ★★★

03 다음의 각 상황들이 시중금리에 미치는 영향을 나열한 것으로 옳은 것은?

> A. 정부가 경기침체를 예상하여 국채 발행을 통해 재정정책을 확대하는 경우
> B. 중앙은행이 물가 상승을 우려하여 시중자금을 흡수하는 정책을 시행한 경우
> C. 경제의 불확실성이 높아 기업의 시설투자가 지속적으로 축소되는 경우

	A	B	C
①	금리 상승	금리 상승	금리 하락
②	금리 상승	금리 하락	금리 하락
③	금리 상승	금리 상승	금리 상승
④	금리 하락	금리 상승	금리 하락
⑤	금리 하락	금리 하락	금리 하락

채권의 기초 출제빈도 ★★★

04 다음 중 채권과 채권시장에 대한 설명으로 가장 거리가 먼 것은?
① 정부, 공공기관, 특수법인 및 상법상 주식회사들만이 채권을 발행할 수 있다.
② 채권은 타인자본에 해당하며, 원리금의 현금흐름 스케줄이 만기 시 정해진다.
③ 채권은 주식과 달리 원리금상환청구권이 있으나 의결권은 없다.
④ 채권은 대부분 장외시장에서 거래되며, 기관투자자들 간의 거래가 대부분이다.
⑤ 장내시장에 해당하는 국채전문유통시장에서는 지표채권을 거래할 수 있다.

정답 및 해설

03 ① 국채 발행을 확대할 경우 채권공급이 증가하여 채권가격이 하락하는데, 채권가격과 금리는 역(−)의 관계이므로 금리는 상승한다. 중앙은행이 시중자금을 흡수하면 금리는 상승하고, 기업의 시설투자가 축소되면 금리는 하락한다.
04 ② 채권은 타인자본에 해당하며, 원리금의 현금흐름 스케줄이 발행 시 정해진다.

채권의 기초

출제빈도 ★★★

05 다음 중 발행조건에 따른 채권의 종류에 대한 설명으로 옳지 <u>않은</u> 것은?

① 국채는 국회의 동의를 받은 후 정부가 발행하는 채권으로 가장 거래가 활발하다.
② 금리와 만기가 동일한 이표채일지라도 이자지급주기가 짧을수록 실효수익률이 높다.
③ 할인채는 만기일까지의 이자가 미리 할인한 금액으로 발행되는 채권이며 만기가 대부분 1년 이하이다.
④ 통안채는 한국은행이 시중의 통화량을 조절하기 위해 발행하는 채권으로 금융채에 해당한다.
⑤ 특수채는 대부분 공사에서 발행하며 국가의 보증 또는 신용보강을 수반하고 있기 때문에 무위험채권으로 간주된다.

채권의 기초

출제빈도 ★★★

06 다음 중 채권의 종류에 대한 설명으로 옳지 <u>않은</u> 것은?

① 공모발행채권은 50인 이상의 불특정 다수 투자자들을 대상으로 발행된다.
② 대부분의 회사채는 무보증채로 발행되며, 무보증채는 보증채에 비해 금리가 다소 높은 편이다.
③ 콜옵션부채권은 채권의 해지를 강제할 수 있는 권리를 투자자가 가진다.
④ 전환사채는 보유한 채권을 일정 기간 후에 발행회사의 주식으로 교환할 수 있는 권리를 가지는 채권이다.
⑤ 할인채는 만기일까지의 이자를 미리 할인한 금액으로 발행하는 채권에 해당한다.

정답 및 해설

05 ⑤ 특수채는 대부분 공사에서 발행하기 때문에 공사채라고도 불리며, 국가의 보증 또는 신용보강을 수반하고 있기 때문에 신용등급 평가 시 최고등급인 AAA를 부여받는다. 국채와 지방채, 한국은행이 발행하는 통안채가 무위험채권으로 간주된다.
06 ③ 콜옵션부채권은 채권의 해지를 강제할 수 있는 권리를 발행자가 가지며, 채권의 해지를 강제할 수 있는 권리를 투자자가 가지는 채권은 풋옵션부채권이다.

채권의 가격과 듀레이션

출제빈도 ★★★

07 다음 중 채권의 가격과 듀레이션에 대한 설명으로 옳지 <u>않은</u> 것은?

① 채권가격과 채권수익률은 반대방향으로 움직인다.
② 표면이자율이 낮은 채권보다 높은 채권이 금리변동에 따른 가격 변동폭이 크다.
③ 같은 폭의 수익률 변동 시 채권가격 상승폭이 채권가격 하락폭보다 크다.
④ 단기적인 투자관점에서 채권금리가 상승하는 경우 듀레이션이 짧은 채권에 투자하는 것이 유리하다.
⑤ 채권수익률 변화에 따른 채권가격의 변화는 볼록한 형태를 보이기 때문에 듀레이션으로 추정한 가격과는 차이가 난다.

수익률곡선의 이해

출제빈도 ★★★

08 다음 중 채권의 수익률곡선에 대한 설명으로 옳지 <u>않은</u> 것은?

① 수익률곡선이 상승한다는 것은 채권시장이 강세임을 나타낸다.
② 채권시장에는 장고단저 현상이 있는데 이는 수익률곡선이 우상향함을 의미한다.
③ 불리쉬(Bullish)란 채권시장이 전반적으로 강세인 상태를 말한다.
④ 유동성선호이론에 의하면 투자자들은 일반적으로 만기가 짧은 채권을 선호한다.
⑤ 장단기 스프레드가 확대되면 기울기가 가팔라지며 이를 일드커브 스티프닝이라고 한다.

> **용어 알아두기**
> **장고단저 현상** 장기금리가 높고, 단기금리가 낮은 현상을 말하는데, 이는 수익률곡선이 우상향함을 의미한다. (長高短低)

정답 및 해설

07 ② 표면이자율이 높은 채권보다 낮은 채권이 금리변동에 따른 가격 변동폭이 크다.
08 ① 수익률곡선(일드커브)이 상승한다는 것은 채권시장이 약세(Bearish)임을 나타내고, 수익률곡선이 하락한다는 것은 채권시장이 강세(Bullish)임을 나타낸다.

채권신용등급의 이해

09 다음 중 채권의 신용등급과 신용스프레드에 대한 설명으로 옳지 <u>않은</u> 것은?

① 국채와 지방채, 통안채는 무위험채권으로 간주되어 신용등급을 부여받지 않는다.
② 이론적으로 신용등급이 낮을수록 장단기 금리차이가 더욱 커진다.
③ 크레딧물이 국채에 비해 강세를 보이는 것을 신용스프레드의 확대로 표현한다.
④ 기업어음 B, C등급은 투기등급에 해당하며, 이 중 B는 회사채 BB 및 B등급 수준이다.
⑤ 일반적으로 AAA부터 BBB⁻까지의 신용등급을 가진 채권을 투자등급채권이라고 한다.

채권투자수익의 분해와 계산 및 채권의 평가

10 다음 중 채권투자수익에 대한 설명으로 옳지 <u>않은</u> 것은?

① 채권투자로부터 기대할 수 있는 수익은 이자수익과 자본손익이 있다.
② 이표채의 경우 이표일까지 쌓인 이자가 지급되면 이자평가액은 0에서 다시 시작한다.
③ 매입금리보다 매도금리 또는 평가금리가 높아지면 자본이익이 발생한다.
④ 롤링수익이란 우상향 수익률곡선에서 채권 보유기간이 경과할수록 자동적으로 금리수준이 하향하여 발생하는 자본이익을 말한다.
⑤ 우상향하는 수익률곡선의 기울기가 가파를수록 롤링수익률이 커진다.

정답 및 해설

09 ③ 크레딧물이 국채에 비해 강세를 보이는 것을 신용스프레드의 축소로, 국채에 비해 약세를 보이는 것을 신용스프레드의 확대로 표현한다.
10 ③ 매입금리보다 매도금리 또는 평가금리가 낮아지면 자본이익이 발생하고, 매입금리보다 매도금리 또는 평가금리가 높아지면 자본손실이 발생한다.

채권의 기대수익률과 위험

출제빈도 ★★★

11 다음 중 채권의 기대수익률과 위험에 대한 설명으로 옳지 <u>않은</u> 것은?

① 채권의 기대수익률은 채권을 매입하여 1년간 보유할 때 기대되는 이자수익률과 롤링수익률의 합이다.
② 만기가 동일한 국채와 회사채의 금리차이를 신용위험 프리미엄으로 볼 수 있다.
③ 신용이 동일한 국채 1년물과 5년물의 금리차이를 듀레이션 프리미엄으로 볼 수 있다.
④ 듀레이션이 짧거나 보유하는 채권의 금액이 적을수록 듀레이션위험은 증가한다.
⑤ 신용등급이 낮거나 장기 채권일수록 유동성이 떨어지며 유동성위험은 증가한다.

채권투자 철학

출제빈도 ★★

12 다음 중 채권투자 철학에 대한 설명으로 옳지 <u>않은</u> 것은?

① 다른 투자자산과 마찬가지로 전망투자와 가치투자로 나누어진다.
② 전망투자자는 금리하락이 예상되면 보유채권을 잔존만기가 긴 채권으로 교체한다.
③ 전망투자자는 금리상승이 예상되면 보유채권을 매도하여 듀레이션을 낮춘다.
④ 가치투자자는 자산가격을 전망하지 않고 자산의 가치를 분석 및 측정하여 투자를 결정한다.
⑤ 가치투자자는 측정가치 대비 현재 시장가격이 높을 경우 채권을 매수한다.

정답 및 해설

11 ④ 듀레이션이 길거나 보유하는 채권의 금액이 많을수록 듀레이션위험은 증가하며, 그 크기는 '보유채권금액 × 보유채권 평균 듀레이션'으로 계산된다.
12 ⑤ 가치투자자는 측정가치 대비 현재 시장가격이 충분히 낮을 경우 채권을 매수하고, 시장가격이 높을 경우 채권을 매도한다. (저평가 시 매수, 고평가 시 매도)

채권투자전략

13 다음 중 채권투자전략에 대한 설명으로 옳지 <u>않은</u> 것은?

출제빈도 ★★★

① 가치투자전략은 모멘텀투자전략과는 달리 일반적으로 자산가격을 전망하지 않는다.
② 이자수익에 비해 자본수익의 비중이 높을수록 그 투자전략은 적극적이다.
③ 딜링전략은 단기간의 금리 움직임을 전망하며 자본수익을 얻기 위해 잦은 단기매매를 실행한다.
④ 매칭전략, 사다리형 만기전략은 소극적 투자전략에 해당한다.
⑤ 불렛형 만기전략은 중기채는 보유하지 않고 단기채와 장기채를 보유하는 전략이다.

채권형 펀드 운용전략

14 다음 중 채권형 펀드 운용전략에 대한 설명으로 옳지 <u>않은</u> 것은?

출제빈도 ★★★

① 인덱싱전략은 인덱스와 다른 성과가 나올 위험을 배제하는 보수적 전략이다.
② 파생상품 운용전략은 펀드듀레이션이 벤치마크듀레이션보다 너무 높은 경우 파생상품을 매수하여 헤지한다.
③ 듀레이션 운용전략은 채권시장의 강세가 예상되면 벤치마크듀레이션보다 펀드듀레이션을 높게 가져간다.
④ 종목투자전략은 가치분석을 통해 저평가된 채권종목을 발굴하는 전략으로 가치투자 철학을 가진 펀드매니저들이 많이 이용한다.
⑤ 파생상품 운용전략을 통해 채권가격 하락 시에도 이익을 얻을 수 있는 포지션 구축이 가능하다.

정답 및 해설

13 ⑤ 불렛형 만기전략은 중기채 위주로 채권의 보유를 지속하며, 단기채와 장기채를 보유하는 전략은 바벨형 만기전략이다.
14 ② 파생상품 운용전략은 펀드듀레이션이 벤치마크듀레이션보다 너무 높은 경우 파생상품을 매도하여 헤지한다.

채권형 펀드 운용전략

출제빈도 ★★★

15 다음 중 채권형 펀드의 섹터 운용전략에 대한 설명으로 옳지 <u>않은</u> 것은?

① 일반적으로 만기별, 종류 및 크레딧별 섹터들의 비중은 듀레이션을 기준으로 계산한다.

② 단기채에 비해 장기채의 상대가치가 우수한 것으로 판단될 경우 일드커브 스티프너 형태의 포트폴리오를 구성할 것이다.

③ 바벨과 불렛을 오가는 전략을 버터플라이전략이라고 하며, 이는 만기섹터 운용전략에 해당한다.

④ 중기물보다 단기물과 장기물을 조합한 것의 성과가 더 우수할 것으로 예상될 경우 바벨포지션을 구성할 수 있다.

⑤ 신용섹터 운용전략을 실행하는 가치투자자들은 채권종류나 신용등급 구간들의 가치평가를 실시할 것이다.

정답 및 해설

15 ② 단기채에 비해 장기채의 상대가치가 우수한 것으로 판단되거나 장기채 시장이 강세를 보이는 일드커브 플래트닝이 예상될 경우 일드커브 플래트너 형태의 포트폴리오를 구성할 것이다.

출제예상문제 제3장 | 채권투자

✓ 출제예상문제를 통해 다양한 은행FP 자산관리사 문제를 풀어볼 수 있습니다.
✓ 다시 봐야 할 문제(틀린 문제, 풀지 못한 문제, 헷갈리는 문제 등)는 문제 번호 하단의 네모박스(□)에 체크하여 반복학습 할 수 있습니다.

---

01 출제빈도 ★★★

A예금의 1년 명목이자율은 5%이고, 물가상승률은 2%이다. 이 예금의 실질이자율은?

① 2.25% ② 2.50% ③ 2.94%
④ 3.27% ⑤ 3.50%

---

02 출제빈도 ★★

다음 빈칸에 들어갈 단어로 올바르게 묶인 것은?

> 현재에 투자되는 금액을 기준으로 한 경우의 금리를 (　　)이라고 하며, 투자기간이 2년일 경우 복리로 계산한 2년 후 미래가치는 (　　)이다.

① 수익률, 현재가치 × (1 + 수익률)^2
② 수익률, 현재가치 / (1 + 수익률)^2
③ 수익률, 현재가치 × (1 + 할인율)^2
④ 할인율, 현재가치 / (1 + 할인율)^2
⑤ 할인율, 현재가치 × (1 + 수익률)^2

---

03 출제빈도 ★★★ 최신출제유형

다음 중 금리에 대한 설명으로 옳지 않은 것은?

① 금융시장에서 자금수요자가 자금공급자에게 자금을 빌린 것에 대한 대가로 지불하는 이자의 비율을 의미한다.
② 복리 72법칙에 따라 6년 뒤 원금을 두 배로 만들기 위해 필요한 연 수익률은 12%이다.
③ 우리나라 기준금리는 7일 만기 RP금리이며, 이는 한국은행 금융통화위원회에서 매월 결정하고 있다.
④ 표면금리는 수많은 금융상품들의 금리를 동일한 기준으로 비교할 수 있도록 해주기 때문에 올바른 투자판단의 지표가 될 수 있다.
⑤ 채권의 가격에 해당하는 금리를 유통수익률이라고 하는데 이는 만기수익률로 표시하도록 하고 있다.

04 다음 중 시장금리를 상승시키는 요인을 모두 고른 것은?

| 가. 경기 상승 | 나. 확장 재정정책 | 다. 시중자금 풍부 |
| 라. 확장 통화정책 | 마. 채권수급 호전 | 바. 물가 상승 |

① 가, 나, 라 ② 가, 나, 바 ③ 가, 다, 마
④ 나, 다, 바 ⑤ 나, 라, 마

정답 및 해설

01 ③ 실질이자율 = [(1 + 명목이자율)/(1 + 물가상승률)] − 1 = (1.05/1.02) − 1 = 2.94%
02 ① 현재에 투자되는 금액을 기준으로 한 경우의 금리를 (수익률)이라고 하며, 투자기간이 2년일 경우 복리로 계산한 2년 후 미래가치는 (현재가치 × (1 + 수익률)^2)이다.
03 ④ 표면금리는 단순히 겉으로 표기되어 드러난 금리인 반면, 실효금리는 실제 정확한 기준으로 평가되어 부담하게 되는 금리를 말한다. 따라서 실효금리는 수많은 금융상품들의 금리를 동일한 기준으로 비교할 수 있도록 해주기 때문에 올바른 투자판단의 지표가 될 수 있다.
04 ② '가, 나, 바'는 시장금리를 상승시키는 요인에 해당하고, '다, 라, 마'는 시장금리를 하락시키는 요인에 해당한다.

출제빈도 ★★★

05 다음 중 금리에 영향을 미치는 정부정책에 대한 설명으로 옳지 않은 것은?

① 소비자물가지수는 통화정책 결정 시 직접적인 참고지표가 되어 금리시장에 미치는 영향이 크다.
② 경기를 부양하기 위해 정부가 확장 재정정책을 사용할 경우 금리가 상승한다.
③ 한국은행이 기준금리를 인상하여 시중의 자금을 흡수할 경우 금리는 상승한다.
④ 물가상승이 우려될 경우 한국은행은 통안채 발행을 증가시키며, 금리는 상승한다.
⑤ 경기과열을 진정시키기 위해 정부가 긴축 재정정책을 사용할 경우 채권시장은 약세를 보일 수 있다.

출제빈도 ★★★

06 다음 중 금리하락으로 인한 영향이 아닌 것은?

① 저축 감소　　② 투자 감소　　③ 물가 상승
④ 생산 증가　　⑤ 경기 상승

출제빈도 ★★★

07 다음 중 채권의 특징으로 옳지 않은 것은?

① 타인자본으로 수익률이 발행 시 결정된다.
② 법적인 절차를 통한 후에 발행할 수 있다.
③ 발행자는 만기 시 원금을 상환해야 한다.
④ 대부분 액면가 5천원으로 발행된다.
⑤ 일반적으로 만기 전에 상환받을 수 없으나 시장에서 중도매각이 가능하다.

08 다음 중 채권과 주식을 비교한 내용으로 옳지 않은 것은?

① 채권은 타인자본, 주식은 자기자본의 자본조달 형태를 가진다.
② 회사 청산 시 채권은 주식에 우선하여 청산 받을 권리가 있다.
③ 주식은 원금이 상환되지 않지만 채권은 원금이 상환된다.
④ 채권은 주식과 달리 현금흐름 스케줄과 수익률이 미리 정해진다.
⑤ 채권투자자는 의결권을 가지나 주식투자자는 의결권을 갖지 않는다.

09 다음 중 발행주체에 따른 채권의 종류에 대한 설명으로 옳지 않은 것은?

① 발행주체에 따라 크게 국채, 지방채, 특수채, 금융채, 회사채로 구분된다.
② 채권 가운데 가장 거래가 활발한 것은 국채이며 무위험채권으로 간주된다.
③ 한국은행이 발행하는 통안채는 국채로 분류되며 무위험채권으로 간주된다.
④ 특수채는 예금보험공사, 토지공사 등 대부분 공사에서 발행하기 때문에 공사채라고도 한다.
⑤ SH공사채, 경기도시공사채 등 지방공사채는 특수채가 아닌 회사채로 분류된다.

정답 및 해설

05 ⑤ 경기과열을 진정시키기 위해 정부가 긴축 재정정책을 사용할 경우 국채 발행액이 감소하며, 채권시장 수급에 영향(채권수급 호전, 매수자 > 매도자+발행자)을 주어 채권금리를 하락시킨다. 채권금리가 하락하면 채권가격은 상승하므로 채권시장은 강세를 보일 수 있다.

06 ② 금리가 하락하면 투자는 증가하며 금리가 경제지표에 미치는 영향은 다음과 같다.
- 소비·투자활동 부문 : 금리↓ ⇨ 예금 등 금리상품 매력↓, 주식·부동산 등 실물경제의 상대적 매력↑ ⇨ 저축↓, 소비↑, 주식·부동산투자↑ ⇨ 경기↑, 물가↑
- 생산활동 부문 : 금리↓ ⇨ 대출 등 조달금리↓ ⇨ 투자↑, 생산↑ ⇨ 경기↑

07 ④ 채권의 액면가는 1만원이다.
08 ⑤ 채권은 원리금상환청구권이 있으나 의결권이 없고, 주식은 경영참가권과 이익배당권을 가지며 의결권이 있다.
09 ③ 한국은행이 발행하는 통안채는 금융채로 분류되며 무위험채권으로 간주된다.

10 다음 중 이자지급방식에 따른 채권의 종류에 대한 설명으로 옳지 <u>않은</u> 것은?

① 다른 조건이 동일하다면 6개월 이표채보다 3개월 이표채의 실효수익률이 더 높다.
② 회사채, 공사채, 2년 이상 금융채의 상당부분이 3개월 이표채로 발행되며, 국고채는 6개월 이표채로 발행되고 있다.
③ 액면 10,000원을 기준으로 할 경우 할인채의 발행가액은 $10,000 / (1 + 할인율)^{투자기간}$이다.
④ 액면 10,000원, 발행이율이 4%인 3개월 이표채의 분기별 세전이자수령액은 400원이다.
⑤ 액면 10,000원, 발행이율이 6%인 2년 만기 연복리채의 만기수령액은 11,236원이다.

11 다음 빈칸에 들어갈 금액으로 올바르게 묶인 것은?

> 액면가 10,000원, 표면금리와 만기수익률이 4%인 3년 만기 연복리채의 2년 후 현금흐름은 (   )이고, 동일조건인 3개월 이표채의 2년 후 현금흐름은 (   )이다.

① 0원, 100원 ② 0원, 200원 ③ 0원, 400원
④ 400원, 200원 ⑤ 400원, 400원

12 다음 중 채권의 종류에 대한 설명으로 옳은 것은?

① 금리하락 시 풋옵션부채권 투자자는 채권해지옵션을 행사한다.
② 공모발행채권은 중개기관을 거치지 않고 발행자와 투자자의 사적인 교섭을 통해 발행된다.
③ 보증채는 발행자가 약속된 금액의 지급을 보증하는 채권으로 무보증채에 비해 금리가 다소 낮게 형성된다.
④ 이익참가부채권 투자자는 발행회사의 이익분배에 참여할 수 있으나 이자는 지급받을 수 없다.
⑤ 전환사채 투자자는 채권을 주식으로 전환할 수 있는 권리와 신주를 인수할 수 있는 권리를 갖는다.

13 다음 중 채권시장에 대한 설명으로 옳지 않은 것은?

① 지표종목 등 소수종목을 제외하고 대부분의 채권이 장외시장에서 거래된다.
② 채권시장에서는 기관투자자들 간에 이루어지는 거래가 대부분이다.
③ 일반채권시장은 장내시장으로, 소액매매가 불가능하다.
④ 국채전문유통시장은 장내시장으로 모든 상장채권의 거래가 가능하다.
⑤ 발행시장에서 증권회사는 주간·인수·판매업무를, 유통시장에서는 거래의 성사와 결제업무를 수행한다.

14 유통수익률이 10%이고, 표면이율이 8%인 2년 만기 이표채의 가격은? (단, 채권의 액면은 10,000원이며, 원 미만의 값은 절사한다)

① 9,009원　　② 9,314원　　③ 9,652원
④ 9,818원　　⑤ 10,356원

정답 및 해설

10 ④ 액면 10,000원, 발행이율이 4%인 3개월 이표채의 분기별 세전이자수령액은 100원이다.
3개월 이표채의 분기별 세전이자수령액 = (10,000원 × 4%)/4 = 100원

11 ① 복리채는 만기일 이전에 현금흐름이 발생하지 않기 때문에 2년 후의 현금흐름은 (0원)이다. 3개월 이표채는 3개월마다 표면금리만큼의 이자를 정기적으로 지급받으므로 2년 후의 현금흐름은 (10,000원 × 4%)/4 = (100원)이다.
[참고] 3개월 이표채의 경우 1년에 이자를 4회 지급하기 때문에 4로 나누어 주어야 함

12 ⑤ ① 금리상승 시 풋옵션부채권 투자자는 채권해지옵션을 행사하여 높아진 금리로 다시 투자를 시도한다.
② 사모발행채권은 중개기관을 거치지 않고 발행자와 투자자의 사적인 교섭을 통해 발행된다.
③ 보증채는 제3자가 약속된 금액의 지급을 보증하는 채권으로 무보증채에 비해 금리가 다소 낮게 형성된다.
④ 이익참가부채권은 일정한 이자가 지급되면서 발행회사의 이익분배에도 참여할 수 있는 권리가 부여된 채권이다.

13 ③ 일반채권시장은 장내시장이므로, 소액매매가 가능하여 일반투자자들도 참여할 수 있다.

14 ③ 이표채의 채권가격은 발생하는 모든 미래 현금흐름(원금 + 이자)을 각각 현재가치로 환산한 값들의 합계이다.
∴ 연이표채의 가격 = $800/(1+0.1) + 10,800/(1+0.1)^2$ = 9,652원

출제빈도 ★★★

15 다음 중 채권가격과 채권수익률(금리)의 관계에 대한 설명으로 옳지 <u>않은</u> 것은?

① 채권수익률의 변화에 따른 채권가격의 변화는 원점에 대해 볼록한 모습을 나타낸다.
② 표면이자율이 낮은 채권이 표면이자율이 높은 채권보다 금리변동에 따른 가격 변동폭이 크다.
③ 동일한 수익률 변화에 대하여 수익률 하락 시의 채권가격 상승폭이 수익률 상승 시의 채권가격 하락폭보다 크다.
④ 금리가 상승할 때 가격 하락폭은 체증하며, 금리가 하락할 때 가격 상승폭은 체감한다.
⑤ 금리변동에 따른 채권가격 변동폭은 만기가 길수록 증가하나 그 증가율은 체감한다.

출제빈도 ★★★ **최신출제유형**

16 다음 중 채권의 듀레이션에 대한 설명으로 옳지 <u>않은</u> 것은?

① 채권의 투자원리금을 모두 회수하는 데 걸리는 평균기간을 의미한다.
② 다른 조건이 동일하다면 복리채의 듀레이션보다 이표채의 듀레이션이 길다.
③ 수정듀레이션은 맥컬레이 듀레이션을 '1 + 채권수익률/연간 이자지급횟수'로 나누어 계산한다.
④ 채권 또는 채권포트폴리오의 시장위험을 측정하는 지표가 된다.
⑤ 만기가 동일하더라도 중도에 지급되는 이자가 많을수록 듀레이션이 짧아진다.

출제빈도 ★★ **최신출제유형**

17 다음 중 표면이자율이 5%, 채권수익률이 10%, 맥컬레이 듀레이션이 2.35년인 채권의 수정듀레이션은? (단, 이자는 연 1회 지급된다)

① 2.08 ② 2.14 ③ 2.23
④ 2.35 ⑤ 2.47

18 향후 채권수익률이 하락할 것으로 예상될 경우 다음 중 가장 적절한 투자대상은?

① 1년 만기, 표면이율 3%인 채권 A
② 1년 만기, 표면이율 5%인 채권 B
③ 3년 만기, 표면이율 3%인 채권 C
④ 3년 만기, 표면이율 5%인 채권 D
⑤ 3년 만기, 표면이율 7%인 채권 E

19 다음 중 채권의 컨벡시티(볼록성)에 대한 설명으로 옳지 <u>않은</u> 것은?

① 실제 채권가격과 듀레이션으로 계산한 채권가격이 차이가 나는 현상을 말한다.
② 컨벡시티는 장기물일수록 커진다.
③ 듀레이션으로 추정한 채권가격은 직선의 형태를 나타내며, 실제 채권가격보다 낮다.
④ 다른 조건이 유사하다면 컨벡시티가 작은 채권에 투자하는 것이 유리하다.
⑤ 말킬의 채권가격정리 중 같은 금리폭의 움직임이라도 금리 하락 시의 가격 상승폭이 금리 상승 시의 가격 하락폭보다 크다는 명제와 관계가 깊다.

정답 및 해설

15 ④ 금리가 상승할 때 가격 하락폭은 체감하며, 금리가 하락할 때 가격 상승폭은 체증한다.
16 ② 다른 조건이 동일하다면 이표채의 듀레이션보다 복리채의 듀레이션이 길다.
　　　[참고] 복리채는 중도에 지급되는 이자가 없기 때문에 잔존만기와 듀레이션이 동일하며, 이표채는 중도에 이자가 지급되기 때문에 잔존만기보다 듀레이션이 짧음
17 ② 수정듀레이션 = 맥컬레이 듀레이션 / (1 + 채권수익률/연간 이자지급횟수) = 2.35 / 1.10 = 2.14
18 ③ 채권수익률이 하락하면 채권가격은 상승한다. 따라서 듀레이션이 긴 채권에 투자하는 것이 보다 유리하다. 듀레이션은 만기가 길수록, 표면이율이 낮을수록 길어지므로 채권 A~E 중 듀레이션이 가장 긴 채권 C가 가장 적절한 투자대상이다.
19 ④ 컨벡시티가 클수록 금리하락 시 가격 상승폭이 가팔라지고, 금리상승 시 가격 하락폭이 완만해지므로 다른 조건이 유사하다면 컨벡시티가 큰 채권에 투자하는 것이 유리하다.

20 다음 중 수익률곡선의 유형과 관련 이론들에 대한 설명으로 옳지 <u>않은</u> 것은?

① 일반적인 수익률곡선은 장고단저(長高短低) 형태의 우상향하는 모습이다.
② 수익률곡선이 우상향하는 이유를 설명하는 이론으로는 유동성선호이론과 시장분할이론이 있다.
③ 경제상황이 급속히 악화되어 향후 급격한 기준금리 인하를 예상한다면 우하향 수익률곡선이 형성될 수 있다.
④ 향후 기준금리가 하락할 것으로 예상되지만 확신하기는 어려울 경우 수평형 수익률곡선이 형성될 수 있다.
⑤ 시장분할이론에서는 채권 만기에 대한 선호가 서로 다른 투자집단 때문에 만기에 따라 서로 다른 시장이 존재한다고 본다.

21 다음 중 수익률곡선(일드커브)의 변화에 대한 설명으로 옳지 <u>않은</u> 것은?

① 수익률곡선이 하락한다는 것은 채권시장이 강세임을 나타내는 것이다.
② 장기금리와 단기금리 간의 차이를 장단기 스프레드 또는 텀 스프레드라고 한다.
③ 장단기 스프레드가 축소되는 것을 일드커브 플래트닝이라고 표현한다.
④ 강세인 채권시장을 불리쉬(Bullish), 약세인 채권시장을 베어리쉬(Bearish)라고 한다.
⑤ 약세장에서 단기금리가 장기금리보다 더 많이 상승하는 것을 베어 스티프닝이라고 한다.

22 채권시장이 강세인 상황에서 장단기 스프레드가 확대되는 현상은?

① 불 플래트닝　　② 불 스티프닝　　③ 불 콜 스프레드
④ 베어 플래트닝　　⑤ 베어 스티프닝

출제빈도 ★★★

23 다음 중 채권의 신용등급에 대한 설명으로 옳지 않은 것은?

① 채권의 신용등급은 최고 등급인 AAA에서 부도 등급인 D까지 총 18개로 구분된다.
② 한국은행이 발행하는 통안채는 신용등급 평가 시 최고 등급인 AAA를 부여받는다.
③ 국회의 동의를 받은 후 정부가 발행하는 국채는 무위험채권으로 간주된다.
④ 무위험채권은 신용평가사로부터 평가받지 않으며 등급을 rf로 표기하거나 공란으로 둔다.
⑤ C등급의 회사채는 CCC등급의 회사채에 비해 채무불이행 위험이 더 크다.

출제빈도 ★

24 다음 중 기업어음(CP)에 대한 설명으로 옳지 않은 것은?

① 단기자금을 조달할 목적으로 발행하는 어음으로 주로 1년 이하의 만기로 발행된다.
② 발행자가 같더라도 기업어음은 채권과는 다른 방식으로 등급이 부여된다.
③ 기업어음의 신용등급은 A1, A2, A3, B, C, D등급과 같이 6개로 구분된다.
④ B등급은 상환능력은 있으나 단기적 여건 변화에 따라 안정성에 불안요인이 있으며, 회사채 BBB등급 수준이다.
⑤ 기업어음의 A3등급은 회사채의 A등급에 비해 원리금상환능력이 덜 우수하다.

정답 및 해설

20 ② 시장분할이론은 수익률곡선이 우상향하지 않는 이유를 설명하는 이론이며, 만기가 다른 채권의 수익률은 각각 시장에서의 수요·공급에 따라 독립적으로 결정된다고 본다.
21 ⑤ 약세장에서 단기금리가 장기금리보다 더 많이 상승하는 것을 베어 플래트닝이라고 한다. 단기금리가 장기금리보다 더 많이 상승한다는 것은 장단기 스프레드가 축소되어 기울기가 평평해짐(플래트닝)을 의미한다.
22 ② 채권시장이 강세인 상황에서 장단기 스프레드가 확대되는 현상을 불 스티프닝이라고 하고, 장단기 스프레드가 축소되는 현상을 불 플래트닝이라고 한다.
23 ② 국채, 통안채, 지방채는 무위험채권으로 간주되어 신용평가사로부터 신용등급을 부여받지 않고 있다.
24 ④ B등급은 회사채 BB 및 B등급 수준이다.
⑤ 기업어음의 A3등급에 상응하는 회사채 등급은 BBB등급이고, 회사채 A등급에 상응하는 기업어음의 신용등급은 A2이다. 따라서 기업어음의 A3등급은 회사채의 A등급에 비해 원리금상환능력이 덜 우수한 것으로 판단할 수 있다.

출제빈도 ★

25 다음 중 신용등급과 신용스프레드에 대한 설명으로 옳지 <u>않은</u> 것은?

① 신용등급이 높을수록 채권은 낮은 금리 수준에서 발행되거나 거래된다.
② 신용등급을 부여받는 채권들을 크레딧물이라고 하며, 크레딧물과 무위험채권의 금리차이를 크레딧스프레드라고 한다.
③ 이론적으로 신용등급이 높을수록 장단기 금리차이가 더욱 커진다.
④ 크레딧물이 국채에 비해 약세를 보이는 것을 신용스프레드 확대로 표현한다.
⑤ 신용등급이 낮을수록 잔존만기가 길어짐에 따른 가격변동성과 불확실성은 더욱 커진다.

출제빈도 ★★★ 최신출제유형

26 만기 5년인 A은행의 복리채를 4%에 매입하고, 1년 후 이 채권을 3%에 매각하였다. A은행의 복리채 투자로 인해 발생한 연환산 자본손익률은?

① 0.25%   ② -0.5%   ③ 0.5%
④ -4.0%   ⑤ 4.0%

출제빈도 ★★★ 최신출제유형

27 만기 3년인 A은행의 복리채를 8%에 매입하여 2년 후 5%에 매각하였다. 이 경우 A은행 복리채의 연환산 투자수익률은? (단, 채권시장금리의 변동은 없다)

① 4.5%   ② 6%   ③ 8%
④ 9.5%   ⑤ 14%

28 다음 중 채권의 투자수익과 관련된 설명으로 옳지 <u>않은</u> 것은?

① 복리채의 경우 만기일까지 이자분이 지속하여 평가액에 더해진다.
② 이표채의 경우 이표일까지 쌓인 이자가 지급되면 이자평가액은 0에서 다시 시작한다.
③ 채권의 이자수익에 대한 세금은 발행금리가 아닌 매입금리로 매겨진다.
④ 매입금리보다 매도금리가 높아지면 자본손실이 발생한다.
⑤ 이표채의 경우 이자지급일에 재투자할 수 있는 금리의 수준이 낮아지면 애초에 계산된 만기수익률보다 더 낮은 수익률이 실현될 수 있다.

29 다음 중 롤링효과에 대한 설명으로 옳지 <u>않은</u> 것은?

① 롤링수익은 자본손익에 포함되는 개념이다.
② 우상향하는 수익률곡선에서 채권 보유기간이 경과할수록 자동으로 금리수준이 낮아져 자본이익이 발생하는 것을 말한다.
③ 롤링수익률은 채권의 가치나 기대수익률을 측정하는 데 필수적인 역할을 한다.
④ 우상향하는 수익률곡선의 단기와 중기, 장기의 금리차가 클수록 롤링수익률은 작아진다.
⑤ 숄더효과란 우상향하는 수익률곡선상 채권만기가 짧은 경우 기울기가 급격히 커지는 현상으로 롤링효과의 일종이다.

정답 및 해설

25 ③ 잔존만기가 길어짐에 따른 가격변동성과 불확실성은 신용등급이 낮아질수록 더욱 커진다. 따라서 이론적으로 신용등급이 낮을수록 장단기 금리차이가 더욱 커진다.

26 ⑤ 연환산 자본손익률 = [(매입금리 − 매도금리) × 잔존듀레이션] / 투자연수 = [(4% − 3%) × 4년] / 1년 = 4.0%
참고 복리채의 듀레이션은 표면만기와 듀레이션이 동일하므로 만기 5년인 복리채의 듀레이션은 5년이며, 1년간 투자하였으므로 잔존듀레이션은 4년임

27 ④ 연환산 자본손익률 = [(매입금리 − 매도금리) × 잔존듀레이션] / 투자연수 = [(8% − 5%) × 1년] / 2년 = 1.5%
∴ 연환산 투자수익률 = 이자수익률 + 자본손익률 = 8% + 1.5% = 9.5%

28 ③ 채권의 이자수익에 대한 세금은 매입금리가 아닌 발행금리로 매겨진다. 따라서 개인 채권투자자의 입장에서는 같은 수익률이라면 최대한 발행금리가 낮은 채권을 매입하는 것이 유리하므로 채권매입 시 발행금리를 확인하여야 한다.

29 ④ 우상향하는 수익률곡선의 단기와 중기, 장기의 금리차가 클수록 롤링수익률이 커진다. 단기와 중기, 장기의 금리차가 커진다는 것은 수익률곡선의 기울기가 가팔라짐(스팁)을 의미한다.

출제빈도 ★

30 국채 3년물 금리가 5.0%, 국채 2년물 금리가 4.2%이다. 국채 3년물을 매입하여 1년간 보유했을 때의 롤링수익은? (단, 채권시장금리의 변동은 없다)

① −0.5% ② 0.5% ③ −0.8%
④ 0.8%   ⑤ 1.0%

출제빈도 ★

31 다음 중 채권의 평가에 대한 설명으로 가장 거리가 먼 것은?

① 원칙적으로 채권의 평가는 시가평가방식을 사용해야 한다.
② 장부가란 채권투자원금과 매일매일 쌓이는 이자수익의 합계를 말한다.
③ 장부가평가방식은 시장금리의 변화를 채권의 평가에 반영하지 않는다.
④ 시가평가액은 장부가평가액에 금리변동에 의해 발생한 자본손익이 반영된 금액이다.
⑤ MMF와 같이 초단기물 위주의 채권을 편입하는 펀드는 시가평가방식을 사용해야 한다.

출제빈도 ★★★

32 국채 1년물 수익률은 3%, 2년물 수익률은 4%, 3년물 수익률은 5%이다. 국채 3년물에 1년간 투자하는 경우 기대수익률은? (단, 수익률곡선의 변동은 없다)

① 5% ② 6% ③ 7%
④ 8% ⑤ 9%

출제빈도 ★

33 다음 중 '이자＋롤링수익률' 방식을 이용하여 채권의 기대수익률을 계산하기 위한 전제조건과 가장 거리가 먼 것은?

① 기대수익률을 구하는 투자기간은 1년으로 한다.

② 신용위험은 고려하지 않는다.

③ 채권의 잔존만기와 듀레이션은 같다.

④ 투자기간 동안 시장금리 또는 수익률곡선의 변동은 없다.

⑤ 계산의 편의를 위해 모든 채권을 연이표채로 가정한다.

정답 및 해설

30 ④ 국채 3년물은 1년 후 국채 2년물이 된다. 2년물이 된 보유채권은 4.2%의 금리로 평가받거나 매각할 수 있어 0.8%(= 5% − 4.2%)만큼의 자본이익이 발생한다. 즉, 시장금리의 변동없이 자동으로 1년이라는 기간경과만으로 금리가 하락하여 0.8%의 롤링수익이 생긴 것이다.

31 ⑤ 만기까지 보유할 목적의 채권과 MMF와 같이 초단기물 위주의 채권을 편입하는 펀드의 경우에는 장부가평가방식을 허용하고 있다. 단, MMF의 경우 시가평가금액과 장부가평가금액이 정해진 기준 이상으로 괴리가 발생하면 즉시 시가를 반영해야 한다.

32 ③ 1년간 롤링수익률＝(매입금리−1년 후 평가금리) × 잔존듀레이션＝(5%−4%) × 2년＝2%
∴ 1년간 기대수익률＝1년간 채권이자수익률＋1년간 롤링수익률＝5%＋2%＝7%

33 ⑤ 모든 채권은 연복리채인 것으로 가정하는데 이는 계산의 편의를 위해 모든 채권을 잔존만기와 듀레이션이 같도록 한다는 전제조건과 관련이 있다.

34 현재 A공사의 복리채 1년물 수익률은 5%, 2년물 수익률은 7%, 3년물 수익률은 9%이다. 향후 1년간 시장금리가 전반적으로 3% 상승할 것으로 예상된다면, 3년물에 1년간 투자할 경우 예상되는 투자수익률은?

① 7%
② 8%
③ 9%
④ 10%
⑤ 11%

35 현재 B은행의 복리채 1년물 수익률은 6%, 2년물 수익률은 7%, 3년물 수익률은 8%이다. 향후 1년간 시장금리가 전반적으로 2% 하락할 것으로 예상된다면 2년물에 1년간 투자할 경우 예상되는 투자수익률은?

① 4%
② 6%
③ 8%
④ 10%
⑤ 12%

36 국채 1년물의 금리가 5%, 국채 3년물의 금리가 5.5%, A⁺등급의 회사채 3년물 금리가 7%이다. A⁺등급 회사채의 듀레이션 프리미엄과 신용위험(크레딧) 프리미엄은? (단, 국채 1년물을 무위험자산으로 간주한다)

	듀레이션 프리미엄	신용위험(크레딧) 프리미엄
①	0.5%	0.5%
②	0.5%	1.5%
③	1.5%	0.5%
④	1.5%	2.0%
⑤	2.0%	1.5%

37 채권투자 시 발생하게 될 위험의 종류 중 가장 거리가 먼 것은?

① 듀레이션위험
② 유동성위험
③ 시장위험
④ 신용위험
⑤ 중도상환위험

38 다음 중 채권투자 위험에 대한 설명으로 옳지 않은 것은?

① 듀레이션이 길수록, 보유하는 채권의 금액이 많을수록 듀레이션위험은 커진다.
② 투자자산의 현금흐름이 투자자의 상황과 맞지 않아 생기는 듀레이션위험을 미스매칭위험이라고 한다.
③ 신용위험에는 부도위험뿐 아니라 신용등급하락위험, 신용스프레드위험도 포함된다.
④ 시장금리 상승 시 콜옵션부채권의 투자자는 중도상환위험에 노출될 수 있다.
⑤ 언론 등에서 악재가 회자되어 가격이 하락하는 위험을 헤드라인위험이라고 한다.

정답 및 해설

34 ① 1년간 롤링수익률 = (매입금리 − 1년 후 예상금리) × 잔존듀레이션 = (9% − 10%) × 2년 = −2%
　[참고] 1년이 경과하면 3년물이 2년물이 되므로 1년 후 예상금리는 3년물의 예상금리가 아닌 2년물의 예상금리를 사용해야 함
　∴ 1년간 예상투자수익률 = 1년간 채권이자수익률 + 1년간 롤링수익률 = 9% + (−2%) = 7%

35 ④ 1년간 롤링수익률 = (매입금리 − 1년 후 예상금리) × 잔존듀레이션 = (7% − 4%) × 1년 = 3%
　∴ 1년간 예상투자수익률 = 1년간 채권이자수익률 + 1년간 롤링수익률 = 7% + 3% = 10%

36 ② • 듀레이션 프리미엄 = 5.5% − 5% = 0.5%
　　• 신용위험 프리미엄 = 7% − 5.5% = 1.5%

37 ③ 채권투자위험에는 듀레이션위험, 유동성위험, 신용위험, 중도상환위험이 있다.

38 ④ 시장금리 하락 시 콜옵션부채권의 발행자는 이자부담을 줄이기 위해 중도상환권리를 행사할 가능성이 커진다. 따라서 콜옵션부채권의 투자자는 중도상환위험에 노출된다.

39 다음 채권투자전략 중 소극적 투자전략에 해당하지 않는 것은?
① 매칭전략　　　　　　　　② 면역전략
③ 사다리형전략　　　　　　④ 채권교체전략
⑤ 현금흐름일치전략

40 다음 중 채권투자전략의 분류에 대한 설명으로 옳지 않은 것은?
① 단기매매전략은 단기채권에 집중하여 투자하는 소극적 투자전략이다.
② 자본수익의 비중이 높을수록 그 투자전략은 적극적인 것으로 분류된다.
③ 중도매각전략은 채권을 일정 기간 보유한 후 롤링효과를 누리며 매각한다.
④ 채권의 이자율을 중시하는 만기전략은 소극적 투자전략으로 분류된다.
⑤ 교체매매전략은 채권을 매도한 후 향후 많은 수익이 기대되는 채권을 재매입하는 방법이다.

41 다음 중 채권투자전략에 대한 설명으로 옳지 않은 것은?
① 면역전략은 채권의 듀레이션을 투자기간과 일치시키는 전략으로 매칭전략 중 하나이다.
② 현금흐름 일치전략은 면역전략에 비해 비용과 노력이 많이 든다.
③ 사다리형 만기전략은 상환되는 현금흐름을 기계적으로 단기채에 재투자하는 소극적인 투자전략이다.
④ 바벨형 만기전략은 유동성이 높은 단기채와 수익성이 높은 장기채를 보유하는 전략이다.
⑤ 불렛형 만기전략은 중기채 위주로 채권을 보유하는 전략으로 기대수익률이 우수한 특정 만기구간에 집중투자한다.

출제빈도 ★★★

42 다음 중 채권형 펀드의 종류와 벤치마크에 대한 설명으로 가장 거리가 먼 것은?

① 채권형 펀드는 채권 및 채권 관련 파생상품, 유동성자산에 투자하여 수익을 올리는 펀드를 말한다.
② 채권형 펀드는 잔존만기에 따라 단기형, 중기형, 장기형으로 분류된다.
③ 채권형 펀드는 모든 채권들의 인덱스인 시장종합지수를 벤치마크로 사용하는 경우가 많다.
④ 투자자의 상황에 맞게 채권시장의 부분을 선별, 조합하여 만든 각종 맞춤형 벤치마크가 존재한다.
⑤ 시장지수 등 인덱스들의 장기간의 성과가 매칭전략이나 사다리형 만기전략 등의 성과들에 비해 상당히 우수한 것으로 나타난다.

정답 및 해설

39 ④ 채권교체전략은 적극적 투자전략에 해당한다.
40 ① 단기매매전략(딜링전략)은 단기간의 금리 움직임을 전망하여 자본수익을 얻기 위해 잦은 단기매매를 실행하는 것으로 적극적 투자전략으로 분류된다.
41 ③ 사다리형 만기전략은 상환되는 현금흐름을 기계적으로 장기채에 재투자하는 방식으로 단기·중기·장기채를 만기별로 균등하게 보유함으로써 예상하기 어려운 금리의 변화나 필요 현금흐름의 변동에 대비하는 소극적 투자전략이다.
42 ② 채권형 펀드는 환매수수료 부과기간에 따라 6개월 미만의 단기형, 9개월 미만의 중기형, 1년 이상의 장기형으로 분류된다.

43 만기섹터 운용전략 중 중기물의 성과가 단기물과 장기물의 성과보다 우수할 것으로 예상되는 경우에 적절한 포지션은?

① 불렛포지션
② 바벨포지션
③ 버터플라이 포지션
④ 일드커브 플래트너 포지션
⑤ 일드커브 스티프너 포지션

44 다음 중 채권형 펀드 운용전략에 대한 설명으로 옳지 않은 것은?

① 듀레이션 운용전략과 섹터 운용전략, 종목투자전략은 적극적 투자전략에 포함된다.
② 듀레이션 운용전략은 금리의 하락이 예상되면 펀드듀레이션을 벤치마크듀레이션보다 낮게 가져간다.
③ 장기물에 비해 단기물의 상대가치가 우수할 것으로 판단될 경우 일드커브 스티프너 전략을 구사할 수 있다.
④ 신용섹터 운용전략에서 전망투자자들은 신용스프레드 전망을, 가치투자자들은 각 종류나 신용등급 구간들의 가치평가를 실행한다.
⑤ 종목투자전략은 주변 채권들에 비해 우수한 성과가 예상되는 채권종목을 적극적으로 편입하여 운용한다.

45 다음 중 채권형 펀드의 파생상품 운용전략에 대한 설명으로 가장 거리가 먼 것은?

① 채권과 관련된 파생상품으로 이자율스왑(IRS)과 국채선물이 있다.
② 파생상품 운용전략은 광의의 종목투자전략에 포함된다.
③ 국채선물 매도(숏)포지션을 구축하여 금리하락 시에도 이익을 얻을 수 있다.
④ 큰 자금 없이도 매수(롱)포지션을 취할 수 있어 레버리지 효과를 기대할 수 있다.
⑤ 벤치마크듀레이션보다 펀드듀레이션이 높은 경우 파생상품을 매도하여 듀레이션 헤지를 할 수 있다.

46 다음과 같은 상황에서 채권형 펀드매니저가 취할 수 있는 전략으로 가장 거리가 먼 것은?

> 향후 채권시장이 약세로 전환될 것으로 많은 투자자들이 예상하고 있으며, 특히 단기물에 비해 장기물의 약세가 더 심화될 것으로 보인다. 또한, 국채에 비해 회사채가 이러한 시장상황에 영향을 더 크게 받을 것으로 예상된다.

① 펀드의 듀레이션을 벤치마크듀레이션보다 낮춘다.
② 만기섹터 운용전략 중 일드커브 플래트너 전략을 실행한다.
③ 신용섹터 운용전략 중 크레딧물 약세 예상 포지션을 구축한다.
④ 채권형 펀드 내 구성종목 중 회사채보다 국채의 투자비중을 전반적으로 높게 유지한다.
⑤ 국채선물을 매도하여 채권시장의 약세에도 이익을 얻을 수 있는 포지션을 구축한다.

정답 및 해설

43 ① 중기물의 성과가 단기물과 장기물의 성과보다 우수할 것으로 예상되는 경우에 적절한 포지션은 불렛포지션이며, 단기물과 장기물의 성과가 중기물의 성과보다 우수할 것으로 예상되는 경우에 적절한 포지션은 바벨포지션이다.

44 ② 듀레이션 운용전략은 금리의 하락(채권시장 강세)이 예상되면 펀드듀레이션을 벤치마크듀레이션보다 높게, 금리의 상승(채권시장 약세)이 예상되면 펀드듀레이션을 벤치마크듀레이션보다 낮게 가져가는 방법으로 전망투자철학을 지닌 펀드매니저들의 주력 전략이다.
참고 펀드듀레이션은 펀드에 편입된 채권 등의 듀레이션을 가중평균하여 계산함

45 ③ 국채선물 매도(숏)포지션을 구축하여 금리상승(채권가격 하락) 시에도 이익을 얻을 수 있다.

46 ② 단기물에 비해 장기물의 상대적인 약세가 예상될 경우에는 만기섹터 운용전략 중 일드커브 스티프너 전략을 실행하는 것이 유리하다.
① 듀레이션 운용전략은 채권시장 약세가 예상되면 펀드듀레이션을 벤치마크듀레이션보다 낮추고, 강세가 예상되면 펀드듀레이션을 벤치마크듀레이션보다 높인다.
③ 국채에 비해 회사채가 더 약세를 보일 것으로 예상되므로 크레딧물 약세 예상 포지션을 구축한다.
④ 채권시장 약세의 영향을 회사채가 더 많이 받으므로 상대적으로 회사채보다 국채의 비중을 높이는 것이 유리할 수 있다.
⑤ 국채선물을 매도하여 채권가격이 하락해도 이익을 얻을 수 있는 포지션을 구축할 수 있다.

금융·자격증 전문 교육기관 해커스금융
fn.Hackers.com

■ 출제경향 및 학습전략

파생금융상품투자는 제1과목 전체 70문제 중 총 12문제가 출제된다.

파생금융상품투자의 경우 선물과 옵션, 스왑, 구조화상품에 대해 다루고 있다. 파생상품에 대한 기본적인 개념을 알고 있다는 전제하에 상품들의 운용구조와 전략을 소개하기 때문에 다소 어렵게 느낄 수 있다. 따라서 구체적인 사항에 대한 암기보다는 전체적인 이해를 바탕으로 중요 부분에 대한 암기를 병행하는 것이 효과적이다.

■ 빈출포인트

구 분	문제번호	빈출포인트	출제빈도
파생상품의 이해와 활용 (16%)	01	파생상품의 개념과 유형	★★
	02	파생상품의 거래 메커니즘	★★★
	03	파생상품의 활용	★★
선물의 이해와 투자전략 (25%)	04	선물의 개념과 유형	★★
	05~07	주식관련 선물	★★★
	08~09	금리관련 선물	★★★
	10	통화선물과 선물환	★★
옵션의 이해와 투자전략 (18%)	11	옵션의 개념과 유형	★★★
	12~13	주식관련 옵션	★★★
	14	금리관련 옵션	★★
	15	통화옵션	★★
스왑의 이해와 활용 (16%)	16	금리스왑	★★★
	17	통화스왑	★★
구조화상품 투자 (25%)	18	주식연계상품	★★
	19	금리연계상품	★★
	20	통화연계상품	★★

해커스 은행FP 자산관리사 2부 최종핵심정리문제집

제1과목 금융자산 투자설계

제4장
파생금융상품투자

개념완성문제 제4장 | 파생금융상품투자

✓ 개념완성문제를 통해 은행FP 자산관리사 시험에 나오는 개념을 이해할 수 있습니다.
✓ 다시 봐야 할 문제(틀린 문제, 풀지 못한 문제, 헷갈리는 문제 등)는 문제 번호 하단의 네모박스(□)에 체크하여 반복학습 할 수 있습니다.

파생상품의 개념과 유형 출제빈도 ★★

01 다음 중 파생상품의 개념과 유형에 대한 설명으로 옳지 않은 것은?

① 자본시장법상 파생상품은 원본 이외의 추가적인 지급의무를 부담할 수 있는 금융상품을 말한다.
② 선도, 선물, 스왑 등은 손익구조가 선형인 선도형 파생상품에 해당한다.
③ 주식연계워런트(ELW)는 파생결합증권으로 파생상품이 아닌 증권으로 인식된다.
④ 합성형 파생상품인 선물옵션의 거래 대상은 선물이며, 옵션 행사 시 선물포지션을 갖게 된다.
⑤ 선도, 선물, 스왑 등은 계약조건이 표준화되어 있는 장내파생상품에 해당한다.

> **용어 알아두기**
> **주식연계워런트(ELW)** 정해진 미래에 기초자산인 주식, 주가지수 등을 계약 시의 약정된 가격으로 살 수 있는 권리를 또는 팔 수 있는 권리가 부여된 증권을 의미한다.

파생상품의 거래 메커니즘 출제빈도 ★★★

02 다음 중 장내파생상품의 특징에 대한 설명으로 옳지 않은 것은?

① 장내파생상품인 KOSPI200선물의 계약 단위는 '지수 × 25만원'이다.
② 거래당사자는 최종거래일 이전에 언제든지 계약에서 벗어날 수 있다.
③ 계좌의 잔액이 유지증거금 이하로 떨어지면 유지증거금 수준까지 추가증거금을 대용증권으로 납입해야 한다.
④ 전일 선물가격과 당일 선물가격의 차이에 해당하는 금액을 익일에 결제하도록 하는 일일정산제도가 있다.
⑤ 최소호가단위란 파생상품거래 시 호가할 수 있는 최소가격변동폭을 말한다.

정답 및 해설

01 ⑤ 선물은 장내파생상품에 해당하며 선도, 스왑, 장외옵션 등은 장외파생상품에 해당한다.
02 ③ 계좌의 잔액이 유지증거금 이하로 떨어지면 개시증거금 수준까지 추가증거금을 현금으로 납입해야 한다.

파생상품의 활용 출제빈도 ★★

03 다음 중 파생상품의 활용에 대한 설명으로 옳지 않은 것은?

① 구조화 상품은 일반 금융상품과 다양한 파생상품의 구조를 결합하여 설계된다.
② 불리한 리스크를 제거하고 유리한 리스크를 보존하는 리스크관리는 비용이 많이 든다.
③ 방향성 거래전략은 향후 기초자산 가격의 가격전망에 근거한 투자전략이다.
④ 선물 차익거래는 선물의 시장가격과 이론가격 간에 가격 괴리가 발생할 때 이를 이용하여 무위험 수익을 얻는 거래이다.
⑤ 옵션스프레드거래는 만기가 같은 콜옵션을 동시에 매수·매도하기 때문에 시간가치 소멸 효과가 크다.

선물의 개념과 유형 출제빈도 ★★

04 다음 중 선물(Futures)과 선도(Forward)를 비교한 내용으로 옳지 않은 것은?

① 선물은 장내파생상품, 선도는 장외파생상품이다.
② 선물은 거래소가 청산소가 되어 계약이행을 보증하기 때문에 신용위험이 줄어든다.
③ 선물은 만기정산, 선도는 일일정산이 이루어진다.
④ 선물의 거래금액은 표준화되어 있으나 선도는 제한이 없다.
⑤ 선물은 실물인수도 비율이 매우 낮으나 선도는 주로 실물인수도가 이루어진다.

정답 및 해설

03 ⑤ 옵션스프레드거래는 만기가 같지만, 행사가격이 다른 콜옵션 또는 풋옵션을 동시에 매수·매도하기 때문에 시간가치 소멸 효과가 없는데, 이는 두 옵션의 쎄타가 반대부호를 갖게 되기 때문이다.
04 ③ 선물은 일일정산이 이루어지나 선도는 일일정산 없이 만기일에 정산이 이루어진다.

주식관련 선물

출제빈도 ★★★

05 다음 중 주식관련 선물에 대한 설명으로 옳지 <u>않은</u> 것은?

① 주식선물은 거시변수보다는 미시변수에 의해 상대적으로 큰 영향을 받는다.
② 주식선물은 공매도 시 공매도 호가제한을 적용받지 않는다.
③ 주가지수선물은 주로 비체계적 리스크를 관리하는 데 이용된다.
④ KRX 주식선물의 최종거래일과 최종결제일은 KOSPI200 선물과 동일하다.
⑤ KRX 주식선물의 최종결제방법은 현금결제이다.

> **용어 알아두기**
> **KRX** Korea Exchange의 약자로 한국거래소를 의미하며, 한국거래소는 유가증권의 공정한 가격 형성과 안정 및 유통의 원활을 위하여 설립된 특수법인이다.

주식관련 선물

출제빈도 ★★★

06 다음 중 주식관련 선물을 이용한 투자전략과 리스크관리에 대한 설명으로 옳지 <u>않은</u> 것은?

① 주식시장의 강세를 예상하는 투자자는 주가지수선물을 매수할 것이다.
② KOSPI200 지수선물에 투자함으로써 적은 증거금으로 높은 수익률을 올릴 수 있다.
③ 주가가 하락할 것으로 예상하는 경우 베타가 낮은 주식의 비중을 늘려 포트폴리오의 시장리스크를 감소시킬 수 있다.
④ 강세 스프레드전략은 스프레드가 확대될 것으로 예상되는 경우 원월물을 매수하고, 근월물을 매도하는 전략이다.
⑤ 선물을 이용하여 가격변동위험을 헤지하기 위해서는 선물시장에서 현물과는 반대 포지션을 취한다.

> **용어 알아두기**
> **스프레드** 두 선물 간 가격차이를 말한다.

정답 및 해설

05 ③ 분산투자에 의하여 주식포트폴리오의 비체계적 리스크는 제거될 수 있기 때문에 주가지수선물은 주로 시장리스크(체계적 리스크)를 관리하는 데 이용된다.
06 ④ 강세 스프레드전략은 근월물 가격이 원월물에 비해 상대적으로 더 많이 상승(강세장)하거나 더 적게 하락(약세장)할 것으로 예상하는 경우, 즉 스프레드가 축소될 것으로 예상하는 경우 근월물을 매수하고 원월물을 매도한다.

주식관련 선물

07 A씨는 현재 KOSPI200 지수를 복제한 포트폴리오에 10억원 투자 중이다. 향후 포트폴리오의 가치가 하락할 것을 염려하여 KOSPI200 지수선물을 이용하여 헤지하고자 한다. 현재 KOSPI200 지수선물이 220.00포인트에 거래되고 있을 경우, 헤지를 위해 필요한 KOSPI200 지수선물의 계약 수와 포지션은? (단, KOSPI200 지수선물의 승수는 25만원이다)

① 18계약, 매수헤지
② 18계약, 매도헤지
③ 36계약, 매수헤지
④ 36계약, 매도헤지
⑤ 40계약, 매수헤지

금리관련 선물

08 다음 중 금리관련 선물에 대한 설명으로 옳지 않은 것은?

① 미국 T-Bond의 선물가격은 액면가에 대한 백분율로 표시된다.
② 한국 국채선물은 미국 T-Bond선물과 마찬가지로 만기일에 실물인수도된다.
③ 미국 SOFR 선물의 거래 대상은 미국 국채 담보 1일물 Repo 금리이다.
④ 연방기금금리선물과 SOFR 선물, 한국 KOFR 선물은 기초자산의 금리를 지수화한 IMM 지수방식으로 거래된다.
⑤ 한국 국채선물의 거래 단위는 액면가 1억원이며, 최소호가단위는 0.01이다.

정답 및 해설

07 ② 지수를 복제한 주식포트폴리오($\beta = 1$)를 보유하고 있으므로 가격하락리스크를 헤지해야 한다. 따라서 지수선물을 18계약 매도하는 매도헤지를 실시해야 한다.
∴ 헤지계약 수(N) = 주식 포트폴리오 금액 / (주가지수선물 가격 × 25만원) = 10억원 / (220.00pt × 25만원) = 18.18

08 ② 한국 국채선물은 미국의 T-Bond선물 등 대부분의 국채선물과 달리 현금결제 방식을 택하고 있다.

금리관련 선물

09 다음 중 금리관련 선물을 이용한 투자전략과 리스크관리에 대한 설명으로 옳지 <u>않은</u> 것은?

① 채권발행을 계획하고 있는 기업은 금리선물을 매수하여 리스크를 관리할 수 있다.
② 장기물의 수익률 상승폭이 단기물보다 클 것으로 예상되는 경우 장기물을 매도하고, 단기물을 매수한다.
③ 채권선물을 이용하면 적은 비용으로 신속하게 듀레이션을 조정할 수 있다.
④ 현재 채권에 투자하고 있는 사람은 금리상승 위험을 헤지하기 위해 채권선물을 매도해야 한다.
⑤ 수익률곡선이 플래트닝해질 것으로 예상되는 경우 장기물을 매수하고 단기물을 매도한다.

통화선물과 선물환

10 다음 중 통화선물과 선물환에 대한 설명으로 가장 거리가 <u>먼</u> 것은?

① 매수헤지는 외국통화로 수출대금을 결제받을 수출업자가 주로 활용한다.
② 한국거래소에서 거래되는 미국달러선물의 가격은 1달러당 원화로 표시되며, 거래 단위는 10,000달러이다.
③ 해외증권에서 수익이 나지 않더라도 투자 대상국의 통화가치가 상승하면 이익을 보게 된다.
④ 동적 헤지 시 주가가 상승하면 헤지비율이 감소하게 되고 이에 따라 선물환을 추가적으로 매도하게 된다.
⑤ 현물포지션과 선물환 매수 포지션이 결합된 헤지 포지션은 손익그래프가 수평으로 나타난다.

정답 및 해설

09 ① 채권발행을 계획하고 있는 기업은 채권이 실제로 발행되어 자금이 유입되는 시점까지의 기간 동안 금리상승 리스크에 노출된다. 따라서 금리선물을 매도하여 리스크를 관리하는 것이 적절하다.

10 ① 매수헤지는 장래에 매수해야 할 통화의 가치 상승으로 손실이 생길 가능성에 대비하여 선물환 또는 통화선물을 매수하는 것이므로 외국통화로 수입대금을 결제해야 하는 수입업자나 차입자가 주로 활용한다.

옵션의 개념과 유형

11 다음 중 옵션에 대한 설명으로 옳지 않은 것은?

① 기초자산을 살 수 있는 권리를 콜옵션, 팔 수 있는 권리를 풋옵션이라고 한다.
② 선물풋옵션 매수자가 권리를 행사하면 선물 매도 포지션을 취하게 된다.
③ 미국형 옵션인 KOSPI200 지수옵션의 승수는 1계약당 10만원이다.
④ KRX에서 거래되는 주식옵션과 주가지수옵션은 현금결제 방식을 택하고 있다.
⑤ 콜옵션 매수자는 기초자산 가격이 행사가격보다 상승하면 옵션을 행사한다.

주식관련 옵션

12 다음 중 주식관련 옵션의 투자전략에 대한 설명으로 옳지 않은 것은?

① 풋옵션 매수는 약세전략이며, 만기 시 손익분기점은 '행사가격 – 프리미엄'이다.
② 약세 콜 스프레드전략은 초기에 프리미엄 순수입이 발생한다.
③ 강세 스프레드전략은 행사가격이 높은 옵션을 매수하고, 낮은 옵션을 매도한다.
④ 옵션스프레드 전략에서 매수·매도하는 두 옵션의 베가는 반대부호이지만 크기는 같다.
⑤ 옵션스프레드 전략은 강세 또는 약세를 예상하나 확신이 서지 않을 때 택하는 보수적인 전략이다.

정답 및 해설

11 ③ KOSPI200 지수옵션은 만기일에만 행사가 가능한 유럽형 옵션이며, 승수는 1계약당 25만원이다.
12 ③ 강세 스프레드전략에는 강세 콜옵션 스프레드전략과 강세 풋옵션 스프레드전략이 있으며 이 전략들은 행사가격이 낮은 옵션을 매수하고, 행사가격이 높은 옵션을 매도한다.

주식관련 옵션

출제빈도 ★★★

13 다음 중 옵션의 변동성 매매에 대한 설명으로 옳지 <u>않은</u> 것은?

① 변동성 매매의 핵심은 옵션 포지션의 델타를 제거하여 델타중립으로 만드는 것이다.
② 음(−)의 델타는 기초자산 가격이 하락할 경우 이익이 발생함을 의미한다.
③ 콜옵션과 풋옵션 매수의 베가는 양(+)의 값을 가진다.
④ 스트래들 매수, 스트랭글 매수, 버터플라이 매수는 변동성 매수전략이다.
⑤ 스트래들 매도는 행사가격이 동일한 콜옵션과 풋옵션을 매도하는 전략이다.

금리관련 옵션

출제빈도 ★★

14 다음 중 금리관련 옵션에 대한 설명으로 옳지 <u>않은</u> 것은?

① 금리옵션을 이용하여 불리한 리스크는 제거하고 유리한 리스크는 보존하도록 관리할 수 있다.
② 행사금리 이상 기준금리가 상승하면 캡 매도자는 캡 매수자에게 차액을 지급해야 한다.
③ 차입자는 캡을 매수하여 금리하락 리스크를 제거하면서 금리상승에 따른 이익을 얻을 수 있다.
④ 캡은 금리에 대한 콜옵션, 플로어는 금리에 대한 풋옵션이라고 할 수 있다.
⑤ 칼라는 캡과 플로어가 결합된 형태로 캡 행사금리를 플로어 행사금리보다 높게 책정한다.

정답 및 해설

13 ④ 스트래들 매수, 스트랭글 매수, 버터플라이 매도가 변동성 매수전략이다.
14 ③ 캡은 금리의 상한을 설정하는 것이며, 플로어는 금리의 하한을 설정하는 것이다. 따라서 차입자는 캡을 매수하여 금리상승 리스크를 제거하면서 금리하락에 따른 이익을 얻을 수 있다.

통화옵션

출제빈도 ★★

15 다음 중 통화옵션에 대한 설명으로 옳지 <u>않은</u> 것은?

① 외환거래의 특성상 장내옵션보다 장외옵션의 거래규모가 훨씬 크다.
② 외환대금을 수취할 예정인 자는 리스크를 회피하기 위해 풋옵션을 매수한다.
③ 외환자금을 상환해야 하는 사람은 리스크를 회피하기 위해 콜옵션을 매수한다.
④ 콜옵션 매수는 환율의 상한선을, 풋옵션 매수는 환율의 하한선을 설정하는 효과를 가진다.
⑤ 콜옵션을 이용한 매수헤지는 환율이 하락하면 손실이 발생하지만 최대손실폭은 고정된다.

금리스왑

출제빈도 ★★★

16 다음 중 금리스왑에 대한 설명으로 옳지 <u>않은</u> 것은?

① 금리스왑은 원금의 교환이 발생하지 않는다.
② 비교우위가 있는 금리로 자금을 조달하여 교환하면 자금조달비용이 절감된다.
③ 각 기업별 절감되는 조달비용은 '[(고정금리의 차이 – 변동금리의 차이) – 수수료] / 2'이다.
④ 금리스왑을 이용하면 기업의 자산이나 부채의 금리구조를 전환해 금리리스크를 관리할 수 있다.
⑤ 일반적인 금리스왑의 형태는 변동금리와 고정금리에 따른 이자지급을 교환하는 베이시스스왑이다.

정답 및 해설

15 ⑤ 콜옵션을 이용한 매수헤지는 환율이 상승하면 손실이 발생하지만 최대손실폭은 고정되어 있으며, 환율하락 시 이익의 기회에도 참여할 수 있다. 콜옵션을 이용한 매수헤지는 '콜옵션 매수 + 현물포지션'이므로 두 포지션을 결합한 헤지포지션은 마치 풋옵션 매수와 유사한 손익구조를 가진다.

16 ⑤ 일반적인 금리스왑의 형태는 변동금리와 고정금리에 따른 이자지급을 교환하는 쿠폰스왑이다. 베이시스스왑은 하나의 변동금리와 다른 변동금리에 따른 이자지급을 교환하는 것을 말한다.

통화스왑

17 다음 중 통화스왑에 대한 설명으로 옳지 않은 것은?

① 원금의 교환이 발생한다는 점에서 금리스왑과는 다르다.
② 동종통화를 대상으로 하는 금리스왑과 달리 원금과 이자가 이종통화로 표시된다.
③ 스왑의 초기와 만기에 원금교환이 이루어지는데 초기 원금교환은 생략 가능하다.
④ 만기 시 원금교환에 적용되는 환율은 만기시점의 현물환율이다.
⑤ 변동금리와 다른 변동금리에 따라 결정되는 이자지급을 교환하는 것을 Cross Currency Basis Swap이라고 한다.

> **용어 알아두기**
> **이종통화** 일반적으로 달러화가 아닌 엔화, 유로화 등 다른 화폐를 가리켜 이종통화라고 한다. 하지만 해당 문제에서는 이종통화는 단지 동종통화의 반대말로 서로 다른 통화를 의미한다.

주식연계상품

18 다음 중 주식연계상품에 대한 설명으로 옳지 않은 것은?

① 주식연계상품은 일반적으로 채권 부분과 주식파생상품 부분으로 구성된다.
② 옵션 스프레드전략은 이익과 손실이 한정된 보수적인 투자전략이다.
③ 낙아웃 구조와 디지털옵션 구조는 원금보장형 상품에 많이 활용된다.
④ 디지털옵션 구조화상품은 지수상승에 따른 혜택을 보지 못한다는 단점이 있다.
⑤ 대부분의 조기상환형 구조는 옵션의 매수가 내재되어 있다.

정답 및 해설

17 ④ 만기 시 원금교환에 적용되는 환율은 거래초기 원금교환에 적용하였던 현물환율이다.
18 ⑤ 대부분의 조기상환형 구조는 옵션의 매도가 내재되어 있으며, 원금이 보장되지 않는 구조를 가진다.

금리연계상품

출제빈도 ★★

19 다음 중 금리연계상품에 대한 설명으로 옳지 않은 것은?

① 역변동금리채권의 이자지급은 '고정금리 - 기준금리'의 형태를 보인다.

② 이중변동금리채권의 이표는 장단기 금리 스프레드에 의해 결정된다.

③ 디지털 옵션이 내재된 레인지 채권은 기준금리의 수준과 변동성이 낮은 상황에서 등장하게 된다.

④ 금리상하한 변동금리채권은 일반적인 변동금리채권에 최대표면금리 조건을 추가한 채권이다.

⑤ 레인지어크루얼 채권은 조건을 충족시키는 일수를 매일 관측하여 일할계산 방식으로 이자를 지급한다.

통화연계상품

출제빈도 ★★

20 다음 중 통화연계상품에 대한 설명으로 옳지 않은 것은?

① 레인지 선물환은 두 옵션의 행사가격이 다른 구조로 설계된다.

② 목표 선물환은 합성선물환에서 동일한 행사가격의 콜옵션을 추가로 매수하여 가격조건을 개선한 상품이다.

③ 선물환 매수 포지션은 만기와 행사가격이 같은 콜옵션 매수, 풋옵션 매도로 합성할 수 있다.

④ 레인지 선물환은 두 옵션의 프리미엄이 동일하게 설계되므로 초기 비용이 발생하지 않는다.

⑤ 낙인 낙아웃 목표 선물환은 환율상승 시 두 배의 달러를 매도해야 하는 리스크에 노출된다.

정답 및 해설

19 ③ 레인지 채권은 기준금리의 수준이 낮고, 수익률곡선이 급하게 우상향하며, 기준금리의 변동성이 높은 상황에서 등장하게 된다.

20 ② 목표 선물환은 합성선물환에서 동일한 행사가격의 콜옵션을 추가로 매도하여 가격조건을 개선한 상품이다.

출제예상문제 제4장 | 파생금융상품투자

✓ 출제예상문제를 통해 다양한 은행FP 자산관리사 문제를 풀어볼 수 있습니다.
✓ 다시 봐야 할 문제(틀린 문제, 풀지 못한 문제, 헷갈리는 문제 등)는 문제 번호 하단의 네모박스(□)에 체크하여 반복학습 할 수 있습니다.

출제빈도 ★★★ **최신출제유형**

01 다음 중 파생상품의 특징으로 적절하지 않은 것은?

① 증권과 파생상품은 모두 원본손실의 가능성이 있다.
② 장내파생상품은 표준화된 거래조건하에서 거래된다.
③ 파생상품은 지급 결제 시 원금 이상을 요구하지 않는다.
④ 선물은 장내거래, 선도는 장외거래로 이루어진다.
⑤ 주식연계워런트(ELW)는 증권으로 분류된다.

출제빈도 ★★★

02 다음 중 일일정산제도와 증거금제도에 대한 설명으로 옳지 않은 것은?

① 장내파생상품거래에는 결제불이행을 사전에 방지하고 일일정산 및 증거금제도를 갖추고 있다.
② 일일정산제도는 전일의 선물가격과 당일의 선물가격과의 차이에 해당하는 금액을 익일에 결제하도록 하는 제도이다.
③ 최초 계약체결 시 1계약당 선물회사가 납부하는 증거금을 개시증거금이라 한다.
④ 일일정산 이후 계좌의 잔액이 유지증거금 수준 이하로 떨어지면 선물회사는 마진콜을 통보한다.
⑤ 마진콜을 받은 고객은 추가증거금을 유지증거금 수준으로 납부하여야 한다.

출제빈도 ★★★

03 다음 중 파생상품거래의 구성요소에 대한 설명으로 옳지 않은 것은?

① 미국달러선물의 계약단위는 1만달러, KOSPI200선물은 '지수 × 25만원'이다.
② 금융선물계약의 결제월은 통상 분기의 마지막 월인 3, 6, 9, 12월이다.
③ CME와 KRX에서 거래되는 주요 선물의 가격제한폭은 기준가격 대비 상하 10%이다.
④ 한국 국채선물의 최소호가단위는 0.01, KOSPI200선물은 0.05포인트이다.
⑤ T-Bond선물은 액면 100인 채권의 가격을 %로 표시하여 가격을 호가하며, 위안선물은 1위안당 원화로 표시된 환율을 사용하여 가격을 호가한다.

출제빈도 ★★

04 다음 중 파생상품을 이용한 투자전략에 대한 설명으로 옳지 <u>않은</u> 것은?

① 향후 기초자산가격이 상승할 것으로 예상하는 경우 콜옵션을 매수한다.
② 선물스프레드거래는 가격예측에 의한 방향성 매매보다는 손실위험이 크다.
③ 옵션스프레드거래는 포지션의 손익이 기초자산의 변동성과는 독립적이다.
④ 변동성 매매전략은 기초자산가격의 변동성과 그것에 대한 기대의 변화를 잘 관찰해야 한다.
⑤ 상대가치거래는 기초자산의 리스크를 헤지하고 알파를 얻고자 하는 거래전략이다.

정답 및 해설

01 ③ 파생상품은 원금 이외에 추가로 지급의무를 부담할 수 있는 금융투자상품이다.
02 ⑤ 마진콜을 받은 고객은 추가증거금을 개시증거금 수준으로 납부하여야 한다.
03 ③ CME에서 거래되는 주요 금리선물과 통화선물에는 가격제한폭이 없으나, KRX에서 거래되는 KOSPI200 선물의 경우 기준가격 대비 상하 8~20%로 각 단계별로 가격제한폭을 확대 적용하고, 국채선물은 기준가격 대비 상하 1.5%, 통화선물은 기준가격 대비 상하 4.5%를 가격제한폭으로 설정하고 있다.
04 ② 선물스프레드거래는 스프레드의 변화를 예상하여 하나의 선물을 매수하고, 다른 선물을 매도하는 것이며 이익이 손실보다 클 것으로 기대하는 전략으로 스프레드가 변화하면 한 쪽에서는 이익이 발생함과 동시에 다른 쪽에서는 손실이 발생한다. 그러나 이익이 난 쪽에서 손실이 어느 정도 상쇄되기 때문에 가격예측에 의한 방향성 매매보다는 손실위험이 적다.

05 다음 중 선물(Futures)과 선도(Forward)에 대한 설명으로 가장 거리가 먼 것은?

① 선물의 만기일은 특정 월의 특정 일이지만, 선도는 거래당사자 간 합의에 따른다.
② 선물과 선도는 거래상대방의 계약불이행 위험이 존재한다.
③ 선물은 장내파생상품, 선도는 장외파생상품으로 구분된다.
④ 선물은 매수자와 매도자 모두 증거금을 납입해야 한다.
⑤ 선물은 실물인수도 비율이 낮지만, 선도는 대부분 실물인수도가 이루어진다.

06 다음 중 주식관련 선물에 대한 설명으로 옳지 않은 것은?

① 주식선물은 거시변수보다는 미시변수에 의해 상대적으로 큰 영향을 받는다.
② 주가지수선물은 시장리스크를 관리하기 위한 유용한 수단이다.
③ KRX 주식선물의 1계약 가치는 해당 주식 10주와 동일하다.
④ KRX 주식선물은 KOSPI200 지수선물에 비해 변동성이 상대적으로 높다.
⑤ KRX 주식선물의 결제방법은 실물인수도, KOSPI200 지수선물의 결제방법은 현금결제이다.

07 다음 중 KRX에서 거래되는 KOSPI200 지수선물에 대한 설명으로 옳지 않은 것은?

① 계약금액은 'KOSPI200 지수 × 25만원'이다.
② 최소호가단위는 0.01포인트로 금액으로 환산하면 2,500원이다.
③ 결제월은 3, 6, 9, 12월이며, 결제월의 두 번째 목요일이 최종거래일이다.
④ 계약 시 정한 가격과 결제시점 주가지수의 차이를 기준으로 하여 현금으로 결제한다.
⑤ 시장안정화장치로 가격제한폭 제도와 프로그램매매호가를 일시적으로 중단하는 서킷브레이커즈가 있다.

08 출제빈도 ★★★

A씨는 지난 3월 주식시장의 약세를 예상하여 6월물 KOSPI200 지수선물을 200.00포인트에 5계약 매도하였다. 현재 6월물 KOSPI200 지수선물의 가격이 10% 하락하여 반대매매로 포지션을 청산하고자 한다. 이 경우 A씨의 총 투자 손익은? (단, KOSPI200 지수선물의 승수는 25만원이다)

① 1,250만원 이익　　② 1,250만원 손실　　③ 2,500만원 이익
④ 2,500만원 손실　　⑤ 3,750만원 이익

09 출제빈도 ★★★　최신출제유형

A씨는 향후 스프레드가 확대될 것으로 예상하여 3월물 KOSPI200 지수선물은 200.00포인트에 1계약 매도하고 6월물을 205.00포인트에 1계약 매수하였다. 현재 3월물 KOSPI200 지수선물은 203.00포인트, 6월물은 206.00포인트이다. 반대매매하여 포지션을 청산할 경우 A씨의 순손익은? (단, KOSPI200 지수선물의 승수는 25만원이다)

① 25만원 이익　　② 25만원 손실　　③ 50만원 이익
④ 50만원 손실　　⑤ 75만원 이익

정답 및 해설

05 ② 선물은 거래소가 청산소가 되어 계약이행을 보증하기 때문에 거래상대방의 계약불이행 위험이 줄어들어 거의 존재하지 않는다. 또한, 결제불이행을 사전에 방지하고자 선물은 반대거래, 일일정산, 증거금 제도를 갖추고 있다.

06 ⑤ KRX 주식선물과 KOSPI200 지수선물의 결제방법은 현금결제이다.

07 ② KOSPI200 지수선물의 최소호가단위는 0.05포인트로 금액으로 환산하면 12,500원(=0.05pt × 25만원)이다.

08 ③ A씨의 예상대로 가격이 하락하였으므로 2,500만원의 이익이 발생한다.
(200.00pt − 200.00pt × 0.9) × 5계약 × 25만원 = 2,500만원 이익

09 ④ • 3월물 손실: (200.00pt − 203.00pt) × 1계약 × 25만원 = −75만원
　　• 6월물 이익: (206.00pt − 205.00pt) × 1계약 × 25만원 = 25만원
∴ A씨는 스프레드거래전략에 의해 50만원 손실을 보았다. A씨는 스프레드가 확대될 것으로 예상하여 3월물을 매도하고 6월물을 매수하였으나, 실제로 스프레드가 축소(원월물 가격이 근월물에 비해 상대적으로 더 작게 상승)되어 손실이 발생한 것이다.

10 A씨가 보유하고 있는 주식포트폴리오의 현재가치는 10억원이고, 베타는 0.8이며 만기가 3개월 남은 KOSPI200 지수선물의 가격은 200.00포인트이다. 향후 주식시장이 강세일 것을 예상하여 주식포트폴리오의 베타를 1.2로 높이고자 한다. 이 경우 필요한 KOSPI200 지수선물의 계약 수와 포지션은? (단, KOSPI200 지수선물의 승수는 25만원이다)

① 8계약 매수　　② 8계약 매도　　③ 16계약 매수
④ 16계약 매도　　⑤ 20계약 매수

11 A씨는 베타가 1.5인 주식포트폴리오에 10억원 투자 중이다. 향후 포트폴리오의 가치가 하락할 것을 염려하여 KOSPI200 지수선물을 이용하여 헤지하고자 한다. 현재 KOSPI200 지수선물이 200.00포인트에 거래되고 있을 경우, 헤지를 위해 필요한 KOSPI200 지수선물의 계약 수와 포지션은? (단, KOSPI200 지수선물의 승수는 25만원이다)

① 20계약, 매수헤지　　② 20계약, 매도헤지　　③ 30계약, 매수헤지
④ 30계약, 매도헤지　　⑤ 40계약, 매수헤지

12 다음 중 주식관련 선물을 이용한 투자전략에 대한 설명으로 옳지 않은 것은?

① 방향성 투자는 강세가 예상될 경우 선물매수, 약세가 예상될 경우 선물매도를 하는 것이다.
② 선물투자는 레버리지 효과가 있어 적은 증거금으로 높은 수익률을 올릴 수 있는 반면 예상이 틀릴 경우 손실폭도 커진다.
③ 분산투자로 비체계적 위험은 제거될 수 있기 때문에 지수선물은 주로 체계적 위험을 관리하는 데 이용된다.
④ 결제월이 동일하지만 기초자산이 다른 선물 간 가격차이를 이용하는 것을 상품 간 스프레드라고 한다.
⑤ 약세 스프레드는 근월물을 매수하고 원월물을 매도하는 결제월 간 스프레드전략이다.

13 우리나라의 국채선물에 대한 설명으로 옳지 <u>않은</u> 것은?

① 한국거래소에서 거래되는 국채선물은 정부에 의해 발행된 국고채를 기초자산으로 하는 선물계약이다.

② 3년물 국채선물의 거래대상은 연 5%, 6개월 이표지급 방식의 3년물 만기 국고채권이다.

③ 10년물 국채선물의 결제방식은 실물인수도 방식이다.

④ 거래단위는 액면가 1억원이며, 가격은 액면가 100원을 기준으로 표시된다.

⑤ 최종거래일은 결제월의 세 번째 화요일이며, 최종결제일은 최종거래일의 다음 거래일이다.

14 다음 중 미국 CME와 한국 KRX에서 거래되는 채권선물에 대한 설명으로 옳지 <u>않은</u> 것은?

① 미국 T-Bond 선물가격은 액면가에 대한 백분율(%)로 표시된다.

② 미국 T-Bond 선물의 계약 단위는 10만달러이며, 최소호가단위는 액면가의 1/64%이다.

③ 미국 T-Bond 선물의 인도 가능한 채권은 인도월의 첫 영업일을 기준으로 잔존만기가 15년 이상인 T-Bond이다.

④ 한국 국채선물은 미국 T-Bond 선물과 달리 현금결제 방식을 택하고 있다.

⑤ 한국 국채선물의 거래 단위는 1억원이며, 가격은 액면가 10,000원을 기준으로 표시한다.

정답 및 해설

10 ① 선물계약 수(N) = (BT − BP) × $\dfrac{P}{F}$ = (1.2 − 0.8) × $\dfrac{10억원}{(200.00\text{pt} \times 25만원)}$ = 8계약 매수

11 ④ • 헤지계약 수(N) = (베타 × 주식포트폴리오 금액) / (주가지수 선물가격 × 25만원) = (1.5 × 10억원) / (200.00pt × 25만원) = 30
 • 주식포트폴리오를 보유하고 있으므로 가격하락 리스크를 헤지해야 한다. 따라서 지수선물을 30계약 매도하는 매도헤지를 실시해야 한다.

12 ⑤ 약세 스프레드는 스프레드가 확대(원월물 가격이 근월물에 비해 상대적으로 더 많이 상승하거나 더 적게 하락)될 것으로 예상하는 경우 원월물을 매수하고 근월물을 매도하는 결제월 간 스프레드전략이다.

13 ③ 우리나라의 국채선물(3년·5년·10년물)의 결제방식은 현금결제 방식을 채택하고 있다.

14 ⑤ 한국 국채선물의 가격은 액면가 100원을 기준으로 소수점 둘째 자리까지 표시된다.

15 펀드매니저 A씨는 100억원의 채권포트폴리오를 운영하고 있다. 향후 금리가 하락할 것으로 예상되어 국채선물을 이용하여 포트폴리오의 듀레이션을 2.0년에서 2.3년으로 늘리고자 한다. 현재 시장의 국채선물의 호가는 100.00이고, 듀레이션은 2.5년이다. A씨가 취해야 할 국채선물의 계약 수와 포지션은?

① 10계약 매수   ② 12계약 매수   ③ 12계약 매도
④ 22계약 매수   ⑤ 22계약 매도

16 다음 (가)~(다)에 들어갈 금리리스크의 유형과 헤지전략을 올바르게 연결한 것은?

현물 포지션	금리리스크	헤지전략
채권투자		(가)
고정금리 차입	(나)	
채권투자 예정		(다)

	(가)	(나)	(다)
①	채권선물 매도	금리 하락	채권선물 매수
②	채권선물 매수	금리 하락	채권선물 매수
③	금리선물 매도	금리 하락	채권선물 매도
④	금리선물 매수	금리 상승	채권선물 매수
⑤	금리선물 매도	금리 상승	채권선물 매도

17 현재 3년 국채선물의 듀레이션은 2.5년, 10년 국채선물의 듀레이션은 5.0년이다. 향후 수익률곡선이 스티프닝해질 것으로 예상될 경우 적절한 투자전략은?

① 3년 국채선물 50계약 매수, 10년 국채선물 100계약 매도
② 3년 국채선물 50계약 매도, 10년 국채선물 100계약 매수
③ 3년 국채선물 100계약 매수, 10년 국채선물 50계약 매도
④ 3년 국채선물 100계약 매도, 10년 국채선물 50계약 매수
⑤ 3년 국채선물 100계약 매도, 10년 국채선물 100계약 매수

출제빈도 ★

18 다음 중 옵션에 대한 설명으로 옳지 않은 것은?

① 옵션 매수자는 권리를, 옵션 매도자는 의무를 가진다.
② 만기일에만 행사가 가능한 옵션의 유형은 유럽형이다.
③ 선물옵션이란 기초자산이 선물인 경우를 말하며, 권리행사 시 선물포지션을 취하게 된다.
④ 선물 풋옵션 매수자는 권리행사 시 선물가격이 행사가격을 초과하는 만큼 이익이 발생한다.
⑤ 권리에 대한 대가로 매수자가 매도자에게 지불하는 것을 옵션가격 또는 프리미엄이라고 한다.

정답 및 해설

15 ② 선물계약 수(N) = $\frac{(D_T - D_P)}{D_F} \times \frac{P}{F} = \frac{(2.3년 - 2.0년)}{2.5년} \times \frac{100억원}{1억원}$ = 12계약 매수
　　참고 국채선물가격 100의 의미는 계약단위 1억원의 100%를 의미하므로 국채선물 1계약의 가치는 1억원임

16 ① 가. 현재 채권에 투자하고 있는 사람은 금리가 상승할 경우 채권가격이 하락하기 때문에 리스크에 노출된다. 따라서 '채권선물을 매도'하여 헤지하는 것이 적절하다.
　　나. 현재 고정금리로 차입하고 있는 사람은 '금리가 하락'할 경우 자신은 시장보다 높은 비용(돈을 빌린 대가)을 지불하게 되므로 기회손실이 발생한다. 따라서 금리선물을 매수하여 헤지하는 것이 적절하다.
　　다. 향후 채권에 투자할 예정인 사람은 금리가 하락할 경우 채권가격이 상승하기 때문에 리스크에 노출된다. 따라서 '채권선물을 매수'하여 헤지하는 것이 적절하다.

17 ③ 수익률곡선이 스티프닝해질 것으로 예상되는 경우 단기물을 매수하고, 장기물을 매도한다. 계약 수는 다음과 같이 듀레이션의 비율로 결정한다.
　　10년 국채선물 계약 수 = (3년 국채선물 듀레이션 / 10년 국채선물 듀레이션) × 3년 국채선물 계약 수
　　　　　　　　　　　 = (2.5년 / 5.0년) × 3년 국채선물 계약 수
　　⇨ 10년 국채선물 계약 수 = $\frac{1}{2}$ × 3년 국채선물 계약 수
　　∴ 3년 국채선물 100계약 매수, 10년 국채선물 50계약 매도하는 전략이 적절하다.

18 ④ 선물 풋옵션 매수자는 권리행사 시 행사가격이 선물가격을 초과하는 만큼 이익이 발생하며, 선물 매도 포지션을 취하게 된다. 반면 선물 콜옵션 매수자는 권리행사 시 선물가격이 행사가격을 초과하는 만큼 이익이 발생하며, 선물 매수 포지션을 취하게 된다.

19 다음 중 KRX에서 거래되는 주식관련 옵션에 대한 설명으로 옳지 않은 것은?

① KRX에서 거래되는 주식관련 옵션은 최종거래일에만 권리행사가 가능한 유럽형 옵션이다.
② KRX 주식선물과 마찬가지로 KRX 주식옵션의 승수는 1계약당 10주이다.
③ KOSPI200 지수옵션의 최종거래일은 각 결제월의 세 번째 월요일이다.
④ KOSPI200 지수옵션의 승수는 계약당 25만원이다.
⑤ KRX 주식옵션과 KOSPI200 지수옵션은 최종결제방법으로 현금결제를 택하고 있다.

20 다음 중 옵션스프레드 전략에 대한 설명으로 옳지 않은 것은?

① 만기가 같은 콜옵션 또는 풋옵션을 동시에 매수·매도하기 때문에 쎄타는 반대부호를 갖게 된다.
② 매수·매도하는 두 옵션의 베가가 크기는 같고 반대부호이기 때문에 옵션 포지션의 손익이 현물가격의 변동성과 독립적이다.
③ 풋옵션을 이용한 강세 스프레드전략은 초기에 프리미엄 순지출이 발생한다.
④ 강세 스프레드전략은 주식시장의 강세가 예상되나 확신이 서지 않을 때 행하는 보수적인 투자전략이다.
⑤ 약세 스프레드전략은 행사가격이 낮은 옵션을 매도하고, 높은 옵션을 매수한다.

21 다음 중 옵션의 변동성 매매전략에 대한 설명으로 옳지 않은 것은?

① 콜옵션과 풋옵션 매수의 베가와 감마는 모두 양(+)의 값을 가진다.
② 콜옵션의 델타는 양(+)의 값을 가지는데 이는 기초자산가격이 상승할 경우 이익이 발생함을 의미한다.
③ 시간가치 감소를 측정하는 쎄타는 콜옵션과 풋옵션 매수의 경우 음(−)의 값을 가진다.
④ 스트랭글 매도는 스트래들 매도보다 프리미엄 수입이 큰 반면 기대이익이 작다.
⑤ 실현변동성이 현재 내재변동성을 상회할 것으로 예측된다면 델타중립 포지션을 가져감으로써 이익을 기대할 수 있다.

22 다음 중 기초자산 가격의 변동성이 증대될 것으로 예상되는 경우에 적절한 옵션의 투자전략을 모두 고른 것은?

가. 약세 콜옵션 스프레드	나. 스트래들 매수
다. 스트랭글 매도	라. 버터플라이 매도
마. 강세 풋옵션 스프레드	

① 가, 마   ② 나, 라   ③ 다, 라
④ 가, 라, 마   ⑤ 나, 다, 마

23 다음 중 금리관련 옵션에 대한 설명으로 옳지 않은 것은?

① 금리옵션은 금리뿐만 아니라 채권 및 채권선물을 거래 대상으로 하는 옵션이다.
② 캡은 금리의 상한을 설정하는 것으로 자금의 차입자가 이용하는 것이 적절하다.
③ 플로어는 금리에 대한 풋옵션으로 금리하락 리스크를 관리하는 수단이다.
④ 캡 매도자는 기준금리가 캡금리 이상으로 상승하면 매수자에게 차액을 지급해야 한다.
⑤ 캡과 플로어가 결합된 칼라의 매수비용은 캡의 매수비용보다 높다.

정답 및 해설

19　③　KOSPI200 지수옵션의 최종거래일은 각 결제월의 두 번째 목요일이며, KRX에서 거래되는 통화선물의 최종거래일이 결제월의 세 번째 월요일이다.

20　③　풋옵션을 이용한 강세 스프레드 전략은 초기에 프리미엄 순수입이 발생한다. 프리미엄이 낮은 외가격(OTM)옵션을 매수하고, 프리미엄이 높은 등가격(ATM)옵션을 매도하기 때문이다. (풋옵션은 행사가격이 낮을수록 프리미엄이 저렴하다) 반면에 콜옵션을 이용한 강세 스프레드전략은 초기에 프리미엄 순지출이 발생한다.

21　④　변동성 매도전략인 스트랭글 매도는 스트래들 매도보다 프리미엄 수입이 작은 반면 기대이익은 크다. 반면에 변동성 매수전략인 스트랭글 매수는 스트래들 매수보다 프리미엄 지출이 작은 반면 기대이익도 작다.

22　②　'나, 라'는 기초자산 가격의 변동성이 증대될 것으로 예상되는 경우에 적절한 투자전략인 변동성 매수전략(스트래들 매수, 스트랭글 매수, 버터플라이 매도)에 해당한다.
　　　가. 약세 스프레드전략으로 약세가 예상되나 확신이 서지 않을 때 이용하는 보수적인 투자전략이다.
　　　다. 변동성 매도전략으로 기초자산 가격의 변동성이 감소할 것이라고 예상되는 경우 이용하는 투자전략이다.
　　　마. 강세 스프레드전략으로 강세가 예상되나 확신이 서지 않을 때 이용하는 보수적인 투자전략이다.

23　⑤　플로어의 매도가격이 캡 매수가격의 일부를 상쇄하므로 칼라의 매수비용은 캡의 매수비용보다 작다.

24 A씨는 은행에서 다음과 같은 조건으로 3년간 1억원을 대출받았다. 이에 대한 설명으로 가장 옳은 것은? (단, 시장의 일반적인 대출금리는 COFIX + 0.8%이다)

> A씨는 향후 COFIX가 3% 이상일 경우에는 4%를 지급해야 하고, COFIX가 3% 미만일 경우에는 COFIX + 1%를 은행에 대출이자로 지급해야 한다.

① 플로어의 프리미엄은 0.2%이다.
② 플로어 금리가 3%인 3년 만기 금리 플로어의 손익과 동일하다.
③ COFIX가 3% 미만일 경우에 대출금리가 고정된다.
④ COFIX가 3% 이상 상승하는 경우에 이익이 발생한다.
⑤ 0.2%의 비용을 지불하고 COFIX가 3% 이상 상승할 리스크를 제거한 것이다.

25 다음 중 통화옵션에 대한 설명으로 옳지 않은 것은?

① 수입업자는 환율상승 리스크를 회피하기 위해 콜옵션을 매수하면 된다.
② 외환대금을 수취할 예정인 수출업자는 통화 풋옵션을 매수하면 된다.
③ 환율의 상한은 콜옵션의 행사가격에서 프리미엄을 뺀 값이 된다.
④ 풋옵션을 매수하는 경우 환율의 하한선을 설정하는 효과를 가져온다.
⑤ 불리한 환율변동은 제거하고 유리한 환율변동으로 인한 이익기회도 유지할 수 있다.

26 수출업자 A씨는 3개월 후 100만달러의 수출대금을 수취할 예정이다. 현재 원/달러 환율은 $1 = ₩1,100이고, 행사가격이 1,100원인 3개월 만기 달러 풋옵션의 프리미엄은 1계약당 10원이다. A씨가 통화옵션을 이용하여 헤지할 경우 다음 설명 중 옳지 않은 것은?

① 수출업자 A씨는 환율하락 리스크를 회피하기 위해 달러 풋옵션을 매수해야 한다.
② 3개월 후 환율이 1,090원 이하로 하락할 경우 옵션포지션에서 이익이 발생한다.
③ 3개월 후 환율이 1,100원 이상 상승할 경우 현물포지션에서 이익이 발생한다.
④ 3개월 후 환율이 1,100원을 유지할 경우 헤지포지션은 달러당 10원의 손실이 발생한다.
⑤ 3개월 후 환율이 1,110원 이하로 하락할수록 헤지포지션의 전체적인 이익은 증가한다.

27 A기업과 B기업의 차입금리가 다음과 같은 상황에서 A기업은 변동금리로 차입하기를 원하고, B기업은 고정금리로 차입하기를 원한다고 할 경우 다음 설명 중 옳지 않은 것은? (단, 스왑딜러에게 지불하는 수수료는 없으며, 스왑의 결과 생기는 이익은 두 기업에 동일하게 분배된다고 가정한다)

구 분	A기업	B기업
고정금리	5.0%	6.0%
변동금리	CD + 2.5%	CD + 3.0%

① A기업은 B기업보다 우량하여 차입금리가 절대적으로 유리하다.
② 상대적으로 A기업은 고정금리, B기업은 변동금리에 비교우위가 있다.
③ A기업의 입장에서 고정금리를 수취하고 변동금리를 지급하는 금리스왑을 체결하게 된다.
④ B기업은 변동금리로 차입한 후 금리스왑을 통해 고정금리 대출로 전환한다.
⑤ 금리스왑 후 실질적인 조달금리는 A기업이 CD + 2.0%이고, B기업은 5.5%이다.

정답 및 해설

24 ⑤ 일반적인 대출금리가 COFIX + 0.8%이나 해당 상품은 COFIX가 3% 미만일 경우 COFIX + 1%이므로 캡 프리미엄은 0.2%가 된다. 따라서 A씨는 0.2%의 비용을 지불하고 COFIX가 3% 이상 상승할 리스크를 제거한 것이므로 캡금리가 3%인 3년 만기 금리캡을 매수한 것과 동일하다.
① 캡의 프리미엄이 0.2%이다.
② 캡금리가 3%인 3년 만기 금리캡의 손익과 동일하다.
③ COFIX가 3% 이상일 경우에 대출금리가 4%로 고정된다.
④ COFIX가 지불한 프리미엄 0.2%를 감안하여 3.2% 이상 상승하는 경우에 이익이 발생한다.

25 ③ 환율의 상한은 콜옵션의 행사가격에서 프리미엄을 더한 값이 되며, 환율의 하한은 풋옵션의 행사가격에서 프리미엄을 뺀 값이 된다.

26 ⑤ 환율이 1,110원 이상으로 상승할수록 헤지포지션의 전체적인 이익은 증가한다. 환율이 1,110원 이상으로 상승하게 되면 풋옵션에서는 손실을 보지만 지급한 프리미엄인 10원으로 고정된다. 반면 현물포지션에서는 이익이 증가하므로 전체적으로는 이익을 얻을 수 있다.

27 ⑤ • 각 기업별 절감되는 자금비용 = (두 당사자의 고정금리 차이 − 변동금리 차이) / 2
= [(6.0% − 5.0%) − (CD + 3.0% − CD − 2.5%)] / 2 = 0.25%
• 따라서 금리스왑을 통해 A기업은 직접 변동금리로 자금을 조달할 때(CD + 2.5%)보다 0.25%의 비용을 절감할 수 있어 금리스왑 후 실질적인 A기업의 조달금리는 CD + 2.25%이고, B기업은 직접 고정금리로 자금을 조달할 때(6.0%)보다 0.25%의 비용을 절감할 수 있어 금리스왑 후 실질적인 B기업의 조달금리는 5.75%이다.
참고 만약 문제에 스왑딜러에게 지불하는 수수료가 주어졌을 경우에는 이를 고려해야 함
⇨ 각 기업별 절감되는 자금비용 = [(두 당사자의 고정금리 차이 − 변동금리 차이) − 수수료] / 2

28 1년 전 A기업은 대출금리가 CD금리+2%인 3년 만기 변동금리 대출을 받았다. 최근 경제상황으로 미루어 보았을 때 A기업의 자금 담당자는 향후 단기금리의 상승을 예상하여 금리스왑을 체결하고자 한다. 이 경우 적절한 헤지방안과 자금조달 비용은? (단, 2년 금리스왑률은 3.25%이다)

① 고정금리 지급·변동금리 수취 금리스왑, 1.25%
② 고정금리 지급·변동금리 수취 금리스왑, 3.25%
③ 고정금리 지급·변동금리 수취 금리스왑, 5.25%
④ 고정금리 수취·변동금리 지급 금리스왑, CD + 1.25%
⑤ 고정금리 수취·변동금리 지급 금리스왑, CD + 3.25%

29 다음 중 금리스왑에 대한 설명으로 옳지 않은 것은?

① 통화스왑과는 달리 일반적으로 원금의 교환이 발생하지 않는다.
② 일반적인 형태는 변동금리와 고정금리의 이자지급을 교환하는 쿠폰스왑이다.
③ 베이시스스왑은 변동금리와 다른 변동금리의 이자지급을 교환한다.
④ 고정금리 부채를 가진 기업은 고정금리 지급·변동금리 수취 스왑을 통해 금리리스크를 헤지할 수 있다.
⑤ 금리스왑을 통해 부채의 현금흐름뿐만 아니라 자산의 현금흐름도 전환할 수 있다.

30 다음 중 통화스왑에 대한 설명으로 옳지 않은 것은?

① 만기 시 초기의 원금교환과 반대방향의 원금교환을 해야 한다.
② 만기 시 원금교환에 적용되는 환율은 스왑계약 시점의 현물환율이다.
③ 동종통화를 대상으로 하는 금리스왑과 달리 원금과 이자가 상이한 통화로 표시된다.
④ 외화강세와 원화의 금리하락이 예상될 경우 외화차입자는 원화 변동금리 지급 통화스왑을 통해 환위험을 회피할 수 있다.
⑤ 원금에 대한 이자지급이 거래당사자 모두 고정금리인 경우를 Cross Currency Coupon Swap이라고 한다.

31 출제빈도 ★★

변동금리를 지급하는 미국 채권에 투자 중인 A씨는 향후 달러의 약세(환율 하락), 자국통화의 금리하락을 예상하고 있다. 통화스왑을 이용하여 리스크를 헤지하고자 할 때 가장 적절한 방법은?

① Cross Currency Coupon Swap 원화 고정금리 수취
② Cross Currency Coupon Swap 원화 고정금리 지급
③ Cross Currency Coupon Swap 달러화 변동금리 수취
④ Cross Currency Basis Swap 달러화 변동금리 수취
⑤ Cross Currency Basis Swap 원화 변동금리 수취

정답 및 해설

28 ③
- 변동금리로 대출받은 A기업은 금리상승 리스크를 헤지하기 위해서 고정금리를 지급하고, 변동금리를 수취하는 금리스왑을 체결해야 한다.
- 자금조달비용 = −(CD+2%)−3.25%+CD=−5.25%

29 ④ 고정금리 부채를 가진 기업은 고정금리를 지급해야 하므로 고정금리 수취·변동금리 지급 스왑을 통해 금리리스크를 헤지할 수 있다.

30 ⑤ 원금에 대한 이자지급이 거래당사자 모두 고정금리인 경우를 Cross Currency Swap이라고 한다.

31 ① 달러의 약세가 예상되므로 달러화 자산의 변동금리를 지급해야 하며, 국내 금리는 하락할 것으로 예상되므로 고정금리를 수취해야 한다. 따라서 리스크를 헤지하기 위해서는 변동금리를 고정금리로 전환하는 Cross Currency Coupon Swap을 통해 달러화 변동금리를 지급하고, 원화 고정금리를 수취해야 한다.

32 다음 중 구조화 상품에 대한 설명으로 옳지 않은 것은?

① 기존에 노출된 리스크를 적절하게 배분하거나 분산할 수 있다.
② 시장상황에 따라 시장수익률보다 높은 수익률을 얻을 수 있다.
③ 일반 금융상품에서는 얻을 수 없는 특이한 손익구조를 설계할 수 있다.
④ 발행자인 기업보다는 투자자의 니즈를 충족시키고자 설계되는 상품이다.
⑤ 접근이 용이하지 않거나 운용상 제약이 있는 경우 구조화상품의 투자를 통해 대체투자가 가능하다.

33 다음 중 옵션 스프레드상품에 대한 설명으로 옳지 않은 것은?

① 이익과 손실이 한정된 보수적인 투자전략이다.
② 시간가치소멸효과가 없어 옵션포지션의 장기보유가 가능하다.
③ 옵션포지션의 손익이 기초자산 가격의 변동성과 독립적이다.
④ 강세 콜옵션 스프레드의 프리미엄이 높을수록 참여율이 높아진다.
⑤ 강세 콜옵션 스프레드를 이용하여 원금을 보장하기 위해서는 주가상승 시 참여율을 낮추어야 한다.

34 다음 중 낙아웃 구조화상품에 대한 설명으로 옳지 않은 것은?

① 원금보장을 위한 자금을 제외한 이자 부분을 프리미엄으로 사용하여 옵션을 매수한다.
② 원금보장을 위한 낙아웃 구조에 많이 사용되는 옵션은 Up-and-Out 콜옵션이다.
③ 낙아웃 리베이트 콜옵션은 낙아웃 콜옵션과 디지털 배리어 옵션으로 구성된다.
④ 만기 전 한 번도 주가지수가 배리어 이상 상승하지 않으면 일반적인 콜옵션 매수와 손익구조가 같다.
⑤ 리베이트가 있는 낙아웃 구조는 만기 전 주가지수가 배리어 이상 상승한 적이 있을 경우 이자를 '지수상승률 × 참여율'로 지급한다.

35 다음 중 주식연계 구조화상품에 대한 설명으로 옳지 <u>않은</u> 것은?

① 원금보장구조는 높은 원금보장비율(α)과 낮은 참여율(β)로 설계된다.
② 디지털옵션 구조의 상품은 만기시점의 지수 상승률에 비례한 수익을 지급한다.
③ 옵션 스프레드상품은 강세 또는 약세를 예상하나 확신이 서지 않을 때 택하는 전략이다.
④ 강세 콜옵션 스프레드는 주가지수 상승 시 참여율을 낮추면 원금보장형으로 설계할 수 있다.
⑤ 대부분의 조기상환형 구조는 옵션의 매도가 내재되어 있으며, 원금비보장형의 구조를 가진다.

정답 및 해설

32 ④ 구조화 상품은 일반 금융상품과 다양한 파생상품의 구조를 결합하여 발행자와 투자자의 니즈를 동시에 충족시키고자 설계되는 상품이다.

33 ④ 강세 콜옵션 스프레드의 프리미엄이 높을수록 참여율이 낮아진다. 참여율이란 주가상승보상비율로 기초자산의 가격변동 대비 늘어나는 상품 수익률의 비율을 의미한다.

34 ⑤ 리베이트가 있는 낙아웃 구조는 만기 전 주가지수가 배리어 이상 상승한 적이 있을 경우 지수와 상관없이 확정수익을 제공한다. 만기 전 주가지수가 배리어 이상 상승한 적 없고, 주가지수 상승 시 이자를 '지수상승률 × 참여율'로 지급하며, 만기 전 주가지수가 배리어 이상 상승한 적 없고, 주가지수 하락 시 원금을 보장한다.

35 ② 디지털옵션 구조의 상품은 만기시점의 지수 상승률에 관계없이 행사가격 이상이면 동일한 수익률을 지급한다. 따라서 투자자가 지수상승의 혜택을 보지 못한다는 단점이 있다. 디지털옵션 구조에서 사용하는 Cash-or-Nothing 콜옵션은 만기 시 기초자산 가격이 행사가격을 초과할 경우 사전에 정한 확정수익을 지급하고, 그렇지 않을 경우에는 아무런 수익이 없는 옵션이다.

36 일수를 매일 관측하여 일할계산 방식으로 이자를 지급함으로써 이자수취의 안정성을 강조하는 금리연계상품은?

① 역변동금리채권
② 이중변동금리채권
③ 금리상하한 변동금리채권
④ 레인지 채권
⑤ 레인지 어크루얼 채권

37 다음 중 레인지채권에 대한 설명으로 옳지 않은 것은?

① 매 이표지급 시점 직전일에 기준 충족 여부에 따라 상이한 이표를 지급한다.
② 기준금리가 사전에 정한 범위 안에 머무르면 낮은 이자를 지급하고, 범위를 벗어나면 높은 이자를 지급한다.
③ 내재된 디지털 옵션의 가치는 레인지, 기준금리의 변동성, 내재선도금리의 형태에 의해 영향을 받는다.
④ 기준금리 수준이 낮고 변동성이 높으며, 수익률곡선이 급하게 우상향하는 상황에서 등장한다.
⑤ 선도금리가 사전에서 정한 범위에 위치하는 경우 기준금리의 변동성 증가는 옵션의 가치를 감소시킨다.

38 다음 중 통화연계 구조화상품에 대한 설명으로 옳지 않은 것은?

① 합성선물환 매도포지션은 만기와 행사가격이 동일한 콜옵션을 매도하고, 풋옵션을 매수하여 구성된다.
② 레인지 선물환은 유리한 환율변동에 따른 이익 실현이 가능하기 때문에 초기 비용이 비싸다.
③ 목표 선물환은 동일한 행사가격의 콜옵션을 추가로 매도하여 가격조건을 개선한 상품이다.
④ 목표 선물환의 최대 이익은 고정이지만 최대 손실은 환율변동에 비례하여 무한대로 커질 수 있다.
⑤ 낙아웃 목표 선물환 매도거래는 환율이 낙아웃 기준환율 이하가 되면 계약이 소멸되어 헤지를 실행하지 않는 것과 같다.

출제빈도 ★★★

39 A씨는 3개월 뒤 수출대금을 받을 예정이다. 만기가 3개월이고, 행사가격이 1,120원인 유럽형 달러 풋옵션을 1계약 매수하고, 같은 만기의 행사가격이 1,230원인 유럽형 달러 콜옵션을 1계약 매도하였다. 이러한 거래에 대한 설명으로 옳지 않은 것은? (단, 현재 선물환율은 1,180원이며, 콜옵션과 풋옵션의 프리미엄은 동일하다)

① A씨는 레인지 선물환 거래를 체결한 것이다.
② 만기환율이 1,120원 이하이면 1,120원에 달러를 매도해야 한다.
③ 만기환율이 1,230원 이상이면 1,230원에 달러를 매도해야 한다.
④ 만기환율이 1,120~1,230원 범위 내에서 결정되면 시장환율로 달러를 매도해야 한다.
⑤ 환율 상승 시 달러당 최대 60원의 이익, 환율 하락 시 달러당 최대 50원의 손실이 발생한다.

정답 및 해설

36 ⑤ 레인지 어크루얼 채권에 대한 설명이다.
37 ② 기준금리가 사전에 정한 범위 안에 머무르면 높은 이자를 지급하고, 범위를 벗어나면 낮은 이자를 지급한다.
38 ② 레인지 선물환은 두 옵션의 행사가격이 상이하나 매수옵션과 매도옵션의 프리미엄이 동일하게 설계되므로 일반선물환 거래와 동일하게 초기 비용이 발생하지 않는다. 또한 일반선물환 거래는 유리한 환율변동에 따른 이익기회를 포기하는 데 반해 레인지 선물환은 일정 수준의 이익 실현이 가능하다.
39 ⑤ 환율 상승 시 달러당 최대 50원(=1,230원-1,180원)의 이익, 환율 하락 시 달러당 최대 60원(=1,180원-1,120원)의 손실이 발생한다.

금융·자격증 전문 교육기관 해커스금융
fn.Hackers.com

■ 출제경향 및 학습전략

금융상품 투자설계 프로세스는 제1과목 전체 70문제 중 총 12문제가 출제된다.

금융상품 투자설계 프로세스의 경우 한 개념에 대한 이해를 바탕으로 다른 것과 비교하여 통합적으로 학습하는 것이 효과적이다. 예를 들어 포트폴리오 이론에서는 자본시장선과 증권시장선, CAPM과 APT를 비교하여 학습하고, 포트폴리오 전략에서는 소극적 전략과 적극적 전략, 전략적 자산배분과 전술적 자산배분을 비교하며 학습하는 것이 효과적이다. 또한 투자성과의 점검 및 리밸런싱 제안에서는 이론에 대한 이해를 바탕으로 위험조정성과 평가 지표를 계산하는 문제에도 대비해야 한다.

■ 빈출포인트

구 분	문제번호	빈출포인트	출제빈도
투자설계의 이해 (17%)	01~03	투자설계 기본 개념 정립	★★★
	04	투자설계 프로세스의 이해	★★
포트폴리오 이론 (25%)	05~06	효율적 프런티어	★★★
	07~09	자본배분선과 단일지표모형	★★★
	10~11	자본자산가격결정모형(CAPM)	★★★
	12	차익거래가격결정이론(APT)	★★
포트폴리오 전략 (33%)	13	포트폴리오 전략의 종류	★★★
	14	고객의 투자관과 네 가지 투자전략	★★
	15~16	자산배분 전략	★★★
투자성과의 점검 및 리밸런싱 제안 (25%)	17~18	투자성과의 평가	★★★
	19	위험을 고려한 투자성과의 평가 지표	★★★
	20	자산배분 전략의 성과 평가 및 리밸런싱	★★★

해커스 은행FP 자산관리사 2부 최종핵심정리문제집

제1과목 **금융자산 투자설계**

제5장
금융상품 투자설계 프로세스

개념완성문제 제5장 | 금융상품 투자설계 프로세스

✓ 개념완성문제를 통해 은행FP 자산관리사 시험에 나오는 개념을 이해할 수 있습니다.
✓ 다시 봐야 할 문제(틀린 문제, 풀지 못한 문제, 헷갈리는 문제 등)는 문제 번호 하단의 네모박스(□)에 체크하여 반복학습 할 수 있습니다.

투자설계 기본 개념 정립
출제빈도 ★★★

01 다음 중 투자수익률에 대한 설명으로 옳지 <u>않은</u> 것은?
□
① 보유기간 수익률은 단일 기간에 대해 성과를 측정하는 척도로 사용된다.
② A회사의 주식 1주를 8만원에 매수하여 10만원에 매도하였다면 보유기간 수익률은 25% 이다.
③ 일반적으로 산술평균수익률은 기하평균수익률에 비해 높다.
④ 산술평균은 복리요소를 고려하지만, 기하평균은 복리요소를 고려하지 않는다.
⑤ 미래의 예상수익률에는 산술평균을, 과거의 투자수익률에는 기하평균을 사용하는 것이 적절하다.

투자설계 기본 개념 정립
출제빈도 ★★★

02 총 1억원의 투자포트폴리오를 운용하고 있는 투자자 A씨는 주식펀드에 30,000,000원, 채
□ 권펀드에 20,000,000원, 실물자산펀드에 50,000,000원을 투자하였다. 1년 후 투자 결과가 다음과 같을 때 투자포트폴리오의 가중평균수익률은?

투자대상	기초 투자금액	기말 투자금액	보유기간 수익률
주식펀드	30,000,000원	34,500,000원	15%
채권펀드	20,000,000원	18,000,000원	−10%
실물자산펀드	50,000,000원	55,000,000원	10%

① 7.5% ② 10% ③ 12.5%
④ 15% ⑤ 17.5%

정답 및 해설

01 ④ 산술평균은 각 기간별 수익률을 단순 평균한 것으로 복리요소를 무시하지만, 기하평균은 복리요소를 고려하여 과거에 여러 기간에 걸친 투자수익률을 계산한다.

02 ① 투자포트폴리오의 가중평균수익률 = Σ(개별자산 투자비중 × 개별자산 보유기간별 수익률)
= (0.3 × 15%) + [0.2 × (−10%)] + (0.5 × 10%) = 7.5%

투자설계 기본 개념 정립

출제빈도 ★★★

03 다음 중 투자위험에 대한 설명으로 옳은 것은?

① 투자위험은 손실을 볼 가능성만을 의미한다.
② 표준편차는 투자위험을 측정하는 지표로 편차를 제곱한 값들의 기댓값이다.
③ 투자포트폴리오의 위험은 수익률과 마찬가지로 가중평균하여 구한다.
④ 두 자산수익률의 상관계수가 +1이라면 완전한 양의 상관관계를 가지므로 분산투자효과는 존재하지 않는다.
⑤ 공분산을 각 자산의 수익률의 분산으로 나누어 표준화한 값이 상관계수이다.

투자설계 프로세스의 이해

출제빈도 ★★

04 다음 중 투자설계 프로세스 6단계 중 실행(Do)단계에 해당하는 것은?

① 투자정책서 작성
② 고객의 재무목표 설정
③ 고객의 재무상황 분석
④ 투자포트폴리오 구축
⑤ 투자포트폴리오 리밸런싱

정답 및 해설

03 ④ ① 투자위험은 손실을 볼 가능성뿐만 아니라 이익을 얻을 가능성도 포함한다.
② 편차를 제곱한 값들의 기댓값은 분산이며, 분산의 제곱근이 표준편차이다.
③ 투자포트폴리오의 위험은 수익률과 달리 단순히 가중평균하여 구하는 것이 아니라 자산 간의 상관계수를 고려해야 한다.
⑤ 공분산을 각 자산의 수익률의 표준편차로 나누어 표준화한 값이 상관계수이다.

04 ④ ①②③ 계획(Plan)단계에 해당한다.
⑤ 피드백(See)단계에 해당한다.

효율적 프런티어

05 다음 중 투자자의 효용과 무차별곡선에 대한 설명으로 옳지 <u>않은</u> 것은?

① 무차별곡선은 위쪽에 위치할수록 더 큰 효용을 나타낸다.
② 투자자의 기대효용은 기대수익률이 클수록, 예상되는 위험이 작을수록 커진다.
③ 위험회피자의 효용은 수익이 증가함에 따라 증가하지만 한계효용은 체감한다.
④ 위험회피자의 무차별곡선은 양의 기울기를 가지며, 원점에 대해 볼록하다.
⑤ 위험회피 성향이 큰 보수적 투자자일수록 무차별곡선의 기울기는 완만하다.

효율적 프런티어

06 다음 중 위험자산의 효율적 프런티어에 대한 설명으로 옳지 <u>않은</u> 것은?

① 기대수익이 동일할 경우 위험이 작은 투자안이 위험이 큰 투자안을 지배한다.
② 위험이 동일할 경우 기대수익이 큰 투자안이 기대수익이 작은 투자안을 지배한다.
③ 효율적 포트폴리오란 지배원리를 만족하는 포트폴리오를 의미한다.
④ 효율적 프런티어란 다양한 투자기회들 중에서 가장 우측 상단에 위치한 포트폴리오들을 연결한 곡선을 말한다.
⑤ 효율적 프런티어의 아래에 위치한 포트폴리오들은 효율적 프런티어에 의해 지배되므로 선택될 수 없다.

정답 및 해설

05 ⑤ 위험회피 성향이 클수록 무차별곡선의 기울기는 가파르고, 위험회피 성향이 작을수록 무차별곡선의 기울기는 완만하다.
06 ④ 효율적 프런티어란 다양한 투자기회들 중에서 가장 좌측 상단에 위치한 포트폴리오들을 연결한 곡선을 말한다.

자본배분선과 단일지표모형

출제빈도 ★★★

07 다음 중 자본배분선(CAL)에 대한 설명으로 옳지 않은 것은?

① 무위험수익률을 절편으로 하고 위험보상비율을 기울기로 하는 직선이다.
② 자본배분선상에서 우측으로 갈수록 위험자산의 비중이 커진다.
③ 투자자의 위험회피 성향에 따라 자본배분선의 기울기는 달라진다.
④ 자본배분선의 기울기가 클수록 더 좋은 투자대상이다.
⑤ 자본배분선 중 시장포트폴리오를 위험자산으로 사용하는 것을 자본시장선이라고 한다.

> **용어 알아두기**
> **시장포트폴리오(M)** 시장에 존재하는 모든 위험자산을 시가총액 비중만큼 포함하여, 완전하게 분산된 포트폴리오를 의미한다. 이론적인 시장포트폴리오의 대용치로 KOSPI나 KOSPI200 지수를 많이 이용한다.

자본배분선과 단일지표모형

출제빈도 ★★★

08 다음 중 단일지표모형에 대한 설명으로 옳지 않은 것은?

① 마코위츠모형에 비해 계산이 단순하다는 장점이 있다.
② 개별 주식수익률은 시장수익률과 선형관계에 있다고 본다.
③ 개별 주식수익률의 변동성은 시장전체 요인과 개별 기업 고유 요인에 의해 발생한다고 본다.
④ 알파(α)값이 0보다 작은 주식은 적정가치보다 낮은 가격임을 나타낸다.
⑤ 증권특성선의 기울기인 베타(β)값이 1보다 큰 주식을 경기민감주라고 한다.

> **용어 알아두기**
> **마코위츠모형** 수많은 증권과 포트폴리오의 기대수익률과 분산이 주어졌을 때 지배원리에 의하여 효율적 프런티어를 도출해 내고, 투자자의 위험선호에 따라 최적 포트폴리오를 선택하게 된다는 모형이다.

정답 및 해설

07 ③ 자본배분선의 기울기는 투자자의 위험회피 성향과 관계없이 위험보상비율에 따라 달라진다.
08 ④ 알파(α)값이 0보다 작은(-) 주식은 적정가치보다 높은 가격임을 나타내며 고평가되어 있다고 본다. 반면, 알파(α)값이 0보다 큰(+) 주식은 적정가치보다 낮은 가격임을 나타내며 저평가되어 있다고 본다.

자본배분선과 단일지표모형

출제빈도 ★★★

09 다음 중 체계적 위험과 비체계적 위험에 대한 설명으로 옳지 않은 것은?

① 체계적 위험은 시장위험으로 모든 주식에 공통적으로 영향을 미친다.
② 체계적 위험은 표준편차로, 비체계적 위험은 베타로 측정한다.
③ 비체계적 위험은 무능한 경영자의 선임 등과 같은 기업고유의 위험을 나타낸다.
④ 비체계적 위험은 포트폴리오에 포함되는 주식의 수를 늘려 분산이 가능하다.
⑤ 잘 분산된 포트폴리오의 경우 기업고유의 위험은 제거되고 체계적 위험만이 남게 된다.

자본자산가격결정모형(CAPM)

출제빈도 ★★★

10 다음 중 자본자산가격결정모형(CAPM)에 대한 설명으로 옳지 않은 것은?

① 완전자본시장의 가정하에서 도출된 모형이다.
② 위험과 이에 상응하는 균형 기대수익률을 제시해주는 모형이다.
③ 핵심적인 이론은 증권시장선(SML)으로 설명된다.
④ 한계점을 지니지만 간단하고 직관적이어서 광범위하게 적용되고 있다.
⑤ 개별 투자자마다 보유하게 되는 위험자산 포트폴리오는 다르다.

정답 및 해설

09 ② 체계적 위험은 베타(β)로, 비체계적 위험은 잔차(e)분산으로 측정한다. 표준편차(σ)는 체계적 위험과 비체계적 위험을 합한 총위험을 측정하는 지표이다.
10 ⑤ CAPM은 완전자본시장에서 모든 투자자가 동일한 투자대상 집합에 대해 동일한 기대, 동일한 투자기간을 가지고 동일한 평균-분산 방법에 의해 의사결정을 내린다고 가정한다. 따라서 모든 투자자는 동일한 위험자산 포트폴리오를 보유하게 된다.

자본자산가격결정모형(CAPM)

출제빈도 ★★★

11 다음 중 자본시장선(CML)과 증권시장선(SML)에 대한 설명으로 옳지 않은 것은?

① 자본시장선은 완전히 분산투자된 효율적 포트폴리오만을 분석 대상으로 한다.
② 자본시장선의 기울기는 위험 1단위에 대한 위험보상의 정도(위험보상비율)를 나타내며, 이를 위험의 시장가격이라고 한다.
③ 증권시장선은 모든 자산의 기대수익률과 총위험과의 관계를 나타낸다.
④ 증권시장선보다 아래쪽에 위치하는 증권은 현재 고평가된 상태이다.
⑤ 시장포트폴리오를 편입한 최적 포트폴리오는 자본시장선과 증권시장선이 동일하다.

차익거래가격결정이론(APT)

출제빈도 ★★

12 다음 중 차익거래가격결정이론(APT)에 대한 설명으로 옳지 않은 것은?

① 차익거래 기회가 없는 균형상태에서 성립하는 균형 수익률과 위험의 관계를 나타낸다.
② 완전히 분산투자된 시장포트폴리오에 의존한다.
③ 자산의 기대수익률은 체계적 위험과 선형관계를 갖는다는 점에서는 CAPM과 동일한 결론에 도달한다.
④ CAPM과 달리 자산수익률을 설명하기 위해 다수의 설명요인을 활용한다.
⑤ APT모형에서 베타(β)는 공통요인에 대한 위험자산의 민감도를 의미한다.

> **용어 알아두기**
> **차익거래(재정거래)** 동일 상품이 두 시장에서 서로 다른 가격으로 거래되는 경우, 두 시장 중 가격이 싼 시장에서 상품을 매수한 후 가격이 비싼 시장에 매도하여 매매차익을 얻는 거래행위를 말한다.

정답 및 해설

11 ③ 증권시장선은 모든 자산의 기대수익률과 체계적 위험과의 관계를 나타내는 모형으로 체계적 위험에 상응하는 균형 기대수익률을 제시해준다.
12 ② APT는 CAPM의 비현실적 가정인 완전히 분산투자된 시장포트폴리오에 의존하지 않으며, 현실적으로 구성 가능한, 잘 분산투자된 포트폴리오를 기초로 한다.

포트폴리오 전략의 종류

출제빈도 ★★★

13 다음 중 포트폴리오의 적극적 전략으로 옳지 않은 것은?

① 시장에 비효율성이 존재하기 때문에 추가수익의 기회가 존재한다고 본다.
② 주식처럼 거래소에서 매매 가능한 지수 ETF에 투자한다.
③ 저평가된 종목을 발굴하여 시장 평균 이상의 초과수익을 얻고자 한다.
④ 1월 효과, 기업규모 효과 등 시장의 이상 현상을 이용한다.
⑤ 시장의 방향성을 예측하여 자산별로 적절한 매수·매도 타이밍을 찾아내려고 한다.

> **용어 알아두기**
> **ETF(상장지수펀드)** 인덱스펀드를 거래소에 상장하여 주식처럼 매매할 수 있도록 만든 상품을 말한다.
> **1월 효과** 1월의 주가수익률이 다른 달에 비해 높게 나타나는 현상을 말한다.
> **기업규모 효과** 대규모 기업의 주식으로 구성된 포트폴리오보다 소규모 기업의 주식으로 구성된 포트폴리오의 수익률이 높게 나타나는 현상을 말한다.

고객의 투자관과 네 가지 투자전략

출제빈도 ★★

14 다음 중 제1사분면 투자관과 투자전략에 대한 설명으로 옳은 것은?

구 분		자산배분활동(성공적인 시장예측의 가능성)	
		적극적(YES)	소극적(NO)
증권선택활동 (우수한 증권 선택의 가능성)	적극적(YES)	제4사분면	제2사분면
	소극적(NO)	제3사분면	제1사분면

① 투자경험이 많은 투자자들과 펀드매니저들이 주로 사용하는 전략이다.
② 노후자금 마련과 같은 재무목표에서 사용하기에는 부적절한 전략이다.
③ 대부분의 액티브펀드들이 추구하는 전략이다.
④ 시장평균수익률로 장기적인 재무목표를 달성하고자 할 때 적절한 전략이다.
⑤ 정확한 시장예측을 통해 최고의 수익률을 거둘 수 있는 자산군을 추천해주며 적절한 매수·매도 시점을 제시해주는 전략이다.

정답 및 해설

13 ② 지수 ETF에 투자하는 것은 소극적 전략에 해당한다.
14 ④ ①③ 제2사분면 투자관과 투자전략에 대한 내용이다.
②⑤ 제3사분면 투자관과 투자전략에 대한 내용이다.

자산배분 전략

출제빈도 ★★★

15 다음 중 전술적 자산배분에 대한 설명으로 옳지 <u>않은</u> 것은?

① 전략적 자산배분의 효율성을 높이기 위해 전략적 자산배분에서 결정한 전술적인 변화폭을 중단기적으로 실행하는 것이다.
② 장기적으로는 자산가격이 내재가치를 벗어나더라도 단기적으로는 내재가치에 수렴한다는 단기지속효과를 이용한다.
③ 기술적 분석은 전술적 자산배분의 실행근거에 해당한다.
④ 최소한 분기, 보통은 연 단위 이상의 시장예측을 근거로 실행하는 것이 바람직하다.
⑤ 저평가된 자산을 매수하고, 고평가된 자산을 매도하는 전략을 이용한다.

> **용어 알아두기**
> **단기지속효과** 시장의 과잉반응이 금방 소멸되지 않고 지속됨으로써 최근의 성과가 계속 이어지는 것을 말한다.

자산배분 전략

출제빈도 ★★★

16 다음 중 정액분할투자에 대한 설명으로 옳지 <u>않은</u> 것은?

① 일정 기간을 단위로 정해진 금액을 지속적으로 투자하는 방법이다.
② 소액으로도 투자가 가능하기 때문에 큰 목돈이 필요하지 않다.
③ 투자시점과 회수시점의 가격하락 위험을 감소시켜 준다.
④ 교육자금이나 은퇴자금처럼 장기간 꾸준한 투자가 필요한 경우에 적합한 투자방법이다.
⑤ 가격이 쌀 때 좀 더 많은 수량을 매수하고 가격이 비쌀 때 적은 수량을 매수하여 평균매입단가를 낮추는 효과가 있다.

정답 및 해설

15 ② 단기적으로는 자산가격이 내재가치를 벗어나더라도 장기적으로는 내재가치에 수렴한다는 중장기 반전효과를 이용한다.
16 ③ 투자시점의 위험은 감소시켜주지만 회수시점의 가격하락 위험은 감소시키지 못한다. 투자회수 시 평균매입단가보다 매도가격이 낮다면 손실이 발생할 수밖에 없다.

투자성과의 평가

17 다음 중 투자성과 평가 시 고려해야 할 사항으로 옳지 않은 것은?

① 금융상품은 시가평가를 원칙으로 한다.
② 시가를 얻기 어려운 경우에는 보완적으로 공정시장가치로 평가한다.
③ 발생주의 회계처리 방식에 따라 실현되지 않은 미실현 손익도 성과 평가에 반영해야 한다.
④ 벤치마크는 성과 평가 기간이 시작할 때 정해져야 한다.
⑤ 벤치마크는 성과 평가의 기준 잣대로 펀드수익률이 15%를 달성했어도 벤치마크수익률이 20%라면 펀드의 성과가 좋다고 할 수 없다.

투자성과의 평가

18 다음 중 시간 가중 수익률에 대한 설명으로 옳은 것은?

① 일정한 투자기간 동안 자산가치가 얼마나 증감하였는지를 계산하여 산출한다.
② 매일 변화하는 시장 가격을 반영하여 산출하기 어렵다.
③ 펀드와 같은 간접투자상품에 적용되는 가장 정확한 수익률 계산방법이다.
④ 자금의 규모나 신규 자금의 유출입 시기에 의해 수익률이 왜곡될 수 있다.
⑤ 유입된 현금흐름의 현재가치와 유출된 현금흐름의 현재가치를 일치시키는 할인율로 내부수익률법(IRR)이라고도 한다.

정답 및 해설

17 ④   벤치마크는 성과 평가 기간이 시작되기 전에 미리 정해져야 한다.
18 ③   ①②④⑤ 금액가중수익률에 대한 설명이다.

위험을 고려한 투자성과의 평가 지표

19 다음 중 위험조정성과 평가 지표에 대한 옳은 설명으로 모두 묶인 것은?

> 가. 샤프지수는 한 단위의 총위험을 부담하는 대신에 실현된 초과수익의 정도를 나타내는 지표이다.
> 나. 샤프지수는 투자 규모가 크고 광범위한 분산투자를 하는 연기금에 적합한 평가 지표이다.
> 다. 트레이너지수는 투자포트폴리오의 총성과에서 시장예측 능력으로 인한 부분을 차감하여 증권선택 능력만을 평가하는 지표이다.
> 라. 젠센의 알파는 체계적 위험 한 단위당 실현된 초과수익을 나타낸다.
> 마. 샤프지수와 트레이너지수, 젠센의 알파는 그 값이 클수록 투자성과가 우수하다.

① 가, 다 ② 가, 마 ③ 가, 나, 라 ④ 나, 라, 마 ⑤ 다, 라, 마

자산배분 전략의 성과 평가 및 리밸런싱

20 투자자 A씨는 전략적 자산배분으로 주식 40%, 채권 60%라는 의사결정을 내리고 포트폴리오를 운영해왔으나 지난 1년간 금리가 상승할 가능성에 대비하여 채권 투자비중을 50%로 축소하고, 주식 투자비중을 50%로 확대하는 전술적 자산배분을 실행하였다. 투자자 A씨의 1년간 성과 평가의 내용이 다음과 같을 때, 빈칸에 들어갈 내용으로 옳지 <u>않은</u> 것은?

구 분		주 식	채 권
벤치마크대상		주가지수	회사채지수 수익률
구성비	전략적 자산구성	40%	60%
	전술적 자산구성	50%	50%
수익률	벤치마크 수익률	18.0%	3.0%
	실제 수익률	15.0%	4.0%
전략적 자산배분 수익률			
전술적 자산배분 수익률		(가)	
실제 포트폴리오 수익률			(나)
자산배분 효과		(다)	(라)
증권선택 효과		(마)	

① (가): 9% ② (나): 2% ③ (다): 1.8% ④ (라): 0.5% ⑤ (마): −1.5%

정답 및 해설

19 ② '가, 마'는 옳은 설명이다.
나, 라. 트레이너지수에 대한 설명이다.
다. 젠센의 알파에 대한 설명이다.

20 ④ 라. (0.5×3%)−(0.6×3%)=−0.3%
가. 0.5×18%=9%
다. (0.5×18%)−(0.4×18%)=1.8%
나. 0.5×4%=2%
마. (0.5×15%)−(0.5×18%)=−1.5%

출제예상문제

제5장 | 금융상품 투자설계 프로세스

✓ 출제예상문제를 통해 다양한 은행FP 자산관리사 문제를 풀어볼 수 있습니다.
✓ 다시 봐야 할 문제(틀린 문제, 풀지 못한 문제, 헷갈리는 문제 등)는 문제 번호 하단의 네모박스(□)에 체크하여 반복학습 할 수 있습니다.

---

01 출제빈도 ★★ 최신출제유형

다음 중 수익과 위험에 대한 설명으로 적절한 것은?

① 보유기간수익률을 구할 때 일반적으로 기하평균이 산술평균보다 높은 값을 가진다.
② 기하평균은 다기간에 걸친 과거 투자수익을 평가하는 데 적절하다.
③ 일반적으로 투자위험을 측정하는 지표로 수익률의 분산을 사용한다.
④ 상관계수는 공분산을 표준화한 것으로 0~1 사이의 값을 가진다.
⑤ 포트폴리오의 위험을 측정할 때 상관계수가 0이면 개별 자산의 위험을 가중평균한 값과 같아진다.

---

02 출제빈도 ★★★

투자자 A씨는 1년 전 총 1억원의 투자자금을 주식, 채권, 부동산에 각각 5천만원, 2천만원, 3천만원씩 투자하여 포트폴리오를 구성하였다. 1년 후 현재 주식, 채권, 부동산의 가치가 각각 6천만원, 3천만원, 2천만원이라면 포트폴리오의 가중평균수익률은?

① 8%   ② 10%   ③ 12%
④ 14%   ⑤ 16%

---

03 출제빈도 ★★★

해외펀드의 수익률은 향후 환율이 상승할 경우 30%, 하락할 경우 -10%로 예상된다. 환율이 상승할 가능성이 70%일 경우, 해외펀드의 기대수익률은? (단, 향후 환율은 상승 혹은 하락만 한다고 가정한다)

① 15%   ② 18%   ③ 21%
④ 24%   ⑤ 27%

출제빈도 ★★

04 다음 중 투자와 투자위험에 대한 설명으로 옳지 <u>않은</u> 것은?

① 투자와 저축은 미래의 수익을 얻기 위해 현재의 소비를 포기하는 행위이다.
② 투자는 불확실한 수익을 얻기 위한 목적으로 위험을 부담한다는 점에서 저축과 다르다.
③ 투자위험은 손실을 볼 가능성뿐만 아니라 이익을 얻을 가능성도 포함한다.
④ 일반적으로 투자위험은 분산의 제곱근인 표준편차로 측정된다.
⑤ 기대수익률의 확률분포가 좁아 수익률의 표준편차가 작을수록 투자위험이 크게 측정된다.

출제빈도 ★★★

05 A펀드 수익률의 표준편차가 0.3, KOSPI 수익률의 표준편차가 0.2, A펀드와 KOSPI 수익률의 공분산이 0.0075일 경우 두 수익률 간의 상관계수는?

① 0.05   ② 0.08   ③ 0.10
④ 0.125   ⑤ 0.15

정답 및 해설

01 ② ① 일반적으로 산술평균이 기하평균보다 높은 값을 가진다.
   ③ 일반적으로 투자위험을 측정하는 지표로 수익률의 표준편차를 사용한다.
   ④ 상관계수는 공분산을 표준화한 것으로 −1∼1 사이의 값을 가진다.
   ⑤ 상관계수가 1이면 포트폴리오의 위험이 개별자산의 위험을 가중평균한 값과 같아진다.

02 ② 가중평균수익률 = Σ(개별자산 투자비중 × 개별자산 보유기간별 수익률)
   = 0.5 × (6천만원 − 5천만원) / 5천만원 + 0.2 × (3천만원 − 2천만원 / 2천만원)
   + 0.3 × (2천만원 − 3천만원 / 3천만원)
   = 0.5 × 20% + 0.2 × 50% + 0.3 × (−33.3%) = 10%

03 ② 기대수익률 = Σ(i 상황이 발생할 확률 × i 상황 시 예상수익률) = 0.7 × 30% + 0.3 × (−10%) = 18%

04 ⑤ 기대수익률의 확률분포가 넓어 수익률의 표준편차가 클수록 투자위험이 크게 측정된다.

05 ④ 상관계수 = 공분산 / ($\sigma_A \times \sigma_B$) = 0.0075 / (0.3 × 0.2) = 0.125

06 투자설계 프로세스 6단계를 순서대로 나열한 것은?

가. 재무목표와 투자우선순위 파악	나. 투자 실행
다. 투자정책서 작성	라. 투자포트폴리오 수립 및 개별상품 선정
마. 투자성과 평가 및 수정	바. 재무상황 파악, 경제 및 금융환경 분석

① 가 ⇨ 다 ⇨ 라 ⇨ 바 ⇨ 나 ⇨ 마
② 가 ⇨ 바 ⇨ 다 ⇨ 라 ⇨ 나 ⇨ 마
③ 가 ⇨ 바 ⇨ 라 ⇨ 다 ⇨ 마 ⇨ 나
④ 바 ⇨ 가 ⇨ 다 ⇨ 나 ⇨ 라 ⇨ 마
⑤ 바 ⇨ 가 ⇨ 라 ⇨ 다 ⇨ 마 ⇨ 나

07 투자설계 프로세스 중 계획단계에 대한 설명 중 옳은 것은?

① 한 번 측정된 고객의 위험에 대한 감내도는 변하지 않는다.
② 고객의 재무목표를 설정할 때 고객이 제시하지 않은 잠재적인 필요까지 감안해야 한다.
③ 투자기간이 길어지면 투자수익률은 높아진다.
④ 전략적 자산배분은 역발상 전략 등을 활용하여 연간, 반기, 분기별로 투자비중을 적극적으로 변경하는 것을 의미한다.
⑤ 고객의 재무상황을 분석할 때 현재 고객의 관리자산에 대해서만 분석하면 된다.

08 투자설계 프로세스의 과정에 대한 설명으로 옳은 것은?

가. 고객의 재무목표를 설정하기 전에 재무상황을 분석해야 한다.
나. 포트폴리오에 편입될 금융상품 선정 시 안전성, 수익성, 환금성을 고려해야 한다.
다. 투자자산을 선택함에 있어서 세금에 대한 부분은 고려하지 않아도 된다.
라. 자산 포트폴리오를 구축할 때의 투자위험은 포트폴리오 전체의 위험 수준이다.
마. 투자성과가 기대만큼 나오지 않은 경우 1년 내에 투자 포트폴리오의 구성을 대폭 수정한다.

① 가, 나   ② 가, 다   ③ 가, 라
④ 나, 라   ⑤ 나, 마

출제빈도 ★★

09 투자설계 프로세스 6단계 중 2단계(고객의 재무상황 파악, 경제 및 금융환경 분석)에 대한 내용으로 옳지 않은 것은?

① 고객의 재무상황을 분석할 때에는 고객이 가진 자원, 제약사항, 위험감내수준을 파악하는 3R분석을 실시해야 한다.
② 고객이 가까운 시일 내에 큰 금액의 지출을 예상할 경우 원금손실 없이 단기간 내에 현금화할 수 있는 유동성 자산의 비중을 높여야 한다.
③ 고객의 위험에 대한 감내도는 지속적으로 변한다는 점을 인지해야 한다.
④ 고객의 투자자산 규모가 작다면 주식, 채권 등과 같은 직접금융상품을 중심으로 자산배분을 실행하는 것이 합리적이다.
⑤ 서로 다른 종류의 자산들은 경제환경의 변화에 따라 움직이는 방향이 각기 다르기 때문에 투자환경을 제대로 파악하는 것이 필요하다.

정답 및 해설

06 ② 투자설계 프로세스 6단계는 '재무목표와 투자우선순위 파악 ⇨ 재무상황 파악, 경제 및 금융환경 분석 ⇨ 투자정책서 작성 ⇨ 투자포트폴리오 수립 및 개별상품 선정 ⇨ 투자 실행 ⇨ 투자성과 평가 및 수정' 순이다.

07 ② ① 고객의 위험에 대한 감내도는 지속적으로 변한다.
③ 일반적으로 투자기간이 길면 주식과 같이 위험도가 높은 자산이라도 위험을 낮출 수 있다는 장점은 있지만, 투자수익률이 높아지는 것은 아니다.
④ 전략적 자산배분은 여러 가지 자산군 또는 자산집단에 투자 비율과 최대 및 최소치 등 한계를 결정하는 과정을 의미한다.
⑤ 고객의 재무상황을 분석할 때에는 고객의 관리자산뿐만 아니라 투자의 제약사항 및 고객의 위험 감내 수준까지도 파악해야 한다.

08 ④ '나, 라'는 투자설계프로세스 과정에 대한 옳은 설명이다.
가. 투자설계 과정 중 재무목표를 구체적이고 현실적으로 설정하는 것이 가장 첫 번째 과정이다.
다. 투자자산에 대한 세금을 고려해야 한다.
마. 투자성과가 기대만큼 나오지 않았더라도 1년 내에 투자 포트폴리오의 구성을 대폭 수정하는 것은 위험하다.

09 ④ 고객의 투자자산 규모가 작다면 펀드 등 간접금융상품을 중심으로 자산배분을 실행하는 것이 합리적이다.

출제빈도 ★

10 다음 중 투자정책서(IPS)에 대한 설명으로 옳지 않은 것은?

① 투자설계 실행단계의 최종 산출물이다.
② 자산배분전략 등을 담고 있는 포괄적인 투자 가이드라인이다.
③ 고객과의 분쟁발생 시 법적인 보호장치로 사용되기도 한다.
④ 투자목적을 잊지 않고 일관성 있게 투자계획을 실행하도록 해준다.
⑤ 향후 투자성과를 평가하고 측정하는 데 도움을 준다.

출제빈도 ★★

11 다음 중 투자설계 프로세스의 실행단계와 피드백단계에 대한 설명으로 옳지 않은 것은?

① 투자정책서를 따라 투자포트폴리오를 구축하고 개별 상품을 선정해야 한다.
② 투자포트폴리오 수립 시 가장 중요한 것은 투자위험을 관리하는 것이다.
③ 포트폴리오에 편입된 개별 상품을 선정할 때에는 안전성, 수익성, 환금성을 고려해야 한다.
④ 투자 실행 후 투자성과가 기대만큼 나오지 않았을 경우 6개월 또는 1년 내에 포트폴리오의 구성을 대폭 수정하는 것이 좋다.
⑤ 예상보다 수익이 많이 발생하였다고 성과가 좋은 것이 아니라 기존에 설정된 벤치마크와 대비해서 성과가 양호해야 좋다고 판단한다.

출제빈도 ★★★ 최신출제유형

12 다음 중 투자자의 효용에 대한 설명으로 옳지 않은 것은?

① 효용이란 투자자가 느끼는 주관적인 만족도를 말한다.
② 기대수익이 불확실한 상황에서 투자자는 기대효용을 기준으로 투자를 결정한다.
③ 투자자의 기대효용은 기대수익률이 높을수록, 예상되는 위험이 작을수록 커진다.
④ 위험에 대한 태도에 따라 투자자를 위험회피형, 위험중립형, 위험선호형으로 분류할 수 있는데 대부분의 투자자들은 위험회피형이다.
⑤ 위험회피형 투자자의 효용은 수익이 증가함에 따라 증가하며 그 증가폭은 체증한다.

13 다음 중 무차별곡선에 대한 설명으로 옳지 않은 것은?

① 동일한 무차별곡선상에 있는 모든 기대수익-위험의 조합은 투자자에게 동일한 효용을 준다.
② 위험회피자들은 모두 동일한 기울기의 무차별곡선을 가진다.
③ 무차별곡선이 원점에 대해 볼록하다는 것은 한계효용이 체감한다는 것을 의미한다.
④ 위쪽에 위치한 무차별곡선일수록 더 큰 효용을 나타낸다.
⑤ 위험이 증가하면 기대수익도 함께 증가해야 동일한 효용을 유지할 수 있기 때문에 위험회피자의 무차별곡선은 양(+)의 기울기를 가진다.

14 다음 포트폴리오들 중에서 가장 효율적인 포트폴리오에 해당하는 것은?

① 기대수익률은 10%, 수익률의 표준편차는 12%인 포트폴리오 A
② 기대수익률은 10%, 수익률의 표준편차는 15%인 포트폴리오 B
③ 기대수익률은 10%, 수익률의 표준편차는 18%인 포트폴리오 C
④ 기대수익률은 15%, 수익률의 표준편차는 12%인 포트폴리오 D
⑤ 기대수익률은 15%, 수익률의 표준편차는 15%인 포트폴리오 E

정답 및 해설

10 ① 투자정책서는 투자설계 프로세스 3단계에서 작성하는 것으로 투자설계 계획단계의 최종 산출물이다.
11 ④ 투자 실행 후 투자성과가 기대만큼 나오지 않았다고 하여 6개월 또는 1년 내에 포트폴리오 구성을 대폭 수정하는 것은 바람직하지 않다.
12 ⑤ 위험회피형 투자자의 효용은 수익이 증가함에 따라 증가하지만 그 증가폭은 체감한다.
13 ② 위험회피자의 위험회피 정도에 따라 무차별곡선의 기울기는 달라지며 위험회피 성향이 클수록 무차별곡선의 기울기는 더 가파른 형태를 가진다.
14 ④ 지배원리를 만족하는 포트폴리오를 효율적 포트폴리오라고 한다. 포트폴리오 A는 포트폴리오 B와 C를 지배하고, 포트폴리오 D는 포트폴리오 E를 지배한다. 또한 포트폴리오 D는 포트폴리오 A를 지배하므로 포트폴리오 D가 가장 효율적이다.

15 다음 중 위험자산의 효율적 프런티어와 최적 포트폴리오에 대한 설명으로 옳지 않은 것은?

① 가장 좌측 상단에 위치한 포트폴리오들을 연결한 곡선을 위험자산의 효율적 프런티어라고 한다.
② 효율적 프런티어상의 포트폴리오들은 효율적으로 분산투자된 포트폴리오이다.
③ 투자자들은 효율적 프런티어상의 포트폴리오 중에서 가장 높은 기대수익을 주는 포트폴리오를 선택한다.
④ 효율적 프런티어상의 포트폴리오들 중 위험이 가장 작은 포트폴리오를 최소분산 포트폴리오라고 한다.
⑤ 최적 포트폴리오는 효율적 프런티어와 투자자의 무차별곡선 중 가장 효용이 높은 곡선이 만나는 점이다.

16 다음 중 무위험자산과 위험프리미엄에 대한 설명으로 옳지 않은 것은?

① 무위험자산은 어떤 상황에서도 확정적인 수익이 제공되어 수익률의 변동성이 없는 자산을 의미한다.
② 위험회피적인 투자자는 위험을 부담하는 대가로 위험에 대한 적절한 보상을 요구하는데 이를 위험프리미엄이라고 한다.
③ 위험프리미엄은 위험부담에 대한 보상 정도를 나타내며, 보상의 적정성에 대한 기준을 제시해준다.
④ 위험프리미엄은 위험자산으로부터 기대되는 수익률과 무위험자산으로부터 얻을 수 있는 수익률의 차이로 측정될 수 있다.
⑤ 위험회피적인 투자자는 무위험자산과 같거나 더 큰 효용이 기대되는 경우에만 위험자산에 투자한다.

17 다음 중 자본배분선(CAL)에 대한 옳은 설명으로 모두 묶인 것은?

가. 무위험자산이 포함될 때의 투자기회선으로 무위험수익률을 절편으로 한다.
나. 위험회피 성향이 높을수록 자본배분선상에서 오른쪽에 위치한 포트폴리오를 선택할 것이다.
다. 자본배분선의 기울기는 투자자의 위험회피 성향과 관련이 깊다.
라. 자본배분선의 기울기가 작을수록 더 좋은 투자대상이다.
마. 자본배분상의 어떠한 점이 가장 최적인가는 투자자의 위험성향에 달려 있다.

① 가, 다
② 가, 마
③ 가, 나, 라
④ 가, 나, 다, 마
⑤ 나, 다, 라, 마

18 다음 중 마코위츠모형과 단일지표모형에 대한 설명으로 옳지 <u>않은</u> 것은?

① 마코위츠의 효율적 프런티어는 개별자산의 수익률, 분산, 공분산만 있으면 계산이 가능하다.
② 마코위츠모형은 방대한 계산을 필요로 하므로 이론적으로 뛰어남에도 불구하고 현실적으로 적용하기 어렵다는 문제점이 존재한다.
③ 단일지표모형은 개별 자산들 간 공분산을 계산하는 대신 개별 자산과 시장을 대표하는 단일시장지표와의 공분산만을 고려한 단순 모형이다.
④ 단일지표모형은 개별 기업 고유 요인에 의한 주식수익률의 변동을 고려하지 않는다.
⑤ 단일지표모형은 개별 주식의 수익률과 시장 수익률이 선형관계에 있다고 본다.

19 다음은 단일지표모형에 관한 식이다. 이에 대한 설명으로 옳지 <u>않은</u> 것은?

$$R_i = \beta_i R_M + \alpha_i + e_i$$

① 베타(β_i)는 시장수익률 변동에 대한 주식수익률의 상대적 민감도를 나타낸다.
② 베타(β_i)가 1보다 큰 주식을 경기민감주, 1보다 작은 주식을 경기방어주라고 한다.
③ 알파(α_i)는 시장수익률이 1인 경우 얻을 수 있는 그 주식의 초과수익률을 나타낸다.
④ 알파(α_i)가 0보다 큰 주식은 저평가, 0보다 작은 주식은 고평가임을 나타낸다.
⑤ 잔차(e_i)는 기업고유위험을 나타내며 예기치 못한 사건으로 인한 영향은 평균적으로 0이다.

정답 및 해설

15 ③ 투자자들은 효율적 프런티어상의 포트폴리오 중에서 자신에게 가장 큰 효용을 주는 포트폴리오를 선택한다. 기대수익이 높을수록 위험도 커지기 때문에 기대수익이 가장 높다고 효용이 큰 것으로 볼 수는 없다.
16 ③ 투자결정을 하기 위해서는 단순히 위험프리미엄이 큰지 작은지가 아니라 부담하는 위험 대비 위험프리미엄이 적정한지를 평가할 수 있어야 한다. 위험프리미엄은 위험부담에 대한 보상 정도를 보여주지만, 보상의 적정성에 대한 기준은 제시하지 못한다.
17 ② '가, 마'는 자본배분선에 대한 옳은 설명이다.
나. 위험회피 성향이 높을수록 자본배분선상에서 왼쪽에 위치한 포트폴리오를 선택한다.
다. 자본배분선의 기울기는 위험보상비율에 따라 달라지므로 투자자의 위험회피 성향과 관련이 없다.
라. 자본배분선의 기울기가 클수록 더 좋은 투자대상이다.
18 ④ 단일지표모형은 주식수익률의 변동성이 두 가지 불확실한 요인(시장 전체 요인, 개별 기업 고유 요인)에 의해 초래된다는 것을 전제로 한다.
19 ③ 알파(α_i)는 시장수익률이 0인 경우(시장요인이 중립적인 경우) 얻을 수 있는 그 주식의 초과수익률을 나타낸다.

20 다음 중 단일지표모형에 대한 설명으로 옳지 <u>않은</u> 것은?

① 포트폴리오의 베타는 개별 주식의 베타를 투자비중에 따라 가중평균한 값이다.
② 분산투자하는 투자자에게 위험이란 체계적 위험을 말한다.
③ 개별 주식의 체계적 위험은 시장요인에 의해서 결정된다.
④ 포트폴리오의 비체계적 위험을 통제하고자 하는 경우 베타를 조정해야 한다.
⑤ 기업고유위험은 서로 독립적이기 때문에 포트폴리오에 포함된 주식 수를 충분히 늘림으로써 사실상 제거가 가능하다.

21 다음 중 자본자산가격결정모형(CAPM)에 대한 설명으로 옳지 <u>않은</u> 것은?

① 자본자산이란 주식, 채권 등의 유가증권과 같이 미래 수익에 대해 청구권을 가지는 자산을 의미한다.
② 자본시장이 균형상태를 이탈하였을 경우 위험이 존재하는 자산의 적정가격 수준을 도출하기 위한 모형이다.
③ 균형상태란 자본시장에서 거래되는 자산의 수요와 공급이 일치하도록 시장가격이 형성된 상태를 말한다.
④ 균형상태에서는 수요나 공급에 변화가 없는 한 가격이 변하지 않는다.
⑤ 완전자본시장하에서 모든 투자자가 동일한 투자대상 집합에 대해 동일한 기대를 갖는다는 등의 비현실적인 세계를 가정한다.

22 다음 중 자본시장선(CML)에 대한 설명으로 옳지 <u>않은</u> 것은?

① 시장포트폴리오를 위험자산으로 사용한 자본배분선이다.
② 모든 투자자는 시장포트폴리오를 최적 위험포트폴리오로 보유한다.
③ 자본시장선상의 포트폴리오들은 비체계적 위험이 완전히 제거된 포트폴리오이다.
④ 투자자의 위험회피 성향에 따라 무위험자산과 시장포트폴리오에 대한 투자비중이 변한다.
⑤ 완전히 분산투자된 효율적 포트폴리오만을 분석 대상으로 하며, 기대수익과 베타(β)의 관계를 나타낸다.

23 다음 중 증권시장선(SML)에 대한 설명으로 옳지 않은 것은?

① 개별 증권의 위험프리미엄은 시장포트폴리오 수익률에 개별 증권의 민감도인 베타(β)를 곱한 값과 같다.
② 비효율적인 포트폴리오나 개별 자산까지 포함한 모든 투자자산의 기대수익률과 체계적 위험의 관계를 설명할 수 있다.
③ 증권시장선(SML)은 개별 증권의 투자성과 평가를 위한 벤치마크로도 사용된다.
④ 증권시장선(SML)보다 위쪽에 위치하는 자산은 예상수익률이 요구수익률보다 높은 저평가된 자산이다.
⑤ CAPM이 성립하는 경우 시장 균형상태에서 모든 증권은 증권시장선(SML)상에 위치해야 한다.

정답 및 해설

20 ④ 포트폴리오의 체계적 위험을 통제하고자 하는 경우에 주식 수와 상관없이 베타를 조정해야 하며, 비체계적 위험을 통제하고자 하는 경우에는 포트폴리오를 구성하는 주식의 수를 늘림으로써 가능하다.
21 ② CAPM은 자본시장이 균형상태를 이룰 때 위험이 존재하는 자산의 적정가격 수준을 도출하기 위한 모형이다.
22 ⑤ 자본시장선(CML)은 완전히 분산투자된 효율적 포트폴리오만을 분석 대상으로 하며, 기대수익과 총위험(σ)의 관계를 나타낸다. 기대수익과 베타(β)의 관계를 나타내는 것은 증권시장선(SML)이다.
23 ① 개별 증권의 위험프리미엄은 시장포트폴리오의 위험프리미엄(시장포트폴리오의 수익률 – 무위험수익률)에 개별 증권의 민감도인 베타(β)를 곱한 값과 같다.

24 무위험자산의 수익률이 4%이고 시장포트폴리오의 수익률이 10%로 예상되며, 베타가 1.2인 주식 A에 투자 시 12%의 수익률이 예상될 경우, 증권시장선(SML)을 이용하여 평가한 주식 A의 현재 상태는?

① 주식 A의 주가는 현재 적정한 상태이며, SML선상에 위치한다.
② 주식 A의 주가는 현재 저평가된 상태이며, SML선 위쪽에 위치한다.
③ 주식 A의 주가는 현재 고평가된 상태이며, SML선 위쪽에 위치한다.
④ 주식 A의 주가는 현재 저평가된 상태이며, SML선 아래쪽에 위치한다.
⑤ 주식 A의 주가는 현재 고평가된 상태이며, SML선 아래쪽에 위치한다.

25 다음 중 자본시장선(CML)과 증권시장선(SML)에 대한 옳은 설명으로 모두 묶인 것은?

가. 자본시장선(CML)은 기대수익률과 총위험의 관계를 나타내고, 증권시장선(SML)은 기대수익률과 체계적 위험의 관계를 나타낸다.
나. 시장포트폴리오를 편입한 최적 포트폴리오는 비체계적 위험이 제거되고 체계적 위험만이 남아 자본시장선(CML)과 증권시장선(SML)이 동일하게 된다.
다. 자본시장선(CML)의 식은 시장포트폴리오를 전제로 도출하였지만 증권시장선(SML)의 베타는 시장포트폴리오를 전제로 하지 않는다.
라. 효율적이지 못한 포트폴리오나 개별 자산의 경우 증권시장선(SML)이 성립하지 않고 자본시장선(CML)상에 표시된다.

① 가, 나
② 가, 다
③ 나, 라
④ 가, 나, 다
⑤ 나, 다, 라

26 다음 중 차익거래와 차익거래가격결정이론(APT)에 대한 설명으로 옳지 않은 것은?

① 차익거래란 동일 자산이 다른 가격으로 거래될 경우 상대적으로 싼 것을 매입하고 비싼 것을 공매함으로써 투자자금과 위험부담 없이 수익을 얻는 것을 말한다.
② 차익거래가격결정이론은 차익거래 기회가 없는 균형상태에서 성립하는 균형수익률과 위험의 관계를 나타내는 이론이다.
③ 시장 균형상태에서는 위험 1단위당 보상이 동일해야 하며, 동일하지 않을 경우 차익거래 기회가 존재하게 된다.
④ 차익거래 기회가 없는 시장 균형상태에서 개별 증권의 기대수익률은 각 공통요인에 대한 베타계수의 선형함수로 표시할 수 있다.
⑤ 모든 공통요인에 대한 베타계수가 1인 자산의 기대수익률은 무위험수익률과 같아야 한다.

출제빈도 ★★★ 최신출제유형

27 다음 중 자본자산가격결정모형(CAPM)과 차익거래가격결정이론(APT)에 대한 설명으로 옳지 않은 것은?

① CAPM과 APT는 상호 배타적인 모형이 아니다.
② CAPM과 APT는 기대수익률과 체계적 위험 간의 선형관계를 설명한다.
③ CAPM은 설명 요인이 하나인 모형이고, APT는 설명 요인이 다수인 모형이다.
④ CAPM은 잘 분산된 포트폴리오에만 적용되지만 APT는 모든 자산에 예외 없이 적용된다.
⑤ CAPM은 시장포트폴리오를 전제로 하기 때문에 비현실적인 가정에 의존하지만 APT는 시장포트폴리오에 의존하지 않는다.

출제빈도 ★★★

28 다음 중 포트폴리오의 소극적 전략으로 옳은 것은?

① 포트폴리오 이론의 알파(α)를 추구한다.
② 1월 효과, 소외기업 효과, 과잉반응 등 시장의 이상 현상을 이용한다.
③ 무작위적으로 증권이나 포트폴리오를 매입하여 보유한다.
④ 다양한 기법의 증권 가치 분석을 이용하여 저평가된 종목을 발굴한다.
⑤ 시장예측을 통해 우월한 수익이 예상될 것으로 판단되는 자산군의 비중을 높인다.

정답 및 해설

24 ② SML에 의한 주식 A의 요구수익률(기대수익률) = $R_f + \beta_i \times [E(R_m) - R_f]$ = 4% + 1.2 × (10% − 4%) = 11.2%이고, 실제로 주식 A에 투자 시 예상되는 수익률은 12%이므로 A주식은 저평가된 자산이며 SML선 위쪽에 위치한다고 볼 수 있다.
 • 주식의 위험프리미엄 = $\beta_i \times [E(R_m) - R_f]$ • 시장 위험프리미엄 = $[E(R_m) - R_f]$

25 ④ '가, 나, 다'는 자본시장선(CML)과 증권시장선(SML)에 대한 옳은 설명이다.
   라. 효율적이지 못한 포트폴리오나 개별 자산의 경우 자본시장선(CML)이 성립하지 않고 자본시장선(CML) 아래에 위치하는 증권시장선(SML)상에 표시된다.

26 ⑤ 모든 공통요인에 대한 베타계수가 0인 자산의 기대수익률은 무위험수익률과 같아야 한다.

27 ④ APT는 잘 분산된 포트폴리오에만 적용되지만 CAPM은 모든 자산(포트폴리오)에 예외 없이 적용된다.

28 ③ ①②④⑤ 포트폴리오의 적극적 전략에 해당하는 내용이다.

29 다음 중 포트폴리오의 소극적 전략과 적극적 전략에 대한 설명으로 옳은 것은?

① 적극적 투자자들 간의 경쟁이 심화될수록 적극적 전략이 더욱 효과를 발휘하게 된다.
② 인덱스펀드나 지수 ETF를 구입하는 것은 적극적 전략에 해당한다.
③ 시장이 비효율적인 것을 전제로 하여 증권분석과 예측을 통해 시장 평균을 초과하는 수익을 얻을 수 있다고 믿는 것은 소극적 전략에 해당한다.
④ 소극적 전략 중 단순 매입보유전략은 시장에서 적정가치 대비 가격이 낮게 형성된 증권을 매입하여 보유하는 것을 말한다.
⑤ 규모가 작은 기업이 규모가 큰 기업에 비해 초과수익을 얻는 현상을 이용하는 것은 적극적 전략에 해당한다.

30 다음 중 소극적 자산배분과 적극적 증권선택을 선호하는 제2사분면의 투자관과 투자전략으로 가장 적절한 것은?

① 상당수의 현대 포트폴리오 이론 및 투자 연구가 지지하는 투자관이다.
② 자산관리자의 필요성을 강하게 느끼지 못하며 이들에 대한 기대 수준이 낮다.
③ 벤치마크를 초과하는 수익률을 추구하는 대부분의 액티브펀드들이 추구하는 투자전략이다.
④ 노후자금 마련과 같이 실패가 용인되기 어려운 재무목표에 사용하기에는 적합하지 않은 전략이다.
⑤ 처음 투자하거나 투자 경험이 적은 투자자들이 주로 이러한 투자관을 가지며, 다수의 투자자들이 제2사분면에 속한다.

31 다음 중 전략적 자산배분에 대한 설명으로 가장 옳지 않은 것은?

① 시장 상황 변화에 따른 고객의 일시적인 위험회피 성향의 변화는 전략적 자산배분에 반영하지 않는다.
② 최초 자산배분 시 실행한 포트폴리오를 목표 기간까지 그대로 유지하는 자산배분 전략이다.
③ 장기적으로 투자자가 유지할 자산배분의 비중을 결정하는 것뿐만 아니라 중단기적으로 실행할 수 있는 전술적인 변화폭을 결정하는 것까지를 포함한다.
④ 성공적인 시장예측은 불가능하다고 보는 제1, 2사분면의 투자관을 가진 고객이라면 전술적인 변화폭을 설정하지 않아야 한다.
⑤ 무위험자산의 투자비중 변화폭은 허용하지 않거나 위험자산들보다 제한적으로 설정되어야 한다.

32 다음 중 전술적 자산배분에 대한 설명으로 올바르게 묶인 것은?

> 가. 전략적 자산배분의 효율성을 높이기 위한 것이므로 전략적 자산배분을 훼손하지 않는 범위 내에서 제한적으로 설정되어야 한다.
> 나. 자산관리자가 투자기간 동안 각 자산군의 과소 또는 과대평가를 판단할 수 없는 상황에서 지켜야 할 기준이 된다.
> 다. 고객의 재무목표를 달성하기 위해 장기적인 관점에서의 최적 자산배분을 말한다.
> 라. 자산들의 가격이 단기적으로 내재가치를 벗어나더라도 장기적으로는 내재가치에 수렴한다는 것을 전제로 실행된다.
> 마. 중단기적으로 실행할 수 있는 투자비중의 전술적인 변화폭을 결정하는 의사결정을 의미한다.

① 가, 나
② 가, 라
③ 가, 다, 마
④ 나, 다, 라
⑤ 나, 다, 마

정답 및 해설

29 ⑤ ① 적극적 투자자들 간의 경쟁이 심화될수록 시장은 효율적이게 되고 소극적 전략이 더욱 효과를 발휘하게 된다.
② 인덱스펀드나 지수 ETF를 구입하는 것은 소극적 전략에 해당한다.
③ 적극적 전략에 대한 설명이다.
④ 소극적 전략 중 단순 매입보유전략은 증권을 분석하고 선택하려는 노력 없이 무작위적으로 증권을 매입하여 보유하는 전략이다.

30 ③ ① ② 제1사분면에 해당하는 내용이다.
④ 제3사분면에 해당하는 내용이다.
⑤ 제4사분면에 해당하는 내용이다.

31 ② 최초 자산배분 시 실행한 포트폴리오를 목표 기간까지 그대로 유지하는 것이 아니라 편입 자산의 가격 변화에 따른 투자비중 변화를 반영하여 주기적으로 자산배분 비중을 조정(재조정)해주어야 한다.

32 ② '가, 라'는 전술적 자산배분, '나, 다, 마'는 전략적 자산배분에 대한 설명이다.

33 다음 중 정액분할투자법에 대한 설명으로 옳지 않은 것은?

① 자산의 평균매입단가를 낮추는 효과가 있다.
② 전략적 자산배분과 전술적 자산배분의 실행상 문제점을 보완해주는 전략이다.
③ 적정 투자기간과 자산가격의 적정성에 대한 기준을 제시한다.
④ 투자시점의 위험은 감소시켜주지만 투자를 회수하는 시점의 가격하락 위험은 감소시키지 못한다.
⑤ 투자시점을 분산함으로써 마켓타이밍의 위험을 줄여주지만, 위험이 줄어드는 만큼 기대수익 또한 낮아질 수 있다.

34 다음 중 투자자산의 회계처리에 대한 설명으로 옳지 않은 것은?

① 투자자산은 발생주의 회계처리에 따라 평가해야 한다.
② 금융상품은 시가로 평가하는 것이 원칙이다.
③ 사모펀드나 비상장 증권처럼 시가를 구할 수 없는 경우 공정시장가치로 평가한다.
④ 일정 기간 내에 매도 가능한 투자자산의 예상가격을 공정시장가치라고 한다.
⑤ 실현되지 않은 미실현 손익을 성과 평가에 반영해서는 안 된다.

35 다음 중 벤치마크에 대한 설명으로 옳지 않은 것은?

① 벤치마크는 자산집단뿐만 아니라 개별 상품별로도 정해질 수 있다.
② 벤치마크는 투자설계의 3단계인 계획, 실행, 성과 평가 중 계획과 성과 평가 단계에서 활용된다.
③ 벤치마크는 구성 종목명과 비중이 명확하게 표시되어야 한다.
④ 적극적인 운용을 하지 않을 경우에 벤치마크의 구성 종목에 투자하여 보유할 수 있어야 한다.
⑤ 벤치마크는 투자성과 평가기간이 시작되기 전에 미리 정해져야 한다.

36 다음 중 투자수익률에 대한 설명으로 옳지 않은 것은?

① 금액가중수익률은 투자기간 자금의 유출입을 고려해 포트폴리오의 가치가 단순하게 얼마나 증감하였는지를 계산한다.
② 금액가중수익률은 하나가 아닌 여러 개의 수익률이 도출될 수 있는 내부수익률법의 단점을 내포하고 있다.
③ 시간가중수익률은 현금 유출입이 발생할 때마다 수익률을 계산하여 각 구간별 수익률을 기하학적으로 연결하여 총수익률을 계산한다.
④ 시간가중수익률은 총수익률을 기간으로 나타낼 수 있는데, 이때 산술평균수익률은 기하평균수익률보다 항상 작다.
⑤ 금액가중수익률은 매일 수익률을 계산하지 않아도 일정 기간 수익률을 쉽게 계산할 수 있다.

37 다음 중 금액가중수익률에 대한 올바른 설명을 모두 고른 것은?

> 가. 현금의 유출입이 매일 발생하는 펀드와 같은 간접투자상품에 적합한 수익률 계산방법이다.
> 나. 자금의 규모와 신규 자금의 유출입 시기에 의해 수익률이 왜곡될 수 있다는 단점이 존재한다.
> 다. 내부수익률(IRR)이라고도 하며, 하나가 아닌 여러 개의 수익률이 도출될 수 있다는 단점이 있다.
> 라. 현금의 유출입이 발생할 때마다 수익률을 계산한 후 이를 기하학적으로 연결하여 투자기간의 총수익률을 계산하는 방법이다.
> 마. 매일 수익률을 계산하지 않아도 일정 기간 수익률을 손쉽게 계산할 수 있다는 장점이 존재한다.

① 가, 나   ② 가, 다   ③ 나, 라
④ 나, 다, 마   ⑤ 다, 라, 마

정답 및 해설

33 ③ 정액분할투자법은 적정 투자기간과 자산가격의 적정성에 대한 기준을 제시하지 못한다.
34 ⑤ 아직 매도하지 않은 금융상품이라도 최초 투자 금액과 현재 시가평가액, 실현되지 않은 미실현 손익을 성과 평가에 반영해야 한다.
35 ② 벤치마크는 투자설계의 모든 단계에서 사용되며, 투자 실행 단계에서는 상품 선택을 위한 기초 자료로 활용된다.
36 ④ 산술평균수익률은 기하평균수익률보다 항상 크다.
37 ④ '나, 다, 마'는 금액가중수익률, '가, 라'는 시간가중수익률에 대한 설명이다.

출제빈도 ★★★

38 다음 중 샤프지수에 대한 설명으로 옳지 않은 것은?

① 투자포트폴리오의 총위험 1단위당 초과수익의 정도를 나타낸다.
② 자산집단이 동일한 유형의 펀드 간에 샤프지수를 비교해야 한다.
③ 운용기간에 따라 수익률과 위험이 달라지기 때문에 동일한 운용기간을 대상으로 비교해야 한다.
④ 연기금과 같이 투자 규모가 크고 광범위한 분산투자를 하는 경우에 적합한 평가 지표이다.
⑤ 실무상 좋은 펀드를 찾는 데 유용하게 활용되며 그 값이 클수록 투자성과가 좋다고 평가할 수 있다.

출제빈도 ★★★

39 베타가 1.2인 포트폴리오 A의 1년간 수익률은 10%, 표준편차는 18%, 무위험이자율은 4%라고 할 때 트레이너지수는?

① 0.03   ② 0.05   ③ 0.08
④ 0.12   ⑤ 0.33

출제빈도 ★★★ **최신출제유형**

40 다음 중 위험조정성과 평가 지표에 대한 설명으로 옳지 않은 것은?

① 되도록 3년 이상의 기간을 설정하여 샤프지수를 비교하는 것이 바람직하다.
② 트레이너지수는 체계적 위험인 베타를 1단위 부담할 때의 초과수익을 나타낸다.
③ 트레이너지수는 뮤추얼펀드를 맡아서 운용하는 개별 펀드매니저의 증권선택 능력을 측정할 때 유용하다.
④ 젠센의 알파란 투자포트폴리오의 수익률이 균형상태에서의 수익률보다 얼마나 높은지를 나타내는 지표이다.
⑤ 젠센의 알파값이 클수록 성공적인 투자성과를 나타낸다.

41 투자자 A씨는 전략적 자산배분을 통해 주식 40%, 채권 40%, 현금성자산 20%의 비중을 유지해오고 있었다. 하지만 지난 1년간 주가가 하락할 가능성에 대비하여 주식 투자비중을 30%로 축소하고, 채권 투자비중을 50%로 확대하는 전술적 자산배분을 실행하였다. 투자자 A씨의 1년간 성과 평가에 대한 내용으로 옳지 않은 것은?

구 분		주 식	채 권	현금성자산	총수익률
벤치마크		주가지수	회사채 수익률	현금자산 수익률	–
구성비	전략적 자산배분	40%	40%	20%	–
	전술적 자산배분	30%	50%	20%	–
수익률	벤치마크	–2%	4%	3%	–
	실제 수익률	–5%	5%	3%	–
전략적 자산배분 수익률					
전술적 자산배분 수익률					
실제 포트폴리오 수익률					
자산배분 효과					
증권선택 효과					

① 전략적 자산배분에 의한 전체 포트폴리오의 총수익률은 1.4%이다.
② 주식 부문의 자산배분 효과는 0.2%이다.
③ 현금성자산의 자산배분 효과와 증권선택 효과는 모두 0이다.
④ 채권 부문은 증권선택 효과보다 자산배분 효과가 더 높게 나타났다.
⑤ 전체적으로 전술적 자산배분은 성공적이었으나 증권선택은 실패했다고 평가할 수 있다.

정답 및 해설

38 ④ 트레이너지수에 대한 설명이다.
39 ② 트레이너지수 = (포트폴리오의 수익률 – 무위험이자율) / 베타 = (0.1 – 0.04) / 1.2 = 0.05
40 ③ 젠센의 알파에 대한 설명이다.
41 ④ 채권 부분의 증권선택 효과는 0.5%, 자산배분 효과는 0.4%로 증권선택 효과보다 자산배분 효과가 더 낮게 나타났다.

구 분	주 식	채 권	현금성자산	총수익률
전략적 자산배분 수익률	0.4 × 2% = –0.8%	0.4 × 4% = 1.6%	0.2 × 3% = 0.6%	–0.8% + 1.6% + 0.6% = 1.4%
전술적 자산배분 수익률	0.3 × –2% = –0.6%	0.5 × 4% = 2%	0.2 × 3% = 0.6%	–0.6% + 2% + 0.6% = 2%
실제 포트폴리오 수익률	0.3 × –5% = –1.5%	0.5 × 5% = 2.5%	0.2 × 3% = 0.6%	–1.5% + 2.5% + 0.6% = 1.6%
자산배분 효과	–0.6% – (–0.8%) = 0.2%	2% – 1.6% = 0.4%	0.6% – 0.6% = 0%	0.2% + 0.4% + 0% = 0.6%
증권선택 효과	–1.5% – (–0.6%) = –0.9%	2.5% – 2% = 0.5%	0.6% – 0.6% = 0%	–0.9% + 0.5% + 0% = –0.4%

금융·자격증 전문 교육기관 해커스금융
fn.Hackers.com

해커스 은행FP 자산관리사 2부 최종핵심정리문제집

제2과목
비금융자산 투자설계

[총 30문항]

제1장　부동산상담 사전 준비
제2장　부동산시장 및 정책 분석
제3장　부동산 투자전략
제4장　부동산 자산관리 전략

금융·자격증 전문 교육기관 해커스금융
fn.Hackers.com

■ 출제경향 및 학습전략

부동산상담 사전 준비는 제2과목 전체 30문제 중 총 9~12문제 정도 출제된다.

부동산상담 사전 준비의 경우 부동산 관련 기초지식, 부동산 공부 및 인터넷을 활용한 부동산 조사방법, 부동산 관련 법률 내용으로 구성되며 이 중에서 부동산 관련 기초지식이 가장 많이 출제되고 있다. 부동산 관련 기초지식은 부동산 관련 용어나 제도 등을 설명하고 있기 때문에 앞으로의 부동산 관련 학습에 있어서 기본이 된다. 부동산 공부 및 인터넷을 활용한 부동산 조사방법은 암기 위주의 학습이 필요하며, 부동산 관련 법률 내용은 법률의 취지를 이해하면서 학습하도록 한다.

■ 빈출포인트

구 분	문제번호	빈출포인트	출제빈도
부동산 관련 기초 지식 (55%)	01	부동산의 개념	★★
	02	부동산과 동산의 비교	★★
	03	부동산의 특성	★★
	04~08	부동산의 분류	★★★
	09~11	주요 부동산 용어해설	★★★
부동산 공부 및 인터넷을 활용한 부동산 조사방법 (18%)	12	부동산 공부 및 인터넷을 활용한 부동산 조사방법	★★★
부동산 관련 법률 내용 (27%)	13~14	주요 부동산 법률 용어	★★
	15~16	부동산 생활법률	★★★

해커스 은행FP 자산관리사 2부 최종핵심정리문제집

제2과목 **비금융자산 투자설계**

제1장
부동산상담 사전 준비

개념완성문제 제1장 | 부동산상담 사전 준비

✓ 개념완성문제를 통해 은행FP 자산관리사 시험에 나오는 개념을 이해할 수 있습니다.
✓ 다시 봐야 할 문제(틀린 문제, 풀지 못한 문제, 헷갈리는 문제 등)는 문제 번호 하단의 네모박스(□)에 체크하여 반복학습 할 수 있습니다.

부동산의 개념 출제빈도 ★★

01 다음 중 준부동산에 해당하지 않는 것은?
① 공장재단 ② 어업권 ③ 광업권
④ 자동차 ⑤ 영업권

> **용어 알아두기**
> **준부동산(의제부동산)** 준부동산이란 물권변동을 등기나 등록수단으로 공시하고 있는 동산이나 동산과 부동산의 결합물을 말한다. 준부동산은 감정평가의 대상이 되며, 저당권의 목적이 될 수 있다.

부동산과 동산의 비교 출제빈도 ★★

02 다음 중 부동산과 동산의 법적 권리에 대한 설명으로 옳지 않은 것은?
① 부동산은 전세권 설정이 가능하다.
② 부동산은 지상권 설정이 가능하다.
③ 부동산은 유치권 설정이 가능하다.
④ 동산은 지상권 설정이 가능하다.
⑤ 동산은 유치권 설정이 가능하다.

정답 및 해설

01 ⑤ 영업권은 준부동산에 해당하지 않는다.
02 ④ 동산은 담보물권 중 유치권·질권의 설정이 가능하지만, 용익물권인 지상권·지역권·전세권의 설정은 불가능하다.

부동산의 특성

출제빈도 ★★

03 다음 중 토지의 자연적 특성이 아닌 것은?

① 위치의 고정성(부동성)
② 부증성
③ 토지의 영속성
④ 용도의 다양성
⑤ 연접성

부동산의 분류

출제빈도 ★★★

04 다음 중 지목의 설정원칙으로 옳지 않은 것은?

① 하나의 필지에는 하나의 지목만을 설정한다.
② 1필지에서 토지의 일부가 주된 사용목적과 다른 용도로 사용될 경우 주된 사용목적에 따라 지목을 설정해야 한다.
③ 일시적으로 다른 용도로 사용될 경우 지목을 변경해야 한다.
④ 산업단지조성사업 지역에서 조성된 토지는 미리 그 사용목적에 따라 지목을 설정해야 한다.
⑤ 우리나라는 이용형태로 총 28가지의 법정지목을 분류하고 있다.

> **용어 알아두기**
> **지 목** 주된 사용목적에 따라 토지의 종류를 구분하고 표시하는 명칭이다.

정답 및 해설

03 ④ 용도의 다양성은 토지의 인문적 특성에 해당한다.
　　참고 토지의 자연적 특성에는 위치의 고정성(부동성), 부증성, 영속성, 개별성, 연접성이 있고, 인문적 특성에는 용도의 다양성, 이용의 외부효과, 이용결과에 대한 경직성, 사회적·경제적·행정적 위치의 가변성이 있음
04 ③ 임시적, 일시적으로 사용될 경우 지목을 변경해서는 안 된다.

부동산의 분류　　　　　　　　　　　　　　　　　　　　　　　　출제빈도 ★★★

05 다음 중 도시지역에 해당하지 않는 것은?

① 근린상업지역

② 생산관리지역

③ 준주거지역

④ 생산녹지지역

⑤ 제3종 일반주거지역

부동산의 분류　　　　　　　　　　　　　　　　　　　　　　　　출제빈도 ★★★

06 도시지역으로의 편입이 예상되는 지역이나 자연환경을 고려하여 제한적인 이용·개발을 하려는 지역으로서 계획적·체계적 관리가 필요한 지역에 지정하는 용도지역은?

① 자연녹지지역

② 보전관리지역

③ 생산관리지역

④ 계획관리지역

⑤ 자연환경보전지역

정답 및 해설

05　② 생산관리지역은 관리지역에 해당한다.

06　④ 계획관리지역에 대한 설명이다.

참고 도시지역과 관리지역의 세부분류

도시지역	주거지역	전용주거지역(제1, 2종), 일반주거지역(제1, 2, 3종), 준주거지역
	상업지역	중심상업지역, 일반상업지역, 근린상업지역, 유통상업지역
	공업지역	전용공업지역, 일반공업지역, 준공업지역
	녹지지역	보전녹지지역, 생산녹지지역, 자연녹지지역
관리지역		보전관리지역, 생산관리지역, 계획관리지역

부동산의 분류

07 다음 다가구주택에 대한 설명 중 빈칸에 들어갈 내용이 순서대로 묶인 것은?

출제빈도 ★★★

- 지하층을 제외하고, 주택으로 쓰는 층수는 ( ) 이하이어야 한다.
- 1개 동의 주택으로 쓰이는 바닥면적(부설 주차장 면적 제외)의 합계가 ( ) 이하이어야 한다.

① 3층, 660㎡
② 3개 층, 330㎡
③ 3개 층, 660㎡
④ 4개 층, 330㎡
⑤ 4개 층, 660㎡

용어 알아두기
층수의 개념 층수는 지상층의 개수인 반면, 개 층은 지상과 지하를 막론하고 건축물의 총 층의 개수를 의미한다.

부동산의 분류

08 다음 중 준주택에 대한 설명으로 옳지 <u>않은</u> 것은?

출제빈도 ★★★

① 주택 외의 건축물과 그 부속토지로서 주거시설로 이용 가능한 시설을 말한다.
② 기숙사나 다중생활시설, 노인복지주택, 오피스텔 등이 포함된다.
③ 다중생활시설은 바닥면적에 따라 500㎡ 미만은 제2종 근린생활시설, 500㎡ 이상은 숙박시설로 구분된다.
④ 다중생활시설이 숙박시설로 분류된다면 임대사업자로 등록이 가능하다
⑤ 다중생활시설은 제2종 근린생활시설과 숙박시설 모두 욕실설치가 가능하다.

용어 알아두기
부속토지 주택, 건축물 등 사물이나 기관에 딸려 붙은 토지를 말한다.

정답 및 해설

07 ③ • 지하층을 제외하고, 주택으로 쓰는 층수는 (3개 층) 이하이어야 한다.
       • 1개 동의 주택으로 쓰이는 바닥면적(부설 주차장 면적 제외)의 합계가 (660㎡) 이하이어야 한다.
08 ④ 다중생활시설은 모두 임대사업자로 등록이 불가능하다.

주요 부동산 용어해설

출제빈도 ★★★

09 다음 중 주요 부동산 용어에 대한 설명으로 옳지 않은 것은?

① 획지는 가격수준에 의해 구별되는 경제적 개념이다.
② 기존 건축물의 면적, 연면적, 층수, 높이를 늘리는 것을 증축이라 한다.
③ 기존 건축물의 전부를 철거하고 종전과 같은 규모의 건축물을 축조하는 것을 재축이라 한다.
④ 대지면적에 대한 건축면적의 비율을 건폐율이라 한다.
⑤ 지하층은 용적률 산정에 사용되는 연면적에 포함되지 않는다.

주요 부동산 용어해설

출제빈도 ★★★

10 다음 중 대출규제 관련 용어가 올바르게 연결된 것은?

> 가. 담보대출의 가치인정비율을 의미하며 담보인정비율이라고도 한다.
> 나. 총소득에서 부채의 연간 원리금 상환액이 차지하는 비율을 말한다.
> 다. 대출자의 소득 대비 원리금 상환액의 비율을 말한다.

	가	나	다
①	DTI	LTV	IRR
②	DTI	DSR	LTV
③	LTV	NPV	DSR
④	LTV	DTI	DSR
⑤	DSR	NPV	IRR

정답 및 해설

09 ③ 기존 건축물의 전부 또는 일부를 철거하고 종전과 같은 규모의 범위에서 건축물을 다시 축조하는 것을 개축이라 한다.
10 ④ 가. LTV
       나. DTI
       다. DSR

주요 부동산 용어해설

11 다음 중 공시가격에 대한 설명으로 옳지 않은 것은?

① 표준지공시지가는 국토교통부장관이 공시한다.
② 표준지공시지가는 약 50만 필지에 대한 단위면적당 가격이다.
③ 개별공시지가의 이의신청은 공시일로부터 60일 이내에 하여야 한다.
④ 개별공시지가는 과세의 기준이 된다.
⑤ 개별공시지가는 시·군·구청장이 공시한다.

부동산 공부 및 인터넷을 활용한 부동산 조사방법

12 다음 중 등기사항증명서에 대한 설명으로 옳지 않은 것은?

① 순위번호는 등기한 순서대로 기재된다.
② 동일한 구에서의 등기순위는 순위번호에 의해 가려진다.
③ 가등기에 기한 본등기 시에는 가등기의 순위에 따라 순위가 보전된다.
④ 건축물대장과 등기사항증명서의 면적에 관한 정보가 서로 다를 경우 등기사항증명서의 정보가 우선된다.
⑤ 부기등기의 순위는 주등기의 순위에 의해 결정된다.

정답 및 해설

11 ③ 개별공시지가의 이의신청은 공시일로부터 30일 이내에 하여야 한다.
12 ④ 부동산의 기초적인 면적정보는 건축물대장의 정보가 우선된다. (단, 소유권에 관한 정보는 등기사항증명서가 우선된다)

주요 부동산 법률 용어   출제빈도 ★★

13 다음 중 부동산 관련 법률에 대한 설명으로 옳지 <u>않은</u> 것은?

① 도시·군 관리계획은 중기적인 법정계획이다.

② 지구단위계획은 도시의 일부지역을 대상으로 토지이용계획과 건축물계획을 동시에 고려한다.

③ 도시·군 기본계획은 물적, 사회적 측면을 포괄하는 장기적인 종합계획이다.

④ 재건축부담금이란 재건축사업을 통해 높은 초과이익이 생길 경우 국토교통부장관이 조합원에게 징수하는 부담금이다.

⑤ 재건축 조합원지위양도금지는 투기과열지구에서 조합이 설립된 단지는 조합원의 지위를 승계 받지 못하게 하는 것으로, 증여의 경우 예외적으로 지위승계가 가능하다.

주요 부동산 법률 용어   출제빈도 ★★

14 다음 중 투기지역 지정에 대한 설명으로 옳지 <u>않은</u> 것은?

① 투기지역은 기획재정부장관이 정한다.

② 투기지역으로 지정되면 LTV와 DTI는 40%가 적용된다.

③ 부동산과 관련된 거래 자체를 차단한다

④ 투기지역으로 지정되면 주택담보대출의 만기 연장이 제한된다.

⑤ 자금의 흐름을 규제한다는 점에서 간접적인 규제로 볼 수 있다.

정답 및 해설

13 ⑤ 증여 또한 지위승계가 되지 않는다.
14 ③ 부동산과 관련된 거래 자체를 차단하는 것은 투기과열지구의 규제사항이다.

부동산 생활법률

출제빈도 ★★★

15 다음 중 주택임대차보호법에 대한 설명으로 옳은 것은?

① 적용범위는 보증금이 4억 미만인 주택이다.
② 일부를 주거 외의 목적에 사용하더라도 적용된다.
③ 대항력은 인도와 전입신고를 한 날로부터 발생한다.
④ 가족이 있다면 가족 전원을 주민등록신고해야 한다.
⑤ 불법건축물이나 비닐하우스는 적용대상에서 제외된다.

부동산 생활법률

출제빈도 ★★★

16 다음 중 상가임대차보호법에 대한 설명으로 옳지 <u>않은</u> 것은?

① 우선변제권은 대항력과 확정일자를 갖춰야 한다.
② 최우선변제권은 대항력을 갖춰야 한다.
③ 수도권 중 과밀억제권역(서울시 제외)의 최우선변제금액은 1,900만원 이하이다.
④ 최우선변제되는 소액임차 보증금액은 경매대금의 2분의 1을 초과할 수 없다.
⑤ 임대차기간을 정하지 않은 계약의 기간은 2년으로 본다.

> **용어 알아두기**
> **우선변제권** 임차주택이 경매나 공매된 경우 후순위 담보권자나 그 밖의 채권자보다 우선하여 보증금을 변제 받을 수 있는 권리이다. (대항력과 확정일자 필요)
> **최우선변제권** 지역별 임차보증금이 소액인 경우 임차주택이 경매나 공매된 경우 후순위 담보권자나 그 밖의 채권자보다 우선하여 보증금을 변제 받을 수 있는 권리이다. (대항력만 있어도 발생)

정답 및 해설

15 ② ① 주택임대차보호법은 보증금에 대한 제한이 없다. (단, 상가임대차보호법은 보증금 6억 1천만원 이하의 제한이 있다)
③ 대항력은 인도와 전입신고를 한 날의 익일(다음 날)부터 발생한다.
④ 가족의 일부만 주민등록신고를 해도 된다.
⑤ 불법건축물은 적용대상이 된다.
16 ⑤ 임대차기간을 정하지 않은 계약의 기간은 1년으로 본다.

출제예상문제 제1장 | 부동산상담 사전 준비

✓ 출제예상문제를 통해 다양한 은행FP 자산관리사 문제를 풀어볼 수 있습니다.
✓ 다시 봐야 할 문제(틀린 문제, 풀지 못한 문제, 헷갈리는 문제 등)는 문제 번호 하단의 네모박스(□)에 체크하여 반복학습 할 수 있습니다.

출제빈도 ★★

01 다음 중 부동산의 개념에 대한 설명으로 옳지 않은 것은?

① 준부동산은 감정평가의 대상으로 등기나 등록을 필요로 한다.
② 경제적 측면은 부동산의 무형적 측면에서 자산, 생산요소 등에 초점을 맞추고 부동산의 경기순환, 수요와 공급 등을 논의할 때 규정되는 개념이다.
③ 건물은 토지와 함께 거래가 이루어진다.
④ 부동산은 민법 제99조에서 토지 및 그 정착물로 정의하고, 부동산이 아닌 물건은 모두 동산으로 간주한다.
⑤ 독립정착물에는 미분리 과실, 농작물 등이 해당한다.

출제빈도 ★★ **최신출제유형**

02 다음 중 동산과 부동산의 비교로 옳은 것은?

① 부동산은 공신력을 인정하지만, 동산은 공신력을 부인한다.
② 부동산의 용도는 동산에 비해 한계성을 갖는다.
③ 부동산은 일물일가의 원칙이 적용되지만, 동산은 일물일가의 원칙이 배제된다.
④ 부동산은 등기로 공시의 효과를 가지지만, 동산은 점유로 공시의 효과를 가진다.
⑤ 동산은 질권 설정이 불가능하다.

출제빈도 ★★ **최신출제유형**

03 다음 중 토지의 자연적 특성에 해당하지 않는 것은?

① 토지는 사용하더라도 소모되거나 마멸되지 않는다.
② 토지는 다른 일반 재화들처럼 생산비를 투입하여 물리적인 양을 증가시키지 못한다.
③ 토지는 위치가 고정되어 있으나 다양한 용도로 사용될 가능성이 있다.
④ 토지는 연속적으로 인접되어 있다.
⑤ 토지는 위치와 면적이 고정되어 있어 물리적으로 동일 물건이 하나밖에 없다.

출제빈도 ★★

04 다음 중 부동산의 자연적 특성과 내용을 올바르게 연결하지 않은 것은?

① 부동성 – 다른 지점의 토지와 위치에 따른 속성이 같음
② 부증성 – 토지 공급의 비탄력성
③ 연접성 – 외부효과 및 공간적 부조화의 문제 발생
④ 영속성 – 가치보존
⑤ 개별성 – 비대체성

출제빈도 ★★

05 다음 중 부동산의 지목상 분류에 대한 설명으로 옳지 않은 것은?

① 하천은 자연의 유수가 있거나 있을 것으로 예상되는 토지이다.
② 유지는 물이 고이거나 상시적으로 물을 저장하고 있는 댐·저수지 등이 자생하는 배수가 잘 되지 않는 토지이다.
③ 과수원은 과수류를 집단적으로 재배하는 토지와 이에 접속된 저장고 등 부속 시설물의 부지이다.
④ 답은 물을 상시적으로 직접 이용하여 벼·연·미나리 등의 식물을 재배하는 토지이다.
⑤ 구거는 산림 및 원야를 이루고 있는 수림지·죽림지 등의 토지이다.

정답 및 해설

01 ③ 건물은 토지와 별도로 거래가 이루어지는 독립정착물이다.
02 ④ ① 부동산 공신력을 부인하지만, 동산은 공신력을 인정한다.
　　　② 부동산의 용도는 다양성을 갖지만, 동산의 용도는 한계성을 갖는다.
　　　③ 부동산은 일물일가의 원칙이 배제되지만, 동산은 일물일가의 원칙이 적용된다.
　　　⑤ 부동산은 질권 설정이 불가능하지만, 동산은 질권 설정이 가능하다.
03 ③ 토지는 위치가 고정되어 있기 때문에 위치에 따른 속성이 다르다.
04 ① 부동성(위치의 고정성)은 다른 지점의 토지와는 그 위치에 따른 속성이 다르다는 것을 의미한다.
05 ⑤ 임야에 대한 설명이다.

출제빈도 ★★

06 다음 중 지목의 설정원칙으로 옳지 않은 것은?

① 하나의 필지에는 하나의 지목만을 설정해야 한다.
② 1필지에서 토지의 일부가 다른 용도로 사용된다면 주된 사용목적에 따라 설정해야 한다.
③ 주된 사용목적과 종속관계에 있을 경우 두 가지의 지목을 설정할 수 있다.
④ 도시개발사업이 진행 중인 지역의 토지는 그 목적에 따라 지목을 설정해야 한다.
⑤ 지목은 영속적인 사용목적으로만 설정해야 한다.

출제빈도 ★★ 최신출제유형

07 다음 중 빈칸에 들어갈 내용으로 옳은 것은?

> 과수원은 사과·배·밤·호도·귤나무 등 과수류를 집단적으로 재배하는 토지와 이에 접속된 저장고 등 부속시설물의 부지이다. 단, 주거용 건축물의 부지는 (   )로 한다.

① 전
② 답
③ 대
④ 임야
⑤ 잡종지

출제빈도 ★★★ 최신출제유형

08 다음 중 지목의 종류에 대한 설명으로 잘못 연결된 것은?

① 전 : 물을 상시적으로 이용하지 않고 곡물 등을 재배하는 토지
② 목장용지 : 축산업 및 낙농업을 하기 위해 초지를 조성한 토지
③ 대 : 영구적 건축물 중 박물관·미술관·극장 등 문화시설에 접속된 정원
④ 창고용지 : 물건 등을 보관 또는 저장하기 위해 독립적으로 설치된 보관시설물의 부지와 이에 접속된 부속시설물의 부지
⑤ 하천 : 연·왕골 등이 자생하는 배수가 잘 안 되는 토지

09 다음 중 저층 주택을 중심으로 편리한 주거환경을 조성하기 위해 필요한 지역은?

① 준주거지역
② 제1종 일반주거지역
③ 제1종 전용주거지역
④ 제2종 일반주거지역
⑤ 제2종 전용주거지역

10 다음 중 용도지역에 대한 설명으로 옳지 않은 것은?

① 도시지역은 16가지로 세분화되어 있다.
② 국토교통부장관이나 특·광·도지사가 결정한다.
③ 건폐율이나 용적률을 제한할 수 있다.
④ 용도지역 간에 중복되지 않도록 한다.
⑤ 용도지역은 총 19가지의 용도지역으로 세분화되어 있다.

정답 및 해설

06 ③ 주된 사용목적과 종속관계에 있을 경우 두 가지의 지목이 아닌 주된 사용목적에 따라 설정한다.
07 ③ 부동성과수원의 주거용 건축물의 부지는 (대)로 한다.
08 ⑤ 유지에 대한 설명이다.
09 ② 제1종 일반주거지역에 대한 설명이다.
10 ⑤ 용도지역은 총 21가지의 용도지역으로 세분화되어 있다.

11 다음 중 도시의 녹지공간 확보, 도시확산의 방지, 장래 도시용지의 공급 등을 위해 보전할 필요가 있고 불가피한 경우에만 제한적인 개발이 허용되는 지역은?

① 자연녹지지역 ② 농림지역
③ 보전녹지지역 ④ 자연환경보전지역
⑤ 생산녹지지역

12 다음 중 용도지구에 대한 설명으로 옳지 않은 것은?

① 미관을 유지하기 위한 미관지구가 있다.
② 최저한도를 설정해 경관을 보호하기 위한 최저고도지구가 있다.
③ 시설보호지구는 청소년 유해시설 등의 특정시설의 입지를 제한하기 위해 설정되었다.
④ 중요시설물 보존지구는 국가 안보를 목적으로 한 시설물의 보호를 위해 설정되었다.
⑤ 경관지구는 경관을 보호하기 위해 필요한 지구이다.

13 다음 중 용도구역에 해당하지 않는 것은?

① 개발제한구역 ② 주거개발진흥구역 ③ 시가화조정구역
④ 수산자원보호구역 ⑤ 도시자연공원구역

출제빈도 ★★

14 다음 중 용도구역에 대한 설명으로 옳지 <u>않은</u> 것은?

① 용도지역이나 지구의 제한을 강화하거나 완화한다.
② 시가화조정구역은 도시지역 등의 무질서한 시가화를 막고 계획적인 개발을 위해 지정한다.
③ 도시자연공원구역은 시·도지사나 대도시 시장이 정한다.
④ 개발제한구역은 국방부장관의 요청으로도 정할 수 있다.
⑤ 시가화조정구역의 지정에 관한 결정은 시가화 유보기간이 끝난 날부터 효력을 잃는다.

출제빈도 ★★★

15 다음 중 용도지역·지구·구역에 대한 설명으로 옳지 <u>않은</u> 것은?

① 같은 지역에 중복하여 2가지의 용도지역을 정할 수 없다.
② 용도지역은 모든 토지에 지정한다.
③ 용도지구는 모든 토지에 지정하며 중복지정이 가능하다.
④ 용도구역은 필요한 토지에 지정한다.
⑤ 용도구역은 중복지정이 불가능하지만 용도지역과 용도지구에 중복하여 지정하는 것은 가능하다.

정답 및 해설

11 ① 자연녹지지역에 해당하는 설명이다.
12 ③ 특정용도제한지구는 청소년 유해시설 등의 특정시설의 입지를 제한하기 위해 설정되었다.
13 ② 주거개발진흥구역은 용도지구에 해당한다.
14 ⑤ 시가화 유보기간이 끝난 날의 다음 날부터 효력을 잃는다.
15 ③ 용도지구는 필요한 토지에 지정하며 중복지정이 가능하다.

출제빈도 ★★

16 다음 중 공동주택에 해당하는 것은?

① 다중주택   ② 다세대주택   ③ 공 관
④ 단독주택   ⑤ 다가구주택

출제빈도 ★★★ **최신출제유형**

17 다음 중 빈칸에 들어갈 내용으로 올바르게 묶인 것은?

다세대주택은 각 동의 바닥면적의 합이 (   )이고 주택부분에 해당하는 층수가 (   ) 이하인 주택이다.

① 330㎡ 이상, 3층
② 330㎡ 이상, 4층
③ 660㎡ 이하, 3개 층
④ 660㎡ 이하, 4개 층
⑤ 660㎡ 초과, 4개 층

출제빈도 ★★ **최신출제유형**

18 다음 중 보기의 요건을 모두 충족하는 주택의 세부종류로 옳은 것은?

- 학생 또는 직장인 등 여러 사람이 장기간 거주할 수 있는 구조로 되어 있을 것
- 독립된 주거의 형태를 갖추지 않을 것
- 바닥면적의 합계가 330㎡ 이하이고 층수(지하층 제외)가 3개 층 이하인 것

① 아파트   ② 다중주택   ③ 다가구주택
④ 연립주택   ⑤ 다세대주택

출제빈도 ★★★

19 다음 중 주택의 분류에 대한 설명으로 옳은 것은?

① 단독주택에는 단독주택의 형태를 갖춘 가정어린이집, 공동생활가정, 노인복지주택 등이 있다.
② 다중주택은 독립된 주거의 형태를 갖춰야 한다.
③ 다가구주택은 20세대 이상이 거주할 수 없다.
④ 기숙사는 1개 동의 공동취사시설 이용 세대수가 전체의 50% 미만이어야 한다.
⑤ 주택으로 사용되는 1개 동의 바닥면적이 660㎡이고 층수가 4층이라면 연립주택으로 볼 수 있다.

출제빈도 ★

20 다음 중 제1종 근린생활시설에 해당하는 것은?

① 바닥면적이 500㎡ 미만인 탁구장
② 바닥면적이 500㎡ 미만인 체력단련장
③ 기 원
④ 바닥면적이 500㎡ 미만인 금융업소
⑤ 바닥면적이 500㎡ 미만인 테니스장

정답 및 해설

16 ② 다세대주택은 공동주택에 해당한다.
　　　①③④⑤ 단독주택에 해당한다.
17 ④ 다세대주택은 각 동의 바닥면적의 합이 (660㎡ 이하)이고 주택부분에 해당하는 층수가 (4개 층) 이하인 주택이다.
18 ② 다중주택에 대한 설명이다
19 ③ ① 노인복지주택은 제외된다.
　　　② 다중주택은 독립된 주거의 형태를 갖춰선 안 된다.
　　　④ 기숙사는 1개 동의 공동취사시설 이용 세대수가 전체의 50% 이상이어야 한다.
　　　⑤ 연립주택은 주택으로 사용되는 1개 동의 바닥면적이 660㎡을 초과해야 한다.
20 ① 바닥면적이 500㎡ 미만인 탁구장은 제1종 근린생활시설에 해당한다.
　　　②③④⑤ 제2종 근린생활시설에 해당한다.

출제빈도 ★★★

21 다음 중 도시형 생활주택에 대한 설명으로 옳지 <u>않은</u> 것은?

① 분양가상한제의 적용을 받는다.
② 도시지역에 건설하는 300세대 미만의 국민주택규모에 해당하는 주택이다.
③ 반드시 도시지역에 건설해야 한다.
④ 단지형 연립, 단지형 다세대, 아파트형 주택으로 구분한다.
⑤ 아파트형 주택의 경우 세대당 주거전용면적이 85㎡ 이하이며, 지하층을 설치할 수 없다.

출제빈도 ★★

22 다음 중 부동산 주요 용어에 대한 설명으로 옳은 것은?

① 필지는 가격수준에 따라 구분되는 경제적 개념이다.
② 기둥·보·지붕틀을 증설, 해체하거나 두 개 이상 수선하는 것을 대수선이라고 한다.
③ 도로 폭이 4m 미만이고 도로 반대편에 하천이 있는 경우 도로중심선에서 2m 후퇴한 선이 건축선이다.
④ 내력벽 면적을 30㎡ 이상 수선하는 것을 대수선이라고 한다.
⑤ 대지는 공간 정보의 구축 및 관리 등에 관한 법률에 따라 토지를 각 획지로 나눈 것이다.

출제빈도 ★★★

23 다음 중 건축에 대한 설명으로 옳지 <u>않은</u> 것은?

① 이전은 건축물의 주요 구조부를 해체하지 않고 위치를 옮기는 것을 말한다.
② 증축할 경우 기존 건축물보다 면적이나 층수 등이 높아진다.
③ 개축을 하기 위해선 기존 건축물의 전부 또는 내력벽, 기둥, 보, 지붕틀 중 셋 이상은 철거해야 한다.
④ 재축은 천재지변으로 멸실된 기존건물을 종전보다 크게 축조하는 것을 말한다.
⑤ 신축은 기존 건축물이 멸실된 대지에 새로 건축물을 축조하는 것을 말한다.

24 다음 중 용적률 산정 시 제외되는 면적으로 모두 묶인 것은?

가. 지하층 면적	나. 건축물의 부속용도인 주차용 면적
다. 피난안전구역 면적	라. 경사지붕 아래에 설치하는 대피공간의 면적
마. 배관통로 면적	

① 가
② 가, 나
③ 가, 나, 다
④ 가, 나, 다, 라
⑤ 가, 나, 다, 라, 마

25 다음 중 건폐율과 용적률에 대한 설명으로 옳지 않은 것은?

① 건폐율은 대지 내 최소한의 공지를 확보하기 위한 목적으로 규제한다.
② 건폐율은 대지면적에 대한 건축면적의 비율이다.
③ 건폐율과 용적률은 국토의 계획 및 이용에 관한 법률에서 정하고 세부분류지역은 시행령에서 정한다.
④ 법에서는 상업지역의 건폐율을 90% 이하로 규제하고 있다.
⑤ 법에서는 주거지역의 용적률을 1,500% 이하로 가장 완화하여 시행하고 있다.

정답 및 해설

21 ① 분양가상한제의 적용을 받지 않는다.
22 ④ ① 획지는 가격수준에 따라 구분되는 경제적 개념이다.
　　② 기둥·보·지붕틀을 증설, 해체하거나 세 개 이상 수선하는 것을 대수선이라고 한다.
　　③ 도로 반대편에 하천이 있는 경우 도로중심선에서 4m 후퇴한 선이 건축선이다.
　　⑤ 대지는 토지를 각 필지로 나눈 것이다.
23 ④ 재축은 천재지변 등의 재해로 멸실된 기존건물을 종전과 같은 규모로 축조하는 것을 말한다.
24 ⑤ 모두 용적률 산정 시 제외된다.
25 ⑤ 법에서는 주거지역이 아닌 상업지역의 용적률을 1,500% 이하로 가장 완화하여 시행하고 있다.

26 총 층수가 6층인 건물(지상 4층, 지하 2층)이 있다. 각 층의 바닥면적과 건축면적은 400㎡이고 대지면적은 2,000㎡라고 할 때 용적률은? (단, 지하 1층은 주차장으로 사용되고 있다)

① 20% ② 40% ③ 60%
④ 80% ⑤ 100%

27 다음 중 계약면적에 해당하지 않는 것은?

① 발코니 ② 관리사무소 ③ 노인정
④ 놀이터 ⑤ 엘리베이터

28 다음 중 새로운 형태의 주택으로 올바르게 연결된 것은?

① 타운하우스: 단독주택을 두 채 이상 붙여 나란히 지은 서구의 주택양식
② 서비스드레지던스: 층이 올라갈수록 뒤로 물려 지어 아래층 옥상 일부를 위층이 사용하는 형식
③ 쉐어하우스: 개인 가정의 일부를 활용한 도시형 민박 형태의 숙박시설
④ 테라스하우스: 호텔식 서비스가 제공되는 오피스텔 개념의 주거시설
⑤ 게스트하우스: 거실·화장실·주방은 공유하지만 침실을 따로 사용하는 형태

29. 다음에 해당하는 주택의 종류로 옳은 것은?

> 다수가 한 집에서 살면서 침실은 따로 사용하지만, 거실·화장실·주방은 공유하는 형태의 집이며, 각자의 침실공간이 있어 프라이버시 보호의 장점이 있고, 거실이나 주방을 방에서 분리된 공간에서 사용하므로 보다 효율적인 주거공간 활용이 가능하다.

① 타운하우스 ② 쉐어하우스 ③ 게스트하우스
④ 서비스드레지던스 ⑤ 테라스하우스

30. 다음 중 부동산 주요 용어에 대한 설명으로 옳지 않은 것은?

① LTV는 담보인정비율이라고 한다.
② DTI는 총부채상환비율이라고 한다.
③ DSR은 총부채원리금 상환비율로, 대출자의 소득 대비 원리금 상환액의 비율을 말한다.
④ 개별공시지가에 대한 이의 신청을 받은 시·군·구는 신청기간 만료일로부터 30일 이내에 이의신청을 심사해 신청인에게 서면으로 통지해야 한다.
⑤ 표준지공시지가는 토지 관련 국세나 지방세의 부과기준, 개발부담금 등 각종 부담금의 부과기준에 활용된다.

정답 및 해설

26 ④ 용적률 = $\dfrac{\text{건축물(용적률산정용)연면적}}{\text{대지면적}} \times 100 = \dfrac{400\text{m}^2 \times 4\text{층}}{2,000\text{m}^2} \times 100 = 80\%$

27 ① 발코니는 서비스 면적으로 계약면적에 해당하지 않는다.

28 ① ② 테라스하우스 : 층이 올라갈수록 뒤로 물려 지어 아래층 옥상 일부를 위층이 사용하는 형식
　　　③ 게스트하우스 : 개인 가정의 일부를 활용한 도시형민박 형태의 숙박시설
　　　④ 서비스드레지던스 : 호텔식 서비스가 제공되는 오피스텔 개념의 주거시설
　　　⑤ 쉐어하우스 : 거실·화장실·주방은 공유하지만 침실을 따로 사용하는 형태

29 ② 쉐어하우스(Share House)에 대한 설명이다.

30 ⑤ 개별공시지가에 대한 설명이다.

31 다음 중 공시가격에 대한 설명으로 옳지 <u>않은</u> 것은?

① 표준지공시지가는 매년 1월 1일 현재의 적정가격을 조사·평가하며, 통상적으로 매년 2월 말경에 공시한다.
② 표준주택가격공시는 용도지역 등이 유사한 단독주택 중에서 선정한 표준주택 약 50만 가구로 적정가격을 평가하여 매년 공시한다.
③ 개별공시지가는 해당 연도 1월 1일을 기준일로 하여 5월 31일까지 결정·공시한다.
④ 개별공시지가에 대해 이의가 있는 자는 공시일로부터 30일 이내에 서면으로 이의를 신청할 수 있다.
⑤ 기준시가는 양도세 또는 상속·증여세를 부과할 때 기준이 되는 가격으로서 국세청장이 고시하는 가격이다.

32 다음 중 공부상 확인해야 할 항목이 <u>아닌</u> 것은?

① 토지이용계획확인서
② 지적공부
③ 실거래 사례
④ 지형도
⑤ 등기사항증명서

33 다음 중 건축물대장에 기재되는 내용으로 모두 묶인 것은?

가. 건축물의 증축, 대수선 사항	나. 용도지구, 용도구역
다. 건폐율, 용적률	라. 건축물의 소유권
마. 건축면적, 연면적	

① 가, 나
② 나, 다
③ 가, 나, 다, 라
④ 가, 나, 다, 마
⑤ 가, 나, 다, 라, 마

34 다음 중 건축물대장의 활용방법으로 옳지 <u>않은</u> 것은?

① 소유권과 관련된 정보는 건축물대장이 등기사항증명서보다 우선한다.
② 현장답사를 통해 건축물대장과 비교해 보고 위반 여부를 검토한다.
③ 해당 건축물의 소유자를 확인한다.
④ 건축물대장의 각 층별 용도를 확인하고 건물의 효율적인 활용방법을 모색한다.
⑤ 해당 건물의 용적률 제한이 500%이고 건축물대장상 용적률이 200%일 경우, 건물의 추가적인 활용이 가능함을 의미한다.

35 다음 중 등기사항증명서에 대한 설명으로 옳지 <u>않은</u> 것은?

① 부동산등기부는 부동산에 대한 권리관계를 기재한 공적장부이다.
② 현행 국내 부동산등기부는 공신력이 인정된다.
③ 갑구에는 소유권보전등기 외에 압류, 가압류, 가처분, 가등기 등 소유권이 침해될 수 있는 권리들이 기재된다.
④ 을구에는 근저당권, 저당권, 전세권, 지상권, 지역권, 임차권 등이 기재된다.
⑤ 근저당권의 채권최고액은 실제 대출금액의 120~130% 수준에서 설정된다.

정답 및 해설

31	②	표준주택가격공시는 용도지역 등이 유사한 단독주택 중에서 선정한 표준주택 약 20만 가구로 적정가격을 평가하여 매년 공시한다.
32	③	실거래 사례는 부동산 정보사이트를 통해 확인해야 할 항목이다.
33	⑤	모두 건축물대장에 기재되는 내용이다.
34	①	소유권과 관련된 정보는 등기사항증명서가 건축물대장보다 우선한다.
35	②	현행 국내 부동산등기부는 공신력이 인정되지 않는다.

36 다음 중 등기사항증명서의 권리순위와 활용에 대한 설명으로 옳지 <u>않은</u> 것은?

① 본인 보증금의 우선순위, 소유권에 대한 정보, 실거래가를 파악할 수 있다.
② 동일한 구에서는 그 순위번호에 따라 등기의 순위가 가려진다.
③ 부기등기의 순위는 주등기의 순위에 의해 결정된다.
④ 가등기의 순위는 본등기의 순위에 의해 결정된다.
⑤ 등기사항증명서의 면적이나 토지정보가 건축물대장의 정보와 다를 경우 건축물대장의 정보가 우선한다.

37 다음 중 주요 부동산 법률 용어에 대한 설명으로 옳지 <u>않은</u> 것은?

① 도시의 발전계획은 '국토종합계획 ⇨ 도시·군 기본계획 ⇨ 도시·군 관리계획 ⇨ 지구단위계획' 순으로 이어진다.
② 도시·군 기본계획은 특·광역시장, 군수 등이 10년 단위 계획을 수립하며 연도의 끝자리는 0년이나 5년으로 한다.
③ 지구단위계획은 10년 내외의 기간에 나타날 여건 변화를 고려하여 해당 구역과 주변의 미래상을 상정하고 구체적으로 표현한다.
④ 도시·군 관리계획은 용도지역·지구보다는 기반시설의 정비 등에 중점을 둔다.
⑤ 지구단위계획은 도시의 일부지역을 대상으로 토지이용계획과 건축계획이 서로 조화되도록 한다.

38 다음 중 각종 부담금에 대한 설명으로 옳지 <u>않은</u> 것은?

① 농지법은 1년에 1회, 건축법에서는 1년에 2회의 이행강제금을 부과할 수 있다.
② 국가 및 지자체 시행사업은 개발부담금의 부과 제외 대상이다.
③ 재건축부담금은 정상 주택가격 상승분을 초과하는 이익이 조합원 1인당 평균 5,000만원을 넘을 경우 부과대상이다.
④ 교통유발부담금은 각 층 바닥면적의 합계가 1,000㎡ 이상인 시설물에 부과된다.
⑤ 개발부담금은 개발이익의 20%(계획입지사업) 또는 25%(개별입지사업)를 부과기준으로 한다.

출제빈도 ★★

39 다음 중 투기지역과 투기과열지구에 대한 설명으로 옳은 것은?

① 투기지역은 국토교통부장관이 지정한다.
② 투기과열지구는 주택가격상승률이 물가상승률보다 현저히 낮은 경우에 지정된다.
③ 투기과열지구의 설정은 간접규제로 볼 수 있다.
④ 투기과열지구는 직전 2개월 청약경쟁률이 5 : 1을 초과할 경우 지정될 수 있다.
⑤ 투기과열지구는 주택분양계획이 전월 대비 20% 이상 감소하거나 주택사업계획의 승인 또는 주택건축허가 실적이 전년 대비 급격히 감소한 경우 지정될 수 있다.

출제빈도 ★★★

40 다음 중 투기지역 지정효과에 해당하는 것은?

① 양도세 가산세율 적용
② 청약 1순위 자격 제한
③ 민영주택 재당첨 제한
④ 전매 제한
⑤ 거래 시 자금조달계획, 입주계획 신고 의무화

정답 및 해설

36 ④ 가등기의 경우 순위보전의 효력이 있어 가등기에 기한 본등기 시에는 가등기의 순위에 따라 순위를 보전한다.
37 ② 도시·군 기본계획은 특·광역시장, 군수 등이 20년 단위 계획을 수립한다.
38 ③ 재건축부담금은 정상 주택가격 상승분을 초과하는 이익이 조합원 1인당 평균 8천만원을 넘을 경우 부과대상이다.
39 ④ ① 투기지역은 기획재정부장관이 지정한다.
② 투기과열지구는 주택가격상승률이 물가상승률보다 현저히 높은 경우에 지정된다.
③ 투기과열지구의 설정은 직접규제로 볼 수 있다.
⑤ 20% → 30%
40 ① 양도세 가산세율 적용은 투기지역 지정효과이다.
②③④⑤ 투기과열지구의 지정효과이다.

41 다음 중 투기과열지구 지정효과로만 모두 묶인 것은?

> 가. 청약 1순위 자격 제한
> 나. 민영주택 재당첨 제한
> 다. 재건축 조합원당 재건축 주택공급수 제한(1주택)
> 라. 재건축조합원의 지위양도 금지(조합설립인가 후)
> 마. 청약가점제 적용 제한

① 가
② 가, 나
③ 가, 나, 다
④ 가, 나, 다, 라
⑤ 가, 나, 다, 라, 마

42 다음 중 법정지상권에 대한 설명으로 옳지 <u>않은</u> 것은?

① 법정지상권이 성립하기 위해서는 저당권을 설정할 당시에 토지와 건물이 동일 소유자여야 한다.
② 등기 없이 성립하는 물권이다.
③ 법정지상권자가 지료를 2기 이상 연체한 경우 토지소유자는 법정지상권의 소멸청구가 가능하다.
④ 특정 목적을 위해 남의 토지를 자기 토지의 편익에 이용하는 부동산용익물권이다.
⑤ 당시 건물이 건축 중이었더라도 법정지상권은 성립한다.

43 다음 중 주택임대차보호법 판단 기준에 대한 설명으로 옳지 <u>않은</u> 것은?

① 공부상의 표시만을 기준으로 하지 않고 실지용도에 따라 판단한다.
② 주된 용도가 주거용일 경우에 적용 가능하며, 임차주택의 일부가 주거 외의 목적으로 사용되고 있는 경우에도 적용 가능하다.
③ 겸용주택의 경우 일정 면적 이상을 주거용으로 사용해야 한다.
④ 주거용인지의 여부는 임대차계약을 체결하는 시점을 기준으로 판단한다.
⑤ 계약체결 후 임대인의 동의를 얻어 주택으로 개조한 경우에는 주거용으로 인정되지 않는다.

44 다음 중 주택임대차보호법의 적용대상으로만 모두 묶인 것은?

가. 공장을 주거용으로 용도 변경한 건물	나. 미등기 건물
다. 무허가건물	라. 불법건축물
마. 비닐하우스	

① 가　　　　　② 가, 나　　　　　③ 가, 나, 다
④ 가, 나, 다, 라　　　⑤ 가, 나, 다, 라, 마

45 다음 중 주택임대차보호법의 대항요건에 대한 설명으로 옳지 않은 것은?

① 주택의 인도와 전입신고를 했을 경우 등기가 없어도 대항력이 발생한다.
② 9월 15일에 인도와 전입신고를 마쳤다면 9월 16일 오전 0시부터 대항력이 생긴다.
③ 임대차 주택이 지상권, 지역권 등의 목적이 된 경우 임차인은 언제든지 계약을 해지할 수 있다.
④ 전입신고는 가족 중 일부만 해도 된다.
⑤ 임차인의 지위가 높을수록 유리하다.

정답 및 해설

41　④　'가, 나, 다, 라'는 투기과열지구 지정효과에 해당한다.
　　　　마. 투기과열지구 지정 시 청약가점제가 면적별로 다르게 적용된다. (60㎡ 이하 가점제 40%, 60㎡ 초과~85㎡ 이하 가점제 70%, 85㎡ 초과 가점제 80%)
42　④　지역권에 대한 설명이다. 법정지상권은 동일 소유자였던 토지와 건물이 소유자를 달리하게 된 경우 법률로 인정하는 지상권이다.
43　⑤　주거용인지 여부는 임대차계약 체결 시점을 기준으로 판단하는 것이 원칙이나, 계약체결 후 임대인의 동의를 얻어 주택으로 개조한 경우에도 주거용으로 인정된다.
44　④　'가, 나, 다, 라'는 주택임대차보호법의 적용대상이다.
　　　　마. 가건물도 주택임대차보호법의 적용대상이지만, 비닐하우스는 적용대상에서 제외된다.
45　③　임대차 주택이 지상권, 지역권 등의 목적이 된 경우 임차인이 이를 알지 못하고 이로 인해 계약의 목적을 달성할 수 없는 경우에 한하여 임차인은 계약을 해지할 수 있다. 이러한 권리는 임차인이 이 사실을 안 날로부터 1년 이내에 행사해야 한다.

46 다음 중 주택임대차보호법의 우선변제권과 최우선변제권에 대한 설명으로 옳지 않은 것은?

① 우선변제권은 임대차계약 이후 성립된 후순위 담보권자 등에 우선하여 보증금을 변제받을 수 있는 권리이다.
② 우선변제권과 최우선변제권은 대항력과 확정일자를 갖춰야 한다.
③ 우선변제권의 대항력과 확정일자를 받는 시기가 각각 달라도 무방하다.
④ 서울특별시의 최우선변제권 소액보증금의 적용범위는 1억 6,500만원 이하이다.
⑤ 최우선변제되는 보증금액의 합계액은 경매낙찰대금의 2분의 1을 초과할 수 없다.

47 다음 중 주택임대차보호법에 대한 설명으로 옳지 않은 것은?

① 임대차 기간을 1년으로 정했을 경우 1년이 아닌 2년으로 본다.
② 임대인이 기간 만료 전 2~6개월까지 기간에 갱신거절의 통지를 하지 않으면 동일 조건으로 재임대차한 것으로 본다.
③ 묵시의 갱신기간 동안 임차인은 언제든지 계약해지의 통지를 할 수 있다.
④ 임차인의 해지통고는 임대인이 그 통고를 받은 날로부터 1개월이 경과해야 효력이 발생한다.
⑤ 임차인은 계약갱신청구권을 1회 행사할 수 있고 이에 따라 갱신되는 임대차 존속기간은 2년이며, 임대인은 정당한 사유 없이 이를 거절할 수 없다.

48 경제 사정의 변동 등으로 인해 당사자가 장래에 대해 약정한 차임 또는 보증금의 증감을 청구할 수 있는 권리를 '차임 등의 증감 청구권'이라고 한다. 계약 갱신 시 차임 등의 증액은 원칙적으로 최대 몇 %까지 가능한가?

① 5% ② 10% ③ 15%
④ 20% ⑤ 25%

출제빈도 ★★

49 다음 중 상가임대차보호법에 대한 설명으로 옳지 않은 것은?

① 사업자등록의 대상이 되는 영업용 건물의 임대차에 적용된다.
② 최우선적으로 보호되는 소액임차 보증금액의 합계액은 경매대금의 3분의 1을 초과할 수 없다.
③ 서울특별시 임차인의 경우 환산보증금이 9억원 이하여야 보호대상이 된다.
④ 대항력은 건물의 인도와 사업자등록을 해야 발생한다.
⑤ 동창회, 친목모임 사무실, 종교단체 등 비영리단체의 건물에는 적용되지 않는다.

정답 및 해설

46 ② 최우선변제권은 확정일자를 갖추지 않아도 무방하다. (대항력만으로 성립)
47 ④ 임차인의 해지통고는 임대인이 그 통고를 받은 날로부터 3개월이 경과해야 효력이 발생한다.
48 ① 계약갱신 시 증액은 5% 이내로 한다. (다만, 지자체가 임대차 시장여건을 고려하여 조례로 달리 정할 수는 있다)
49 ② 최우선적으로 보호되는 소액임차 보증금의 합계액은 경매대금의 2분의 1을 초과할 수 없다.

50 다음 중 상가임대차보호법에 대한 설명으로 옳지 않은 것은?

① 서울시의 최우선변제권 소액보증금 범위는 6,500만원 이하이다.
② 보호대상 임차인은 임대료인상률 상한제한, 우선변제권, 월차임 전환 시 산정률제한 등의 혜택을 받는다.
③ 확정일자는 관할 세무서에서 받아야 한다.
④ 차임 증액 후 1년 이내에는 재차임할 수 없다.
⑤ 환산보증금은 '임차보증금 + (월차임 × 150)'으로 계산한다.

51 다음 중 주택·상가임대차보호법에 대한 설명으로 잘못 연결된 것은?

	구 분	주택임대차보호법	상가임대차보호법
①	적용범위	주거용건물 또는 주거 일부	사업등록 대상 건물
②	대항력	계약 + 주택인도 + 전입신고	계약 + 건물인도 + 사업자등록신청
③	임대차 존속기간	2년	1년
④	계약갱신불인정사유	2기의 차임 연체 등	1기의 차임 연체 등
⑤	차임의 증가	차임 또는 보증금의 5% 초과 금지	

52 상가임대차보호법에서 임차인의 임차보증금이 4억원이고 월차임이 100만원일 경우 환산보증금은?

① 2억 1,200만원 ② 3억원 ③ 4억원
④ 5억원 ⑤ 4억 1,200만원

53 부동산 거래신고에 대한 설명으로 옳지 않은 것은?

① 거래당사자는 부동산 매매계약을 체결한 경우 실제 매매가격 등을 거래계약 체결일로부터 30일 이내에 신고해야 한다.

② 개업공인중개사가 거래계약서를 작성·교부한 경우에는 거래당사자가 부동산 거래를 신고해야 한다.

③ 외국인 등이 대한민국 안의 부동산 등을 취득하는 계약을 체결하였을 때는 계약체결일로부터 60일 이내에 신고해야 한다.

④ 실거래가 5억원 이상의 부동산을 3개월을 초과하여 거래신고를 하지 않았다면 300만원의 과태료를 부과한다.

⑤ 개업공인중개사에게 거래신고를 하지 않거나, 거짓으로 신고하도록 요구하는 경우에 400만원의 과태료를 부과한다.

정답 및 해설

50 ⑤ 환산보증금은 '임차보증금+(월차임×100)'으로 계산한다.
51 ④ 상가임대차보호법의 경우 3기 이상 차임을 연체할 경우 계약갱신불인정사유가 된다.
52 ④ 환산보증금＝임차보증금＋(월차임×100)＝4억원＋(100만원×100)＝5억원
53 ② 개업공인중개사가 거래계약서를 작성·교부한 경우에는 해당개업공인중개사가 신고를 해야 한다.

금융·자격증 전문 교육기관 해커스금융
fn.Hackers.com

■ 출제경향 및 학습전략

부동산시장 및 정책 분석은 제2과목 전체 30문제 중 총 5~9문제 정도 출제된다.

부동산시장 및 정책 분석의 경우 국내외 부동산시장 분석과 부동산정책 분석으로 구성된다. 국내외 부동산시장 분석은 국내 부동산시장 분석, 해외 부동산시장 분석, 인구구조 변화와 부동산시장 부분이 골고루 출제되며, 부동산정책 분석에서는 시대별 부동산정책이 주로 다뤄진다. 전체적으로 암기위주의 학습이 필요하며, 부동산정책 분석에서는 부동산정책의 개념에 대한 이해도 요구된다. 시대별 부동산정책에서는 각 정부 정권의 주요 부동산정책에 대한 꼼꼼한 학습이 필요하다.

■ 빈출포인트

구 분	문제번호	빈출포인트	출제빈도
국내외 부동산 시장 분석 (67%)	01~02	국내 부동산시장 분석	★★★
	03	해외 부동산시장 분석	★★
	04~05	인구구조 변화와 부동산시장	★★
부동산정책 분석 (33%)	06	부동산정책의 개념 및 종류	★★
	07~10	시대별 부동산정책	★★★

제2과목 비금융자산 투자설계

제2장
부동산시장 및 정책 분석

개념완성문제 제2장 | 부동산시장 및 정책 분석

✓ 개념완성문제를 통해 은행FP 자산관리사 시험에 나오는 개념을 이해할 수 있습니다.
✓ 다시 봐야 할 문제(틀린 문제, 풀지 못한 문제, 헷갈리는 문제 등)는 문제 번호 하단의 네모박스(□)에 체크하여 반복학습 할 수 있습니다.

국내 부동산시장 분석 출제빈도 ★★★

01 다음 중 부동산시장의 영향요인에 대한 설명으로 옳지 <u>않은</u> 것은?
① 금리가 하락할 경우 레버리지 효과가 상승하고 구매력이 확대된다.
② 대출규제는 국회의 동의를 받지 않는 강력한 규제방법이다.
③ 부동산시장의 수요와 공급은 국가 전체적으로 분석해야 한다.
④ 일반적으로 인플레이션은 부동산 투자 증가에 영향을 준다.
⑤ 가격상승기에 사용하는 규제의 영향력이 가격하락기의 경기부양책보다 크다.

국내 부동산시장 분석 출제빈도 ★★★

02 다음 중 국내 주택시장의 현황과 전망에 대한 설명으로 옳지 <u>않은</u> 것은?
① 2008년 경제위기 이후 지역 간 주택시장 변화의 편차가 커졌다.
② 2009년부터 2014년까지 수도권의 약세와 지방의 강세가 지속되었으며, 지방 내에서는 지역 간 손바꿈 현상이 나타났다.
③ 2016년 강남 재건축과 강북 재개발로 인해 전반적인 수도권 주택시장의 상승세가 나타났다.
④ 2018년 주택시장의 안정을 위해 다주택자에게 양도세를 중과함에 따라 주택의 매도물량이 급격하게 늘어났다.
⑤ 2023년 부동산시장은 상저하고 형태의 흐름이 이어졌다.

정답 및 해설

01 ③ 부동산시장의 특성인 국지성으로 인하여 국가 전체가 아닌 세부적인 지역단위로 수요와 공급을 분석해야 한다.
02 ④ 2018년 4월 1일 이후 주택 매도분부터 다주택자에게 중과세하였기에 3월 말까지는 일부 매도물량의 거래가 이루어졌으나, 그 후에는 중과세를 감수하고 파는 매도인이 거의 없었기에 매물 자체가 사라져버렸다.

해외 부동산시장 분석 〔출제빈도 ★★〕

03 다음 중 해외 부동산시장에 대한 설명으로 옳은 것은?

① 실수요자를 제외한 기관투자자 등은 송금액의 제한이 있다.
② 대부분 국가의 양도소득세는 우리나라보다 고율이다.
③ 해외 부동산 취득 시 지정거래 외국환 은행에 2개월 내에 취득보고서를 제출해야 한다.
④ 2021년 코로나19 상황으로 인해 미국의 주택가격 상승의 주요 원인으로 지목된 공급부족 문제가 해결되었고, 가격 상승세가 둔화되었다.
⑤ 우리나라의 주택시장이 일본을 따라서 대세하락을 할 것이라는 전망은 여러 변수와 시장 상황을 고려할 때 연관성이 크지 않다.

인구구조 변화와 부동산시장 〔출제빈도 ★★〕

04 다음 중 인구구조 변화와 부동산시장에 대한 설명으로 옳지 않은 것은?

① 단기적인 관점에서 인구 감소가 부동산시장에 미치는 영향력은 제한적이다.
② 주택을 기준으로 수요를 분석할 경우 가구보다는 인구를 우선적으로 검토해야 한다.
③ 1~2인 가구의 비중 확대와 핵가족화로 인한 소형주택 강세현상이 지속될 것이다.
④ 주택의 다운사이징 현상이 지속될 것이다.
⑤ 많은 베이비부머가 은퇴 후 현재의 주택을 매도하지 않고 머무르게 될 것이다.

정답 및 해설

03 ⑤ ① 해외 부동산 투자의 자유화로 실수요자나 투자자 모두 송금액 등에서의 제한이 없다.
② 대부분 국가의 양도소득세는 우리나라보다 저율이다.
③ 해외 부동산 취득 시 지정거래 외국환 은행에 3개월 내에 취득보고서를 제출해야 한다.
④ 코로나19 상황임에도 불구하고 공급부족 문제는 해결되지 않았으며, 2년 연속 높은 상승세를 기록하였다.

04 ② 주택을 기준으로 수요를 분석할 경우 인구보다는 주거의 단위인 가구를 우선 검토해야 한다.

인구구조 변화와 부동산시장 출제빈도 ★★

05 베이비부머 세대의 은퇴가 부동산시장에 미치는 영향으로 옳지 <u>않은</u> 것은?
① 도심지역의 집중화
② 다운사이징
③ 중소형주택 선호
④ 주택 매도물량 급증
⑤ 이주보다는 현재의 거주지 거주

부동산정책의 개념 및 종류 출제빈도 ★★

06 다음 중 부동산정책의 필요성을 주장하는 입장이 <u>아닌</u> 것은?
① 부동산을 국가성립의 기본요소로 본다.
② 시장경제 체제에서 부동산 소유자의 자유로운 이용은 구성원 모두에게 최선의 가치를 가져다준다고 본다.
③ 부동산을 복지사회를 건설하기 위한 유효자원으로 본다.
④ 외부효과, 공공재, 불안정적 불균형 변동 등에 의해 시장실패가 발생한다고 본다.
⑤ 부동산 문제가 발생하면 정부는 우선적으로 공적개입부터 고려한다.

시대별 부동산정책 출제빈도 ★★★

07 다음 중 시대별 부동산정책이 <u>잘못</u> 연결된 것은?
① 김영삼 정부 – 부동산실명제
② 김대중 정부 – 분양권 전매제한제도 폐지
③ 노무현 정부 – 다주택자 양도소득세 중과세 폐지
④ 이명박 정부 – 보금자리주택 도입
⑤ 문재인 정부 – 조정대상지역에 대해 LTV, DTI 규제 비율 강화

> **용어 알아두기**
> **부동산실명제** 다른 사람의 이름으로 부동산권리를 등기할 경우 그 명의신탁을 무효화하는 제도를 말하며, 재산은닉이나 탈세, 토지거래허가제 등 규제 장치를 회피하는 용도로 변질된 명의신탁제도를 규제하기 위해 도입되었다.
> **분양권 전매제한제도** 주택을 분양받은 후 일정 기간 다른 사람에게 팔지 못하게 제한을 두는 제도를 말하며, 부동산의 투기적 거래를 제한하기 위한 목적으로 사용된다.

정답 및 해설

05 ④ 베이비부머 세대는 은퇴 후 대규모로 주택을 매도하고 이동하기 보다는 현재의 거주지에서 그대로 사는 비율이 높을 것으로 예상된다.
06 ② 부동산의 가장 바람직한 이용을 달성하는 것이 최선의 가치이므로 부동산 소유자의 자유로운 이용에만 맡겨두면 사회·경제적으로 최유효이용을 기대할 수 없기 때문에 자유이용을 방임해서는 안 되고, 사회적 관점에서 최유효이용을 합리적으로 유도하기 위해서는 공적개입이 필요하다.
07 ③ 노무현 정부는 다주택자의 양도소득세를 중과세했다.

시대별 부동산정책 출제빈도 ★★★

08 박근혜 정부의 부동산정책에 대한 설명으로 옳지 않은 것은?

① 택지개발촉진법을 시행하였다.
② 재건축 연한을 최장 30년으로 완화하였다.
③ 다주택자 양도소득세 중과세를 폐지하였다.
④ 다주택자 감점제를 폐지하였다.
⑤ 수직증축 리모델링을 허용하였다.

시대별 부동산정책 출제빈도 ★★★

09 2018년 3월 5일 시행된 재건축 안전진단 기준강화가 시장에 미치는 영향으로 옳지 않은 것은?

① 단기적으로 재건축 초기단지 위축
② 재건축 연한 40년 연장 효과
③ 사업속도 빠른 단지의 반사이익 발생
④ 장기적인 공급 공백
⑤ 부동산 관련 시장(이사, 인테리어)의 활성화

시대별 부동산정책 출제빈도 ★★★

10 윤석열 정부의 2022. 8. 16. 국민 주거안정 실현방안으로 옳지 않은 것은?

① 재개발 사업의 정상화를 위해 재건축부담금 부과 면제 금액을 상향했다.
② 도로, 주차장 등 기반시설을 확충하기 위한 소규모 정비사업의 광역교통시설부담금을 75%까지 감면했다.
③ 공급시차 단축을 위해 민간정비사업과 도시개발사업의 통합심의를 폐지했다.
④ 주차 면수를 세대당 1.0~1.2대로 하고, 주차구획의 30% 이상을 확장형(2.6m × 5.2m)으로 확보 시 분양가에 가산했다.
⑤ 공공임대주책의 면적을 15평에서 17평으로 확대했다.

정답 및 해설

08 ① 박근혜 정부는 택지개발촉진법을 폐지하였다.
09 ⑤ 부동산 관련 시장(이사, 인테리어)이 위축된다.
10 ③ 공급시차 단축을 위해 민간정비사업과 도시개발사업에 통합심의를 도입했다.

출제예상문제 제2장 | 부동산시장 및 정책 분석

✓ 출제예상문제를 통해 다양한 은행FP 자산관리사 문제를 풀어볼 수 있습니다.
✓ 다시 봐야 할 문제(틀린 문제, 풀지 못한 문제, 헷갈리는 문제 등)는 문제 번호 하단의 네모박스(□)에 체크하여 반복학습 할 수 있습니다.

출제빈도 ★★

01 다음 중 국내 부동산시장에 대한 설명으로 옳지 않은 것은?
① 경제상황이 불경기지만 주택공급이 부족하면 주택가격은 상승할 수 있다.
② 일반적으로 저금리는 부동산의 거래를 활성화시키는 요인이다.
③ 연간소득이 1억원이고 주택가격이 4억원이면 구매력지수(PIR)는 4이다.
④ 호황과 불황의 경제상황은 미시적, 거시적, 국지적, 일시적인 공급부족 현상을 나타내는 지역까지 포괄하는 영향력을 가진다.
⑤ 일반적으로 세무조사를 강화하면 부동산 투자자는 보수적인 경향을 보인다.

출제빈도 ★★

02 다음 중 국내 부동산시장에 대한 설명으로 옳지 않은 것은?
① 보수적인 투자성향을 가진 경우 부동산시장에 지속적으로 머물 확률이 높다.
② 인플레이션이 발생하면 헤지의 목적으로 부동산시장에 투자할 가능성이 있다.
③ 경제위기 이후 대출금리 인상은 부동산가격 상승의 주요인이 되었다.
④ 다주택자 양도소득세 강화와 종합부동산세 등은 대표적인 부동산 관련 중과세이다.
⑤ 부동산은 국지성을 갖기 때문에 전국적인 통계치 산정은 큰 의미가 없다.

출제빈도 ★★★

03 다음 중 국내 부동산시장에 대한 설명으로 옳은 것은?
① 금리의 상승은 시장의 유동성을 실물(부동산)부분으로 흡수하는 역할을 한다.
② 가격상승기에 적용하는 규제책의 효과가 가격하락기에 적용하는 시장부양책의 효과보다 더 크다.
③ 경기침체기에는 안전 투자처로 인식되는 부동산에 대한 투자가 증가하여 부동산시장이 활성화된다.
④ 대출규제는 강력한 규제책으로 국회의 동의가 필요하다.
⑤ 구매력은 주택가격과 관계없이 소득이 감소하면 위축되고 소득이 증가하면 회복되는 경우가 많다.

04 다음 중 부동산시장의 거래 활성화에 영향을 주는 요인으로 옳지 않은 것은?
① 매매가격 대비 전세가격의 상승
② 구매력 상승
③ 금리의 상승
④ 양도소득세의 감면
⑤ 대출규제의 완화

05 부동산시장에 영향을 주는 요인에 대한 설명으로 옳지 않은 것은?
① 대출규제는 국회의 동의를 받아 시장에 대응하는 강력한 규제책이다.
② 유동은 금융시장, 증권시장, 부동산시장 간 시차에 따라 일정 부분 지분을 공유한다.
③ 주택시장에서 자주 활용하는 지표로는 PIR이 있다.
④ 부동산시장에 수요와 공급을 적용할 때는 부동산의 특성인 국지성을 통해 분석해야 한다.
⑤ 부동산 투자의 목적 중 하나가 인플레이션 헤지라고 할 수 있다.

정답 및 해설

01 ④ 국지적, 일시적 주택 공급부족 현상이 나타나는 지역까지 영향을 미치기는 어렵다.
02 ③ 경제위기 이후 대출금리 인상은 부동산가격 하락의 주요인이 되었다.
03 ② ① 금융부분으로 흡수하는 역할을 한다.
　　　③ 경기침체기에는 안전 투자처를 찾는 소극적인 경향으로 부동산시장이 침체된다.
　　　④ 대출규제는 국회의 동의가 필요하지 않다.
　　　⑤ 구매력은 소득이 감소해도 주택가격이 감소하면 오를 수 있다.
04 ③ 금리상승은 시장상황을 어렵게 만들어 부동산가격 하락의 주요인으로 작용한다.
05 ① 대출규제는 국회의 동의를 받지 않고 시장에 즉시 대응할 수 있는 강력한 규제책으로 활용되고 있다.

출제빈도 ★★★

06 다음 중 국내 주택시장의 현황과 전망으로 옳지 않은 것은?

① 지역별 차별화 : 2008년 이후 주택시장의 지역 간 편차가 나타나고 있다.
② 유형별 차별화 : 단독주택의 가격 상승폭이 크게 나타났다.
③ 평형별 세분화 : 중대형 주택은 하락하고 소형의 강세가 나타나고 있다.
④ 9.13 주택시장 안정대책으로도 투자자의 추가 매입을 막지 못하였다.
⑤ 2021년에는 철도 호재, 공급 부족 등이 반영되며 상승폭이 전례가 없을 정도로 급등했고, 상승세는 전국적인 현상으로 나타났다.

출제빈도 ★★

07 다음 중 국내 상가·토지시장의 현황과 전망으로 옳지 않은 것은?

① 상가건물은 가격과 임대료 부문 모두 일정 부분 한계에 다다랐다.
② 2022년 토지시장은 연말로 갈수록 주택시장을 따라 하락 반전하며 건축물 부속토지뿐만 아니라 순수토지까지 거래량이 둔화하였다.
③ 상가건물은 임대료보다는 시세차익에 의한 수입에 집중되고 있다.
④ 금리인하가 점진적으로 가시화되면 상가건물 등에 대한 관심은 점차 확대될 것으로 전망된다.
⑤ 2023년 상반기에는 주택 및 상가시장과 마찬가지로 금리인상과 대출규제가 토지시장에 큰 영향을 미쳐 하락세를 보일 것으로 전망된다.

출제빈도 ★★   최신출제유형

08 다음 중 해외 부동산 투자에 대한 설명으로 옳지 않은 것은?

① 해외 부동산 투자의 자유화로 실수요자, 투자자를 불문하고 송금액 제한이 없다.
② 취득 후 3개월 이내에 지정거래외국환은행에 취득보고서를 제출해야 한다.
③ 처분한 달의 말일부터 3개월 이내에 양도소득세 예정신고 납부를 해야 한다.
④ 처분 후 3개월 이내에 지정거래외국환은행에 처분보고서를 제출해야 한다.
⑤ 거주자 본인 또는 배우자가 해외에서 2년 이상 체류할 목적으로 주거용 주택을 취득할 경우 지정거래 외국환은행장에게 신고해야 한다.

09 다음 중 해외 부동산 투자 시 유의사항으로 옳지 <u>않은</u> 것은?

① 동남아시아 등 저개발국에는 우리나라의 도시개발 경험이 적용되지 않는다.
② 외국인의 부동산 취득은 대부분의 나라에서 제한하고 있다.
③ 부동산을 보유할 경우 우리나라와 세금체계가 다를 수 있다.
④ 투자판단 시 우리나라의 부동산시장 상황을 기준으로 해서는 안 된다.
⑤ 투자 시 실수요자 위주의 접근이 유효하다.

10 다음 중 해외 부동산시장에 대한 설명으로 옳지 <u>않은</u> 것은?

① 미국의 경우 2023년 상반기 주택가격은 고금리의 영향으로 거래량과 가격이 주춤하는 모양새를 보였다.
② 양적완화 출구전략은 부동산 경기회복에 걸림돌이 될 수 있다.
③ 중국의 경우 2020년 이후 공급 과잉 및 미중경제 마찰, 정부의 대출 제한 규제 등으로 인해 일부 대도시를 제외하고 대체로 하락 추세에 있다.
④ 2023년 유럽은 대도시를 중심으로는 공급이 부족하고 수요가 계속 나타나면서 부동산 가격이 유지되고 있는 반면 외곽 지역은 수요 부족으로 가격은 하향세를 보였다.
⑤ 우리나라와 일본 주택시장은 동조 가능성이 높으므로, 우리나라 주택시장이 일본을 따라 대세하락할 것에 대비해야 한다.

정답 및 해설

06 ④ 정부의 9.13 주택시장 안정대책으로 주택임대사업자가 더이상 다주택자의 퇴로가 될 수 없게 되고, 결국 투자자의 추가 매입을 막는 결정적인 역할을 하였다.
07 ③ 상가건물은 시세차익보다는 임대료에 의한 수입에 집중되고 있다.
08 ③ 처분한 달의 말일부터 2개월 이내에 양도소득세 예정신고 납부를 해야 한다.
09 ① 우리나라의 도시개발 경험 등은 동남아시아 등 저개발국에 적용 시 도움이 된다.
10 ⑤ 우리나라의 경우 일본에 비해 구매력 대비 집값이 높지 않으므로 일본을 따라 대세하락할 것이라는 전망은 적합하지 않다.

11 다음 중 인구구조 변화에 따른 부동산 시장의 영향으로 올바르게 묶인 것은?

> 가. 우리나라는 수도권 인구 밀도가 높다는 특수성을 고려해 시장 분석 시 전국적인 인구 추이를 적용하기 보다는 지역적으로 세분화하여 영향력을 분석해야 한다.
> 나. 주택수요 분석 시 인구단위보다는 가구단위 중심으로 분석해야 한다.
> 다. 1~2인 가구 비중 확대로 45평에서 33평으로 줄이는 경향이 늘었다.
> 라. 베이비부머의 은퇴로 인해 주택을 매도하고 이동하는 비율이 대략 80~90%에 이를 것으로 전망된다.

① 가, 나 ② 가, 다 ③ 나, 다
④ 나, 라 ⑤ 다, 라

12 다음 중 부동산정책이 필요한 경제적 논리의 근거로 옳지 않은 것은?

① 불완전경쟁으로 인한 기능의 문제
② 규모의 경제로 인한 혼란
③ 외부효과
④ 공공재의 존재
⑤ 자유방임으로 인한 반복지적 재화화

13 다음 중 부동산정책의 종류에 대한 설명으로 옳은 것은?

① 주택보급률이 100%를 넘지 않도록 공급을 조절하는 것이 부동산정책의 중요한 이슈가 된다.
② 부동산은 국지적인 성향이 강해 지역 간 대체가 어렵다.
③ 일반적으로 주택가격 상승 시점에서 정책을 통해 안정을 도모하는 것이 하락 시점에서 가격을 지지하는 것보다 힘들다.
④ 일반적으로 저금리는 부동산가격을 하락시킨다.
⑤ 부동산조세는 최근 들어 국가 재정수입원으로의 기능이 중시되고 있다.

14 다음 중 부동산정책의 종류에 대한 설명으로 옳지 <u>않은</u> 것은?

① 앞으로의 주택정책은 주택공급과 가격의 적정성을 유지하며, 주거환경을 향상시키는 데 주안점을 두고 진행될 것이다.
② 토지 소유권을 제한하는 정책을 통해 규제정책의 목표를 달성한다.
③ 금리정책은 대출정책보다 직접적으로 부동산시장에 영향을 주는 정책이다.
④ 부동산조세는 부동산경기의 조절, 분배 문제의 개선, 규제의 완급 조절 등의 목적으로 활용되고 있다.
⑤ 일반적으로 대출정책은 주택이나 토지정책에 비해 효과가 크고 빠르다.

15 다음 중 김대중 정부의 부동산정책에 대한 설명으로 옳지 <u>않은</u> 것은?

① 김대중 정부 초년에는 주택경기부양책이 매달 발표되었다.
② 분양권 전매제한제도는 주택건설촉진법 이후 최종적으로 폐지되었다.
③ 3·2 주택건설종합계획은 재건축과 재개발의 활성화에 초점을 맞췄다.
④ 1·10 주택시장 안정 대책은 전세가 폭등에 대한 대책으로 발표되었다.
⑤ 1·10 주택시장 안정 대책으로 대규모 재건축을 승인하여 주택공급을 늘렸다.

정답 및 해설

11 ① '가, 나'는 옳은 설명이다.
       다. 60~80평 거주자는 면적을 낮추려는 경향을 보이지만, 45평에서 33평으로 줄이는 변화는 거의 없다.
       라. 주택을 매도하고 이동하기 보다는 현재 거주지에 사는 비율이 70~80%에 이를 것으로 전망된다.
12 ⑤ 반복지적 재화화는 부동산정책의 필요한 경제적 논리가 아니라 강력한 복지론에 해당한다.
13 ② ① 주택보급률이 100%가 넘어도 이사 등 예비주택의 여유분을 더 확보해야 한다.
       ③ 주택가격 상승 시점에서 정책을 통해 안정을 도모할 수 있지만, 하락 시점에서 가격을 지지하는 것은 어렵다.
       ④ 저금리는 부동산가격을 상승시킨다.
       ⑤ 부동산조세는 국가 재정수입원으로의 기능보다는 특정 정책목표 달성을 위한 수단으로서의 기능이 강화되고 있다.
14 ③ 대출정책은 금리정책보다 직접적으로 부동산시장에 영향을 주는 정책이다.
15 ⑤ 전세가 인상 우려가 있는 대규모 재건축 승인 시기를 지연하였다.

16 다음 중 노무현 정부의 부동산정책에 대한 설명으로 옳지 <u>않은</u> 것은?

① 노무현 정부는 주택 투기와 집값 폭등을 잡는 것을 주된 목표로 삼았다.

② 종합부동산세를 부과하고 다주택자를 대상으로 한 양도세를 중과세하였다.

③ 투기가 누그러들지 않자, 양도세 중과대상을 3주택자에서 2주택자와 3주택자로, 종합부동산세 대상을 9억원에서 6억원으로 확대적용하였다.

④ 무주택 우선 공급 비율을 감소하고, 중대형 아파트의 공급을 제한하였다.

⑤ 송파·거여지구에 신도시를 건설하고, 실거래가 제도를 실시하였다.

17 다음 중 부동산 실거래가 신고 제도를 도입한 정부는?

① 김영삼 정부 ② 김대중 정부 ③ 노무현 정부
④ 이명박 정부 ⑤ 박근혜 정부

18 다음 중 이명박 정부의 부동산정책에 대한 설명으로 옳지 <u>않은</u> 것은?

① 미분양주택 양도세를 감면하였다.

② 보금자리주택의 공급을 대폭 확대하였다.

③ 분양가상한제를 폐지하였다.

④ 생애최초주택구입자금 대출한도를 확대하였다.

⑤ DTI, LTV규제를 강화하였다.

19 다음 중 박근혜 정부의 부동산정책으로 모두 묶인 것은?

가. 공동주택의 수직증축 리모델링 허용	나. 주택바우처 도입
다. 행복주택 공급	라. 청약가점제 적용 확대

① 가, 나　　② 다, 라　　③ 가, 나, 다
④ 나, 다, 라　　⑤ 가, 나, 다, 라

20 2018년 3월 5일 재건축 안전진단 기준 정상화에 대한 설명으로 옳지 <u>않은</u> 것은?

① 현지조사에 공공기관이 참여하며, 전문성 객관성 확보 등을 위해 사전 검증이 필요해졌다.
② 안전진단 종합판정 항목 중 구조안정성의 비중이 기존 50%에서 20%로 약화되었다.
③ 주거환경 E등급(20점 이하) 시 다른 평가 없이 재건축이 가능하다.
④ 안전진단 결과 30점 이하이면 재건축이 진행된다.
⑤ 단기적으로 재건축 초기단지가 위축되고, 장기적으로는 주택 공급의 공백이 발생할 수 있다.

정답 및 해설

16　④　무주택 우선 공급 비율을 확대하고, 수도권에 중대형 아파트를 공급하였다.
17　③　부동산 실거래가 제도는 노무현 정부에서 도입하여 2006년부터 시행되었다.
　　　　참고 주택거래신고제도도 노무현 정부에서 최초 도입하였음
18　③　분양가상한제의 폐지를 추진하였지만 폐지하지 못했다.
19　③　'가, 나, 다'는 박근혜 정부의 부동산정책에 해당한다.
　　　　라. 청약가점제의 적용을 축소했다.
20　②　안전진단 종합판정 항목 중 구조안정성의 비중이 기존 20%에서 50%로 강화되었다.
　　　　참고 구조안정성 20% → 50%, 주거환경 40% → 15%, 시설노후도 30% → 25%로 변동되었고, 비용분석은 10%로 유지되었음

21 문재인 정부의 2019. 12. 16. 주택시장 안정화 방안으로 옳지 않은 것은?

① 투기적 대출 수요를 억제하기 위해 9억원 초과 주택담보대출 LTV를 강화했다.

② 시가 15억원 초과 아파트에 대해서 주택담보대출을 금지했다.

③ 주택 보유 부담을 완화하기 위해 종합부동산세 세율을 하향 조정했다.

④ 투명하고 공정한 부동산 거래의 질서 확립을 위해 민간택지 분양가 상한제 적용 지역을 확대했다.

⑤ 임대등록 제도를 보완하기 위해 임대사업자의 취득세 및 재산세 혜택을 축소하였다.

22 문재인 정부의 2020. 7. 31. 주택임대차보호법 개정안(계약갱신청구권 도입)에 대한 설명으로 옳지 않은 것은?

① 임대차 기간이 끝나기 6개월 전부터 1개월(2020. 12. 10.부터 2개월) 전까지 임차인이 계약갱신을 요구하는 경우 임대인은 정당한 사유 없이 이를 거절하지 못한다.

② 임차인은 계약갱신청구권을 1회에 한하여 행사할 수 있다.

③ 임대인은 실거주(직계존비속 포함)를 이유로 갱신을 거절할 수 있다.

④ 갱신 시 증액상한은 5%로 하되, 지자체가 시장여건을 고려하여 조례로 달리 정할 수 있다.

⑤ 갱신되는 임대차 존속기간은 1년으로 본다.

23 문재인 정부의 2020. 8. 12. 다주택자 및 법인의 취득세율 강화에 따른 취득세율로 옳지 않은 것은?

① 조정대상지역 내 일시적 2주택자 : 1~3%

② 조정대상지역 내 2주택자 : 8%

③ 비조정대상지역 내 2주택자 : 1~3%

④ 조정대상지역 내 3주택자 : 12%

⑤ 조정대상지역 내 법인 : 8%

24 윤석열 정부의 2022. 6. 21. 분양가 제도 운영 합리화 방안으로 옳지 <u>않은</u> 것은?

① 재개발 주거이전비 및 영업손실보상비는 토지보상법에 따른 법정 금액 지출내역을 반영했다.
② 기본형 건축비 탄력 조정, 비정기조정 항목 현실화 및 조정 요건을 추가했다.
③ 택지비 검증 절차를 택지비 검증 위원회 주관에서 부동산원 단독 심사로 개선했다.
④ 명도소송비는 소송 집행에 소요된 실제 비용을 반영했다.
⑤ 총회운영비는 총사업비의 0.3% 정액을 반영했다.

25 다음 중 국토교통부의 발표자료에 해당하는 것으로 모두 묶인 것은?

가. 실거래가격	나. 미분양주택
다. 지가의 변동률	라. 주택의 거래량과 변동폭
마. 토지거래량	

① 가
② 가, 나
③ 가, 나, 다
④ 가, 나, 다, 라
⑤ 가, 나, 다, 라, 마

정답 및 해설

21 ③ 주택 보유 부담을 강화하기 위해 종합부동산세 세율을 상향 조정하였다.
22 ⑤ 갱신되는 임대차 존속기간은 2년으로 본다.
23 ⑤ 법인은 조정대상지역, 비조정대상지역에 관계없이 모두 12%이다.
[참고] 취득세율

구 분		조정대상지역	비조정대상지역
개 인	1주택	주택가액에 따라 1~3%	
	2주택	8%	1~3%
	3주택	12%	8%
	4주택 이상	12%	
법 인		12%	

※ 단, 일시적 2주택은 1주택 세율(1~3%)을 적용함

24 ③ 택지비 검증 절차를 부동산원 단독 심사에서 택지비 검증 위원회 주관으로 개선했다.
25 ⑤ 모두 국토교통부의 발표자료에 해당한다.

금융·자격증 전문 교육기관 해커스금융
fn.Hackers.com

■ 출제경향 및 학습전략

부동산 투자전략은 제2과목 전체 30문제 중 총 9~11문제 정도 출제된다.

부동산 투자전략의 경우 투자 분석 및 전략 수립, 부동산 유형별 투자전략, 경매·공매·NPL 투자전략에 대한 이해로 구성되며, 투자 분석 및 전략 수립, 부동산 유형별 투자전략에서 골고루 출제된다. 투자 분석 및 전략 수립은 부동산 투자의 수익률, 레버리지 등을 계산할 수 있어야 하며, 부동산 분석을 통한 의사결정과 전략 수립 방법을 이해해야 한다. 부동산 유형별 투자전략에서는 재건축·재개발 전략, 주택이나 상가, 토지 등의 부동산 투자전략에 대해 꼼꼼히 학습하도록 한다.

■ 빈출포인트

구 분	문제번호	빈출포인트	출제빈도
투자 분석 및 전략 수립 (50%)	01~02	부동산 투자 이론	★★★
	03~08	부동산 투자 분석	★★★
부동산 유형별 투자전략 (40%)	09~14	주택 투자전략	★★★
	15	상가 등 수익형 부동산 투자전략	★
	16~18	토지 투자전략	★★★
경매·공매·NPL 투자전략 (10%)	19~20	경매·공매·NPL 투자전략	★★

해커스 은행FP 자산관리사 2부 최종핵심정리문제집

제2과목 비금융자산 투자설계

제3장
부동산 투자전략

개념완성문제 제3장 | 부동산 투자전략

✓ 개념완성문제를 통해 은행FP 자산관리사 시험에 나오는 개념을 이해할 수 있습니다.
✓ 다시 봐야 할 문제(틀린 문제, 풀지 못한 문제, 헷갈리는 문제 등)는 문제 번호 하단의 네모박스(□)에 체크하여 반복학습 할 수 있습니다.

부동산 투자 이론　　　　　　　　　　　　　　　　　　　　　　　　　　출제빈도 ★★★

01 다음 중 부동산 투자의 장·단점으로 옳지 <u>않은</u> 것은?

① 감가상각에 의한 절세효과가 있다.
② 유동성이 떨어진다.
③ 저당권 설정을 통해 자금유동화가 가능하다.
④ 자본이득이 발생하지 않지만 투자수익이 안정적이다.
⑤ 재산상의 위험이 존재한다.

부동산 투자 이론　　　　　　　　　　　　　　　　　　　　　　　　　　출제빈도 ★★★

02 다음 중 레버리지에 대한 설명으로 옳지 <u>않은</u> 것은?

① 레버리지란 부채를 통해 수익을 증가시키는 것을 말한다.
② 기대수익률이 대출이자율보다 낮으면 레버리지를 활용할 수 없다.
③ 기대수익률이 대출이자율과 같으면 중립적인 관점에서 접근한다.
④ 기대수익률이 대출이자율보다 높으면 레버리지를 적극 활용한다.
⑤ 레버리지는 대출 증빙으로 사용될 수 있다.

정답 및 해설

01　④　자본이득이 발생하며, 투자수익이 안정적이다.
02　②　기대수익률이 대출이자율보다 낮더라도 투자자금 부족 시 활용할 수 있다.

부동산 투자 분석 　　　　　　　　　　　　　　　　　　　　　　　　　　　　출제빈도 ★★★

03 시장가치가 10억원인 부동산의 연평균 예상수익이 1억원이고 요구수익률이 8%인 경우의 투자가치와 투자판단을 올바르게 연결한 것은?

① 투자가치 – 8억원, 투자결정
② 투자가치 – 8억원, 투자기각
③ 투자가치 – 10억원, 투자기각
④ 투자가치 – 12.5억원, 투자결정
⑤ 투자가치 – 12.5억원, 투자기각

부동산 투자 분석 　　　　　　　　　　　　　　　　　　　　　　　　　　　　출제빈도 ★★★

04 다음 중 부동산의 가치평가방식에 대한 설명으로 옳지 않은 것은?

① 수익방식은 시장측면에서 접근한다.
② 비교방식은 현재를 기준으로 구한다.
③ 원가방식에는 원가법과 적산법이 있다.
④ 비교방식에는 거래사례비교법과 임대사례비교법이 있다.
⑤ 원가방식은 자산의 가치를 재생산하는데 드는 비용을 구하는 측면으로 접근한다.

정답 및 해설

03 ④ 　투자가치 = $\dfrac{\text{예상수익}}{\text{요구수익률}} = \dfrac{1억원}{0.08} = 12.5억원$

∴ '투자가치(12.5억원) > 시장가치(10억원)'이므로 투자를 결정한다.

04 ① 　수익방식은 투자측면에서 접근한다.

부동산 투자 분석

05 다음 중 결혼자금을 마련하기 위해 8년간 3천만원 목적의 적금을 가입하였을 경우, 매년 납입해야 하는 금액을 구하는 방법은? (단, 이자율은 3%이다)

① 목적금액 × 연금의 내가계수
② 목적금액 × 연금의 현가계수
③ 목적금액 × 일시금의 내가계수
④ 목적금액 × 감채기금계수
⑤ 목적금액 × 저당상수

부동산 투자 분석

06 다음 중 부동산 경제성 분석기법에 대한 설명으로 옳지 않은 것은?

① 순현가법은 할인율로 요구수익률을 사용한다.
② 순현가가 1보다 작을 경우 투자하지 않는다.
③ 순현가법은 투자자금을 한 곳 또는 여러 곳에 투자해도 부의 극대화가 가능하다.
④ 내부수익률법은 가치가산능력이 순현가법보다 떨어진다.
⑤ 순현가는 현금유입의 현가에서 현금유출의 현가를 차감한 값이다.

정답 및 해설

05 ④ 미래에 일정액을 만들기 위해 매 기간 적립해야 할 금액을 구할 때 사용되는 방법은 감채기금계수를 이용하는 방법(매년 적금액 = 연금액 × 감채기금계수)이다.
06 ② 순현가가 0보다 작을 경우 투자하지 않는다.

부동산 투자 분석

07 다음 중 부동산 포트폴리오 전략에 대한 설명으로 옳지 않은 것은?

① 위험을 줄이기 위해 여러 자산에 분산하여 투자하는 것이다.
② 부동산은 불완전시장이기 때문에 포트폴리오의 수익률을 개량화하기 어렵다.
③ 포트폴리오 구성 시 중대형의 비중을 줄여야 한다.
④ 인플레이션 심화, 이자율 변화 등의 위험은 투자자산을 다양화함으로써 피할 수 있다.
⑤ 부동산은 안정성과 수익성이 높지만 환금성이 떨어진다.

부동산 투자 분석

08 부동산 분석의 필요성에 대한 설명으로 옳지 않은 것은?

① 부동산은 다른 자산에 비해 유동성이 높다.
② 부동산은 비대체성을 지니고 있어서 다른 부동산과 가격, 비용 등을 직접적으로 비교하기 어렵다.
③ 부동산의 수요와 공급은 시장에서 조정하기 쉽지 않다.
④ 부동산은 물리적 공급이 어렵기 때문에 수급 불균형이 장기간 유지된다.
⑤ 부동산은 법적 제약이 많아 투자분석 시 법률 사항을 고려해야 한다.

정답 및 해설

07 ④ 인플레이션 심화, 이자율 변화 등의 체계적 위험은 완벽한 포트폴리오를 구성해도 피할 수 없다.
08 ① 부동산은 다른 자산에 비하여 유동성이 떨어진다.

주택 투자전략

출제빈도 ★★★

09 다음 중 일반 아파트 투자전략으로 옳지 <u>않은</u> 것은?

① 주택임대사업의 세제혜택을 위해 의무적으로 임대기간을 채워야 한다.
② 일반 아파트에 대한 투자는 수익형 부동산에 비해 줄어들고 있는 실정이다.
③ 일반적으로 점차 사용가치보다 투자가치가 우선시되고 있다.
④ 투자 시 대단지 위주의 아파트가 유리하다.
⑤ 아파트가 주택에서 차지하는 비율은 약 60%로 가장 높다.

> **용어 알아두기**
> **수익형 부동산** 주기적인 (임대)수익을 얻을 수 있는 부동산을 말한다.

주택 투자전략

출제빈도 ★★★

10 다음 중 주택임대사업에 대한 설명으로 옳지 <u>않은</u> 것은?

① 임대주택은 취득 유형에 따라 건설임대주택과 매입임대주택으로 구분된다.
② 단기민간임대주택의 의무임대기간은 6년이고, 장기일반민간임대주택의 의무임대기간은 10년이다.
③ 아파트는 장·단기일반민간임대주택 대상에서 제외된다.
④ 취득일로부터 30일 이내에 주택임대사업자 등록을 하는 경우에 한하여 취득세 감면이 가능하다.
⑤ 기존주택이나 단독주택은 취득세 감면 대상이 아니다.

정답 및 해설

09 ③ 투자가치보다 사용가치가 우선시되고 있다.
10 ④ 취득일로부터 60일 이내에 주택임대사업자를 등록하는 경우에 한하여 취득세 감면이 가능하다.

주택 투자전략

11 다음 중 분양 투자전략에 대한 설명으로 옳지 않은 것은?

① 청약가점제는 동일 순위 내에서 무주택기간, 부양가족수, 보유재산을 기준으로 가점을 산정하여 점수가 가장 높은 순으로 당첨자를 선정한다.
② 수도권 보금자리지구가 아닌 전용면적이 95㎡인 민영주택의 경우 추첨제를 적용한다.
③ 청약통장에는 청약예금, 청약부금, 청약저축, 주택청약종합저축 등이 있다.
④ 국민주택기금으로부터 자금을 지원받아 건설하는 85㎡ 이하의 주택은 국민주택 등에 포함된다.
⑤ 국민주택 등을 제외한 주택은 민영주택이라 한다.

주택 투자전략

12 다음 중 정비기반시설이 열악하고 노후·불량건축물이 밀집된 지역에서 주거환경을 개선하거나 상업·공업지역 등에서 도시기능의 회복 및 상권 활성화 등을 위하여 도시환경을 개선하기 위한 사업은?

① 주거환경개선사업
② 재개발사업
③ 재건축사업
④ 자율주택정비사업
⑤ 가로주택정비사업

정답 및 해설

11 ① 청약가점제는 무주택기간, 부양가족수, 청약통장 가입기간을 기준으로 가점을 산정하여 점수가 가장 높은 순으로 당첨자를 선정한다.
12 ② 재개발사업에 대한 설명이다.

주택 투자전략

13 다음 중 정비계획의 진행단계를 순서대로 나열한 것은?

출제빈도 ★★★

> 가. 조합설립인가
> 나. 재건축진단
> 다. 관리처분계획인가
> 라. 조합설립추진위원회 구성 및 승인
> 마. 사업시행인가
> 바. 시공사 선정

① 가 ⇨ 나 ⇨ 다 ⇨ 라 ⇨ 마 ⇨ 바
② 가 ⇨ 마 ⇨ 다 ⇨ 나 ⇨ 라 ⇨ 바
③ 나 ⇨ 가 ⇨ 바 ⇨ 마 ⇨ 라 ⇨ 다
④ 나 ⇨ 라 ⇨ 가 ⇨ 바 ⇨ 마 ⇨ 다
⑤ 마 ⇨ 가 ⇨ 다 ⇨ 나 ⇨ 라 ⇨ 바

주택 투자전략

14 다음 중 주택 투자전략으로 옳지 않은 것은?

출제빈도 ★★★

① 재개발은 철저하게 도심 중심으로 이루어져야 한다.
② 전원주택은 큰 평수로 개발하는 것이 유리하다.
③ 도시형 생활주택은 분양가상한제를 적용받지 않는다.
④ 전원주택은 본인의 개성을 반영하기보다는 보편적인 디자인으로 설계한다.
⑤ 재개발 시 공시지가가 높은 물건을 선택한다.

정답 및 해설

13 ④ 정비계획의 진행단계는 '계획단계(기본계획 수립 ⇨ 재건축진단 ⇨ 정비구역 지정) ⇨ 조합설립추진위원회 구성 및 승인 ⇨ 시행단계(조합설립인가 ⇨ 시공사 선정 ⇨ 사업시행인가 ⇨ 관리처분계획인가) ⇨ 완료단계' 순이다.
14 ② 난방 등 관리비를 고려하여 소규모 면적으로 개발하는 것이 좋다.

상가 등 수익형 부동산 투자전략

출제빈도 ★

15 다음 빈칸에 들어갈 내용으로 올바르게 묶인 것은?

> 오피스빌딩은 일반적으로 40층 중 (　　)까지 비어도 감당 가능하다고 보고 있으며, 오피스빌딩의 매매가격은 (　　)에 단위면적당 금액을 곱해 산정한다.

① 1층, 연면적
② 1층, 대지면적
③ 2층, 연면적
④ 2층, 대지면적
⑤ 5층, 대지면적

토지 투자전략

출제빈도 ★★★

16 다음 중 농지 관련 용어에 대한 설명으로 옳은 것은?

① 농지는 토지대장의 지목에 따라 결정된다.
② 330㎡ 이상 농지에서 경작하는 경우 농업인으로 본다.
③ 비닐하우스는 농지에 포함되지 않는다.
④ 농산물판매액이 연 120만원 이상인 경우 농업인으로 본다.
⑤ 농지전용부담금은 해당 농지 개별공시지가의 10%이다.

정답 및 해설

15 ③ 오피스빌딩은 일반적으로 40층 중 (2층)까지 비어도 감당 가능하다고 보고 있으며, 오피스빌딩의 매매가격은 (연면적)에 단위면적당 금액을 곱해 산정한다.
- 일반적으로 감당이 가능한 공실률은 5%이므로 '40층 × 5% = 2층'이 된다.
- 오피스빌딩이 아닌 상가건물의 경우에는 대지면적에 평당가격을 곱해 산정한다.

16 ④ ① 농지는 토지대장의 지목에 따르지 않고 토지현상에 따라 결정된다.
② 1,000㎡ 이상 농지에서 경작하는 경우 농업인으로 본다.
③ 비닐하우스도 농지에 포함된다.
⑤ 농지전용부담금은 해당 농지 개별공시지가의 30%이다.

토지 투자전략

출제빈도 ★★★

17 다음 중 토지거래허가가 필요한 계약은?

① 사인증여
② 토지에 대한 근저당권 설정계약
③ 건물에 대한 소유권 이전계약
④ 토지에 대한 전세권 설정계약
⑤ 토지에 대한 가등기담보

토지 투자전략

출제빈도 ★★★

18 다음 중 토지투자의 유의사항으로 옳은 것은?

① 풍수지리도 고려해야 한다.
② 보전산지는 개발이 쉽지만 준보전산지는 개발이 어렵기 때문에 주의해야 한다.
③ 토지단가가 높은 것을 매입해 투자성과를 극대화한다.
④ 용도지역은 토지의 가치에 영향을 미치지 않는다.
⑤ 발전가능성이 높은 보전산지에 투자한다.

정답 및 해설

17 ⑤ ①②③④ 토지거래허가가 필요하지 않은 계약이다.
18 ① ② 보전산지의 개발이 어렵고 준보전산지의 개발은 용이한 편이다.
　　　③ 토지단가가 낮은 것을 매입한다.
　　　④ 용도지역은 토지의 가치를 결정한다.
　　　⑤ 보전산지는 개발이 어렵다.

경매·공매·NPL 투자전략   출제빈도 ★★

19 다음 중 경매와 공매에 대한 설명으로 옳지 <u>않은</u> 것은?

① 공매는 국세징수법의 체납처분에 의한다.
② 입찰을 실시했지만 낙찰자가 정해지지 않을 경우 다시 실시하는 경매를 재경매라 한다.
③ 재경매기일은 일반적으로 대금지급 기일로부터 14일 이후이다.
④ 매수신청보증금은 최저매각가의 10%이다.
⑤ 항고 시 10일 이내에 항고이유서를 법원에 제출해야 한다.

경매·공매·NPL 투자전략   출제빈도 ★★

20 국가기관에서 하는 경매(법원 경매)에 대한 설명으로 옳지 <u>않은</u> 것은?

① 민사집행법을 법률적 근거로 한다.
② 전자입찰이 가능하다.
③ 전 낙찰자의 재입찰 참여가 불가하다.
④ 매각 후 1주일 이내에 매각결정기일이 정해져야 한다.
⑤ 잔금납부시기가 지난 후 대금납부시기는 재경매일 3일 이전에 가능하다.

정답 및 해설

19 ② 입찰을 실시했지만 낙찰자가 정해지지 않을 경우 다시 실시하는 경매를 신경매라 한다.
20 ② 법원 경매는 해당 법원에서 현장입찰 및 기간입찰로 해야 한다.

출제예상문제 제3장 | 부동산 투자전략

✓ 출제예상문제를 통해 다양한 은행FP 자산관리사 문제를 풀어볼 수 있습니다.
✓ 다시 봐야 할 문제(틀린 문제, 풀지 못한 문제, 헷갈리는 문제 등)는 문제 번호 하단의 네모박스(□)에 체크하여 반복학습 할 수 있습니다.

출제빈도 ★★★

01 다음 중 부동산 투자의 특징에 대한 설명으로 옳지 않은 것은?

① 투자기간이 장기간이다.
② 투자수익창출은 투자자의 능력보다는 경제적 상황에 많이 의존한다.
③ 많은 자본을 필요로 한다.
④ 감가상각에 의한 절세효과를 기대할 수 있다.
⑤ 도난이나 멸실의 위험이 거의 없다.

출제빈도 ★★★ **최신출제유형**

02 다음 중 부동산 투자의 장·단점에 대한 설명으로 옳지 않은 것은?

① 부동산은 여러 투자대상물 중에서 안정성과 환금성이 뛰어나다.
② 자본이득 또는 자본손실이 발생한다.
③ 자본이득에 대한 낮은 세율, 세법상 비과세 등 절세할 수 있는 부분이 많다.
④ 재산상의 위험이 발생할 수 있다.
⑤ 부동산을 담보로 제공(저당권 설정)하여 대출을 받을 수 있다.

출제빈도 ★★

03 다음 중 수익률에 대한 설명으로 옳지 않은 것은?

① 수익률은 수익을 투자자본으로 나눈 비율이다.
② 실현수익률은 사후적 수익률이다.
③ 요구수익률에는 시간에 대한 비용과 위험에 대한 비용이 제외되어 있다.
④ 기대수익률은 투자에 따라 기대되는 예상수익률로 내부적 수익률이라고 한다.
⑤ 부동산 투자분석 시에는 실현수익률을 알 수 없다.

출제빈도 ★★

04 다음 중 요구수익률의 구성요소에 대한 설명으로 옳은 것은?

① 무위험률은 부동산 투자의 위험에서 결정된다.
② 피셔는 요구수익률을 산정 시 예상되는 인플레이션을 제외하였다.
③ 무위험률에 위험조정률을 가산한 요구수익률을 위험할증률이라 한다.
④ 무위험률은 미래기대수익이 불확실한 경우의 수익률을 말한다.
⑤ 위험증가율은 위험할증률과 인플레이션율로 나뉜다.

출제빈도 ★★★ **최신출제유형**

05 부동산을 3억원에 매수하여 1년 후 필요경비를 제하고 3억 3천만원에 매도할 경우, 기대수익률과 투자 여부를 올바르게 연결한 것은? (단, 요구수익률은 10%이다)

① 기대수익률 10%, 투자결정
② 기대수익률 10%, 투자기각
③ 기대수익률 11%, 투자결정
④ 기대수익률 12%, 투자결정
⑤ 기대수익률 12%, 투자기각

정답 및 해설

01 ② 투자자의 능력에 의존하는 측면이 크다.
02 ① 부동산은 환금성이 떨어지고 안정성과 수익성이 뛰어나다.
03 ③ 요구수익률에는 시간에 대한 비용과 위험에 대한 비용이 포함되어 있다.
04 ⑤ ① 무위험률은 부동산 투자의 위험에서 결정되지 않고, 일반 경제상황에 의해 결정된다.
② 피셔 효과에서는 예상되는 인플레이션도 요구수익률에 포함한다.
③ 무위험률에 위험할증률을 가산한 요구수익률을 위험조정률이라 한다.
④ 무위험률은 미래기대수익이 확실한 경우의 수익률을 말한다.
05 ① 기대수익률 = $\frac{수익}{투자자본} \times 100 = \frac{3천만원}{3억원} \times 100 = 10\%$
∴ '기대수익률(10%) ≥ 요구수익률(10%)'이므로 투자를 결정한다.

06 다음 중 레버리지에 대한 설명으로 옳지 않은 것은?

① 레버리지는 지렛대 작용을 말한다.

② 낮은 부채비용으로 수익을 증대시킬 수 있다.

③ 장기적인 재무전략 수립에 이용된다.

④ 자기자본 10억원에 부채 4억을 조달했을 경우 레버리지 비율은 40%이다.

⑤ 레버리지 비율뿐만 아니라 대출이자 비용과 수익률의 상관관계를 비교해야 한다.

07 다음 중 대출이자와 레버리지 효과에 대한 설명으로 옳지 않은 것은?

① 기대수익률이 대출이자율보다 높은 경우 적절한 레버리지 활용이 가능하다.

② 기대수익률이 대출이자율과 같은 경우 자기자본 대비 투자수익률의 변화가 없다.

③ 레버리지 비율은 자기자본에 대한 부채비율이다.

④ 일반적으로 대출이자는 경비처리 받을 수 있기 때문에 절세효과가 있다.

⑤ 레버리지는 조달자금의 증빙역할을 한다.

08 다음 중 부동산에서의 가치와 가격의 비교 설명으로 옳지 않은 것은?

① 가격은 부동산의 교환 수단이 된다.

② 가치는 사람의 주관에 중점을 둔 것으로 이는 오차가 발생할 수 있다.

③ 가치는 부동산의 미래 값이고 가격은 부동산의 현재 값이다.

④ 하나의 부동산에 대하여 가치는 무수히 많지만 가격은 하나뿐이다.

⑤ 부동산이 급매되어 정상가격 이하로 매도되더라도 가치가 하락한 것으로 볼 순 없다.

09 시장가치가 2억원인 부동산의 연평균 예상수익이 2천만원이고 요구수익률이 8%인 경우의 기대수익률과 투자판단을 올바르게 연결한 것은?

① 기대수익률 8%, 투자결정

② 기대수익률 10%, 투자결정

③ 기대수익률 10%, 투자기각

④ 기대수익률 12.5%, 투자결정

⑤ 기대수익률 12.5%, 투자기각

10 A씨는 B빌딩에 대한 투자를 생각하고 있는데 B빌딩의 연평균 예상수익은 1천만원이고 투자가치는 2억 5천만원이다. B빌딩에 대한 설명으로 옳지 않은 것은?

① 투자가치 2억 5천만원은 A씨의 개별적인 투자요구 조건들을 바탕으로 산정한 값이다.

② A씨의 B빌딩에 대한 요구수익률은 5%이다.

③ B빌딩의 기대수익률이 5%라면 시장가치는 2억원이다.

④ B빌딩의 기대수익률이 3%라면 A씨는 투자하지 않을 것이다.

⑤ B빌딩의 요구수익률이 증가할수록 투자가치는 감소한다.

정답 및 해설

06 ④ 레버리지 비율 = $\dfrac{\text{부채}}{\text{총자본(자기자본 + 부채)}} \times 100$

  = $\dfrac{4억원}{10억원 + 4억원} \times 100 = 28.57\%$

07 ③ 레버리지 비율은 총자본에 대한 부채(대출금)비율이다.

08 ③ 가치는 부동산의 현재 값이고 가격은 부동산의 과거 값이다.

09 ② 기대수익률 = $\dfrac{\text{예상수익}}{\text{시장가치}} \times 100 = \dfrac{2천만원}{2억원} \times 100 = 10\%$

  ∴ '기대수익률(10%) > 요구수익률(8%)'이므로 투자를 결정한다.

10 ② 투자가치 = $\dfrac{\text{예상수익}}{\text{요구수익률}} \times 100 = \dfrac{1천만원}{\text{요구수익률}} \times 100 = 2억 5천만원$

  ∴ 요구수익률 = 4%

11 다음 중 부동산평가 방식이 잘못 연결된 것은?

① 시장성 – 미래 – 수익가격
② 비용성 – 과거 – 복성가격
③ 수익방식 – 미래 – 수익분석법
④ 비교방식 – 거래사례비교법 – 유추가격
⑤ 원가방식 – 원가법 – 적산가격

12 다음 중 (가)~(나)에 해당하는 설명으로 올바르게 연결된 것은?

새로운 대형마트 등의 개발로 인근 지역에 소음과 공해가 발생할 경우 (가)가 발생하며, 형식의 구식 회로 인한 (나)가 발생한다.

	(가)	(나)
①	물리적 감가	기능적 감가
②	경제적 감가	물리적 감가
③	사회적 감가	기능적 감가
④	기능적 감가	경제적 감가
⑤	경제적 감가	기능적 감가

13 다음 중 부동산 가치평가방식에 대한 설명으로 옳지 않은 것은?

① 원가방식은 수요와 공급을 반영한다.
② 원가방식은 현재 자산을 재생산하는 데 들어가는 비용에서 감가상각액을 공제하여 부동산의 가치를 판단한다.
③ 최근 거래사례 중 비교 가능한 사례를 확보해 조정과 추산하는 것을 비교방식평가방법이라 한다.
④ 소득접근법은 자산가치가 자산의 소득(임대료 등)과 상호관계에 있다고 본다.
⑤ 직접환원법은 순운영수익을 환원이율로 나눠 부동산의 가치를 판단한다.

14 다음 중 신축건물이나, 특수목적 건물 등에 적용하기 좋은 방식은?

① 수익방식   ② 임대사례비교법   ③ 원가법
④ 수익환원법   ⑤ 비교방식

15 다음 자료를 토대로 비교방식을 통해 계산한 부동산의 적정가격은?

- 거래사례 부동산 가격은 1억원이다.
- 거래사례 부동산은 10% 저가로 거래되었다.
- 거래사례 부동산은 대상부동산보다 도로조건에서 10% 우세하다.

① 8,600만원   ② 9,900만원   ③ 1억원
④ 1억 101만원   ⑤ 1억 2,222만원

정답 및 해설

11 ① 시장성은 비교방식으로 '시장성 - 현재 - 비준(유추)가격, 비준(유추)임료'이다.
12 ⑤ 새로운 대형마트 등의 개발로 인근 지역에 소음과 공해가 발생할 경우 (경제적 감가)가 발생하며, 형식의 구식화로 인한 (기능적 감가)가 발생한다.
13 ① 원가방식은 수요와 공급을 반영하지 못한다는 한계점을 가진다.
14 ③ 원가법은 신축건물이나, 특수목적 건물 등에 적용하기 좋은 방식이다.
15 ④ 부동산 비준가격 = 사례가격 × 사정보정 × 시점수정 × 지역요인비교 × 개별요인비교

$$= 1억원(사례가격) \times \frac{100}{90}(사정보정) \times \frac{100}{110}(개별요인비교) = 101,010,101원$$

16 A부동산에서 1년간 2,000만원의 수익이 발생하며 이때의 환원이율이 8%일 때, A부동산의 가치는?

① 1억 6,000만원 ② 2억 1,600만원 ③ 2억 5,000만원
④ 2억 5,920만원 ⑤ 3억 2,000만원

17 다음 중 현재 100만원의 7년 후 미래가치를 구하기 위해 사용하는 방법은? (단, 이자율은 5%이다)

① 100만원 × 일시금의 내가계수
② 100만원 × 일시금의 현가계수
③ 100만원 × 일시금의 감채기금계수
④ 105만원 × 일시금의 내가계수
⑤ 105만원 × 일시금의 감채기금계수

18 A씨는 주택구입을 위해 6,000만원을 목표로 투자하였다. 이자율 4%로 10년간 적립할 경우 매년 적립금을 산정하기 위해 사용하는 방법은?

① 6,000만원 × 연금의 내가계수
② 6,000만원 × 저당계수
③ 6,000만원 × 감채기금계수
④ 6,240만원 × 저당계수
⑤ 6,240만원 × 연금의 내가계수

19 A씨는 개인연금에서 30년 동안 매년 1,000만원씩 연금을 수령한다. 이 연금을 현재 시점의 일시금가치로 환산하기 위해 사용하는 방법은? (단, 이자율은 3%이다)

① 연금액 × 일시금의 내가계수
② 연금액 × 일시금의 현가계수
③ 연금액 × 연금의 내가계수
④ 연금액 × 연금의 현가계수
⑤ 연금액 × 저당상수

20 B씨는 전세자금을 위해 은행에서 5%의 이자율로 4,000만원을 대출받았다. 10년 상환조건이라고 할 때, 매년 상환해야 하는 금액은?

- 일시금의 내가계수 : 1.627
- 연금의 내가계수 : 12.578
- 감채기금계수 : 0.0795
- 일시금의 현가계수 : 0.614
- 연금의 현가계수 : 7.722
- 저당상수 : 0.1295

① 245.6만원   ② 308.8만원   ③ 318만원
④ 503.1만원   ⑤ 518만원

정답 및 해설

16 ③ 부동산 가치 = 순운영수입 / 환원이율 = 2,000만원 / 0.08 = 2억 5,000만원
17 ① 일시금의 미래가치 = 현재가치 × 일시금의 내가계수
18 ③ 매년 적립액 = 연금의 미래가치 × 감채기금계수
19 ④ 연금의 현재가치 = 연금액 × 연금의 현가계수
20 ⑤ 매년 원리금상환액 = 연금의 현재가치 × 저당상수 = 4,000만원 × 0.1295 = 518만원

21 다음 중 부동산의 재무성 분석기법에 대한 설명으로 옳지 <u>않은</u> 것은?

① 재무성 분석은 투자자의 자금조달능력을 분석하는 것이다.
② 투자자는 일반적으로 미래의 현금흐름보다는 현재의 현금흐름을 선호한다.
③ 화폐의 미래가치 분석방법에는 일시불의 미래가치, 연금의 미래가치, 저당상수가 있다.
④ 연금의 내가계수는 연금의 미래가치를 구하는데 사용된다.
⑤ 감채기금계수는 상환기금률이라고도 한다.

22 다음 중 경제성 분석기법에 대한 설명으로 옳지 <u>않은</u> 것은?

① 경제성 분석기법은 계획한 투자의 수익성을 분석한다.
② 회수기간법과 회계적이익률법은 화폐의 시간가치를 고려하지 않는다.
③ 순현가법(NPV)은 투자로 발생하는 모든 수익(현금흐름)을 할인하여 현재가치로 나타내는 방법이다.
④ 내부수익률법(IRR)은 현금유출액의 현가와 미래 현금유입액의 현가가 일치하는 할인율을 구하는 방법이다.
⑤ 순현가(NPV)는 현금유입의 현재가치와 현금유출의 현재가치를 합한 금액을 말한다.

23 경제성 분석을 위한 할인현금흐름분석법에 대한 설명으로 옳지 <u>않은</u> 것은?

① 내부수익률을 기준으로 투자 우선순위를 정할 경우 투자자의 부를 극대화시키는 것은 아니다.
② 순현가법은 내부수익률법보다 경제성 분석기준으로 우수한 것으로 평가된다.
③ 상호배타적인 투자안 중에서 내부수익률이 가장 작은 투자안을 선택한다.
④ 내부수익률은 투자금액의 현금유입이 0이 되는 때의 할인율이다.
⑤ 내부수익률법상 투자안의 수익률이 최소요구수익률보다 높으면 투자안을 채택한다.

24 다음 중 경제성 분석기법에 대한 설명으로 옳지 않은 것은?

① 투자안 1의 순현가가 100만원이고 투자안 2의 순현가가 200만원일 경우 두 투자안이 상호독립적이면 둘 다 투자할 수 있다.
② 내부수익률의 독립적 투자안에서 내부수익률이 무위험이자율보다 큰 투자안은 모두 가치 있는 것으로 평가한다.
③ 내부수익률법의 경우 상호배타적인 투자안의 내부수익률이 요구수익률보다 작다면 그 중 내부수익률이 가장 높은 투자안을 채택한다.
④ 내부수익률은 투자안의 연평균수익률을 의미한다.
⑤ 순현가가 양(+)의 값일 경우 예상되는 수익률이 요구수익률을 만족시킨다.

25 다음 중 경제성 분석기법에 대한 설명으로 옳지 않은 것은?

① 순현가법은 요구수익률을, 내부수익률법은 내부수익률을 할인율로 사용한다.
② 내부수익률법은 복수해가 존재할 수 있다.
③ 상호배타적인 투자안의 경우 순현가가 0보다 큰 여러 투자안을 모두 선택할 수는 없다.
④ 순현가법은 부의 극대화의 달성이 어렵다.
⑤ 가치가산의 원리는 순현가법이 우수하다.

정답 및 해설

21 ③ 화폐의 미래가치 분석방법에는 일시불의 미래가치, 연금의 미래가치, 감채기금계수가 있다.
22 ⑤ 순현가는 현금유입의 현재가치에서 현금유출의 현재가치를 차감한 금액을 말한다.
23 ③ 상호배타적인 투자안의 선택 시 내부수익률이 가장 큰 투자안을 선택하는 것이 합리적이다.
24 ③ 투자안을 모두 기각한다. 상호배타적인 투자안의 경우에도 내부수익률이 요구수익률보다 높아야 투자할 수 있다.
25 ④ 순현가법의 경우 부의 극대화가 가능하다.

26 다음 중 부동산 포트폴리오에 대한 설명으로 옳지 않은 것은?

① 포트폴리오란 자산의 분산투자를 통해 위험을 줄이는 자산관리방법이다.
② 부동산 시장은 불완전시장이기 때문에 포트폴리오 이론을 적용하기 어렵다.
③ 부동산 투자는 분할이 힘들기 때문에 불가분성의 특징이 존재한다.
④ 비체계적 위험은 완벽한 포트폴리오를 구성해도 피할 수 없다.
⑤ 자산수가 많아도 체계적 위험은 줄어들지 않는다.

27 다음 중 각 포트폴리오의 장점으로 잘못 연결된 것은?

① 부동산 – 수익성
② 주식 – 환금성
③ 예금 – 수익성
④ 부동산 – 안정성
⑤ 예금 – 환금성

28 다음 중 부동산 분석의 필요성에 대한 설명으로 옳지 않은 것은?

① 건물에 투자한 자본은 감가상각에 따라 가치가 감소한다.
② 부동산은 비대체성을 보이므로 다른 부동산과 비교하기 어렵다.
③ 부동산 시장은 불완전경쟁시장으로 시장정보가 불확실하다.
④ 부동산 투자 후 문제가 발생하면 원상회복하는데 많은 시간과 비용이 든다.
⑤ 부동산에 대한 수요와 공급은 시장에 의해 조정되기 때문에 수요·공급에 대한 장기간의 분석이 필요하다.

29 다음 중 일반 아파트 투자전략으로 옳지 않은 것은?

① 아파트의 비중은 전체 주택에서 약 60%로 가장 많다.
② 아파트는 주식처럼 시세가 쉽게 형성되고 가격조사도 이루어지고 있다.
③ 아파트는 점차 사용가치가 투자가치보다 우선시되고 있는 실정이다.
④ 아파트는 일반민간임대주택의 대상에서 제외된다.
⑤ 준공공임대주택의 경우 장기보유특별공제를 적용하지 않는다.

30 다음 중 분양 투자전략에 대한 설명으로 옳지 않은 것은?

① 청약통장은 청약예금, 청약부금, 청약저축, 주택청약종합저축으로 구분된다.
② 청약부금은 적금식으로 가입하는 것이다.
③ 청약저축은 가급적 매월 10만원씩 오래 납부하는 것이 유리하다.
④ 청약예금은 일시에 예치하고 수도권 1년(지방 6개월), 조정대상지역은 2년간 유지해야 1순위가 된다.
⑤ 주택청약종합저축의 국민주택 청약 시 월 납입액은 최고 20만원까지만 인정된다.

정답 및 해설

26	④	비체계적 위험은 완벽한 포트폴리오를 구성하면 상당부분 피할 수 있는 위험이다.
27	③	예금의 경우 안정성과 환금성이 뛰어나지만 수익성이 떨어진다.
28	⑤	부동산에 대한 수요와 공급은 시장에서 쉽게 조정되지 않는다.
29	⑤	준공공임대주택도 장기보유특별공제가 적용된다.
30	⑤	주택청약종합저축의 국민주택 청약 시 월 납입액은 최고 10만원까지만 인정된다.

31 다음 중 분양 투자전략에 대한 설명으로 옳지 않은 것은?

① 주택청약종합저축은 국민주택 등에 청약신청을 할 수 있다.
② 청약저축은 민영주택에 대한 청약신청을 할 수 있다.
③ 청약예금과 청약부금은 민영주택에 청약신청을 할 수 있다.
④ 주택청약종합저축은 민영주택에 청약신청을 할 수 있다.
⑤ 국민주택 등에 청약신청할 수 없는 청약통장은 청약예금이다.

32 다음 중 청약통장에 대한 설명으로 옳지 않은 것은?

① 청약 미달 단지나 미분양주택은 투자차원에서 제외하도록 한다.
② 청약 외에도 일반 매매시장에서 급매물을 알아보도록 한다.
③ 신규 가입은 주택청약종합저축으로 가입하는 것이 유리하다.
④ 층과 향을 확인하고 매입이 가능한 분양권을 투자하는 것이 적절하다.
⑤ 청약은 확률로 결정되기 때문에 원하는 지역에 당첨되지 않는 경우가 많다.

33 다음 중 청약가점제에 대한 설명으로 옳지 않은 것은?

① 민영주택 청약 시 동일순위 내에서 경쟁이 있을 경우 무주택기간, 부양가족수, 청약통장 가입기간을 기준으로 가점이 높은 당첨자를 선정한다.
② 전용면적이 85㎡ 이하의 민영주택은 가점제 40%와 추첨제 60%로 당첨자를 선정한다.
③ 전용면적이 85㎡를 초과하는 민영주택은 일반적으로 추첨제를 적용한다.
④ 전용면적이 85㎡ 이하의 국민주택은 가점제 40%와 추첨제 60%로 당첨자를 선정한다.
⑤ 전용면적이 85㎡를 초과하는 민영주택의 저축종류는 청약예금과 주택청약종합저축에 한한다.

34 다음 중 분양권 전매제한에 대한 설명으로 옳지 않은 것은?

출제빈도 ★★

① 분양권 전매란 주택을 분양받은 자가 분양권을 타인에게 넘겨주어 입주자가 변경되는 것을 말한다.
② 전매란 주택청약통장 가입자에게 우선 공급한 분양아파트의 입주권인 분양권을 아파트에 입주하기 전에 실제 물건이 아닌 권리 형태로 제3자에게 되파는 것이다.
③ 조정 대상지역에서 2순위 청약신청 시에는 청약통장이 필요하지 않다.
④ 수도권의 경우 전매제한 기간은 공공 택지 및 규제지역은 3년, 과밀억제권역은 1년, 그 외 지역은 6개월이다.
⑤ 세대주가 아닌 자, 5년 이내 다른 주택에 당첨된 자의 세대에 속한 자는 조정 대상지역에서 1순위가 제한된다.

35 다음 중 통상 20가구 미만의 작은 면적에 대한 정비사업으로 단독주택, 다세대주택 및 연립주택을 스스로 개량 또는 건설하기 위한 정비사업은?

출제빈도 ★★★

① 공공재건축사업
② 소규모 재개발사업
③ 소규모 재건축사업
④ 자율주택정비사업
⑤ 가로주택정비사업

정답 및 해설

31 ② 청약저축은 민영주택에 대한 청약신청을 할 수 없다.
32 ① 청약 미달 단지나 미분양주택도 투자차원에서 점검하도록 한다.
33 ④ 전용면적이 85㎡ 이하의 국민주택은 순차별로 공급한다.
34 ③ 조정 대상지역에서 2순위 청약신청 시에도 청약통장이 필요하다.
35 ④ 자율주택정비사업에 대한 설명이다.

출제빈도 ★　　최신출제유형

36 다음 중 정비사업의 문제점으로 옳지 <u>않은</u> 것은?

① 재개발 임대주택 건설의무 등의 규제는 사업성을 저하시키고 있다.
② 지역 주민의 반대에 따라 정비예정구역을 과소하게 지정하고 있다.
③ 사업이 장기간 지연되는 지역의 재산권 행사가 제한되고 이에 주민의 불만이 증가하게 된다.
④ 조합운영의 불투명으로 시공사 선정 등에서부터 각종 비리가 발생하고 있다.
⑤ 기부채납 등 부담금을 과도하게 요구하고 있다.

출제빈도 ★★★

37 다음 중 재건축과 재개발사업을 비교한 것으로 옳지 <u>않은</u> 것은?

① 재건축사업은 정비기반시설이 양호한 지역에, 재개발사업은 정비기반시설이 열악한 지역에서 실시한다는 차이가 있다.
② 재건축은 공동주택(아파트, 연립주택) 등이 주 사업대상이지만 단독주택지 재건축사업도 가능하다.
③ 재건축과 재개발사업은 소형평형의무비율과 임대주택비율 등에서 차이가 있다.
④ 재건축사업은 개발이익의 환수가 가능하다.
⑤ 재개발사업 시 투기과열지구 안에서의 조합원지위양도금지는 조합설립 이후에 적용된다.

출제빈도 ★★

38 다음 중 정비사업 추진절차를 올바르게 나열한 것은?

가. 조합설립인가　　　　　　나. 관리처분계획인가
다. 조합설립추진위원회 구성　라. 정비구역 지정
마. 시공사 선정

① 가 ⇨ 나 ⇨ 다 ⇨ 라 ⇨ 마　② 가 ⇨ 다 ⇨ 라 ⇨ 나 ⇨ 마
③ 라 ⇨ 다 ⇨ 가 ⇨ 마 ⇨ 나　④ 마 ⇨ 나 ⇨ 다 ⇨ 가 ⇨ 라
⑤ 마 ⇨ 나 ⇨ 다 ⇨ 라 ⇨ 가

39 다음 중 정비사업 추진절차에 대한 설명으로 옳지 않은 것은?

① 정비사업은 계획단계, 시행단계, 완료단계의 순으로 진행된다.
② 완료단계에는 준공 및 이전고시, 청산 및 등기, 조합해산 등이 해당한다.
③ 재개발사업의 토지 등 소유자는 재개발사업에 동의하지 않더라도 조합원이 될 수 있다.
④ 재개발사업의 지상권자는 재개발사업에 동의하지 않더라도 조합원이 된다.
⑤ 재건축사업의 토지 등 소유자는 재건축사업에 동의하지 않더라도 조합원이 될 수 있다.

40 다음 중 정비사업 추진절차에 대한 설명으로 옳지 않은 것은?

① 시공사 선정은 각 정비사업 모두 조합설립 인가 후 경쟁입찰 방법으로 선정한다.
② 시공사와 조합 간의 공사계약으로 도급제는 사업정산 시 이익금의 100%가 조합에 귀속된다.
③ 지분제는 사업 중에 공사비 조정이 없고 사업정산 시 이익금의 100%가 시공사에 귀속된다.
④ 지분제는 조합원의 무상지분에 대한 변동이 없다.
⑤ 지분제는 사업에 필요한 공사비를 기준으로 계약하는 것이다.

정답 및 해설

36	②	개발이익을 기대한 주민의 요구로 정비예정구역을 과도하게 지정하여 비효율이 발생한다.
37	⑤	투기과열지구에서 적용되는 조합원지위양도금지는 재건축의 경우 조합설립 이후, 재개발의 경우 관리처분계획인가 후 적용된다.
38	③	정비사업 추진절차는 '정비구역 지정 ⇨ 조합설립추진위원회 구성 ⇨ 조합설립인가 ⇨ 시공사 선정 ⇨ 관리처분계획인가' 순이다.
39	⑤	재건축사업에서 사업에 동의하지 않는 자는 조합원이 될 수 없다.
40	⑤	도급제는 사업에 필요한 공사비를 기준으로 계약하는 것이다.

41 다음 중 정비사업 추진절차에 대한 설명으로 옳지 않은 것은?

① 매도청구권은 조합설립에 동의하지 않는 자에게 소유 토지를 시가에 매도할 것을 청구하는 권리이다.
② 매도청구권은 당사자의 동의 없이 일방적으로 이루어진다.
③ 매도청구권은 재개발사업에만 있는 제도이다.
④ 조합원의 이해관계를 다루는 가장 핵심적인 단계는 관리처분계획인가 단계이다.
⑤ 일반적으로 비례율이 높으면 조합원에게 유리한 것으로 보지만 전체적인 사업성을 따져봐야 한다.

42 종전 재산이 2억원인 조합원이 주택을 3억원에 분양(주택분양가격)받았을 경우 입주부담금은? (단, 비례율은 80%이다)

① 4천만원　　② 6천만원　　③ 1억원
④ 1억 4천만원　　⑤ 1억 6천만원

43 다음 중 1:1 재건축 방식과 공동주택 리모델링사업에 대한 설명으로 옳지 않은 것은?

① 1:1 재건축은 소형평형의무비율(60%) 방식을 택할 경우 사실상 재건축이 어려운 중층·중대형 위주의 단지에 대하여 재건축이 가능하도록 하는 방법이다.
② 리모델링은 재건축 여건 등에 적합하지 않은 건물을 대수선 등의 리뉴얼을 통해 재사용하는 사업방식이다.
③ 정부는 2012년 5월 대책을 통해 1:1 재건축사업에 대하여 기존 전용면적의 증가범위를 10%에서 30%로 늘렸다.
④ 리모델링의 수직증축은 14층 이하일 경우 최대 3층까지 허용한다.
⑤ 리모델링의 수평확대는 세대당 기존 면적이 85㎡ 이하의 경우 40%, 85㎡ 초과인 경우 30%까지 가능하다.

출제빈도 ★★

44 다음 중 재건축과 재개발 투자전략에 대한 설명으로 옳지 <u>않은</u> 것은?

① 저밀도 아파트에 대한 재건축 투자는 지양한다.
② 재개발 투자 시 같은 지역 내에서도 가급적 공시지가가 높은 물건을 선택해야 한다.
③ 재개발 투자 시 구역 내에 조합원이 많은 곳은 주의한다.
④ 재개발 투자는 도심을 중심으로 이루지는 것이 바람직하다.
⑤ 중층 아파트에 대한 재건축 시 소형평형의무비율 방식과 1:1 재건축 방식을 사업성 측면에서 비교해야 한다.

출제빈도 ★★★   최신출제유형

45 다음 중 단독주택과 도시형 생활주택의 투자전략에 대한 설명으로 옳지 <u>않은</u> 것은?

① 다가구주택은 별도 자금이 없는 경우 월세로 전환하여 임대수입을 얻는 것이 좋다.
② 도로 등 기반시설이 좋지 않은 지역에 위치한 단독주택은 개발조차 쉽지 않아 미래가치에 한계가 있을 수 있다.
③ 도시형 생활주택은 기반시설이 부족한 비도시 설치 지역에 건설이 용이하다.
④ 도시형 생활주택은 부대 복리시설의 설치 의무가 없고 주차장 설치 기준이 낮다.
⑤ 고급 단독주택은 전통적인 부자들의 상징적인 주거유형으로, 서울의 성북동, 한남동, 평창동, 삼성동 등이 대표적이다.

정답 및 해설

41	③	매도청구권은 재건축사업에만 있는 제도이다.
42	④	입주부담금 = 주택분양가액 - 권리가액(종전 재산 × 비례율) = 3억원 - (2억원 × 0.8) = 1억 4천만원
43	④	리모델링의 수직증축은 14층 이하일 경우 최대 2층까지 허용한다.
44	①	저밀도 아파트는 대지지분이 넓고 조합원수가 적고, 사업추진 속도가 빠르기 때문에 재건축 투자대상으로 선호된다.
45	③	도시형 생활주택은 기반시설이 부족해 난개발이 우려되는 비도시 설치 지역에서는 건설이 불가능하다.

46 다음 중 전원주택에 대한 설명으로 옳지 <u>않은</u> 것은?

① 일반적으로 환금성이 떨어진다.

② 일반적으로 소규모로 건축해야 한다.

③ 농가형 전원주택은 자신의 취향에 맞게 건축하여 상시 또는 정기 거주하는 어느 용도로도 사용 가능한 전원주택을 말한다.

④ 주말농장형 전원주택은 대도시에서 2시간 전후 거리의 농촌지역에 입지하여 주택과 농장을 함께 조성한 전원주택이다.

⑤ 실수요보다는 투자대상으로의 접근이 필요하다.

47 테마상가 투자전략에 대한 설명으로 옳지 <u>않은</u> 것은?

① 대형 할인매장과 경쟁관계인 테마쇼핑몰을 피해야 하고 배후 소비 세대군의 소득수준과 소비력이 높아 백화점을 이용하는 곳의 테마쇼핑몰도 피해야 한다.

② 위탁관리운영사의 관리운영 노하우와 신뢰도에 대해 검증이 필요하다.

③ 임대수익률 보장에 집착하기보다 투자가치에 대한 가치관과 본인의 판단이 중요하다.

④ 다중유입시설인 영화관은 다수의 관람객들로 인해 테마상가 상권 활성화에 많은 기여를 한다.

⑤ 계약 시 점포 위치를 확정해 날인을 받아야 하고, 계약 해지와 관련된 특약사항을 점검하여야 한다.

48 다음 중 매장면적(근린생활시설 설치장소 제외)의 합계가 3,000㎡ 이상인 곳으로 다양한 상품을 구매할 수 있도록 현대적 판매시설과 소비자 편익시설이 설치된 점포로서 직영의 비율이 30% 이상인 점포 집단은?

① 대형마트　　　　　② 전문점　　　　　③ 백화점
④ 쇼핑센터　　　　　⑤ 복합쇼핑몰

49 다음 중 상가, 오피스텔, 오피스 빌딩의 투자전략에 대한 설명으로 옳지 않은 것은?

① 상가는 수익형 부동산의 대표 상품으로 경기상황과 매우 밀접하다.
② 상가건물의 매매가격은 연면적에 평당가격을 곱해 산정하는 것이 일반적이다.
③ 10년이 지난 건물의 건물 값은 따로 인정하지 않는다.
④ 20m 도로에 접할 경우 주거지역에서도 오피스텔이 가능하다.
⑤ 오피스빌딩의 매매가격은 연면적에 단위면적당 금액을 곱해 계산한다.

50 다음 중 농지에 대한 설명으로 옳은 것은?

① 농지는 법률상 지목(전·답·과수원)으로 판단한다.
② 배수시설이나 제방의 부지 등 농지의 개량시설과 간이저장고 등은 농지에 포함되지 않는다.
③ 도시인이 주말농장을 목적으로 취득할 경우 세대당 330㎡ 미만 범위에서 취득할 수 있고 세대원이 보유한 기존 농지면적도 합산된다.
④ 농지취득자격증명은 시·군·구·읍면장에게 발급신청 받아야 한다.
⑤ 토지거래허가구역 내의 농지를 경매할 경우, 농지취득자격증명은 반드시 필요하지만 토지거래허가는 없어도 된다.

정답 및 해설

46 ⑤ 투자대상보다는 실수요 중심의 접근이 필요하다.
47 ④ 다중유입시설인 영화관은 관람객 출입 시 별도의 엘리베이터를 사용하게 되어 있어 쇼핑객으로 전환되지 않는 것이 일반적이다.
48 ③ 백화점에 대한 설명이다.
49 ② 상가건물의 매매가격은 연면적이 아닌 대지면적에 평당가격을 곱해 산정하는 것이 일반적이다.
50 ⑤ ① 농지는 지목을 불문하고 토지현상에 따라 결정한다.
② 배수시설이나 제방의 부지 등 농지의 개량시설과 간이저장고 등은 농지에 포함된다.
③ 세대당 1,000㎡ 미만 범위에서 취득할 수 있고 세대원이 보유한 기존 농지면적도 합산된다.
④ 시·구·읍면장에게 발급신청 받아야 하며 군수는 해당되지 않는다.

51 다음 중 농업인에 해당하지 않는 자는?

① 2,800㎡ 농지에서 다년생산물을 경작한 자
② 1년 중 110일을 농업에 종사한 자
③ 농지에 950㎡ 크기의 고정식 온실을 설치하여 농작물을 재배한 자
④ 1년 중 93일간 축산업에 종사한 자
⑤ 농업경영을 통해 연간 판매액이 930만원인 자

52 농지 관련 용어에 대한 설명으로 옳지 않은 것은?

① 농지대상은 지자체 어디서나 발급 신청이 가능하다.
② 농지대장을 등록하는 경우 2년 이상 재촌 자경 후 농지 매입 시 취득세를 전액 감면받을 수 있다.
③ 1,000㎡ 이상의 농지에서 농작물을 경작하는 자는 농업인에 해당한다.
④ 농지매도 시 양도소득세 감면은 8년 이상 자경한 경우에 혜택이 있다.
⑤ 토지거래허가구역 내의 농지 경매 시 농지취득자격증명은 반드시 받아야 한다.

53 다음 중 토지 관련 용어에 대한 설명으로 옳지 않은 것은?

① 도로는 보행과 자동차 통행이 가능한 너비 4m 이상의 도로로, 예정도로도 포함된다.
② 산지전용부담금은 개별공시지가의 30% 이내에서 부과된다.
③ 관리지역은 보전관리지역, 생산관리지역, 계획관리지역으로 세분화된다.
④ 농업보호구역은 용수원 확보, 수질 보전 등 농업환경을 보호하기 위해 필요한 지역을 말한다.
⑤ 산림은 입지적 조건에 따라 보전산지와 준보전산지로 구분되며, 보전산지는 임업용 산지와 공익용 산지로 구분된다.

54 다음 중 토지 관련 용어에 대한 설명으로 옳지 않은 것은?

① 분묘를 설치하고 20년 동안 평온하게 점유하면 토지소유자의 승낙이 없더라도 분묘기지권을 취득할 수 있다.
② 토석을 채취하거나, 녹지지역에서 물건을 1개월 이상 쌓아놓는 행위도 모두 개발행위허가 대상행위에 포함된다.
③ 토지거래허가구역은 지가가 급격히 상승하거나 투기적 거래가 성행하는 지역에 국토교통부장관이 지정하여 공고한다.
④ 토지에 대한 소유권이나 지상권의 권리 취득을 목적으로 하는 권리에 대한 대가를 받고 이전 또는 설정하는 계약을 하는 경우에는 토지거래허가를 받아야 한다.
⑤ 주거지역에서 면적 50㎡의 토지는 토지거래허가대상이 된다.

55 다음 중 토지거래허가가 필요하지 않은 대상으로 모두 묶인 것은?

가. 건물에 대한 소유권 이전계약	나. 증여·사용대차 등의 무상계약
다. 토지에 대한 저당권 설정계약	라. 토지에 대한 양도담보
마. 토지에 대한 가등기 담보	바. 부담부 증여

① 가, 나, 다   ② 가, 라, 바   ③ 나, 다, 라
④ 나, 다, 마   ⑤ 라, 마, 바

정답 및 해설

51 ④ 1년 중 93일간 축산업에 종사한 자는 농업인에 해당하지 않는다.
52 ② 취득세를 50% 감면받을 수 있다.
53 ② 산지전용부담금은 산지전용 면적에 단위면적당 금액을 곱한 금액이 부과되며, 농지전용부담금의 경우 개별공시지가의 30% 이내에서 부과된다.
54 ⑤ 토지거래허가대상 기준 면적에 대해 주거지역의 경우 면적 60㎡를 초과하는 토지가 토지거래허가대상이 된다.
55 ① '가, 나, 다'는 토지거래허가가 필요하지 않은 대상에, '라, 마, 바'는 토지거래허가가 필요한 대상에 해당한다.

56 토지투자 요령에 대한 설명으로 옳지 <u>않은</u> 것은?

① 준보전산지는 개발이 용이하므로 미래가치가 높아질 수 있다.
② 도로에 접하지 않은 맹지는 투자가능성이 높다.
③ 토지단가는 가급적 금액이 적은 것을 매입하여야 한다.
④ 비도시지역의 토지를 매입할 경우 기반시설에 대한 검토가 필요하다.
⑤ 토지는 개발을 전제로 매입하는 것이 좋다.

57 다음 중 경매에 대한 설명으로 옳지 <u>않은</u> 것은?

① 광의의 공매는 공공기관의 자산을 불특정 다수에게 공개경쟁입찰 방식으로 매각하는 것을 말한다.
② 경매는 민사집행법의 강제집행절차이고 공매는 국세징수법의 체납처분이다.
③ 경매의 채권자 평등원칙이 적용되며, 공매는 국세 우선의 원칙이 적용된다.
④ 경매의 명도책임은 매수자에게, 공매의 명도책임은 매도자에게 있다.
⑤ 광의의 경매는 인수주의와 소멸주의로 나뉜다.

58 다음 중 경매 진행 절차 및 용어에 대한 설명으로 옳은 것은?

① 강제경매는 전세권, 질권 저당권 등의 담보권 실행을 위한 경매이다.
② 경매를 위해 준비해야 할 매수신청보증금은 일반적으로 최저매각가의 5%이다.
③ 채무자가 임의로 낙찰부동산을 인도하지 않을 경우 낙찰자는 낙찰대금 완납 후 3개월 이내에 법원에 인도명령을 신청하여 인도받을 수 있다.
④ 낙찰 불허가에 대한 항고 시 항고장을 제출하거나 항고장 제출일로부터 14일 이내에 항고이유서를 제출해야 한다.
⑤ 항고 시 매각대금의 10%에 해당하는 보증금을 공탁해야 한다.

출제빈도 ★★

59 다음 중 경매 투자 시 유의사항으로 옳지 <u>않은</u> 것은?

① 권리분석은 말소기준권리를 찾는 것부터 시작한다.
② 전입일자가 말소기준권리보다 늦으면 매수인은 임차인의 보증금을 인수해야 한다.
③ 유치권에 유의해야 하지만 유치권은 실무적으로 거의 적용되지 않는다.
④ 경매물건의 밀린 관리비에 대해 매수인은 공용부분의 원금만 납부하면 된다.
⑤ 경매는 유찰 시마다 1개월 이후에 다음 회차의 경매기일이 정해진다.

출제빈도 ★

60 다음 중 NPL 투자전략에 대한 설명으로 옳지 <u>않은</u> 것은?

① NPL은 미회수채권, 무수익여신, 부실채권을 말한다.
② NPL 채권은 대부업자, 여신 금융기관, 한국자산관리공사 등 채권을 매입할 수 있는 자격이 제한된다.
③ NPL 매입은 근저당권을 인수하는 구조이므로 투자금을 회수하기 위해서는 경매를 통하여 채권을 회수한다.
④ 자산유동화전문회사(SPC)는 페이퍼컴퍼니로 SPC에 돈을 빌려주는 주체는 대부분 개인투자자이다.
⑤ 자산관리자가 될 수 있는 회사는 자산보유자, 신용정보회사, 기타 자산관리업무 전문업체로 구분된다.

정답 및 해설

56	②	맹지는 투자가능성이 낮다.
57	④	경매와 공매 모두 매수자에게 명도책임이 있다.
58	⑤	① 전세권, 질권 저당권 등의 담보권 실행을 위한 경매는 임의경매이다. 강제경매는 채권자가 채무자의 자산을 압류한 후 경매로 금전채권의 만족을 얻는 것이다. ② 매수신청보증금은 일반적으로 최저매각가의 10%이다. ③ 낙찰대금 완납 후 6개월 이내에 법원에 인도명령을 신청하여 인도받을 수 있다. ④ 항고장 제출일로부터 10일 이내에 항고 이유서를 제출해야 한다.
59	②	전입일자가 말소기준권리보다 늦으면 매수인은 임차인의 보증금을 인수하지 않아도 되고, 반대로 전입일자가 말소기준권리보다 빠를 경우 매수인은 보증금을 인수(부담)해야 한다.
60	④	SPC에 돈을 빌려주는 주체는 대부분 기관투자자이다.

금융·자격증 전문 교육기관 해커스금융
fn.Hackers.com

■ 출제경향 및 학습전략

부동산 자산관리 전략은 제2과목 전체 30문제 중 총 2~3문제 정도 출제된다.

부동산 자산관리 전략의 경우 부동산 자산관리와 부동산금융 활용으로 구성된다. 부동산 자산관리는 부동산 자산관리 시장이 어떻게 변하였는지, 부동산 자산관리 운영방식에는 어떠한 것들이 있는지에 대하여 학습한다. 부동산금융 활용방법은 직접투자와 간접투자의 차이, 부동산펀드, 리츠, PF에 대하여 꼼꼼히 학습하도록 한다.

■ 빈출포인트

구 분	문제번호	빈출포인트	출제빈도
부동산 자산관리 (50%)	01~02	부동산 자산관리 개념	★★
	03	부동산 자산관리 운영	★★
	04	부동산 임대관리	★
부동산금융 활용 (50%)	05~07	부동산금융 활용	★★

제2과목 **비금융자산 투자설계**

제4장
부동산 자산관리 전략

개념완성문제 제4장 | 부동산 자산관리 전략

✓ 개념완성문제를 통해 은행FP 자산관리사 시험에 나오는 개념을 이해할 수 있습니다.
✓ 다시 봐야 할 문제(틀린 문제, 풀지 못한 문제, 헷갈리는 문제 등)는 문제 번호 하단의 네모박스(□)에 체크하여 반복학습 할 수 있습니다.

부동산 자산관리 개념   출제빈도 ★★

01 부동산 자산관리의 필요성에 대한 설명으로 옳지 <u>않은</u> 것은?

① 건물을 보유한 세대의 은퇴로 인하여 자산관리를 대신해줄 인력이 필요해지고 있다.
② 건물 노후화에 따른 감가상각이 진행되어 리모델링 비용이 증가하고 있다.
③ 부동산중개 산업의 발전 가능성이 높아지고 있다.
④ 점차 부동산개발에서 부동산관리 시대로 변화되고 있다.
⑤ 단기간 내 가격상승으로 인한 매각차익의 기대가 낮아지고 수익성향상을 통한 가치향상의 필요성이 높아지고 있다.

부동산 자산관리 개념   출제빈도 ★★

02 부동산 자산관리의 목적에 대한 설명으로 옳지 <u>않은</u> 것은?

① 최적의 투자전략 및 운영을 통한 최대수익창출
② 전략적이고 효율적인 운영관리를 통한 자산가치의 극대화
③ 자산운영과 총괄적인 포트폴리오를 포함하여 재무적 자산관리 종합화
④ 건물의 에너지 효율화와 예방적 차원의 유지보수
⑤ 부동산 관리비용이 발생하지 않도록 운용

정답 및 해설

01 ③ 단순한 부동산중개 산업은 한계에 다다랐다.
02 ⑤ 부동산 운영비용의 증대에 따라 운영관리 비용을 최적화하는 자산관리가 필요하다.

부동산 자산관리 운영 출제빈도 ★★

03 부동산 자산관리 운영에 대한 설명으로 옳지 않은 것은?
① REAM의 목적은 개인 자산소유자의 부를 증진시키는 것이다.
② 부동산 위탁관리는 주로 공동주택을 그 대상으로 한다.
③ 부동산 재산관리는 부동산 시설관리를 포함한다.
④ 부동산 직접관리는 부동산에 대한 전문적인 관리가 가능하다.
⑤ 부동산 혼합관리는 문제 발생 시 책임소재가 불분명하다는 단점이 있다.

부동산 임대관리 출제빈도 ★

04 부동산 임대관리에 대한 설명으로 옳지 않은 것은?
① 임대마케팅 전략의 핵심은 공실률을 낮추는 것이다.
② 보증금, 월 임대료 비율, 월 임대료 책정방법을 임차인 상황에 맞춰 조정하는 기법을 임대료 인상률 조율법이라 한다.
③ 임대마케팅은 '분석단계 ⇨ 기획단계 ⇨ 마케팅단계 ⇨ 상담단계' 순으로 이루어진다.
④ 임대수익률 증대기법에는 Mix 전략기법, 우량업체 유치, 보증부 월세 유치 등이 있다.
⑤ 연체 임차인 관리기법에서 일반적으로 입금 전에 미납사실을 통보하도록 한다.

> **용어 알아두기**
> **공실률** 부동산(임대빌딩 등)의 면적, 층, 사무실 수 등을 기준으로 비어있는 비율을 말한다.

정답 및 해설
03 ④ 전문업자의 대행관리방식을 통해 전문적인 관리가 가능한 방식은 부동산 위탁관리이다.
04 ② 보증금, 월 임대료 비율, 월 임대료 책정방법을 임차인 상황에 맞춰 조정하는 기법은 임대료 비율 조정기법이다.

부동산금융 활용   출제빈도 ★★

05 부동산금융에 대한 설명으로 옳지 않은 것은?

① 부동산금융이란 부동산의 취득 및 개발을 목적으로 부동산자금을 조달하는 것이다.

② 일반금융과 달리 감가상각, 세금감면 혜택이 있다.

③ 주택금융의 특징으로는 단기대출, 저리대출, 채무불이행의 위험 등이 있다.

④ 부동산펀드는 펀드재산의 50%를 초과하여 부동산 관련 자산에 투자하는 펀드를 말한다.

⑤ 실물형은 실물에 부동산펀드 재산의 50%를 초과하여 투자하는 펀드이다.

부동산금융 활용   출제빈도 ★★

06 리츠에 대한 설명으로 옳지 않은 것은?

① 우리나라의 리츠는 1998년 신탁은행 계정에 부동산 투자를 사용하며 도입되었다.

② 자기관리 리츠는 상법상 실체가 있는 주식회사이다.

③ CR리츠는 자본시장과의 연계성이 매우 높아 자본시장 발전에 기여한다는 순기능이 있다.

④ 위탁관리 리츠는 지점을 설치할 수 없다.

⑤ 자기관리 리츠는 상근 임직원을 둘 수 없다.

정답 및 해설

05 ③ 주택금융은 장기대출이다.
06 ⑤ 자기관리 리츠는 자산운용전문인력 3인 이상의 상근 임직원을 둔다.

부동산금융 활용

07 은행(주로 저축은행) 등이 시행사에 대출해 주고 시행사가 인허가 및 사업승인을 얻은 후 은행권의 대출을 받아 저축은행의 대출을 상환하는 대출방식은?

① PF 브리지론
② 개발신탁
③ PF Loan형 ABS
④ 매출채권형 PF
⑤ 대출채권형 PF

정답 및 해설

07 ①　PF 브리지론에 해당하는 설명이다.

출제예상문제 제4장 | 부동산 자산관리 전략

✓ 출제예상문제를 통해 다양한 은행FP 자산관리사 문제를 풀어볼 수 있습니다.
✓ 다시 봐야 할 문제(틀린 문제, 풀지 못한 문제, 헷갈리는 문제 등)는 문제 번호 하단의 네모박스(□)에 체크하여 반복학습 할 수 있습니다.

출제빈도 ★★

01 부동산 자산관리의 개념에 대한 설명으로 옳지 않은 것은?

① 부동산 자산관리란 부동산 소유자의 자산가치 극대화를 위한 전문적인 관리를 말한다.
② 소극적 의미의 자산관리에는 건물의 설비, 기계운영, 예방적 차원의 유지보수, 보완 등이 포함된다.
③ 적극적 의미의 자산관리는 총괄적인 포트폴리오를 포함한 재무적 자산관리이다.
④ 소극적 의미의 자산관리는 각종 시설의 유지와 운용을 위한 관리 등 부동산의 시설관리 영역에 초점을 맞춘 자산관리이다.
⑤ 단기간 내 가격 상승으로 인한 추가적인 매각차익을 얻어야 하는 상황으로 인하여 부동산 자산관리의 필요성이 증가하고 있다.

출제빈도 ★★ 최신출제유형

02 부동산 자산시장의 트렌드의 변화에 대한 설명으로 가장 거리가 먼 것은?

① 재산관리(PM)시장에서 점차 시설관리(FM)시장으로 전환되고 있다.
② 부동산의 유지보존관리에서 부동산 수익운영관리로 변화하고 있다.
③ 부동산 공급자 중심의 시장에서 수요자 중심의 시장으로 변화하고 있다.
④ 투자 목적의 부동산에서 거주를 위한 부동산으로 변화하고 있다.
⑤ 인적건물관리회사(FMC)에서 전문자산관리회사(PMC)로 전환되고 있다.

출제빈도 ★★

03 부동산 자산관리 분야에 대한 설명으로 옳지 않은 것은?

① 부동산 자산관리(REAM)는 자산운용업무와 재무관리업무, 최적의 포트폴리오 작성 업무를 수행한다.
② 부동산 재산관리(PM)는 수익관리, 공실관리, 시설물관리 등 건물자산의 임대관리업무를 주로 수행한다.
③ 부동산 시설관리(FM)는 운영효율과 생산성을 향상시켜 운영비를 절감하도록 서비스를 제공하는 시설물 유지관리업무를 주로 수행한다.
④ 부동산 재산관리 업무는 부동산 시설관리 업무에 포함된다.
⑤ 공간기획, 개발부지 선정 등의 업무도 부동산 자산관리 업무에 포함된다.

04 다음 중 부동산 자산관리 운영방식에 대한 설명으로 옳은 것은?

① 혼합관리방식은 관리비용이 저렴하고 안정적이며, 급여체계 및 노무가 단순화된다.
② 위탁관리방식은 공동주택 및 대형빌딩에 적합한 운용방식이다.
③ 혼합관리방식은 소규모 부동산에 유효한 운용방식이다.
④ 직접관리방식은 인사의 관리와 개혁이 용이하다.
⑤ 직접관리방식은 대형·고층건물에 적합한 운용방식이다.

05 임대마케팅에 대한 설명으로 옳지 않은 것은?

① 상가빌딩의 경우 공실률을 최소화하는 것이 임대마케팅의 핵심이다.
② 임대마케팅 전략은 분석단계, 기획단계, 마케팅단계, 상담단계로 구성된다.
③ 임대계약 해지 후 명도소송이 가능하여 연체 임차인에게 법적으로 대처할 수 있다.
④ 임대계약 체결 시 제소 전 화해조서를 작성하여 연체 임차인에게 대응할 수 있다.
⑤ 임대료 인상률 조율법은 임차인의 상황에 맞춰 보증금과 월 임대료 비율, 월 임대료 책정방법을 탄력적으로 조정하는 임대료 인상 협상기법이다.

정답 및 해설

01 ⑤ 단기간 내 가격상승으로 인한 추가적인 매각차익을 기대하기 어려운 상황에 도래하였기 때문에 수익성 향상을 위한 부동산 자산관리의 필요성이 증대되고 있다.
02 ① 시설관리(FM)시장에서 점차 재산관리(PM)시장으로 전환되고 있다.
03 ④ 부동산 시설관리 업무가 부동산 재산관리 업무에 포함된다.
04 ② ① 혼합관리방식 → 위탁관리방식
　　　③ 혼합관리방식 → 직접관리방식
　　　④ 직접관리방식 → 위탁관리방식
　　　⑤ 직접관리방식 → 혼합관리방식
05 ⑤ 임대료 비율 조성법에 대한 설명이다. 임대료 인상률 조율법은 임대만기 시 또는 장기 임대일 경우에 임대료 인상률을 탄력적으로 조정하는 기법이다.

06 다음 중 부동산 자산관리 전략에 대한 설명으로 가장 거리가 먼 것은?

① 수익성분석을 위해서는 먼저 자본이득을 고려해야 한다.
② 주택, 상가, 토지 등으로 분산투자하여 환금성과 안정성을 높여야 한다.
③ 일반적으로 매각 직전보다는 현재 임차인이 있을 때 리모델링하는 것이 유리하다.
④ 부동산의 보유와 처분과정에서는 모든 거래가 합리적인 의사결정에 의해 결정되는 것이 아니기 때문에 전략과 임기응변이 필요하다.
⑤ 보유·매도의 시기가 적절한지에 대한 판단과 함께 가격판단이 이루어져야 한다.

07 다음 중 부동산금융의 기능으로 모두 묶인 것은?

| 가. 부동산 개발자금 공급 | 나. 부동산 공급 확대 |
| 다. 주택구입 능력제고 | 라. 저당채권 유동화 |

① 가, 나
② 가, 라
③ 나, 다
④ 가, 나, 라
⑤ 가, 나, 다, 라

08 부동산금융 상품에 대한 설명으로 옳은 것은?

① 부동산 직접투자는 부동산 간접투자보다 전문성이 확보된다.
② 부동산 직접투자는 취득세 감면 등 부동산 간접투자에 없는 혜택이 있다.
③ 부동산 직접투자는 부동산 간접투자보다 안정성이 높아 투자 위험이 낮다.
④ 부동산 직접투자는 양도소득세가 비과세된다.
⑤ 부동산 간접투자는 소액 투자자도 대형 부동산에 투자가 가능하도록 한다.

09 부동산금융 상품에 대한 설명으로 옳지 않은 것은?

① 자본시장법은 부동산개발과 관련된 법인에 펀드재산의 50%를 초과하여 대출하는 경우도 부동산펀드에 해당하는 것으로 보고 있다.
② 부동산투자회사법상 부동산투자회사는 설립 시 발기설립 방식으로 국토교통부장관의 영업인가가 필요하다.
③ 부동산투자회사법상 부동산투자회사의 최저자본금은 자기관리의 경우 70억원이다.
④ 자본시장법상 투자회사는 공모의무가 없다.
⑤ 부동산투자회사법상 부동산투자회사는 주식의 소유제한 규정이 없다.

10 부동산금융 상품에 대한 설명으로 가장 거리가 먼 것은?

① 전세권, 임차권은 부동산펀드의 투자대상이 된다.
② 부동산투자목적회사의 투자증권에 투자하는 것을 목적으로 설립된 회사가 발행한 지분증권은 부동산펀드의 투자대상이 된다.
③ 부동산을 기초자산으로 한 파생상품도 부동산펀드의 투자대상이 된다.
④ 자본시장법하에서 부동산펀드가 아닌 다른 종류의 펀드는 부동산펀드의 대상이 되지 않는다.
⑤ 펀드재산의 50%를 초과하여 부동산 관련 증권에 투자하는 펀드를 증권형 부동산펀드로 구분한다.

정답 및 해설

06 ③ 일반적으로 현재 임차인이 있는 상태에서 리모델링 할 경우에는 수익률 향상을 기대하기 힘들며, 매각 직전에 가격 경쟁력을 높이기 위한 리모델링을 고려해야 한다.
07 ⑤ '가, 나, 다, 라' 모두 부동산금융의 기능에 해당한다.
08 ⑤ ① 부동산 간접투자는 부동산 직접투자보다 전문성이 확보된다.
② 부동산 간접투자는 취득세 감면 등 부동산 직접투자에 없는 혜택이 있다.
③ 부동산 간접투자는 부동산 직접투자보다 안정성이 높아 투자 위험이 낮다.
④ 부동산 직접투자는 양도소득세가 과세된다.
09 ⑤ 주식의 소유제한 규정이 있다.
10 ④ 자본시장법하에서 부동산펀드가 아닌 다른 종류의 펀드이지만 실질적인 내용 등을 볼 때 부동산펀드로 간주할 수 있는 펀드를 준부동산펀드로 볼 수 있다.

11 리츠(REIT's)에 대한 설명으로 옳지 않은 것은?

① 부동산 투자회사의 약자로 다수의 일반 투자자로부터 투자받아 부동산 관련 상품에 투자하여 발생하는 수익을 배당하는 주식회사이다.
② 국내 리츠는 미국과 달리 개발사업이나 단기매매 등이 제한된다.
③ 자기관리 리츠는 일반 부동산 및 부동산 관련 유가증권에 투자한다.
④ 기업구조조정 리츠는 자본시장과의 연계성이 높다.
⑤ 위탁관리 리츠는 자산전문 운용사의 임직원을 상근으로 두어 기업구조조정용 부동산을 매입한다.

12 부동산개발금융(PF)에 대한 설명으로 옳지 않은 것은?

① PF는 Project Financing의 약자로 프로젝트 금융이라고도 한다.
② 차주의 일반 재산이나 신용이 아닌 프로젝트의 사업성만을 보고 대출을 해주는 자금조달 방식이다.
③ 일반적으로 금융기관의 관여가 높고 시행사의 결정권이 약하다.
④ 담보의 종류, 채무 상환 방법, 부속 계약 체결 등이 일정한 형태로 이루어지는 특징을 가지고 있다.
⑤ ABS 등을 활용한 프로젝트 금융 등 대출구도상의 특이점을 가지고 있다.

13 다음 중 부동산개발금융의 진행과정이 올바르게 나열된 것은?

| 가. 사업부지 매입 | 나. 시공사 선정 | 다. 소유권 이전 |
| 라. 인허가 절차 | 마. 분양 및 착공 | 바. 완공 및 입주 |

① 가 ⇨ 나 ⇨ 다 ⇨ 라 ⇨ 마 ⇨ 바
② 가 ⇨ 라 ⇨ 나 ⇨ 다 ⇨ 마 ⇨ 바
③ 나 ⇨ 가 ⇨ 라 ⇨ 다 ⇨ 마 ⇨ 바
④ 나 ⇨ 다 ⇨ 라 ⇨ 가 ⇨ 마 ⇨ 바
⑤ 라 ⇨ 가 ⇨ 나 ⇨ 다 ⇨ 마 ⇨ 바

14 부동산개발금융(PF)의 특징으로 옳지 않은 것은?

① 기존 대출금융방식에 비하여 금융기관의 관여가 상대적으로 강화되며, 시행사의 결정 권한은 약화된다.
② 사업의 시행구도, 사업의 진행단계, 대출의 구도, 기존 대출상황 등에 따라 다양한 형태로 이루어질 수 있다.
③ 시행사가 시행하는 부동산개발사업이 성공적으로 추진되는 때에는 대출형 부동산펀드는 대출이자의 지급과 대출원금의 상환을 받을 수 있다.
④ 대출형 부동산펀드에서는 시행사의 채무불이행 위험으로부터 대출채권을 담보하기 위해 담보권을 설정하고, 시공사 등의 지급보증이나 채무인수 등을 받아야 한다.
⑤ 엄격한 채권담보를 확보한 대출형 부동산펀드의 대출이자는 상대적으로 높고, 완화된 채권담보를 확보한 대출형 부동산펀드의 대출이자는 상대적으로 낮다.

15 부동산 자산시장의 트렌드 변화에 대한 설명으로 옳지 않은 것은?

① 부동산금융의 고정화 ⇨ 부동산금융의 유동화
② 개별적 로컬 설비시스템 ⇨ 인터넷 통합관리시스템
③ 부동산 수익운영관리 ⇨ 부동산 유지보존관리
④ 공급자 중심 부동산 시장 ⇨ 수요자 중심 부동산 시장
⑤ 소유투자 목적 ⇨ 거주이용 목적

정답 및 해설

11	⑤	위탁관리 리츠는 상근임직원을 둘 수 없는 Paper Company이다.
12	④	사업의 시행구도, 진행 단계 등에 따라 PF의 담보의 종류, 채무 상환 방법, 부속 계약 체결 등이 다양한 형태로 이루어질 수 있다.
13	①	부동산개발금융의 진행과정은 '사업부지 매입 ⇨ 시공사 선정 ⇨ 소유권 이전 ⇨ 인허가 절차 ⇨ 분양 및 착공 ⇨ 완공 및 입주' 순이다.
14	⑤	엄격한 대출채권 담보장치를 확보한 대출형 부동산펀드의 대출이자는 상대적으로 낮고, 완화된 대출채권 담보장치를 확보한 대출형 부동산펀드의 대출이자는 상대적으로 높다.
15	③	부동산 유지보존관리 ⇨ 부동산 수익운영관리

금융·자격증 전문 교육기관 해커스금융
fn.Hackers.com

해커스 은행FP 자산관리사 2부 최종핵심정리문제집

필수암기공식

기업분석 - 재무제표 분석

01 수익성 비율

- 총자본이익률(ROI) = (당기순이익 / 총자본) × 100
- 자기자본이익률(ROE) = (당기순이익 / 자기자본) × 100
- 납입자본이익률 = (당기순이익 / 납입자본) × 100
- 매출액순이익률 = (당기순이익 / 매출액) × 100

02 안정성 비율

- 유동비율 = (유동자산 / 유동부채) × 100
- 부채비율 = (타인자본 / 자기자본) × 100
- 고정비율 = (고정자산 / 자기자본) × 100
- 이자보상비율 = (영업이익 / 이자비용) × 100

03 활동성 비율

- 총자산회전율 = 매출액 / 총자산(회)
- 고정자산회전율 = 매출액 / 고정자산(회)
- 재고자산회전율 = 매출액 / 재고자산(회)

04 성장성 비율

- 매출액증가율 = (당기매출액 / 전기매출액 − 1) × 100
- 총자산증가율 = (당기말 총자산 / 전기말 총자산 − 1) × 100
- 영업이익증가율 = (당기영업이익 / 전기영업이익 − 1) × 100

05 유동성 비율

- 유동비율 = 유동자산 / 유동부채 × 100
- 당좌비율 = 당좌자산 / 유동부채 × 100

기업분석 - 시장가치비율 분석

01 주가수익비율(PER : Price Earnings Ratio)

주가수익비율 = 주가 / 주당순이익(배)

02 주가순자산비율(PBR : Price Book-value Ratio)

주가순자산비율 = 주가 / 주당순자산(배)

03 주가현금흐름비율(PCR : Price Cash flow Ratio)

주가현금흐름비율 = 주가 / 주당현금흐름

04 주가매출액비율(PSR : Price Sales Ratio)

주가매출액비율 = 주가 / 주당매출액(배)

05 토빈의 q

토빈의 q = 자산의 시장가치 / 추정대체비용

주식 가치의 평가

01 제로성장 배당모형

$P_0 = D/k$
(P_0 : 현재 주가, D : 배당수입, k : 요구수익률)

02 정률성장 배당모형

$P_0 = D_1/(k-g) = D_0(1+g)/(k-g)$
(D_0 : 올해의 배당수입, D_1 : 다음 기 배당수입, g : 성장률)

03 이익평가모형(일정 비율의 성장을 가정하는 경우)

P_0 = 성장기회가 없는 경우의 현재가치 + 미래 성장기회의 현재가치
$= \dfrac{E_1}{k_e} + \dfrac{E_1}{k_e} \times \dfrac{f \times (r - k_e)}{(k_e - f \times r)}$

(E_1 : 기말 예상 주당이익, k_e : 요구수익률, f : 사내유보율, r : 재투자수익률)

04 자산가치 평가모형

주당순자산(BPS) = 보통주 자본총계(총자산 − 총부채 − 우선주) / 발행주식수

05 PBR(주가순자산비율) 평가모형

PBR = 자기자본 시장가격 / 자기자본 장부가액
　　= 순이익 / 자기자본 장부가액 × 자기자본 시장가격 / 순이익
　　= 자기자본 순이익률 × (P/E)
　　= 순이익 / 매출액 × 매출액 / 총자본 × 총자본 / 자기자본 × (P/E)
　　= 마진 × 활동성 × 부채레버리지 × 이익승수

06 EV/EBITDA 평가모형

EV/EBITDA = 기업가치 / 이자 · 세금 · 감가상각비 차감 전 이익

투자수익률

01 보유기간수익률

보유기간수익률 = (기말 투자자산가격 − 기초 투자자산가격 + 배당금) / 기초 투자자산가격

02 산술평균수익률

산술평균수익률 = Σ(보유기간별 수익률) / n

03 기하평균수익률

기하평균수익률 = $\sqrt[n]{\text{최종 투자자산 평가금} / \text{최초 투자자산 평가금}} - 1$

04 가중평균 수익률

가중평균수익률 = Σ(개별자산 투자비중 × 개별자산 보유기간별 수익률)

05 기대수익률

기대수익률 = Σ(i 상황이 발생할 확률 × i 상황 시 예상수익률)

자본자산가격결정모형(CAPM)

01 자본시장선(CML)

$$E(R_P) = R_f + \frac{E(R_M) - R_f}{\sigma_M} \times \sigma_P$$

($E(R_P)$: 포트폴리오 기대수익률, R_f : 무위험이자율,
σ_M : 시장포트폴리오의 표준편차, σ_P : 포트폴리오의 표준편차)

02 증권시장선(SML)

$$E(R_i) = R_f + \beta_i \times (E(R_M) - R_f)$$

($E(R_i)$: 개별증권 기대수익률, β_i : 개별증권의 베타계수)

포트폴리오 성과평가

01 샤프지수

샤프지수 = (포트폴리오 수익률 − CD금리) / 포트폴리오 수익률의 표준편차

02 트레이너지수

트레이너지수 = (포트폴리오 수익률 − CD금리) / 포트폴리오 수익률의 베타

03 젠센지수

젠센지수 = (펀드 실현수익률 − 무위험이자율) − 베타 × (시장수익률 − 무위험이자율)

04 정보비율

정보비율 = 초과수익률 / 잔차의 표준편차

선물·옵션

01 헤지 선물계약 수(100% 헤지 가정)

헤지 선물계약 수(N) = 주식포트폴리오 금액 / (주가지수선물 가격 × 25만원)

02 콜옵션 만기 시 손익

- 콜옵션 매수 = $Max[S_T − K, 0] − c$
- 콜옵션 매도 = $−Max[S_T − K, 0] + c$

(S_T : 만기 시 기초자산 가격, K : 행사가격, c : 콜옵션 가격)

03 풋옵션 만기 시 손익

- 풋옵션 매수 = $Max[K − S_T, 0] − p$
- 풋옵션 매도 = $−Max[K − S_T, 0] + p$

(S_T : 만기 시 기초자산 가격, K : 행사가격, p : 풋옵션 가격)

부동산 가치평가

01 원가방식

부동산 가치 = 재조달원가 - 감가상각누계액
(감가상각누계액 : 물리적 감가, 기능적 감가, 경제적 감가)

02 비교방식

비준가격 = 사례가격 × 사정보정 × 시점수정 × 지역요인 × 개별요인 × 기타요인

03 수익방식

부동산 가치 = 순영업수입 / 환원이율

금융·자격증 전문 교육기관 해커스금융
fn.Hackers.com

해커스 **은행FP 자산관리사 2부** 최종핵심정리문제집

적중
실전모의고사

제1회 적중 실전모의고사
제2회 적중 실전모의고사
제3회 적중 실전모의고사
제4회 적중 실전모의고사
정답 및 해설

제1회 적중 실전모의고사

▶ 정답 및 해설 p.420

제1과목 | 금융자산 투자설계 (70문제)

01 다음 중 금융상품 선택 시 고려해야 할 사항으로 옳지 <u>않은</u> 것은?
① 수익성이란 확정금리형의 경우 높은 이자수익을 지급받을 수 있는 정도를 의미한다.
② 일반적으로 금융상품은 수익성이 높으면 안전성도 높아지게 된다.
③ 투자목적, 투자기간, 안전성, 수익성, 유동성 등 다섯 가지 항목을 고려해야 한다.
④ 유동성은 기회비용의 측면과 반드시 동시에 고려해야 한다.
⑤ 금융상품 선택 시 수익성의 기준은 이자의 재투자수익 등을 포함하여 실제로 받게 되는 투자원금에 대한 총수익의 비율을 나타내는 실효수익률이다.

02 다음 중 입출금이 자유로운 상품에 해당하지 <u>않는</u> 것은?
① 보통예금　　② 별단예금　　③ 저축예금
④ 당좌예금　　⑤ 정기예금

03 다음 중 상호부금에 대한 설명으로 옳지 <u>않은</u> 것은?
① 저축의 형태는 정기적립식과 자유적립식의 두 가지 형태가 있다.
② 비과세종합저축으로 가입이 가능하다.
③ 예금주가 일정 기간 부금을 납입하면 금융기관이 예금주에게 사전에 약정한 금액을 급부하여 줄 것을 약정하는 상호 목적부 금융상품이다.
④ 저축기간은 6개월 이상 5년 이하의 월 단위이다.
⑤ 상호저축은행에서 취급하는 상품으로 가입대상의 제한은 없다.

04 다음과 같은 수익구조를 가진 1년 만기 주가지수연동정기예금에 가입한 경우 만기 시 수익률은?

> 1. 수익구조
>   - 하락추구수익형(낙아웃풋형)
>   - 참여율 : 50%
>   - 낙아웃 배리어 : 20%
>   - 리베이트(보상수익) : 4%
> 2. 가입 당시 주가지수 : 1,000p
> 3. 만기 당시 주가지수 : 700p

① 0% ② 2% ③ 4%
④ 8% ⑤ 15%

05 다음 중 주택청약 관련 금융상품에 대한 설명으로 옳지 않은 것은?
① 주택청약종합저축은 '국민주택'과 '민영주택'에 모두 청약할 수 있다.
② 입주자저축은 전 금융기관을 통틀어 1인 1계좌에 한하여 가입할 수 있다.
③ 청약예금, 청약부금, 청약저축 등 기존의 입주자저축에 대한 자격 및 순위는 그대로 유지된다.
④ 주택청약종합저축은 산업은행과 수출입은행을 제외한 전 은행에서 신규가입할 수 있다.
⑤ 주택청약종합저축은 실명의 개인이면 가입할 수 있으며, 연령이나 세대주 여부의 제약을 받지 않는다.

06 다음 중 자본시장법의 특징에 대한 설명으로 옳지 않은 것은?
① 금융투자상품의 포괄주의 도입
② 금융투자업자의 업무 범위 확대
③ 금융기관별 규율체계로의 전환
④ 금융투자업 상호 간 겸영 허용
⑤ 투자자보호제도의 선진화

07 다음 중 집합투자증권의 판매수수료에 대한 설명으로 옳지 <u>않은</u> 것은?
① 집합투자증권 판매의 대가로 투자자로부터 직접 받는 금전을 말한다.
② 장기투자 시 유리하다.
③ 납입(환매)금액의 2%를 한도로 한다.
④ 기준가격에 영향을 미친다.
⑤ 판매 또는 환매 시 1회성으로 부담하는 비용이다.

08 고객이 펀드판매 창구에서 50% 이상 편입된 펀드를 월요일 오후 2시 20분에 가입(매수청구)한 경우 기준가 적용일은?
① 월요일(T일)   ② 화요일(T + 1일)   ③ 수요일(T + 2일)
④ 목요일(T + 3일)   ⑤ 금요일(T + 4일)

09 다음 중 패시브형 펀드에 대한 설명으로 옳지 <u>않은</u> 것은?
① 인덱스펀드가 가장 대표적인 형태이다.
② 지수추적을 목표로 운용되기 때문에 매매회전율이 낮다.
③ 시스템적으로 운용되기 때문에 펀드매니저에 대한 의존도가 낮다.
④ 일반적으로 액티브형 펀드에 비해 성과지속성이 낮다.
⑤ 펀드별 성과차이가 적다.

10 다음 중 포트폴리오에 추가적으로 부동산을 편입시켜도 분산이 불가능한 체계적 위험이 <u>아닌</u> 것은?
① 경제 위험   ② 유동성 위험   ③ 인구통계학적 위험
④ 금융 위험   ⑤ 자본시장 변동 위험

11 다음 중 종류형 집합투자기구의 운용기준이 아닌 것은?

① 자산의 운용 및 평가방법에 있어서는 차등을 둘 수 없다.
② 클래스에서 다른 클래스로의 전환이 가능하다.
③ 운용보수·수탁보수는 각 클래스별로 차등을 둘 수 있다.
④ 투자설명서에 클래스별 세부내용이 기술되어야 한다.
⑤ 수익자 총회는 전체 수익자 총회와 클래스별 수익자 총회로 구분되어 운용한다.

12 다음 중 구조화 상품의 특징으로 옳지 않은 것은?

① 손익구조가 다양하여 고객의 투자성향에 맞는 투자권유가 가능하다.
② 주식, 금리, 원자재 등 다양한 기초자산을 선택할 수 있다.
③ 일정 모집기간 동안 판매하는 단위형 상품이다.
④ 투자자는 사전에 기대수익률을 예측할 수 있다.
⑤ 월이자지급식으로 가입이 불가능하다.

13 다음 중 신탁에 대한 설명으로 옳지 않은 것은?

① 신탁재산이 수탁자의 고유재산이 된 것을 제외하고는 수탁자의 상속재산에 속하지 않는다.
② 수탁자의 고유재산 및 다른 신탁재산과 구별되어 분리계정으로 구분·운용하고 있다.
③ 수익자는 신탁행위의 당사자가 아니므로 신탁 설정 당시 반드시 특정하지 않아도 된다.
④ 신탁재산관리인은 불특정하거나 아직 존재하지 않는 수익자를 위하여 신탁의 이익을 관리하는 사람을 말한다.
⑤ 연금신탁 등을 제외한 모든 신탁상품은 실적배당을 기본원칙으로 한다.

14 다음 중 집을 소유하고 있지만 특별한 소득이 없는 고령자들의 노후생활안정자금을 지원하고자 하는 공적 목적의 대출은?

① 모기지론   ② 역모기지론   ③ 주택담보대출
④ 생활자금대출   ⑤ 수익권담보대출

15 다음 중 여행자수표에 대한 설명으로 옳지 <u>않은</u> 것은?
① 여행자의 현금 휴대에 따른 분실, 도난 등의 위험을 방지하기 위해 고안된 수표이다.
② 분실 시 재발급이 가능하다는 점에서 현금을 소지하는 것보다 안전하다.
③ 서명은 반드시 구매신청서와 동일하지 않아도 되며, 어떤 형태로도 가능하다.
④ 서명되지 않은 백지상태로 분실, 도난당한 경우 환급이 불가능하다.
⑤ 고객이 은행 창구에서 여행자수표에 직접 서명해야 한다.

16 다음 중 신용카드의 회원에 대한 설명으로 옳지 <u>않은</u> 것은?
① 기업 공용카드란 기업이 특정 이용자의 지정 없이 임직원이 공동으로 사용하는 기업명의의 카드를 말한다.
② 가족회원은 본인회원의 부모, 자녀 등 직계혈족만 가능하며, 형제자매는 불가능하다.
③ 미성년자의 경우 카드 발급에 있어서 법정대리인의 동의를 요한다.
④ 사용자 지정카드란 기업이 특정 이용자를 지정하여 해당 임직원의 명의를 카드표면에 기입한 카드를 말한다.
⑤ 본인회원은 만 18세 이상으로서 결제능력이 있는 실명의 개인이다.

17 다음 중 주식투자로부터 기대할 수 있는 수익을 모두 고른 것은?

가. 시세차익	나. 이자수익
다. 배당수익	라. 재투자수익
마. 세제상 혜택	바. 유·무상 증자 수익

① 가, 나, 바 ② 가, 다, 마 ③ 나, 다, 라
④ 가, 다, 마, 바 ⑤ 나, 다, 라, 바

18 다음 주가형성의 결정요인 중 기업 외적요인에 해당하지 <u>않는</u> 것은?
① 경기변동 ② 시장규제 ③ 노사관계
④ 물가와 이자율 ⑤ 기관투자자의 동향

19 다음 중 주식의 발행시장에 대한 설명으로 옳지 <u>않은</u> 것은?
① 1차시장 또는 본원적 시장이라고 한다.
② 자금수요자가 자금공급자에게 증권을 매각함으로써 장기적인 자본을 조달하는 시장이다.
③ 증권의 시장성과 유통성을 높여 환금성을 제공하는 기능을 수행한다.
④ 발행자와 투자자 그리고 이 둘을 연결하는 발행기관으로 구성된다.
⑤ 정부는 발행시장에서 공개시장조작을 통해 통화를 조절함으로써 물가와 금리의 안정을 기할 수 있다.

20 다음 중 우리나라 주가지수에 대한 설명으로 옳지 <u>않은</u> 것은?
① 우리나라 대부분의 주가지수는 시가총액식으로 산출된다.
② KRX100은 유가증권시장의 대표종목 100개로 구성된 주가지수이다.
③ KOSPI200은 주가지수선물의 대상지수로 기준시점은 1990년 1월 3일이다.
④ KOSPI200은 거래소에 상장된 종목 중 거래가 활발하며, 시가총액이 일정 규모 이상인 200개의 종목으로 구성된 지수이다.
⑤ KOSTAR는 코스닥시장에 상장된 종목 중 우량종목 30종목으로 구성된다.

21 다음 중 경제변수와 주가에 대한 설명으로 옳지 <u>않은</u> 것은?
① 일반적으로 이자율이 상승하면 주가는 상승한다.
② 수출의존도가 높은 나라에서 환율상승은 주식시장에 긍정적인 영향을 준다.
③ 단기적인 통화량 증가는 주가 상승요인으로, 장기적인 통화량 증가는 주가 하락요인으로 작용한다.
④ 경제성장률과 주가는 양(+)의 상관관계를 가지며, 주가는 경제성장률에 선행한다.
⑤ 장기적으로 완만한 물가 상승은 주가에 긍정적으로 작용한다.

22 다음 중 제품수명주기(PLC)상 성숙기의 특징에 해당하지 않는 것은?
① 시장수요 포화　　　　　　　② 기업 간 경쟁 확대
③ 자금조달 능력 중요　　　　　④ 경영위험이 증가하기 시작
⑤ 기업 수익성의 체감적 증가

23 다음 중 재무비율과 그를 통해 파악하고자 하는 측면의 연결이 옳지 않은 것은?
① 고정비율 - 안정성　　　　　② 매출액증가율 - 성장성
③ 총자산회전율 - 유동성　　　④ 자기자본이익률 - 수익성
⑤ 매출채권회수기간 - 활동성

24 A기업의 작년도 배당은 주당 500원이고, 향후 이익과 배당이 매년 6%씩 일정하게 성장할 것으로 예상되며, 투자자들의 요구수익률은 11%이다. 정률성장 배당모형에 의한 A기업 주식의 가치는?
① 8,800원　　② 10,600원　　③ 11,200원
④ 12,300원　　⑤ 13,500원

25 다음 중 보통주 평가모형에 대한 설명으로 옳지 않은 것은?
① 배당평가모형은 미래배당흐름을 요구수익률로 각각 할인한 현재가치의 합을 증권의 내재가치로 본다.
② 이익평가모형으로 배당을 전혀 하지 않는 기업의 주식의 가치를 평가할 수 있다.
③ 자산가치 평가모형에 의해 계산된 주식의 가치는 실제 주가와 거의 일치한다.
④ 자산가치 평가모형은 자산가치가 급등락하는 경제상황에서 중요성을 보인다.
⑤ 이익평가모형에서 재투자수익률이 요구수익률보다 클 때 주식가치가 높아진다.

26 다음 중 PER(주가수익비율) 평가모형에 대한 설명으로 옳지 않은 것은?
① 현재주가를 주당순이익(EPS)으로 나누어 구한다.
② 다른 조건이 같다면 배당성향과 이익성장률, 기대수익률이 클수록 커진다.
③ 일반적으로 PER이 높으면 고평가, 낮으면 저평가된 것으로 해석한다.
④ PER을 구성하는 요소들의 시점이 불일치한다는 문제점이 존재한다.
⑤ 기업 수익력의 성장성, 위험, 회계처리방법 등 질적인 측면이 총제적으로 반영된 지표이다.

27 다음은 투자목표 수립 시 고려해야 할 사항들이다. 특히 매매빈도가 높을 경우 가장 민감할 수 있는 것은?
① 투자기간   ② 세금관계   ③ 위험수용도
④ 자금의 성격 ⑤ 법적 제약조건

28 다음 중 포트폴리오 수정과 수익률 측정에 대한 설명으로 옳은 것은?
① 포트폴리오 리밸런싱은 상대가격 변동에 따른 투자비율의 변화를 원래대로 환원하는 것이다.
② 포트폴리오 업그레이딩 시 대개의 경우 높은 성과를 지닌 주식을 식별하는 방법을 이용한다.
③ 내부수익률은 시간가중평균수익률로 화폐의 시간적 가치가 고려된 평균투자수익률이다.
④ 산술평균수익률은 중도 현금흐름이 재투자되어 증식되는 것을 감안하기 때문에 기하평균수익률보다 합리적이다.
⑤ 기하평균수익률은 단일기간수익률을 모두 합한 값을 기간 수로 나누어 구한다.

29 다음에서 설명하는 위험조정성과 평가 지표는?

- 한 단위의 위험자산에 투자해서 얻은 초과수익의 정도를 나타내는 지표
- 분산투자가 잘 되어 있지 않은 펀드를 평가할 때 유용한 지표
- 전체 위험을 나타내는 표준편차를 사용하고, 최소 1개월 이상의 수익률 데이터를 필요로 함

① 젠센지수   ② 샤프지수   ③ 정보비율
④ 소티노비율 ⑤ 트레이너지수

30 다음 중 소극적 투자전략에 대한 설명으로 옳지 않은 것은?
① 증권시장이 효율적이라는 것을 전제로 한다.
② 매매빈도를 극히 제한하여 거래비용을 최소화한다.
③ 특별한 정보수집 활동을 하지 않기 때문에 정보비용이 극소화된다.
④ 시장 전체의 평균수익을 얻거나 투자위험의 감소를 목표로 한다.
⑤ 일정한 규칙에 따라 기계적으로 자산배분을 하는 방법을 사용한다.

31 다음 중 운용스타일에 따른 전략에 대한 설명으로 옳지 않은 것은?
① 가치투자 스타일은 기업의 수익이 과거 평균치에 회귀하는 성향을 근거로 한다.
② 저PER투자, 역행투자, 고배당수익률 투자방식 등이 가치투자 스타일에 해당한다.
③ 성장투자 스타일의 투자위험은 기대했던 매출의 증가가 이루어지지 않았을 때 발생한다.
④ 일반적으로 경기침체기에는 가치투자 스타일이, 경기성장기에는 성장투자 스타일이 상대적으로 유리하다.
⑤ 시가총액에 의한 스타일에서 소형주 투자는 대형주에 비해 애널리스트의 분석이 많아 적정가격 대비 저평가된 기업을 찾을 기회가 많을 것이라는 기대를 근거로 한다.

32 A은행의 정기예금 명목이자율은 6%이고 물가상승률은 3%일 때, 1년간 정기예금에 투자할 경우 실질이자율은?
① 2.00%　　　② 2.63%　　　③ 2.91%
④ 3.00%　　　⑤ 3.12%

33 다음 중 금리 상승으로 인한 영향이 아닌 것은?
① 소비 감소　　　　　　② 저축 증가
③ 물가 상승 압력 발생　　④ 기업의 투자 및 생산 감소
⑤ 주식 및 부동산투자 감소

34 다음 중 채권의 특징이 아닌 것은?
① 채권의 발행은 타인자본의 증가를 수반한다.
② 현금흐름 스케줄이 발행 시 정해진다.
③ 발행자의 수익성과 관계없이 이자를 지급하여야 한다.
④ 발행회사와 존속을 같이 하는 영구증권이다.
⑤ 액면가는 1만원으로 규정되어 있다.

35 다음 중 채권의 종류에 대한 설명으로 옳지 않은 것은?
① 국채는 국회의 동의를 받은 후 정부가 발행하는 채권으로 무위험채권으로 간주된다.
② 다른 조건이 같다면 이표채의 이자지급주기가 길수록 실효수익률이 높다.
③ 특수채는 공사채라고도 하며, 대부분 최고 신용등급인 AAA를 부여받는다.
④ SH공사채, 경기도시공사채와 같은 지방공사채는 공사채가 아닌 회사채로 분류된다.
⑤ 일반적으로 단기채는 잔존만기가 2년 이하, 장기채는 7년 초과되는 채권을 말한다.

36 유통수익률과 표면이율이 각각 8%인 3년 만기 연이표채의 가격은? (단, 채권의 액면은 10,000원이다)
① 9,200원   ② 9,800원   ③ 10,000원
④ 10,200원   ⑤ 10,800원

37 다음 중 듀레이션에 대한 설명으로 옳지 않은 것은?
① 채권에서 발생하는 모든 미래 현금흐름의 현재가치를 기간별로 가중한 평균값이다.
② 채권의 투자원리금을 모두 회수하는 데 걸리는 평균기간을 의미한다.
③ 동일한 만기의 채권이라도 중도에 지급되는 이자가 많을수록 듀레이션이 짧아진다.
④ 수정듀레이션은 맥컬레이듀레이션을 '1 + 채권수익률/연간 이자지급횟수'로 나누어 산출한다.
⑤ 단기적인 투자관점에서 금리 상승 시에는 듀레이션이 긴 채권을 보유하는 것이 유리하다.

38 다음 중 수익률곡선의 유형과 관련 이론들에 대한 설명으로 옳지 않은 것은?

① 일반적인 경우 단기채보다는 장기채의 금리가 높아 수익률곡선은 우상향한다.
② 수익률곡선이 우상향하는 이유를 설명하는 이론으로는 유동성선호이론이 있다.
③ 수익률곡선이 우상향하지 않는 이유를 설명하는 이론으로는 시장분할이론이 있다.
④ 유동성선호이론에 따르면 투자자들은 기본적으로 만기가 긴 채권을 선호한다.
⑤ 시장분할이론에 따르면 만기가 다른 채권의 금리는 각 시장에서의 수요와 공급에 따라 독립적으로 결정된다.

39 다음 중 채권의 신용등급에 대한 설명으로 옳은 것은?

① 국채는 신용평가사들로부터 신용등급을 부여받지 않고 있다.
② 통안채와 지방채는 신용평가사에서 최고등급인 AAA를 부여받는다.
③ B등급 이상을 투자등급, 그 미만을 투기등급 채권으로 분류한다.
④ 부도등급인 C등급의 채권은 원리금 지급 불능상태를 나타낸다.
⑤ A3등급의 기업어음은 A1등급의 기업어음보다 원리금 상환능력이 좋다.

40 만기 5년인 A은행의 복리채를 6%에 매입하여 2년 후 이 채권을 7%에 매각하였다. A은행의 복리채 투자로 인해 발생한 연환산 자본손익률은?

① 0.67% 손실   ② 0.67% 이익   ③ 1.00% 손실
④ 1.50% 손실   ⑤ 1.50% 이익

41 다음 중 채권투자수익에 대한 설명으로 가장 거리가 먼 것은?

① 채권투자로부터 기대할 수 있는 수익은 이자수익과 자본손익이다.
② 복리채는 이자금액이 자동적으로 계속 표면금리로 재투자된다.
③ 매입금리보다 매도금리가 낮아지면 자본이익이 발생한다.
④ 같은 수익률이라면 개인 채권투자자는 발행금리가 최대한 높은 채권을 매입하는 것이 유리하다.
⑤ 롤링수익은 우상향하는 수익률곡선에서 시간이 경과하면서 자동적으로 금리수준이 하향하여 발생하는 자본이익을 말한다.

42 현재 채권시장에서 통안채 1년물 수익률이 3.5%, 2년물 수익률이 4.5%이다. 통안채 2년물을 1년간 보유할 경우 기대수익률은? (단, 채권시장의 금리변동은 없다)
① 4.5% ② 5.0% ③ 5.5%
④ 6.0% ⑤ 6.5%

43 국채 1년물의 금리가 3.5%, 국채 3년물의 금리가 4.2%, AA+등급의 회사채 3년물의 금리가 5.5%라고 할 때, AA+등급 회사채의 듀레이션프리미엄과 크레딧프리미엄을 순서대로 나열한 것은? (단, 국채 1년물을 무위험자산으로 간주한다)
① 0.7%, 1.3% ② 0.7%, 2.0% ③ 1.3%, 0.7%
④ 1.3%, 2.0% ⑤ 2.0%, 0.7%

44 다음 중 채권투자 철학에 대한 설명으로 옳지 않은 것은?
① 채권투자 철학이란 투자스타일을 의미하며, 모멘텀투자와 가치투자로 구분된다.
② 모멘텀투자는 뉴스, 정보 등의 요소를 종합하여 자산가격을 전망하고, 이에 따라 투자하는 것을 말한다.
③ 가치투자는 자산가격을 전망하지 않는 대신 투자자의 직관으로 자산의 가치를 분석하고 측정하는 것을 말한다.
④ 모멘텀투자자는 금리전망 후 금리 상승이 예상되면 보유채권을 만기가 짧은 채권으로 교체한다.
⑤ 가치투자자는 측정가치 대비 현재 시장가격이 충분히 낮을 경우 매수하고, 높을 경우 매도한다.

45 다음 빈칸에 적절한 채권투자전략은?

> 채권애널리스트 A씨는 "우리나라의 경우 전통적으로 1.5~2.5년물의 롤링효과가 우수한 경향을 보여왔으며, 현재의 시장상황을 보았을 때 이러한 경향은 지속될 것으로 보인다. 따라서 이 기간물들을 집중적으로 보유한 후, 만기가 짧아지면 다시 이 구간 채권으로 교체매매하거나 만기구조를 유지하는 (   )을 추천한다."고 말했다.

① 매칭전략   ② 바벨형 만기전략   ③ 불렛형 만기전략
④ 사다리형 만기전략   ⑤ 현금흐름 일치전략

46 다음 중 채권형 펀드 운용전략에 대한 설명으로 옳지 않은 것은?
① 크게 듀레이션 운용전략, 섹터 운용전략, 종목투자전략으로 나눌 수 있다.
② 종목투자전략은 가치투자철학을 가진 펀드매니저들이 많이 사용한다.
③ 인덱싱전략은 인덱스와의 오차를 철저히 배제하는 보수적 투자전략이다.
④ 듀레이션 운용전략은 채권시장의 약세가 예상되면 펀드듀레이션을 BM듀레이션보다 낮게 가져간다.
⑤ 상대적으로 장기물 시장이 강세를 보일 경우 만기섹터 운용전략 중 일드커브 스티프너를 구사하는 것이 유리하다.

47 다음 중 파생상품의 개념과 유형에 대한 설명으로 옳지 않은 것은?
① 파생상품은 원본손실 가능성, 즉 투자위험이 존재한다.
② 증권과 달리 원본 이외의 추가적인 지급 의무를 부담할 수 있다.
③ 자본시장법상 파생상품은 선도형, 옵션형, 스왑형으로 분류된다.
④ 상품구조가 주식옵션과 유사한 주식연계워런트(ELW)는 파생상품으로 분류된다.
⑤ 장내파생상품인 선물과 장외파생상품인 선도는 손익구조가 선형인 파생상품이다.

48 다음 중 장내파생상품의 특징이 아닌 것은?
① 증거금제도
② 맞춤형 계약
③ 일일정산제도
④ 청산기관의 존재
⑤ 거래소에 의한 채무이행

49 다음 중 주식선물에 대한 설명으로 옳지 않은 것은?
① 주식 공매도 시 공매도 호가제한을 적용받지 않아 투기적 거래수요를 충족시킬 수 있다.
② 거시변수보다는 상대적으로 미시변수에 의해 더 큰 영향을 받는다.
③ KRX 주식선물 1계약은 해당 주식 10주의 가치와 동일하다.
④ KRX 주식선물의 최종결제방법은 실물인수도이다.
⑤ KRX 주식선물은 일정 조건을 충족한 보통주 중에 시가총액과 재무상태를 감안하여 선정한 기업들이 발행한 주식을 거래대상으로 한다.

50 A씨는 3개월 후 베타가 1.2인 주식 B에 10억원을 투자할 예정이다. 3개월 후 시장의 불리한 움직임에 대비하기 위해 KOSPI200 지수선물을 이용하여 헤지하고자 한다. 현재 만기가 3개월 후인 KOSPI200 지수선물이 205.00포인트에 거래되고 있을 경우, 헤지를 위해 필요한 KOSPI200 지수선물의 계약 수와 포지션은? (단, 지수선물의 승수는 25만원임)
① 18계약 매수헤지
② 18계약 매도헤지
③ 23계약 매수헤지
④ 23계약 매도헤지
⑤ 26계약 매수헤지

51 다음 중 금리관련 선물에 대한 설명으로 옳지 <u>않은</u> 것은?
① 금리선물은 금리 또는 채권을 거래대상으로 하는 선물계약이다.
② 연방기금선물은 CME그룹에 상장되어 연방기금금리를 거래 대상으로 하는 단기금리선물이다.
③ SOFR은 LIBOR와 유사한 무담보 금리이기에, 별다른 보정 없이 대체하여 사용이 가능하다.
④ KOFR 선물은 국채와 통안증권을 담보로 하는 1일물 RP 거래 금리이다.
⑤ 연방기금선물, SOFR 선물, KOFR 선물의 최종결제방식은 IMM 지수방식이며, 한국 국채선물의 최종결제방식은 현금결제이다.

52 주식시장의 강세가 예상되나 확신이 서지 않을 때 사용하는 보수적인 투자전략으로 초기에 프리미엄 순수입이 발생하는 전략은?
① 콜옵션 매수
② 풋옵션 매수
③ 스트래들 매수
④ 강세 콜옵션 스프레드전략
⑤ 강세 풋옵션 스프레드전략

53 다음 중 금리관련 옵션에 대한 설명으로 옳지 <u>않은</u> 것은?
① 불리한 리스크는 제거하고 유리한 리스크는 보존할 수 있도록 해준다.
② 캡은 금리에 대한 콜옵션, 플로어는 금리에 대한 풋옵션이다.
③ 칼라는 캡과 플로어가 결합한 형태로 캡의 행사금리는 플로어의 행사금리보다 높다.
④ 플로어는 금리의 하한을 설정하는 것으로 자금의 차입자가 이용하는 것이 적절하다.
⑤ 캡의 행사금리 이상으로 기준금리가 상승하면 캡 매도자는 캡 매수자에게 그 차액을 지급해야 한다.

54 A기업은 3개월 후 300만달러의 수입대금을 결제해야 한다. 달러/원 환율 상승리스크를 헤지함과 동시에 환율하락 시 이익의 기회에도 참여하고 싶을 경우 적절한 방법은?
① 달러선물 매수
② 달러선물 매도
③ 달러 콜옵션 매수
④ 달러 콜옵션 매도
⑤ 달러 풋옵션 매수

55 3년 전 A기업은 대출금리가 CD금리 + 2.5%인 5년 만기 변동금리 대출을 받았다. 최근 경제상황으로 미루어 보았을 때 A기업의 자금담당자는 향후 금리의 상승을 예상하여 금리스왑을 체결하고자 한다. 이 경우 적절한 헤지방안과 자금조달 비용은? (단, 2년 금리스왑률은 3.72%이다)

① 고정금리 지급·변동금리 수취 금리스왑, 1.22%
② 고정금리 지급·변동금리 수취 금리스왑, 3.72%
③ 고정금리 지급·변동금리 수취 금리스왑, 6.22%
④ 고정금리 수취·변동금리 지급 금리스왑, CD + 1.22%
⑤ 고정금리 수취·변동금리 지급 금리스왑, CD + 6.22%

56 다음 중 주식연계상품의 유형별 투자전략에 대한 설명으로 옳지 않은 것은?

① 옵션 스프레드는 이익과 손실이 한정된 보수적인 투자전략이다.
② 디지털옵션 구조와 낙아웃 구조는 원금보장형 상품 설계 시 많이 활용된다.
③ 조기상환형은 대부분 원금비보장형의 구조를 가지며, 옵션의 매도가 내재되어 있다.
④ 낙아웃 리베이트 콜옵션은 낙아웃 콜옵션과 디지털 배리어옵션으로 구성된다.
⑤ 디지털옵션 구조의 상품은 확정금리에 지수변동에 따른 보너스 금리를 지급하는 형태이다.

57 다음 중 금리연계 구조화상품에 대한 설명으로 옳지 않은 것은?

① 역변동금리채권의 이자지급은 '고정금리 – 변동금리'의 형태를 띤다.
② 역변동금리채권은 금리 하락기 또는 경사가 급한 수익률곡선 상황에서 주로 발행된다.
③ 이중변동금리채권은 장단기 금리 스프레드에 의해 이표가 결정되는 FRN이다.
④ 금리상한 변동금리채권의 매수는 전형적인 FRN의 매수와 캡의 매도로 간주될 수 있다.
⑤ 레인지 채권은 발행채권의 기준금리가 사전에 정한 범위 안에 머무르면 낮은 이자를 지급하고, 범위를 벗어나면 높은 이자를 지급한다.

58 다음 빈칸에 해당하는 통화연계상품은?

> 수출업자 A씨는 미래환율 변동위험을 헤지함과 동시에 일정 수준의 이익을 실현하고 싶다. 따라서 행사가격이 1,100원인 유럽형 풋옵션을 1계약 매수하고, 풋옵션과 프리미엄이 동일하며 행사가격이 1,200원인 유럽형 콜옵션은 1계약 매도하여 (　　) 구조를 설계하였다.

① 목표 선물환　　② 레인지 선물환　　③ 합성선물환 매수
④ 합성선물환 매도　　⑤ 낙인 낙아웃 목표 선물환

59 향후 경제상황이 호황일 확률은 20%, 현상유지할 확률은 50%, 불황일 확률은 30%이며, 각각의 경우 주식 A의 수익률은 50%, 20%, -20%일 것으로 예상된다고 할 때 주식 A의 기대수익률은?

① 10%　　② 12%　　③ 14%
④ 16%　　⑤ 18%

60 A펀드 수익률의 분산이 0.0324, KOSPI 수익률의 분산이 0.01, A펀드와 KOSPI 수익률의 공분산이 0.0054일 경우 두 수익률 간의 상관계수는?

① 0.16　　② 0.25　　③ 0.30
④ 0.54　　⑤ 0.60

61 다음 중 투자수익률과 위험에 대한 설명으로 옳지 <u>않은</u> 것은?

① 산술평균은 미래 수익률을, 기하평균은 과거 수익률을 계산하는 데 적절하다.
② 손실을 볼 가능성뿐만 아니라 이익을 볼 가능성도 투자위험이다.
③ 공분산을 표준화한 상관계수는 -1과 +1 사이의 값을 가진다.
④ 공분산이 음수이면 두 자산의 수익률이 반대방향으로 움직인다는 것이다.
⑤ 포트폴리오의 수익률과 위험은 각각 개별자산의 수익률과 위험을 투자비중으로 가중평균한 값이다.

62 다음 중 위험자산의 효율적 프런티어에 대한 설명으로 가장 거리가 먼 것은?
① 지배원리를 만족하는 포트폴리오를 효율적 포트폴리오라고 한다.
② 기대수익률이 동일하다면 위험이 작은 투자안이 큰 투자안을 지배한다.
③ 자산 간 투자비중을 달리함으로써 수많은 수익률과 위험 조합을 만들 수 있다.
④ 효율적 프런티어는 투자자의 위험회피 성향에 따라 달라진다.
⑤ 효율적 프런티어와 무차별곡선이 접하는 점이 위험자산의 최적 포트폴리오가 된다.

63 다음 중 자본시장선(CML)에 대한 설명으로 옳지 않은 것은?
① 시장포트폴리오를 위험자산으로 사용한 자본배분선을 말한다.
② 무위험자산이 존재할 때 포트폴리오의 기대수익률과 위험 간의 선형관계를 나타내는 효율적 투자기회선이다.
③ 투자자의 위험회피 성향에 따라 무위험자산과 시장포트폴리오에 대한 투자비중이 변한다.
④ 자본시장선의 기울기를 위험보상비율, 위험의 균형가격 또는 위험의 시장가격이라고 한다.
⑤ 자본시장선상의 포트폴리오들은 체계적 위험이 제거된 효율적 포트폴리오들이다.

64 무위험자산의 수익률이 5%, 시장포트폴리오의 수익률이 12%, 베타가 1.5인 주식 A에 투자 시 14%의 수익률이 예상될 경우, 증권시장선(SML)을 이용하여 평가한 주식 A의 현재 상태는?
① 주식 A의 주가는 현재 적정한 상태이며, SML선상에 위치한다.
② 주식 A의 주가는 현재 고평가된 상태이며, SML선 위쪽에 위치한다.
③ 주식 A의 주가는 현재 저평가된 상태이며, SML선 위쪽에 위치한다.
④ 주식 A의 주가는 현재 고평가된 상태이며, SML선 아래쪽에 위치한다.
⑤ 주식 A의 주가는 현재 저평가된 상태이며, SML선 아래쪽에 위치한다.

65 다음 포트폴리오 전략 중 적극적 전략에 해당하는 내용은?

① 시장이 효율적이라고 생각한다.
② 지수 ETF나 인덱스 펀드에 투자한다.
③ 포트폴리오 이론에서 나온 알파(α)를 추구하는 전략이다.
④ 정보비용을 극소화하면서 거래비용을 최소화시키는 특성을 지닌다.
⑤ 의도적 노력없이 무작위적으로 선택한 증권을 매수하여 보유한다.

66 다음 중 소극적 자산배분과 적극적 증권선택을 구사하는 제2사분면 투자전략에 해당하는 내용이 아닌 것은?

① 투자경험이 많은 투자자들이나 투자 전문가들이 주로 사용하는 전략이다.
② 벤치마크를 초과하는 수익률을 추구하는 액티브 펀드들이 주로 사용한다.
③ 장기적인 자산배분 비중은 유지하면서 단기적으로 자산운용의 효율성을 높이고자 할 때 적절한 전략이다.
④ 가격 불균형의 존재를 전제로 하기 때문에 미국 국채시장처럼 효율적인 시장에서는 초과 수익을 얻기 어렵다.
⑤ 성공적인 시장예측이 가능하다고 믿기 때문에 자산군에 대한 분산을 기피하고 특정 자산군에 자금을 집중하는 경향을 보인다.

67 다음 중 전략적 자산배분과 전술적 자산배분에 대한 설명으로 옳지 않은 것은?

① 전략적 자산배분에는 투자비중의 전술적인 변화폭을 결정하는 것까지 포함된다.
② 전술적 자산배분은 재무목표를 달성하기 위한 전략적 자산배분의 효율성을 높이기 위한 것이다.
③ 전략적 자산배분은 최소한 분기, 보통은 연 단위 이상의 시장예측을 근거로 실행되는 것이 바람직하다.
④ 전술적 자산배분은 단기적으로는 자산가격이 내재가치를 벗어나도 장기적으로는 내재가치에 수렴한다는 것을 전제로 한다.
⑤ 전략적 자산배분에서는 시장상황 변화에 따른 일시적인 위험회피 성향의 변화는 반영하지 않는다.

68 다음 중 투자성과 평가 시 고려할 사항으로 옳지 않은 것은?

① 금융상품 평가 시에는 시가평가를 원칙으로 한다.
② 발생주의 방식에 따른 회계처리를 통해 성과를 평가해야 한다.
③ 벤치마크는 성과 평가 기간이 시작되기 전에 미리 규정되어야 한다.
④ 금액가중수익률은 매일 현금의 유출입이 발생하는 펀드에 적용되는 가장 정확한 수익률 계산방법이다.
⑤ 아직 매도하지 않은 금융상품이라도 최초 투자금액, 현재 시가평가액, 미실현 손익을 성과 평가에 반영해야 한다.

69 베타가 1.2인 펀드 A의 1년간 수익률은 15%, 표준편차는 18%이고, 펀드 A의 벤치마크인 KOSPI200수익률은 10%, 무위험이자율이 5%일 때 젠센의 알파(α)는?

① +3% ② -3% ③ +4%
④ -4% ⑤ +5%

70 A펀드와 B펀드의 연간 수익률에 대한 자료가 다음과 같을 때, 두 펀드의 투자성과평가에 대한 설명으로 옳지 않은 것은?

구 분	A펀드	B펀드
기대수익률	16%	24%
표준편차	8%	18%
베 타	0.8	1.0
무위험수익률	8%	8%

① 투자성과를 평가할 때에는 위험과 수익을 동시에 평가하여야 한다.
② 샤프지수로 평가하면 A펀드가 B펀드보다 성과가 우수하다.
③ 트레이너지수로 평가하면 B펀드가 A펀드보다 성과가 우수하다.
④ 펀드가 골고루 분산투자되어 있다면 샤프지수로 평가하는 것이 적합하다.
⑤ 펀드매니저의 증권선택 능력을 측정할 때에는 젠센의 알파지수가 유용하게 활용된다.

제2과목 | 비금융자산 투자설계 (30문제)

71 다음 중 부동산의 개념에 대한 설명으로 옳지 않은 것은?
① 협의의 부동산이란 토지 및 그 정착물을 말한다.
② 광의의 부동산은 협의의 부동산과 준부동산을 합한 개념이다.
③ 교량이나 축대 등은 토지와 함께 거래된다.
④ 특허권, 영업권 등은 준부동산의 등록대상관리에 해당한다.
⑤ 선박이나 자동차, 항공기, 건설기계 등은 저당권의 목적이 될 수 있다.

72 다음 중 부동산에 대한 설명으로 옳은 것은?
① 부동산의 권리변동은 인도를 통해 이루어진다.
② 무주물의 부동산은 선점자의 소유가 된다.
③ 일물일가 원칙이 배제된다.
④ 공신력이 인정된다.
⑤ 용익물권의 설정이 불가능하다.

73 다음 중 지목의 종류에 대한 설명으로 옳지 않은 것은?
① 답 – 물을 상시적으로 이용하지 않고 곡물 등을 재배하는 토지
② 대 – 가축을 사육하는 축사에 접한 주거용 부지
③ 대 – 영구적 건축물 중 주거·사무실·극장 등 문화시설에 접속된 정원
④ 유지 – 연·왕골 등이 자생하는 배수가 잘 안 되는 토지
⑤ 과수원 – 사과·배·밤·호두 등을 집단적으로 재배하는 토지에 접한 저장고

74 다음 중 빈칸에 들어갈 내용으로 옳은 것은?

> 다가구주택은 주택으로 사용되는 층수가 (　　) 이하이고 연면적이 (　　) 이하인 (　　)을 말한다.

① 3개 층, 330㎡, 단독주택
② 3개 층, 330㎡, 공동주택
③ 3개 층, 660㎡, 단독주택
④ 4개 층, 330㎡, 공동주택
⑤ 4개 층, 660㎡, 단독주택

75 천재지변으로 멸실된 면적 100㎡의 건물을 200㎡ 크기로 다시 건축할 경우 다음 중 무엇에 해당하는가?

① 신 축
② 증 축
③ 개 축
④ 재 축
⑤ 이 전

76 다음 설명에 해당하는 것은?

> • 담보대출의 가치인정 비율을 의미하며 담보인정비율이라고 한다.
> • 담보가치에 대한 안정성을 담보하기 위한 규제장치로 활용되고 있다.

① LTV
② DTI
③ 공시가격
④ DSR
⑤ 건폐율

77 다음 중 부동산 공적장부에 대한 설명이 잘못 연결된 것은?

① 건축물대장 표제부 - 용도지역, 용도지구, 건폐율, 용적율
② 건축물대장 전유부 - 소유권, 층수
③ 등기사항전부증명서 표제부 - 지번, 지목, 면적, 건물내역
④ 등기사항전부증명서 갑구 - 압류, 가등기, 저당권
⑤ 등기사항전부증명서 을구 - 지상권, 지역권

78 다음 중 등기사항증명서의 활용방법으로 옳지 <u>않은</u> 것은?
① 해당 부동산의 소유권 여부를 확인할 수 있다.
② 압류, 가압류, 경매 등 소유권 침해여부를 확인할 수 있다.
③ 본인 보증금의 우선순위를 확인할 수 있다.
④ 실거래 사례의 거래금액을 확인할 수 있다.
⑤ 면적정보와 토지지분을 건축물대장보다 정확하게 확인할 수 있다.

79 다음 중 부동산 법률용어가 올바르게 연결된 것은?
① 이행강제금 : 국가나 지자체가 사유재산을 무상으로 받아들이는 것이다.
② 도시·군 관리계획 : 물적 측면뿐만 아니라 인구·산업·사회개발·재정 등 사회경제적 측면을 포괄하는 종합계획이다.
③ 도시·군 기본계획 : 도시가 지향해야 할 미래상을 제시하고 그에 따른 장기적인 발전방향을 제시하는 종합적인 법정계획이다.
④ 도로사용료 : 도시의 교통 혼잡을 완화하기 위해 시장이 교통혼잡의 원인이 되는 시설물의 소유자에게 부과하는 부담금이다.
⑤ 기부채납 : 건축법이나 농지법에 저촉되는 행위를 한 자가 시정명령을 이행하지 않을 경우 부과하는 부과금이다.

80 다음 중 주택임대차보호법의 대항요건을 갖추기 위해 구비해야 하는 조치로 올바르게 묶인 것은?

> 가. 잔금지급 즉시 해당 주민센터에 전입신고를 한다.
> 나. 전입신고와 동시에 임대차계약서상에 확정일자를 받는다.
> 다. 가족에 대한 대항력을 확보하기 위해 가족 전원을 대상으로 주민등록신고를 해야 한다.
> 라. 주택임대차보호법에서는 선순위 임차인과 후순위 임차인은 동일한 지위를 갖는다.

① 가, 나
② 가, 다
③ 가, 나, 다
④ 가, 다, 라
⑤ 나, 다, 라

81 다음 중 상가건물임대차보호법에 대한 설명으로 옳지 <u>않은</u> 것은?

① 최우선변제권은 대항력만 갖춰도 발생한다.
② 최우선변제권은 임차상가에 대한 경매대금의 2분의 1을 초과할 수 없다.
③ 서울특별시의 경우 환산보증금이 6억 1천만원이다.
④ 비영리단체의 건물에는 적용되지 않는다.
⑤ 임차인이 3기 이상 차임을 연체한 경우 임대인은 임차인의 갱신요구를 거절할 수 있다.

82 다음 중 국내 부동산시장 분석으로 옳지 <u>않은</u> 것은?

① 가격 상승기에 적용하는 규제책의 효과가 가격하락기에 적용하는 시장부양책의 효과보다 더 작다.
② 소득과 주택가격이 구매력의 결정에 중요한 변수이다.
③ 경제상황은 시장 전체의 흐름과 분위기에 미시적이고 거시적인 효력을 미친다.
④ 대출규제는 강력한 규제책으로 국회의 동의가 필요하지 않다.
⑤ 부동산은 국지성을 갖기 때문에 전국적인 통계치 산정은 큰 의미가 없다.

83 다음 중 해외 부동산시장 분석으로 옳지 <u>않은</u> 것은?

① 해외 유학생이 해외 부동산에 투자할 경우 투자금액의 제한이 없다.
② 해외 부동산 투자는 자유화되어 송금액의 제한이 없다.
③ 해외 부동산 취득·처분 후 3개월 이내에 취득·처분 보고서를 지정거래외국환은행에 제출해야 한다.
④ 2년 이상 해외에 체재할 목적으로 해외 부동산을 취득할 경우 투자금액의 제한이 없다.
⑤ 해외 부동산 처분한 달의 말일부터 3개월 이내에 거주지 관할세무서에 양도소득세 예정신고 납부를 해야 한다.

84 다음 중 인구구조 변화와 부동산시장에 대한 설명으로 옳은 것은?

> 가. 1~2인 가구는 전체 가구에서 높은 비율을 차지하고 있다.
> 나. 주택수요 분석 시 인구보다는 가구변화를 기준으로 검토해야 한다.
> 다. 2020년 기준 전년 대비 인구는 감소했고 그만큼 주택 수요도 감소했다.
> 라. 주택규모를 45평에서 33평으로 줄이고 있는 추세이다.

① 가
② 가, 나
③ 나, 라
④ 다, 라
⑤ 가, 나, 다

85 다음 중 부동산정책의 필요한 원인으로 옳지 않은 것은?

① 정부실패가 존재한다.
② 부동산 소유자의 자유로운 활용은 최유효이용을 기대할 수 없게 한다.
③ 부동산은 국가성립의 기본요소이다.
④ 부동산은 공공재이다.
⑤ 불완전경쟁으로 인한 시장실패가 존재한다.

86 다음 중 시대별 부동산정책으로 옳지 않은 것은?

① 김영삼 정부 – 부동산실명제
② 김대중 정부 – 분양권 전매제한제도 폐지
③ 노무현 정부 – 주택거래신고제도 폐지
④ 이명박 정부 – LTV, DTI 강화
⑤ 문재인 정부 – 3기 신도시 계획

87 다음 중 정부의 부동산관련 발표자료로 옳은 것은?

> 가. 실거래가격 나. 주택거래량
> 다. 미분양주택 라. 지가변동률
> 마. 토지거래량

① 가 ② 가, 나 ③ 가, 나, 다
④ 가, 나, 다, 라 ⑤ 가, 나, 다, 라, 마

88 다음 투자안에 대한 보유기간의 수익률로 옳은 것은?

> • 토지를 10억원에 구입함
> • 1년 후 처분 시 가격은 11억원으로 예상됨
> ※ 부대비용 및 조세 등은 고려하지 않음

① 요구수익률 9.09% ② 실현수익률 9.09%
③ 실현수익률 10% ④ 기대수익률 9.09%
⑤ 기대수익률 10%

89 다음 중 레버리지 효과에 대한 설명으로 옳지 않은 것은?

① 기대수익률 > 대출이자율 ⇨ 레버리지를 활용해 투자수익률을 높인다.
② 기대수익률 = 대출이자율 ⇨ 중립적인 관점에서 운용한다.
③ 기대수익률 < 대출이자율 ⇨ 레버리지를 활용하여 부족한 투자자금을 보완할 수 있다.
④ 레버리지는 자금출처 시 조달자금 증빙의 역할을 한다.
⑤ 총자본 8억원에 부채 2억원을 조달했을 경우 레버리지비율은 20%이다.

90 다음 중 부동산 가치평가방식에 대한 설명으로 옳지 않은 것은?
① 원가방식에는 협의의 가격을 구하는 원가법과 부동산의 임료를 구하는 적산법이 있다.
② 수익방식 평가방법은 수익환원법으로 대상물건이 미래에 창출하리라고 기대되는 순수익을 예상하여, 현재가격으로 환원하여 평가하는 방식이다.
③ 원가방식은 원가비용 측면에서 접근하여 평가하는 방식이지만 과거의 가격을 참고하여 파악하는 방식이다.
④ 원가방식의 중요한 장점은 수요와 공급을 반영한다는 것이다.
⑤ 수익평가방식의 현재가치는 시장상황을 반영한 대상자산의 적정한 시장가치에 기인한 것이다.

91 다음 중 매년 200만원을 연 5%의 이자율로 매년 5회 불입하였을 경우의 5년 후 누적액을 구하는 식은?
① 연금 × 일시불의 내가계수
② 연금 × 연금의 내가계수
③ 연금 × 연금의 현가계수
④ 연금 × 감채기금계수
⑤ 연금 × 저당상수

92 다음 중 부동산 경제성 분석기법에 대한 설명으로 옳은 것은?

```
요구수익률 10%
[투자안 1] 순현가 -2.4
[투자안 2] 순현가 0.8
[투자안 3] 순현가 3.0
[투자안 4] 내부수익률 8%
[투자안 5] 내부수익률 10%
[투자안 6] 내부수익률 15%
```

① 상호독립적인 투자안의 경우 투자안 1~3 중 투자안 2, 3을 선택한다.
② 상호독립적인 투자안의 경우 투자안 4~6 중 투자안 6을 선택한다.
③ 상호배타적인 투자안의 경우 투자안 4~6 중 투자안 5, 6을 선택한다.
④ 내부수익률법에서는 할인율로 요구수익률을 사용한다.
⑤ 순현가법에서는 복수의 해가 존재할 수 있다.

93 다음 중 부동산 포트폴리오에 대한 설명으로 옳지 않은 것은?

① 부동산시장은 불완전시장이기 때문에 시장 포트폴리오 수익률을 계량화하기 어렵다.
② 포트폴리오의 평균적인 수익률을 산정하기가 어렵다.
③ 부동산 투자에는 불가분성이 존재한다.
④ 비체계적 위험은 완벽한 포트폴리오를 구성해도 줄어들지 않는다.
⑤ 체계적위험에는 경기변동, 인플레이션 심화, 이자율 변동 등이 포함된다.

94 권리가액이 1억원, 주택분양가격이 2억원, 조합원의 종전재산이 1억 2,500만원인 경우 입주부담금은 얼마인가? (단, 비례율은 80%이다)

① 2,500만원 ② 6,000만원 ③ 8,000만원
④ 1억원 ⑤ 1억 2,000만원

95 다음 중 빈칸에 들어갈 내용으로 옳은 것은?

( ) 이상 농지에서 농작물을 경작·재배하거나 1년 중 ( ) 이상 농업에 종사하는 자는 농업인으로 본다.

① 330㎡, 30일 ② 330㎡, 90일 ③ 660㎡, 120일
④ 1,000㎡, 90일 ⑤ 1,000㎡, 120일

96 다음 중 토지거래허가가 필요한 대상은?

① 토지에 대한 가등기담보 ② 건물에 대한 소유권 이전계약
③ 증여 등의 무상계약 ④ 상속, 유증
⑤ 토지에 대한 근저당권 설정계약

97 다음 중 경매와 공매에 대한 설명으로 옳지 <u>않은</u> 것은?
① 경매는 금전채권을 법원을 통해 회수한다.
② 공매는 체납세액을 강제징수하는 행정처분이다.
③ 협의의 공매는 독촉기한까지 조세를 납부하지 않을 경우 체납자의 재산이 국가기관에 의해 압류되는 것을 말한다.
④ 공매는 채권자 평등원칙이 적용된다.
⑤ 경매는 경매개시결정 후 기입등기를 한다.

98 다음 중 현재 부동산 자산시장에 대한 설명이 <u>아닌</u> 것은?
① 부동산 리츠 확대
② 직접투자 확대
③ 거주이용 목적 증가
④ 전문자산관리회사 발달
⑤ 부동산 수요자 중심 시장

99 다음 중 주택금융의 특성이 <u>아닌</u> 것은?
① 장기대출
② 높은 유동성
③ 개인 대상
④ 채무불이행의 위험
⑤ 저리대출

100 다음 중 리츠에 대한 설명으로 옳지 <u>않은</u> 것은?
① 외환위기 이후 국내 투자시장의 부실 등을 해결하기 위한 대안으로 도입되었다.
② 자기관리리츠는 일반법인과 같이 주주총회나 이사회 등이 존재한다.
③ 기업구조조정리츠는 3명의 상근임직원을 둘 수 있다.
④ 국내 리츠는 미국과 달리 단기매매 등이 제한된다.
⑤ 자기관리리츠는 상법상 주식회사의 형태이다.

fn.Hackers.com

제2회 적중 실전모의고사

▶ 정답 및 해설 p.428

제1과목 | 금융자산 투자설계 (70문제)

01 다음 중 자기앞수표의 사고신고 처리에 대한 설명으로 옳지 않은 것은?
① 사고신고는 긴급한 사유라고 인정되는 경우 유선으로 접수할 수 있지만, 원칙적으로 서면으로 접수해야 한다.
② 사고신고 수표에 대해 수표의 소지인과 사고신고인 간 합의가 있을 경우 사고신고의 철회절차를 밟아 수표대금을 지급할 수 있다.
③ 제권판결에 의한 수표대금 지급 시 제권판결을 선언한 날부터 3개월이 경과한 후에 수표대금을 지급한다.
④ 수표의 소지인이 소송에서 승소하여 승소판결문과 판결확정증명원을 제시할 경우, 수표의 소지인에게 수표대금을 지급할 수 있다.
⑤ 사고 수표가 선의취득자로부터 지급 제시기간 내에 제시되고, 사고신고인이 신고 후 5영업일 이내에 동 수표와 관련하여 법적절차가 진행중임을 증명하는 서류를 내지 않으면 수표의 소지인에게 대금이 지급된다.

02 다음 중 재형저축에 대한 설명으로 옳지 않은 것은?
① 총 급여액이 2,500만원인 직장인은 재형저축에 가입할 수 있다.
② 총 급여액이 4,500만원인 직장인은 재형저축에 가입할 수 있다.
③ 직전 과세기간의 종합소득과세표준에 합산되는 종합소득금액이 4,300만원인 개인사업자는 재형저축에 가입할 수 있다.
④ 총 급여액이 3,000만원인 직장인은 최소 7년간 계약기간을 유지해야 비과세 혜택을 받을 수 있다.
⑤ 직전 과세기간의 종합소득과세표준에 합산되는 종합소득금액이 2,000만원인 개인사업자는 최소 7년간 계약기간을 유지해야 비과세 혜택을 받을 수 있다.

03 다음 중 예금자보호법에 의한 보호대상 금융상품으로 적절한 것은?
① 정기예탁금
② 양도성예금증서
③ 증권사의 CMA
④ 농어가목돈마련저축
⑤ 표지어음

04 다음 중 후순위채권에 대한 설명으로 옳지 않은 것은?
① 우선주나 보통주보다는 우선 변제순위를 받게 된다.
② 후순위채권 중 10년 이상 장기채권의 경우 분리과세가 가능하다.
③ 타인에게 양도가 가능한 반면, 후순위채권을 담보로 한 대출은 불가능하다.
④ BIS비율 산정 시 자기자본에 해당되어 은행의 재무비율을 개선할 수 있다.
⑤ 비과세종합저축으로 가입이 불가능하다.

05 다음 중 집합투자에 대한 설명으로 옳지 않은 것은?
① 투자자를 대신하여 해당 분야 전문가들에 의해 이루어지는 대행투자이다.
② 다양한 유가증권에 분산투자함으로써 투자에 대한 위험을 최소화한다.
③ 집합투자재산은 집합투자업자에 의해 보관·관리된다.
④ 재산운용과 관련하여 투자자의 일상적인 운용지시를 받지 않는 독립성을 지닌다.
⑤ 간접투자에 따른 실적배당원칙을 기초로 하고 있다.

06 금융소비자보호법에서 정한 부당권유 금지행위에 해당하지 <u>않는</u> 것은?
① 금융상품 내용의 일부에 대하여 비교대상 및 기준을 밝히지 않거나, 객관적 근거 없이 다른 금융상품과 비교하여 해당 금융상품이 우수하거나 유리하다고 알리는 행위
② 투자성 상품에 대하여 금융소비자로부터 계약의 체결권유를 해줄 것을 요청받지 않고 방문·전화 등 실시간 대화의 방법을 이용하는 행위
③ 계약의 체결권유를 받은 금융소비자가 거부하는 취지의 의사표시를 하였는데도 다른 금융상품에 대한 체결권유를 계속하는 행위
④ 투자성 상품에 관한 계약의 체결을 권유하면서 일반금융소비자가 요청하지 않은 다른 대출성 상품을 안내하거나 관련 정보를 제공하는 행위
⑤ 금융상품의 가치에 중대한 영향을 미치는 사항을 미리 알고 있으면서 금융소비자에게 알리지 않는 행위

07 다음 중 역외펀드에 대한 설명으로 옳은 것은?
① 운용회사는 국내자산운용회사이다.
② 기준가격은 외화이다.
③ 국내 투자자를 대상으로 전 세계 자산에 투자하는 상품이다.
④ 국내법률에 근거하여 펀드가 설정된다.
⑤ 법적형태는 대부분 투자신탁의 형태이다.

08 다음 중 단기금융투자기구에 대한 설명으로 <u>옳지 않은</u> 것은?
① 다른 펀드와 달리 단기금융상품에만 투자할 수 있는 상품이다.
② 금융기관에 대한 3개월 이내의 단기대출에 대한 투자가 가능하다.
③ 남은 만기가 6개월 이내인 양도성 예금증서에 투자할 수 있다.
④ 남은 만기가 5년 이내인 국채증권, 남은 만기가 1년 이내인 지방채증권에 대한 투자가 가능하다.
⑤ 장부가평가가 적용되며, 안정적인 단기 고수익을 추구하는 상품이다.

09 다음 중 모자형 집합투자기구에 대한 설명으로 옳지 않은 것은?
① 모펀드에 투자할 수 있는 투자자는 자펀드에 한한다.
② 판매회사에서 투자자에게 판매하는 펀드는 자펀드이다.
③ 자펀드는 모펀드가 발행하는 집합투자증권 외의 집합투자증권 취득이 불가능하다.
④ 모펀드와 자펀드의 자산운용회사는 동일하여야 한다.
⑤ 자펀드는 투자자의 재산을 직접 운용한다.

10 다음 중 상장지수 집합투자기구(ETF)에 대한 설명으로 옳지 않은 것은?
① 집합투자기구 설립 및 설정일로부터 30일 내에 거래소시장에 상장해야 한다.
② 자본시장법은 상장지수펀드를 설정함에 있어 지수를 구성하는 종목의 수를 10종목 이상으로 하는 등 일정 요건을 갖추도록 하고 있다.
③ 인덱스 펀드의 성격을 가지고 있으므로 개별 종목에 대한 별도의 분석이 필요하지 않다.
④ 거래소를 통해 언제든지 실시간 매매할 수 있다.
⑤ 국내 주식형 상품만 있고, 해외형이나 채권형 상품은 개발되지 않고 있다.

11 구조화 상품의 손익구조 중 다음에서 설명하는 것은?

> 투자기간 중 주가지수가 정해진 수준까지 상승한 적이 없는 경우 만기시점의 지수상승률에 따라 수익률이 결정되고, 투자기간 중 한 번이라도 그 이상 상승한 경우 계약 당시 확정된 수익을 보장하는 형태이다.

① 상승수익추구형   ② 범위형   ③ 디지털형
④ 불스프레드형   ⑤ 스텝다운형

12 다음 중 연금신탁(2013년 1월 1일 이후)에 대한 설명으로 옳지 않은 것은?
① 해지가산세는 폐지되고 적립기간 중 중도해지하는 경우와 연금수령 개시 후 중도해지하는 경우로 구분하여 기타소득세와 연금소득세로 구분하여 징수한다.
② 연금 수령 시 5.5%의 연금소득세가 과세된다.
③ 납입한도는 연 1,800만원이다.
④ 최소 납입기간은 5년 이상이다.
⑤ 가입대상은 소득세법상 거주자인 개인이다.

13 다음 중 고객이 주택을 담보로 자금을 빌리면 금융기관이 주택저당증권을 발행하여 대출채권을 회수하는 구조로 되어 있으며, 일반 주택담보대출에 비해 기간이 길고 고정금리로 운영되는 상품은?
① 모기지론
② 역모기지론
③ 보증서담보대출
④ 수익권 담보대출
⑤ 생활자금대출

14 다음 중 비거주자에 해당하는 사람은?
① 6개월 이상 국내에서 체재하고 있는 외국인
② 국내에서 영업활동에 종사하고 있는 외국인
③ 대한민국 재외공관
④ 외국에 있는 국제기구에 근무하고 있는 대한민국 국민
⑤ 비거주자였던 자로서 입국하여 국내에 3개월 이상 체재하고 있는 대한민국 국민

15 다음 중 외화예금에 대한 설명으로 옳지 않은 것은?
① 예금자보호법에 의한 보호를 받을 수 있다.
② 외화예금과 관련하여 적용되는 대고객 환율은 전신환매매율이다.
③ 외화예금을 해지할 때 지급되는 금액은 전신환매도율을 적용한다.
④ 예치기간을 일 단위로 하는 경우 연이율을 360일 기준으로 환산한다.
⑤ 환율이 고시되는 통화에 한하여 예금으로 가입할 수 있다.

16 다음 중 신용카드의 종류에 대한 설명으로 옳지 않은 것은?

① 신용카드란 신용카드 가맹점에서 재화 및 서비스 구입에 대한 대금을 결제할 수 있는 증표를 말한다.
② 체크카드와 직불카드는 이용대금이 회원의 계좌에서 즉시 출금된다는 점에서 신용카드와 다르다.
③ 선불카드는 고객이 일정한 금액을 납입하고 카드를 발급 받아 납입 금액 내에서 자유롭게 사용할 수 있는 카드로 무기명식으로 발급되고 있다.
④ 체크카드는 신용카드 가맹점에서 신용카드와 동일한 방식으로 사용할 수 있는 현금카드이다.
⑤ 직불카드는 직불카드 가맹점에서 사용할 수 있는 현금카드이다.

17 증권의 분류 중 자본증권에 해당하지 않는 것은?

① 주식
② 채권
③ 어음
④ 수익증권
⑤ 파생증권

18 다음 중 주식시장에 대한 설명으로 옳지 않은 것은?

① 자금수요자가 자신의 신용과 책임하에 주식을 발행하여 자금을 조달하는 직접금융시장이다.
② 발행시장을 1차 시장, 유통시장을 2차 시장이라고 한다.
③ 유통시장에서의 거래는 기업의 자금조달과 직접적인 관련이 없다.
④ 거래소시장은 상장증권의 매매가 이루어지는 구체적이고 조직적인 시장이다.
⑤ 주식시장을 통해 수익성과 성장성이 높은 기업에 자금이 집중됨으로써 효율적 자본이동과 배분이 어렵다.

19 다음 중 시가총액식 주가지수에 해당하지 않는 것은?

① 항셍 지수
② KOSPI 지수
③ 나스닥 지수
④ KOSPI200 지수
⑤ 다우존스 산업평균 지수

20 다음 중 우리나라 기업의 주가를 하락시키는 요인이 <u>아닌</u> 것은?
① 이자율 상승
② 경제성장률 감소
③ 물가의 급격한 상승
④ 국제 원자재 가격 하락
⑤ 장기적인 통화량의 증가

21 다음 중 기존 기업들의 입장에서 본 산업의 경쟁구조 분석에 대한 설명으로 옳지 <u>않은</u> 것은?
① 진입장벽이 높을수록 매력적인 시장이다.
② 철수장벽이 높을수록 매력적인 시장이다.
③ 구매자의 전환비용이 높을수록 매력적인 시장이다.
④ 공급자의 교섭력이 낮을수록 매력적인 시장이다.
⑤ 실질적 또는 잠재적인 대체품이 적을수록 매력적인 시장이다.

22 다음 중 기업분석에 대한 설명으로 옳지 <u>않은</u> 것은?
① 기업의 내재가치를 파악해 그 회사 주식의 매입여부를 결정하는 것을 목표로 한다.
② 기업분석은 크게 질적 분석과 양적 분석으로 나뉘어진다.
③ 질적 분석은 기업이 공시한 재무제표를 중심으로 이루어진다.
④ 노사관계는 기업의 생산성뿐만 아니라 제품의 품질에도 영향을 준다.
⑤ 경기변동에 대한 문제 해결능력은 회사의 연혁을 통해 참고할 수 있다.

23 다음 중 재무비율과 시장가치비율에 대한 설명으로 옳지 <u>않은</u> 것은?

① 효율적 시장에서 주가수익비율(PER)이 낮으면 성장성이 낮은 것으로 해석하기도 한다.
② 토빈의 q는 시장가치비율로 그 값이 1보다 큰 경우에는 M&A의 대상이 된다.
③ 주가현금흐름비율(PCR)은 기업의 영업성과와 자금조달 능력을 나타낸다.
④ 주가매출액비율(PSR)은 순이익이 나지 않거나 손익이 극단적으로 치우친 기업을 평가하는 데 유용하다.
⑤ 주가수익비율(PER)은 주가를 주당순이익으로 나눈 것으로 그 값이 작을수록 저평가된 것으로 판단한다.

24 A기업의 작년 배당금은 주당 1,000원이었고, 이익과 배당은 매년 8% 성장할 것으로 기대된다. 무위험이자율이 6%, 시장수익률이 10%, A기업 주식의 베타가 1.5라면 A기업 주식의 가치는?

① 18,000원 ② 23,000원 ③ 27,000원
④ 36,000원 ⑤ 39,000원

25 배당성향이 15%이고 이익성장률은 4%이며 투자자의 기대수익률은 10%인 A기업의 PER은?

① 2.0배 ② 2.2배 ③ 2.4배
④ 2.6배 ⑤ 2.8배

26 다음은 A기업의 주요 재무현황이다. 이 정보를 바탕으로 계산한 A기업의 PBR은?

• 매출액 : 500억원	• 순이익 : 100억원	• PER : 4배
• 총 자본 : 120억원	• 자기자본 : 50억원	• 타인자본 : 70억원

① 4배 ② 8배 ③ 10배
④ 12배 ⑤ 16배

27 다음 중 주가배수 평가모형에 대한 설명으로 옳지 <u>않은</u> 것은?
① PER은 기업의 단위당 수익력에 대한 상대적 주가수준을 나타내는 지표이다.
② PER은 배당에 대한 정보가 필요하지 않아 무배당주식의 평가에도 적용할 수 있다.
③ PBR의 분자인 주가와 분모인 주당순이익은 시간성과 집합성이 동일하다.
④ PSR은 적자가 난 기업에도 적용 가능하며, 분모인 매출액은 회계처리방법에 의한 왜곡가능성이 적다.
⑤ EV/EBITDA는 철강산업과 같은 자본집약산업과 경제상황이 극도로 악화되었을 때 유용하게 쓸 수 있다.

28 다음 중 주식포트폴리오 구성 및 실행에 대한 설명으로 옳지 <u>않은</u> 것은?
① 액티브 주식포트폴리오 구성의 첫 단계는 투자 유니버스 선정으로 주로 계량적인 방법으로 진행된다.
② 상향식 접근방법에서 내재가치에 비해 시장가치가 낮을수록 유망한 종목으로 인식한다.
③ 하향식 접근방법은 종목선정보다 섹터, 산업, 테마의 선정을 강조한다.
④ 액티브 운용은 시장이 비효율적이라고 생각하고 시장평균이익을 추종하는 전략이다.
⑤ 종목선정 시 주식의 유동성은 주식포트폴리오로의 편입과 편출에 용이할 정도로 충분해야 한다.

29 트레이너지수를 이용하여 펀드 A와 펀드 B를 평가하고자 한다. 펀드 A의 트레이너지수와 두 펀드 중 성과가 우수한 펀드는? (단, CD금리는 5%, 시장수익률은 10%라고 가정한다)

펀드	실현수익률	표준편차	베타	잔차의 표준편차
A	12%	20%	1.0	1.2%
B	14%	18%	1.4	1.8%

① 0.06, 펀드 A   ② 0.07, 펀드 A   ③ 0.07, 펀드 B
④ 0.35, 펀드 A   ⑤ 0.35, 펀드 B

30 다음 중 적극적 투자전략을 모두 고른 것은?

| 가. 시장투자적기포착 | 나. 단순 매수·보유전략 | 다. 인덱스펀드 투자 |
| 라. 평균 투자법 | 마. 시장의 이상현상 이용 | 바. 포뮬라 플랜 |

① 가, 다, 라 ② 가, 다, 마 ③ 가, 마, 바
④ 나, 다, 바 ⑤ 나, 라, 마

31 다음 중 주식투자전략에 대한 설명으로 옳지 않은 것은?
① 소극적 전략은 시장이 효율적, 적극적 전략은 비효율적이라고 가정한다.
② 소극적 전략은 여러 종목에 분산투자하지만, 적극적 전략은 소수 종목에 집중 투자하는 경향이 강하다.
③ 소극적 전략은 시장평균수익을, 적극적 전략은 시장을 초과하는 수익을 얻는 것을 목표로 한다.
④ 내재가치를 분석하여 과소평가된 주식을 매수하고 과대평가된 주식을 매도하는 것은 소극적 전략에 해당한다.
⑤ 유리한 자산배분시점을 포착하는 시장투자적기포착 방법은 적극적 전략에 해당한다.

32 다음 중 금리에 대한 설명으로 옳지 않은 것은?
① 할인율은 미래에 지급되는 금액을 기준으로 한 경우의 금리를 말한다.
② 다른 조건이 동일하다면 복리수익률 상품보다 단리수익률 상품에 투자하는 것이 더 유리하다.
③ 연 4% 수익률의 복리상품에 투자하였을 경우, 원금을 2배로 만드는 데 약 18년이 걸린다.
④ 금융상품 수익률을 비교하여 올바른 투자판단을 하기 위해서는 표면금리가 아닌 실효금리를 비교해야 한다.
⑤ 채권가격에 해당하는 금리를 유통수익률이라고 하며, 이는 만기수익률로 표시하도록 하고 있다.

33 다음 중 금리에 영향을 끼치는 주요 경제변수들에 대한 설명으로 옳지 않은 것은?
① 경기가 좋아지면 소비증가로 저축이 감소하여 금리가 상승하게 된다.
② 향후 물가가 많이 오를 것으로 예상되면 금리는 상승하게 된다.
③ 경기를 부양하기 위해 정부가 확장 재정정책을 실시하면 금리는 상승하게 된다.
④ 물가상승이 우려될 경우 중앙은행이 통안채 발행을 증가시켜 시중자금을 흡수하기 때문에 금리는 상승하게 된다.
⑤ 채권의 매수자보다 매도자와 발행자가 적을 경우 금리는 상승하게 된다.

34 다음 중 채권과 주식의 특성을 비교한 내용으로 옳은 것은?
① 주식과 채권의 액면가는 대부분 5천원이다.
② 채권투자자와 주식투자자는 의결권을 가진다.
③ 채권자는 이익배당권을 가지며 주주는 원리금상환청구권을 가진다.
④ 채권은 주식과 달리 만기가 되면 소멸되며, 현금흐름 스케줄이 발행 시 미리 정해진다.
⑤ 회사 청산 시 주주는 채권자에 우선하여 청산받을 권리가 있다.

35 다음 중 채권의 종류에 대한 설명으로 옳지 않은 것은?
① 일반적으로 이표채의 발행가격은 10,000원으로 액면가와 동일하다.
② 이익참가부채권은 발행회사의 이익분배에 참가할 수 있는 대신 이자를 지급하지 않는다.
③ 금리 하락 시 콜옵션부채권의 발행자는 채권해지옵션을 행사하게 된다.
④ 전환사채는 일정 기간 경과 후 주식으로 전환을 청구할 수 있는 옵션을 가지는 채권이다.
⑤ 제3자의 지급보증 여부에 따라 보증채와 무보증채로 구분되며, 대부분의 회사채는 무보증채로 발행된다.

36 시장수익률이 5%이고, 표면금리가 8%인 2년 만기 연이표채의 가격은? (단, 채권의 액면은 10,000원이며, 원 미만의 값은 절사한다)
① 9,983원　　② 10,000원　　③ 10,321원
④ 10,557원　　⑤ 10,816원

37. 다음 중 채권가격과 수익률에 대한 설명으로 옳지 않은 것은?
   ① 채권가격은 채권에서 발생하는 모든 미래 현금흐름을 각각 현재가치로 환산한 값들의 합계이다.
   ② 채권수익률은 유통수익률이라고도 하며, 채권가격을 산출하기 위한 할인율로 사용된다.
   ③ 만기가 긴 채권일수록 수익률변동에 따른 가격 변동폭이 크다.
   ④ 수익률이 상승할 때의 채권가격 하락폭이 수익률이 하락할 때의 채권가격 상승폭보다 크다.
   ⑤ 표면이율이 낮은 채권이 표면이율이 높은 채권보다 수익률변동에 따른 가격 변동폭이 크다.

38. A씨는 현재 2.25의 듀레이션을 가진 3년 만기, 표면금리 5%인 이표채에 투자하고 있다. 향후 채권수익률이 상승할 것으로 예상될 경우 가장 유리한 투자전략은?
   ① 금리선물을 이용하여 듀레이션을 2.5로 조정한다.
   ② 현재 보유한 채권을 동일한 조건을 가진 복리채로 교체한다.
   ③ 현재 보유한 채권을 동일한 조건을 가진 할인채로 교체한다.
   ④ 다른 조건은 같으나 현재 보유한 채권보다 만기가 긴 이표채로 교체한다.
   ⑤ 다른 조건은 같으나 현재 보유한 채권보다 표면금리가 높은 이표채로 교체한다.

39. 전반적으로 채권수익률이 하락추세에 있으며, 단기채 수익률의 하락폭이 장기채 수익률의 하락폭보다 큰 현상은?
   ① 불 플래트닝
   ② 불 스티프닝
   ③ 베어 플래트닝
   ④ 베어 스티프닝
   ⑤ 베어 스프레드

40. 다음 중 신용등급과 신용스프레드에 대한 설명으로 옳지 않은 것은?
   ① 국채뿐만 아니라 지방채도 무위험채권으로 간주된다.
   ② 일반적으로 BBB⁻등급 이상을 투자등급, 그 미만을 투기등급 채권으로 분류한다.
   ③ 신용등급이 높을수록 그 채권은 낮은 금리수준에서 발행된다.
   ④ 크레딧물과 무위험채권 간의 금리차이를 크레딧스프레드 또는 신용스프레드라고 한다.
   ⑤ 크레딧물이 국채에 비해 강세를 보이는 것을 신용스프레드 확대라고 한다.

41 만기 3년인 A은행의 복리채를 6%에 매입하여 2년 후 이 채권을 5%에 매각한다면 A은행의 복리채 투자로 인한 연환산 투자수익률은? (단, 채권시장의 금리변동은 없다)
① 5.5%　　② 6.5%　　③ 7.0%
④ 7.5%　　⑤ 8.0%

42 현재 국채 1년물 수익률은 3%, 2년물 수익률은 4%, 3년물 수익률은 5%이다. 향후 1년간 시장금리가 전반적으로 2% 상승할 것으로 예상된다면 국채 3년물에 1년간 투자할 경우 예상되는 투자수익률은?
① 1%　　② 2%　　③ 3%
④ 4%　　⑤ 5%

43 다음 중 채권투자와 관련된 위험에 대한 설명으로 옳지 않은 것은?
① 채권의 위험은 그 채권의 금리와 직결된다.
② 시장위험은 채권의 듀레이션이 짧을수록 커진다.
③ 신용위험에는 부도위험뿐 아니라 신용등급하락위험, 신용스프레드위험도 포함된다.
④ 유동성위험이란 채권 중도 매각 시 적정가격으로 매도하지 못하는 위험을 말한다.
⑤ 시장금리가 급격히 하락하면 콜옵션부채권 투자자는 중도상환위험에 직면하게 된다.

44 다음 채권투자전략 중 소극적 투자전략이 아닌 것은?
① 매칭전략　　② 면역전략
③ 단기매매전략　　④ 현금흐름 일치전략
⑤ 사다리형 만기전략

45 다음 중 채권투자전략에 대한 설명으로 옳지 않은 것은?
① 소극적 전략이라고 해서 무조건 안전한 투자는 아니다.
② 매칭전략은 소극적 전략으로 면역전략과 현금흐름 일치전략이 있다.
③ 딜링전략은 채권수익률이 상승할 때 딜링매도기회를 가진다.
④ 바벨형 만기전략은 유동성이 높은 단기채와 수익성이 높은 장기채를 보유하는 전략이다.
⑤ 사다리형 만기전략은 현금흐름을 각 기간별로 분산시켜 유지하는 전략으로 만기별 채권을 균등하게 보유한다.

46 다음 중 채권형 펀드 운용전략에 대한 설명으로 옳지 않은 것은?
① 바벨포지션과 불렛포지션을 오가는 만기섹터 운용전략을 버터플라이전략이라고 한다.
② 듀레이션 운용전략은 금리 하락이 예상되면 펀드듀레이션을 BM듀레이션보다 높게 가져간다.
③ 섹터 운용전략은 각 섹터들의 가격을 전망하거나 가치를 분석하여 섹터들의 비중을 조절한다.
④ 파생상품 운용전략에서 BM듀레이션보다 펀드듀레이션이 과도하게 높을 경우 파생상품을 매수한다.
⑤ 향후 크레딧물의 상대가치가 우수할 것으로 판단되어 크레딧물 강세 예상포지션을 구축하였다면 신용섹터 운용전략을 구사한 것이다.

47 다음 중 장내파생상품의 특징인 결제안정화제도에 대한 설명으로 옳지 않은 것은?
① 거래소는 결제불이행을 사전에 방지하고자 반대거래, 일일 정산, 증거금제도를 갖추고 있다.
② 일일 정산은 전일의 선물가격과 당일의 선물가격과의 차이에 해당하는 금액을 익일에 결제하도록 하는 제도이다.
③ 증거금은 미래의 일정 시점에 계약을 반드시 이행하겠다는 이행보증금의 성격을 지닌다.
④ 일일 정산 결과 계좌의 잔액이 유지증거금 수준 이하로 떨어지면 선물회사는 마진콜을 통보한다.
⑤ 마진콜을 받은 고객은 다음 날 9시까지 선물회사에 추가증거금을 대용증권으로 납입해야 한다.

48 다음 중 파생상품의 활용에 대한 설명으로 옳지 <u>않은</u> 것은?
① 불리한 리스크와 유리한 리스크를 제거하기 위해서는 선도형 파생상품을 활용하면 된다.
② 파생상품을 활용하면 리스크관리비용을 절감할 수 있을 뿐 아니라 무비용의 리스크관리도 가능하다.
③ 기초자산 가격이 상승할 것으로 예상되는 경우 콜옵션을 매수하는 방향성 거래전략이 적절하다.
④ 옵션스프레드거래에서 옵션포지션의 손익은 기초자산 가격의 변동성에 의해 결정된다.
⑤ 선물차익거래는 선물의 시장가격과 이론가격 간의 괴리를 이용하여 무위험 수익을 얻는 것이다.

49 다음 중 선물과 선도에 대한 설명으로 옳지 <u>않은</u> 것은?
① 선물과 선도는 손익구조가 선형인 선도형 파생상품에 해당한다.
② 선물은 장내파생상품, 선도는 장외파생상품으로 구분된다.
③ 선물은 대부분 만기에 실물인수도되며, 선도는 실물인수도 비율이 매우 낮다.
④ 선물은 거래소가 계약이행을 보증하기 때문에 신용위험이 감소한다.
⑤ 선도의 가격과 만기일은 거래당사자 간의 협의에 의해 결정된다.

50 다음 중 우리나라 거래소(KRX)에서 거래되는 주식관련 선물에 대한 설명으로 옳지 <u>않은</u> 것은?
① KOSPI200 지수선물은 주로 비체계적 리스크를 관리하는 데 이용된다.
② KRX 주식선물의 거래단위는 계약당 주식 10주로 1계약은 해당 주식 10주의 가치와 동일하다.
③ KOSPI200 지수선물의 최소호가단위는 0.05포인트로 금액으로 환산하면 12,500원이다.
④ KRX 주식선물과 KOSPI200 지수선물의 결제방법은 현금결제방식이다.
⑤ KOSPI200 지수선물의 계약금액은 KOSPI200 지수에 거래승수 25만원을 곱하여 산출한다.

51 다음 중 주식관련 선물을 이용한 투자전략과 리스크관리에 대한 설명으로 옳지 <u>않은</u> 것은?

① 스프레드거래전략은 스프레드의 변화를 예상하여 하나의 선물계약을 매수하고, 다른 선물계약을 매도하는 것이다.
② 방향성 투자자는 시장의 강세가 예상될 경우 주가지수선물을 매수하고, 약세가 예상될 경우 매도한다.
③ 스프레드가 예상과 다른 방향으로 변하면 손실이 발생하나 방향성 투자보다는 손실위험이 적다.
④ 마켓타이밍 전략을 구사하는 액티브 운용자는 주식시장 약세를 예상하는 경우 베타가 낮은 주식의 비중을 늘린다.
⑤ 강세 스프레드전략은 원월물 가격이 근월물에 비해 상대적으로 더 많이 상승하거나 더 적게 하락할 것으로 예상되는 경우에 사용된다.

52 A씨는 평균 듀레이션이 2.0년인 100억원의 채권포트폴리오를 운영하고 있으며 향후 금리 상승 리스크를 제거하기 위해 국채선물을 이용하여 헤지하려고 한다. 현재 시장의 국채선물의 호가는 100.00이고, 듀레이션은 2.5년일 때 A씨가 취해야 할 국채선물의 계약 수와 포지션은?

① 국채선물 20계약 매수 ② 국채선물 20계약 매도
③ 국채선물 80계약 매수 ④ 국채선물 80계약 매도
⑤ 국채선물 100계약 매수

53 주식관련 옵션의 투자전략 중 변동성 매매에 대한 설명으로 옳지 <u>않은</u> 것은?

① 변동성 매매의 핵심은 옵션포지션의 델타를 제거하여 델타중립으로 만드는 것이다.
② 스트래들 매수, 스트랭글 매수, 버터플라이 매도는 변동성 매수전략에 해당한다.
③ 스트래들 매수는 행사가격이 동일한 콜옵션과 풋옵션을 동시에 매수하는 것으로 프리미엄 지출이 발생한다.
④ 스트랭글 매수는 스트래들 매수에 비해 프리미엄 지출이 작지만 그만큼 기대이익도 작다.
⑤ 옵션포지션의 델타가 양(+)이면 기초자산을 매수, 옵션포지션의 델타가 음(−)이면 기초자산을 매도하여 델타중립으로 만든다.

54 다음 중 통화옵션에 대한 설명으로 옳지 않은 것은?

① 외환거래의 특성상 장내옵션보다 장외옵션의 거래규모가 훨씬 크다.
② 수출업자는 풋옵션 매수, 수입업자는 콜옵션을 매수하여 환리스크를 헤지할 수 있다.
③ 불리한 환율변동으로 인한 손실위험을 제거해주지만, 유리한 환율변동으로 인한 이익의 기회까지 제거한다.
④ 풋옵션 매수는 환율의 하한선을 설정하는 효과를 가져오며, 이 때 환율의 하한은 풋옵션의 행사가격에서 프리미엄을 뺀 값이 된다.
⑤ 콜옵션 매수는 환율의 상한선을 설정하는 효과를 가져오며, 이 때 환율의 상한은 콜옵션의 행사가격에서 프리미엄을 더한 값이 된다.

55 A기업은 장기 원화 고정부채를 과다하게 보유하고 있으나 자산은 주로 단기 원화채권으로 구성되어 있다. 향후 국내 시장금리가 하락할 것으로 예상될 경우 A기업의 리스크 관리방법으로 옳은 것은?

① 단기 IRS 지급포지션
② 단기 IRS 수취포지션
③ 장기 IRS 지급포지션
④ 장기 IRS 수취포지션
⑤ 장기 CRS 지급포지션

56 달러화 고정금리 부채를 가지고 있는 A기업은 향후 달러의 강세(환율 상승), 원화의 금리 하락을 예상하고 있다. 통화스왑을 이용하여 리스크를 헤지하고자 할 때 가장 적절한 방법은?

① Cross Currency Basis Swap 달러화 변동금리 수취
② Cross Currency Basis Swap 달러화 변동금리 지급
③ Cross Currency Coupon Swap 원화 변동금리 수취
④ Cross Currency Coupon Swap 달러화 고정금리 지급
⑤ Cross Currency Coupon Swap 달러화 고정금리 수취

57 다음 중 주식연계상품의 유형별 투자전략에 대한 설명으로 옳지 않은 것은?

① 조기상환형 구조는 장기상품이면서 단기상품의 성격을 지니도록 한다는 특징이 있다.

② 리베이트가 없는 낙아웃 구조는 확정금리와 녹아웃 콜옵션으로 구성된다.

③ 낙아웃 리베이트 콜옵션 구조에서 만기 이내에 주가지수가 배리어 이상 상승한 적이 없고, 주가지수가 하락한 경우 원금이 보장된다.

④ 콜 강세스프레드 구조에서 원금이 보장되는 상품으로 만들기 위해서는 주가지수 상승 시 참여율을 높여야 한다.

⑤ 디지털옵션 구조화상품은 만기시점의 지수 상승률에 관계없이 행사가격 이상이면 동일한 수익률을 지급한다.

58 다음 중 통화연계 구조화상품에 대한 설명으로 옳지 않은 것은?

① 합성선물환 매수포지션은 만기와 행사가격이 동일한 콜옵션과 풋옵션을 매수하여 구성된다.

② 레인지 선물환은 거래 초기에 비용이 발생하지 않으며, 일정 수준의 이익 실현이 가능하다.

③ 목표 선물환은 동일한 행사가격의 콜옵션을 추가로 매도하여 가격조건을 개선한 상품이다.

④ 낙인 낙아웃 목표 선물환은 환율 상승 시 두 배의 달러를 매도해야 하는 리스크에 노출된다.

⑤ 키코(KIKO)는 목표 선물환에 낙인과 낙아웃 조건을 추가하고 관찰기간을 전체 계약기간 중 일부 기간으로 한정한 환리스크관리상품이다.

59 다음 중 투자수익률과 위험에 대한 설명으로 옳은 것은?

① 일반적으로 기하평균 수익률은 산술평균 수익률보다 높다.

② 개별 자산의 분산이 언제나 양수(+)이기 때문에 공분산은 양수(+)로 측정된다.

③ 상관계수는 두 자산 간의 공분산을 각 자산의 분산으로 나누어 산출한다.

④ 상관계수가 +1이면 포트폴리오의 위험은 개별위험을 투자비중으로 가중평균한 값과 같다.

⑤ 상관계수가 0이라면 두 자산의 수익률이 독립적으로 움직인다는 것을 의미하므로 분산투자효과가 존재하지 않는다.

60 투자설계 프로세스 중 2단계(고객 재무상황 분석 및 국내외 금융시장 및 경제환경 파악)에 대한 설명으로 가장 적절한 것은?

① 투자설계 계획단계의 최종 산출물인 투자정책서를 작성해야 하는 단계이다.
② 고객의 총 투자자산 규모가 작다면 직접 금융상품을 중심으로 자산배분을 실행하는 것이 합리적이다.
③ FP는 시장상황에 따라 고객의 투자에 대한 위험감내도가 지속적으로 변할 수 있음을 인지해야 한다.
④ 비상 자금 확보가 미진한 경우에는 현금보다는 수익률이 높은 펀드의 비중을 높일 필요가 있다.
⑤ 고객의 위험감내도는 다섯 가지 유형으로 나눌 수 있는데 위험중립형의 위험자산 투자비중은 50~70%가 적정하다.

61 다음 중 투자자의 효용에 대한 설명으로 옳은 것은?

> 가. 효용이란 투자자가 느끼는 객관적인 만족도를 의미한다.
> 나. 투자자의 기대효용은 기대수익률이 높을수록, 예상위험이 작을수록 커진다.
> 다. 위험회피자의 한계효용은 체감한다.
> 라. 대부분 투자자의 위험에 대한 태도는 위험중립이다.
> 마. 수익이 증가하면 위험도 함께 증가하기 때문에 위험회피자의 효용은 수익이 증가함에 따라 감소한다.

① 가, 나　　　② 나, 다　　　③ 가, 나, 라
④ 나, 다, 마　　　⑤ 다, 라, 마

62 무위험자산인 국채의 기대수익률은 4%, 위험자산인 주식 A의 기대수익률은 10%, 수익률의 표준편차는 6%일 때 두 자산으로 구성된 포트폴리오의 기대수익률과 표준편차로 올바르게 묶인 것은? (단, 각 자산의 투자비중은 50%임)

① 기대수익률 7%, 표준편차 3%　　　② 기대수익률 7%, 표준편차 6%
③ 기대수익률 7%, 표준편차 12%　　　④ 기대수익률 14%, 표준편차 3%
⑤ 기대수익률 14%, 표준편차 6%

63 다음은 단일지표모형에 대한 식이다. 이에 대한 설명으로 가장 거리가 먼 것은?

$$R_i = \beta_i R_M + \alpha_i + e_i$$

① $\beta_i R_M$은 주식 i가 갖는 체계적 위험을 나타낸다.
② 베타(β_i)가 클수록 주식수익률이 시장수익률(R_M)에 대해 민감하게 반응한다.
③ 알파(α_i)는 시장수익률이 0인 경우 얻을 수 있는 그 주식의 초과수익률을 나타낸다.
④ 알파(α_i)값이 양(+)인 주식은 고평가, 음(−)인 주식은 저평가임을 나타낸다.
⑤ 잔차(e_i)는 기업고유위험을 나타내며 예기치 못한 사건으로 인한 영향은 평균적으로 0이다.

64 다음 중 자본시장선(CML)과 증권시장선(SML)을 비교한 내용으로 옳지 않은 것은?
① 자본시장선은 기대수익률과 총 위험인 표준편차의 관계를 나타내는 모형이다.
② 증권시장선은 기대수익률과 체계적 위험인 베타와의 관계를 나타내는 모형이다.
③ 시장포트폴리오를 편입한 최적 포트폴리오는 증권시장선이 성립하지 않고 자본시장선만이 성립한다.
④ 효율적이지 못한 포트폴리오나 개별 자산의 경우 자본시장선이 성립하지 않고 증권시장선상에 표시된다.
⑤ 자본시장선의 식은 시장포트폴리오를 전제로 도출하였지만, 증권시장선의 베타는 시장포트폴리오를 전제로 하지 않는다.

65 다음은 고객의 투자관과 투자전략을 나타내는 매트릭스이다. 이에 대한 설명으로 옳은 것은?

구 분		자산배분활동	
		적극적	소극적
증권선택활동	적극적	제4사분면	제2사분면
	소극적	제3사분면	제1사분면

① 고객의 투자관에 따라 투자전략 정책은 달라지나 FP의 역할은 달라지지 않는다.
② 제1사분면은 처음 투자하거나 투자 경험이 적은 투자자들이 주로 가진 투자관이다.
③ 제2사분면은 대부분의 액티브펀드들이 추구하는 투자전략이다.
④ 제3사분면은 투자경험이 많은 투자자들이나 투자전문가들이 주로 사용하는 투자전략이다.
⑤ 제4사분면은 현대 포트폴리오 이론과 투자 연구가 상당수 지지하는 투자관이다.

66 다음 중 최초에 결정한 전략적 자산배분을 조정하게 되는 사유가 아닌 것은?
① 고객이 결혼하면서 재무목표를 수정하였을 경우
② 고객의 사업실패로 자산규모와 소득수준이 변했을 경우
③ 무위험이자율이나 물가상승률 등 기본 전제가 변했을 경우
④ 최근 경기가 좋아져 고객의 위험회피 성향이 공격적으로 변했을 경우
⑤ 새로운 금융규제가 신설되거나 세법이 변경되어 투자환경이 변했을 경우

67 다음 중 정액분할투자법에 대한 설명으로 옳은 것은?
① 쉽고 체계적이지만, 목돈이 필요한 전략이다.
② 자산의 평균매입단가를 낮추는 효과가 있다.
③ 투자시점과 투자회수시점의 가격 하락 위험을 감소시켜 준다.
④ 장기간 꾸준한 투자가 필요한 경우에 적합하지 않다.
⑤ 자산가격의 적정성과 적정 투자기간에 대한 기준을 제시한다.

68 다음 중 투자성과 평가 시 고려할 사항으로 옳지 않은 것은?
① 투자성과 평가는 전략적 자산배분의 일관성을 유지하기 위함이다.
② 금융상품은 시가평가가 원칙이나 시가를 얻기 어려운 경우에는 보완적으로 공정시장가치로 평가할 수 있다.
③ 성과평가의 기준점이 되는 벤치마크는 성과 평가 단계뿐 아니라 투자설계의 모든 단계에서 사용된다.
④ 투자기간 중 현금유입에서 현금유출을 차감한 순현금흐름을 할인하여 0으로 만드는 내부수익률을 금액가중수익률이라고 한다.
⑤ 표준편차는 총 위험을, 베타는 체계적 위험을 나타내는 절대적인 위험 척도이다.

69 다음 중 위험조정성과 평가 지표에 대한 설명으로 옳지 않은 것은?

① 자산집단이 다른 펀드 간의 샤프지수를 비교하는 것은 적절하지 않다.
② 트레이너지수는 체계적 위험 1단위당 무위험 초과수익률을 나타내는 지표이다.
③ 트레이너지수는 투자규모가 크고 광범위한 분산투자를 하는 연기금에 적합한 성과 평가 지표이다.
④ 젠센의 알파는 개별 펀드매니저의 시장예측에 의한 자산배분 능력을 측정하는 지표이다.
⑤ 젠센의 알파는 균형상태에서의 수익률보다 투자포트폴리오의 수익률이 얼마나 높은지를 측정한다.

70 투자자 A씨는 전략적 자산배분을 통해 주식 50%, 채권 30%, 현금성자산 20%의 비중을 유지해오고 있었다. 하지만 지난 1년간 주식시장 약세를 예상하여 주식 투자비중을 30%로 축소하고, 채권 투자비중을 50%로 확대하는 전술적 자산배분을 실행하였다. 투자자 A씨의 1년간 성과 평가에 대한 내용으로 옳지 않은 것은?

구 분		주식	채권	현금성 자산	총 수익률
벤치마크		주가 지수	회사채 수익률	현금자산 수익률	
구성비	전략적 자산 배분	50%	30%	20%	—
	전술적 자산 배분	30%	50%	20%	
수익률	벤치 마크	3%	4%	1%	
	실제 수익률	-1%	5%	1%	
전략적 자산배분수익률		1.5%	1.2%	0.2%	2.9%
전술적 자산배분수익률		0.9%	2%	0.2%	3.1%
실행 포트폴리오 수익률		-0.3%	2.5%	0.2%	2.4%
자산배분 효과					
증권선택 효과					

① 주식의 자산배분 효과는 -0.6%이다.
② 채권은 증권선택 효과보다 자산배분 효과가 더 높게 나타났다.
③ 현금성자산의 자산배분 효과와 증권선택 효과는 모두 0이다.
④ A씨는 상대적으로 채권보다 주식의 증권선택 능력이 우월하다.
⑤ 전체적으로 전술적 자산배분은 성공적이었으나 증권선택은 실패했다고 평가할 수 있다.

제2과목 | 비금융자산 투자설계 (30문제)

71 다음 중 부동산의 개념으로 옳지 않은 것은?
① 협의의 부동산에는 자동차나 항공기 등이 포함되지 않는다.
② 준부동산은 민법상의 부동산을 말한다.
③ 건물은 거래가 토지와 별도로 이루어진다.
④ 농작물은 거래가 토지와 별도로 이루어진다.
⑤ 특허권은 준부동산에 포함되지 않는다.

72 다음 중 부동산의 특성으로 옳은 것은?

> 가. 토지 공급은 비탄력적이다.
> 나. 토지와 건물은 가치보존이라는 영속성을 갖는다.
> 다. 모든 특성이 똑같은 토지가 존재할 수 없기 때문에 토지는 비대체성을 가진다.
> 라. 토지 이용의 외부효과는 토지의 연접성 때문에 발생한다.
> 마. 토지는 물리적, 사회적, 경제적으로 불가변성을 가진다.

① 가, 나, 다 ② 가, 나, 라 ③ 가, 다, 라
④ 가, 라, 마 ⑤ 나, 라, 마

73 다음 중 단독주택 중심의 양호한 주거환경을 보호하기 위해 설정한 지역은?
① 제1종 일반주거지역 ② 제2종 일반주거지역
③ 제1종 전용주거지역 ④ 제2종 전용주거지역
⑤ 준주거지역

74 다음 중 용도지역·용도지구·용도구역에 대한 설명으로 옳은 것은?
① 용도지역은 모든 토지에 지정하며 지역 간 중복지정이 가능하다.
② 용도구역은 필요한 토지에 지정하며 지역·구역 간 중복지정이 불가능하다.
③ 용도지역은 총 25개의 지역으로 나뉜다.
④ 시가화조정구역은 도시지역의 개발을 막기 위해 지정한다.
⑤ 용도지구에는 최저고도지구, 주거개발진흥지구, 방화·방재지구 등이 있다.

75 다음 중 도시형생활주택에 대한 설명으로 옳지 않은 것은?
① 300세대 미만의 국민주택규모에 해당하는 주택이다.
② 단지형 연립은 연립주택을 의미한다.
③ 도시지역이 아닌 지역에 건설되어야 한다.
④ 분양가상한제가 적용되지 않는다.
⑤ 아파트형 주택은 세대당 주거전용면적이 85㎡ 이하인 주택이다.

76 다음 중 하나의 지번이 붙는 지적법상 등록단위로 토지소유자의 권리를 구분하기 위한 법적 개념은?
① 대수선   ② 획 지   ③ 필 지
④ 대 지   ⑤ 건축선

77 지상으로 4층이고 지하로 1층인 A주택의 용적률은? (단, 지상 1층은 주차장으로 사용하고 있다)

[A주택 정보]
· 건축면적 : 70㎡
· 각 층의 바닥면적 : 60㎡
· 건폐율 : 70%

① 130%   ② 180%   ③ 240%
④ 300%   ⑤ 360%

78 다음 중 부동산 공적장부에 대한 설명으로 옳지 <u>않은</u> 것은?

① 등기사항증명서의 을구에 기재되는 근저당권의 채권최고액은 실제 대출금액의 120~130% 수준에서 결정된다.
② 등기사항증명서의 갑구에는 소유권에 관한 사항이 기재된다.
③ 등기사항증명서와 건축물대장의 소유권이 다를 경우 등기사항증명서상의 소유권 정보가 우선시 된다.
④ 현행 국내 부동산등기부는 공신력이 인정되지 않는다.
⑤ 토지이용계획확인서상에서 모든 규제정보를 확인할 수 있다.

79 다음 중 등기사항증명서의 권리순위에 대한 설명으로 옳은 것은?

> 가. 일반적으로 등기한 순서대로 순위번호가 기재된다.
> 나. 동일한 구에서는 순위번호에 따라 등기 순위가 결정된다.
> 다. 부기등기의 순위는 주등기의 순위에 의해 결정된다.
> 라. 가등기에 의한 본등기 시 가등기의 순위에 따라 순위를 보전한다.

① 가　　　　　② 가, 나　　　　　③ 가, 라
④ 가, 나, 다　　⑤ 가, 나, 다, 라

80 다음 중 투기지역 지정효과로 옳은 것은?

> 가. 양도세 가산세율 적용
> 나. 주택 담보대출 만기 연장 제한
> 다. 청약 1순위 자격 제한
> 라. 청약 1순위 자격요건 강화
> 마. 재건축조합원 지위 양도 금지(조합설립인가 후)

① 가, 나　　　　② 가, 라　　　　③ 가, 다, 마
④ 나, 다, 라　　⑤ 나, 라, 마

81 상가건물임대차보호법에서 월차임이 100만원이고 임차보증금이 6,000만원인 경우 환산보증금은?

① 1,200만원 ② 7,200만원 ③ 1억원
④ 1억 6,000만원 ⑤ 1억 8,000만원

82 다음 중 부동산거래신고제도와 거래수수료에 대한 설명으로 옳지 않은 것은?

① 부동산거래신고제도는 부동산의 실제 거래가격 등을 거래계약체결일로부터 30일 이내에 관할 시·군·구청장에게 신고하도록 하는 제도이다.
② 도시 및 주거환경정비법의 규정에 따른 관리처분계획의 인가로 인해 취득한 입주자로 선정된 지위는 부동산거래신고대상이 된다.
③ 주택 매매 시 중개수수료의 상한요율은 0.9%이다.
④ 주택이나 토지, 상가 등의 임대차 거래 시 중개수수료의 상한요율은 최대 0.8%이다.
⑤ 거래자 일방이 신고를 거부할 경우 단독 신고할 수 있다.

83 다음 중 국내 부동산시장 분석으로 옳지 않은 것은?

① 주택시장은 수도권을 중심으로 전반적으로 단기간 가격이 급등한 측면이 있어, 실수요자의 구매력 한계와 추격매수에 대한 부담이 큰 상태이다.
② 2023년 부동산시장은 연초에 대출금리 인상 등으로 종전 고점 대비 하락하였으며, 그 후 저가 급매물 등 매입 수요가 반영되기 시작하였다.
③ 유형별 차별화 : 단독주택의 대부분이 원룸형 도시형생활주택으로 변화되고 있다.
④ 지역별 획일화 : 2008년 경제위기 이후 수도권 주택가격 약세의 영향으로 지방 주택가격도 약세가 지속되었고, 2017년에는 대체적으로 수도권 주택가격의 상승으로 인한 지방 주택가격의 상승세가 나타났다.
⑤ 평형별 세분화 : 대형주택의 수요가 줄고 소형주택의 강세가 전망된다.

84 다음 중 인구구조 변화와 부동산시장에 대한 설명으로 옳지 않은 것은?
① 우리나라 주택시장은 다운사이징 현상이 지속될 것이다.
② 60평 거주자 등이 주택면적을 낮추려는 경향이 보인다.
③ 향후 중산층은 33평을 선호할 것으로 예상된다.
④ 베이비부머가 은퇴할 경우 약 80~90% 정도가 현재의 거주지에 머물것으로 예상된다.
⑤ 인구구조변화에 따라 조만간 대규모 매도경향이 발생할 것으로 예상된다.

85 다음 중 부동산정책에 대한 설명으로 옳지 않은 것은?
① 일반적으로 대출정책은 토지정책 등에 비해 효과가 크고 빠르다.
② 저금리는 부동산가격을 상승시키는 영향을 한다.
③ 부동산조세는 재정수입원으로의 기능에서 최근 특정한 정책 목표 달성을 위한 수단으로 활용되고 있다.
④ 주택보급률은 투기적 매입을 방지하기 위해 100% 이하로 유지되는 것이 바람직하다.
⑤ 부동산의 양적인 향상과 더불어 질적인 측면의 향상도 함께 도모해야 한다.

86 다음 중 이명박 정부의 부동산정책이 아닌 것은?
① 미분양주택 양도세 감면
② LTV 비율 축소
③ DTI 강화
④ 보금자리주택 공급 확대
⑤ 분양가 상한제 폐지

87 다음 중 박근혜 정부의 부동산정책으로 옳은 것은?

> 가. 다주택자 양도세 중과 도입
> 나. 월세 소득공제 확대
> 다. 택지개발촉진법 폐지
> 라. 청약제도 다주택자 감점제 도입
> 마. 수직증축 리모델링 허용

① 가, 나, 다 ② 가, 다, 라 ③ 나, 다, 마
④ 나, 라, 마 ⑤ 다, 라, 마

88 2018년 3월 5일 재건축 안전진단 기준 정상화에서 안전진단 종합판정 항목 중 기존 대비 가중치가 강화된 항목은?

① 구조안정성 ② 주거환경
③ 시설노후도 ④ 비용분석
⑤ 항목별 가중치 모두 변화 없음

89 다음 중 부동산투자의 장점으로 옳지 <u>않은</u> 것은?

① 안정성과 수익성이 높다.
② 각종 유동화 장치로 인하여 즉시 현금화가 가능하다.
③ 부동산의 양도 또는 교환에서 생기는 예상 외의 가치증가가 발생한다.
④ 많은 절세 기회가 발생한다.
⑤ 저당권을 설정하여 자금유동화가 가능하다.

90 다음 중 수익률에 대한 설명으로 옳지 <u>않은</u> 것은?
① 기대수익률은 외부적 수익률이라 한다.
② 요구수익률의 구성요소로 무위험률과 위험증가율이 고려된다.
③ 피셔(Fisher)효과란 예상되는 인플레이션까지 요구수익률에 포함시킨 것을 말한다.
④ 실현수익률은 부동산 투자분석 시에는 알 수 없다.
⑤ 기대수익률이 요구수익률보다 클 경우 투자를 채택한다.

91 다음 중 부동산 가치와 가격에 대한 설명으로 옳지 <u>않은</u> 것은?
① 가격은 부동산에 대한 교환의 대가이다.
② 가치는 시장성보다는 사람의 주관에 중점을 둔다.
③ 가격은 부동산의 과거 값이며 가치는 현재 값이다.
④ 특정 시점에서 부동산 가격은 하나지만 가치는 무수히 많다.
⑤ 부동산 급매로 인한 정상가격 이하의 매매는 부동산 가치의 하락으로 볼 수 있다.

92 다음 중 부동산 분석의 필요성으로 옳지 <u>않은</u> 것은?
① 부동산은 다른 자산에 비해 유동성이 떨어진다.
② 부동산에 대한 수요와 공급은 시장에서 쉽게 조정되지 않는다.
③ 부동산은 비대체성이 강하게 나타나 다른 부동산과 비교하기 어렵다.
④ 부동산은 비용이나 가격 등에 관한 정보가 확실하여 투자분석이 필요하다.
⑤ 여러 가지 법적 제약이 많다.

93 다음 중 기반시설이 양호하고 노후불량건축물이 밀집된 지역의 주거환경을 개선하기 위해 시행하는 사업은?

① 주거환경개선사업 ② 재개발사업
③ 재건축사업 ④ 도시환경정비사업
⑤ 주거환경관리사업

94 다음 중 정비사업의 추진절차에 대한 설명으로 올바르게 나열된 것은?

가. 조합설립인가	나. 재건축진단
다. 정비구역지정	라. 조합설립추진위원회 구성 및 승인
마. 사업시행인가	바. 시공사 선정

① 가 ⇨ 나 ⇨ 다 ⇨ 라 ⇨ 마 ⇨ 바
② 가 ⇨ 마 ⇨ 다 ⇨ 나 ⇨ 라 ⇨ 바
③ 나 ⇨ 다 ⇨ 바 ⇨ 마 ⇨ 라 ⇨ 가
④ 나 ⇨ 다 ⇨ 라 ⇨ 가 ⇨ 바 ⇨ 마
⑤ 마 ⇨ 가 ⇨ 다 ⇨ 나 ⇨ 라 ⇨ 바

95 다음 중 도시형생활주택에 대한 설명으로 옳은 것은?

① 도시지역에는 건설이 불가능하다.
② 분양가상한제의 적용을 받는다.
③ 부대 복리시설 설치 의무가 있다.
④ 일반 주택에 비해 주차장의 설치 기준이 높다.
⑤ 대부분 원룸으로 공급되었다.

96 다음 중 상가 투자전략으로 옳지 <u>않은</u> 것은?

① 상가는 경기상황과 매우 밀접한 관계가 있다.

② 상가건물의 매매가격은 일반적으로 대지면적에 평당가격을 곱하여 산정한다.

③ 10년 이상 경과한 상가건물의 경우 건물 값은 따로 인정하지 않고 대지가격에 포함된 것으로 간주한다.

④ 오피스텔은 주택임대사업자로 등록할 수 없다.

⑤ 오피스빌딩은 공실률 5%까지 감당이 가능하다고 본다.

97 다음 중 토지 관련 용어에 대한 설명으로 옳은 것은?

① 도로는 너비 4m 이상으로 자동차 통행이 가능해야 한다.

② 예정도로는 도로에 포함되지 않는다.

③ 주말농장은 세대당 330㎡ 미만의 범위에서 취득할 수 있다.

④ 산지전용부담금은 개별공시지가의 30% 이내에서 납부한다.

⑤ 토지거래허가구역 내의 농지를 경매할 경우 토지거래허가를 받아야 한다.

98 다음 중 경매 투자 절차에 대한 설명으로 옳지 <u>않은</u> 것은?

① 입찰서 내용에 대해 변경사항이 생긴 경우 취소하거나 교환하여야 한다.

② 매각 결정기일 이후 7일간 판사는 낙찰 불허가 사유가 있는지 심사한다.

③ 낙찰 불·허가 결정에 따라 손해를 본 이해관계인이나 낙찰자 또는 입찰자도 결정에 대해 즉시 항고할 수 있다.

④ 낙찰 허가결정이 확정되면 대급지급기한까지 언제든지 매각대금을 납부할 수 있다.

⑤ 각 채권자는 법원에서 통보한 배당요구 마감일까지 채권의 원금, 이자, 비용 등의 계산서를 제출하여야 한다.

99 다음 중 부동산 자산시장의 트렌드 변화에 대한 설명으로 옳지 않은 것은?
① 양도차익 목적 ⇨ 이용운영수익 목적
② 전문자산관리회사 ⇨ 인적건물관리회사
③ 시설관리 ⇨ 자산관리
④ 공급자 중심의 시장 ⇨ 수요자 중심의 시장
⑤ 비수익형 대형 부동산관리 ⇨ 수익형 소형 부동산관리

100 다음 중 부동산금융에 대한 설명으로 옳지 않은 것은?
① 프로젝트 금융(PF)은 프로젝트의 사업성을 담보로 자금을 조달하는 방식이다.
② 자본시장법은 펀드재산의 50%를 초과하여 법인에 대출하는 경우에도 부동산펀드로 본다.
③ 프로젝트 금융(PF)은 '사업부지 매입 ⇨ 시공사 선정 ⇨ 소유권 이전 ⇨ 인허가 절차 ⇨ 분양 및 착공 ⇨ 완공 및 입주' 순으로 진행된다.
④ 리츠는 현물출자를 통한 설립이 불가능하다.
⑤ 리츠는 공모의무가 없다.

제3회 적중 실전모의고사

▶ 정답 및 해설 p.436

제1과목 | 금융자산 투자설계 (70문제)

01 다음 중 어음관리구좌(CMA)에 대한 설명으로 옳지 <u>않은</u> 것은?
① 투자자로부터 예탁금을 받아 어음 및 국공채 등 단기금융상품에 직접 투자하는 단기 실적배당형 상품이다.
② 은행의 보통예금과 같이 수시 입출금이 자유로운 상품이다.
③ 해당 금융기관의 고시금리를 지급하는 RP형과 실적배당형 상품인 MMW형 또는 MMF형 등이 있다.
④ 은행의 연계계좌를 이용하여 신용카드 대금 및 공과금 자동이체가 가능하다.
⑤ 증권회사의 CMA는 예금자보호법에 의한 보호를 받는 것이 가능하지만, 종합금융회사의 경우 그렇지 않다.

02 다음 중 농어가목돈마련저축에 대한 설명으로 옳지 <u>않은</u> 것은?
① 예금자보호법에 의한 보호대상이 아니다.
② 지역농협이나 지구별, 업종별 수협, 산림조합에서 취급하고 있다.
③ 저소득 상품으로 가입대상이 제한되어 있다.
④ 만기 시 기본금리 외에 법정장려 금리를 가산하여 원리금을 지급한다.
⑤ 예치기간은 3년 또는 5년이다.

03 다음 중 목돈운용을 위한 거치식상품에 대한 설명으로 옳지 <u>않은</u> 것은?
① 표지어음은 예금자보호법에 의한 보호를 받으며 중도해지가 불가능하다.
② 정기예금은 주가지수연동정기예금을 제외하고는 특별한 손해 없이 중도 해지가 가능하며 예금자보호법에 의한 보호를 받는다.
③ 양도성예금증서는 예금자보호법에 의한 보호를 받지 않으며 중도 해지가 불가능하다.
④ 기업어음은 예금자보호법에 의한 보호를 받지 않으며 중도 해지가 불가능하다.
⑤ 환매조건부채권은 예금자보호법에 의한 보호를 받지 않으며 중도 해지가 불가능하다.

04 다음 중 골드뱅킹에 대한 설명으로 옳지 <u>않은</u> 것은?
① 매수 또는 매도 시점의 환율에 따라 투자손익이 변동될 수 있다.
② 골드뱅킹 상품에는 실물 거래형과 가상 거래형이 있다.
③ 실물 거래형의 경우 부가가치세 문제가 발생하지 않는다.
④ 골드투자통장은 예금자보호법에 의한 보호를 받지 않는다.
⑤ 투자 시 금가격은 런던 금시장협회가 산정하여 발표하는 금 1트로이온스당 미달러 표시가격이 기준이다.

05 다음 중 집합투자기구의 법적형태에 해당하지 <u>않는</u> 것은?
① 투자유한회사
② 투자합명회사
③ 투자신탁
④ 투자합자회사
⑤ 투자익명조합

06 자본시장법과 금융소비자보호법상 투자자보호제도에 대한 설명으로 옳지 않은 것은?

① 금융회사의 임직원 등이 설명의무를 이행하는 경우 해당 금융투자상품의 상품측면과 투자자의 투자자측면을 고려하여 설명의 정도를 다르게 할 수 있다.
② 적합성의 원칙은 적정성의 원칙 보다 더 강화된 투자자보호제도로서 금융회사 임직원의 투자권유 여부와 관계없이 금융소비자보호법에서 정한 특정 상품을 판매할 때 반드시 지켜야하는 원칙이다.
③ 청약철회가 가능한 대상상품에 관한 계약의 경우 투자자가 예탁한 금전 등을 지체없이 운용하는 데 동의한 경우 투자자가 청약철회권을 행사할 수 없다.
④ 위법계약의 해지요구권의 행사기간은 위법한 계약을 체결했음을 안 날로부터 1년 이내이다.
⑤ 금융상품판매업자 등은 금융소비자가 적합한 해지요건에 따라 계약을 해지하는 경우 계약의 해지와 관련한 수수료, 위약금 등의 비용을 요구할 수 없다.

07 다음 중 판매보수에 대한 설명으로 옳지 않은 것은?

① 1회성이 아닌 지속적으로 제공하는 용역의 대가이다.
② 부담주체는 투자자이다.
③ 장기투자 시 부담이 된다.
④ 기준가격에 영향을 미치게 된다.
⑤ 집합투자재산 연평균가액의 1%를 한도로 한다.

08 고객이 50% 미만 편입된 펀드를 월요일 오후 3시 30분에 환매청구한 경우 기준가 적용일은?

① 월요일(T일)　　　　　② 화요일(T+1일)　　　　　③ 수요일(T+2일)
④ 목요일(T+3일)　　　　⑤ 금요일(T+4일)

09 다음 중 가치주펀드에 대한 설명으로 옳지 않은 것은?
① Bottom-Up방식으로 투자의사를 결정한다.
② 기업가치 대비 저평가된 종목에 투자한다.
③ 주로 저PER주, 저PBR주 등이 투자종목이 된다.
④ 낮은 시장민감도를 특징으로 한다.
⑤ 상대적으로 성장주펀드에 비해 변동성이 높다.

10 다음 중 말킬의 채권가격 정리에 대한 설명으로 옳지 않은 것은?
① 채권수익률 변동으로 인한 채권가격의 변동률은 표면이율이 낮을수록 적어진다.
② 만기가 길수록 채권수익률 변동에 따른 채권가격의 변동폭이 커진다.
③ 채권가격과 채권수익률은 반비례 관계에 있다.
④ 만기가 일정할 때 수익률의 하락으로 인한 가격상승폭이 같은 수익률의 상승으로 인한 가격하락폭보다 크다.
⑤ 채권의 이자지급 주기가 짧을수록 채권수익률 변동으로 인한 채권가격의 변동률이 적어진다.

11 다음 중 환매금지형 집합투자기구에 대한 설명으로 옳지 않은 것은?
① 존속기간을 정한 펀드에 한하여 폐쇄형 펀드의 설립이 가능하다.
② 유동성 확보를 위해 집합투자증권을 최초로 발행한 날부터 90일 이내에 거래소시장에 상장해야 한다.
③ 펀드의 추가발행은 어떠한 경우에도 불가하다.
④ 펀드자산 총액의 20% 이상을 시장성 없는 자산에 투자하는 펀드의 경우 반드시 폐쇄형 펀드로 설립해야 한다.
⑤ 만기 및 존속기간까지 환매청구가 불가능한 펀드이다.

12 다음 중 구조화 상품에 대한 설명으로 옳지 않은 것은?
① 주가연계증권(ELS)은 주가지수 또는 개별주식 가격에 연계하여 수익이 결정된다.
② 기타파생결합증권(DLS)은 주가지수 외 금리, 통화, 원자재 등을 기초자산으로 하여 수익이 결정된다.
③ 주가연계펀드(ELF)는 최소 3개 이상의 각기 다른 증권사가 발행한 파생결합증권을 편입하여 펀드를 구성한다.
④ 주가연계파생결합사채(ELB)는 발행사 부도 등 특별한 사정이 없는 한 원금을 받을 수 있는 원금보장형 파생결합증권이다.
⑤ 주가연계파생결합사채(ELB)와 주가연계정기예금(ELD)은 예금자보호법에 의한 보호를 받는다.

13 다음 빈칸에 들어갈 말이 올바르게 연결된 것은?

신탁은 (　　), (　　), (　　)의 3면 관계에 의한 계약이다.

① 위탁자, 수익자, 신탁관리인
② 위탁자, 수탁자, 수익자
③ 위탁자, 신탁관리인, 신탁재산관리인
④ 수탁자, 수익자, 신탁재산관리인
⑤ 수탁자, 신탁관리인, 수익자

14 다음 중 지정된 대출종류에 대하여 현재부터 미래에 갚아질 때까지 책임을 부담하는 것으로 기한연장이나 재대출 등이 가능한 담보권의 종류는?
① 특정채무담보　② 한정근담보　③ 특정근담보
④ 한정채무담보　⑤ 포괄근담보

15 다음 중 대고객매매율 중 최고환율이 되는 것은?
① 현찰매도율　② 전신환매도율　③ 현찰매입률
④ 여행자수표매도율　⑤ 전신환매입률

16 다음 중 신용카드에 대한 설명으로 옳지 <u>않은</u> 것은?
① 재발급은 카드의 도난, 분실 및 훼손 등의 사유로 다시 발급하는 것을 말한다.
② 회전결제는 일시적인 카드결제대금이 부족할 경우 유연하게 대처할 수 있는 방법이며, 이 경우 미결제금액은 연체관리대상이 되지 않는다.
③ 신용카드의 기능으로는 지급결제 수단, 신용공여 및 신용창조, 거래투명화 및 세원확보, 신분증명 등이 있다.
④ 신용카드의 초과한도란 특별한 사유로 인하여 일정 기간 일정 금액을 예외적으로 사용할 수 있도록 인정하는 한도를 의미한다.
⑤ 가족회원의 한도는 본인회원의 한도에 포함하여 관리해야 한다.

17 다음 주가형성의 결정요인 중 기업의 시장 내적요인에 해당하지 <u>않는</u> 것은?
① 시장규제　　② 수급관계　　③ 제도적 요인
④ 물가와 이자율　　⑤ 투자자의 심리동향

18 다음 중 발행시장의 주요 기능에 해당하지 <u>않는</u> 것은?
① 자금조달 기능　　② 투자수단 제공
③ 가격결정의 지표　　④ 자본의 효율성 제고
⑤ 금융정책의 수단 제공

19 다음 중 주가지수에 대한 설명으로 옳은 것은?
① 우리나라 대부분의 주가지수는 주가평균식으로 산출된다.
② 중국의 A주 시장은 외국인 전용시장으로 미국달러로 거래된다.
③ 미국의 나스닥지수는 기술주와 성장주의 성과를 측정하는 지수로 널리 사용되며, Non-US 회사들도 포함하고 있다.
④ 일본의 Nikkei225지수는 아시아 증시를 볼 때 가장 많이 관찰되는 지수로 시가총액식으로 산출된다.
⑤ 주가평균식은 자본금 규모가 큰 종목의 영향이 상대적으로 커서 시장이 왜곡될 수 있다는 단점이 있다.

20 다음 중 경기와 주가에 대한 설명으로 옳지 <u>않은</u> 것은?

① 일반적으로 호황기에 주가는 최고점에 도달한다.

② 경기변동을 4단계로 나눈다면 침체기, 회복기, 활황기, 후퇴기로 나눌 수 있다.

③ 활황기는 고용 및 소비의 확대가 최고조에 달하며, 금리가 상승하는 시기이다.

④ 한 주기 내에서 확장기와 수축기의 길이가 다르게 나타나는 것이 일반적이다.

⑤ 개별 경제지표에 의한 경기동향 파악방법은 부문별 경기동향을 파악하기는 유용하나 개인의 주관에 치우치기 쉽다는 단점이 있다.

21 다음 중 경제변수와 주가에 대한 설명으로 옳지 <u>않은</u> 것은?

① 경제성장률이 둔화될 때는 주식시장이 침체되는 것이 일반적이다.

② 우리나라의 경우 원자재가격 상승은 물가상승 요인으로 작용해 주가에 부정적인 영향을 준다.

③ 이자율이 상승하면 요구수익률이 상승하게 되고 주가는 하락하게 된다.

④ 환율상승은 수입비중이 높은 기업의 주가에 긍정적인 영향을 준다.

⑤ 통화량의 증가는 대개 주가 상승요인이나 장기적인 통화량의 증가는 주가 하락요인으로 작용한다.

22 다음 중 제품수명주기(PLC)상 도입기의 특징이 <u>아닌</u> 것은?

① 시장수요가 포화상태이다.

② 손실을 보거나 수익성이 낮다.

③ 신제품이 출하되는 시기이다.

④ 경영위험이 상대적으로 큰 시기이다.

⑤ 광고 등 판매촉진비와 생산비가 크다.

23 다음 각 재무비율의 계산방법 중 옳지 않은 것은?
① 고정자산회전율 = 매출액 / 고정자산
② 부채비율 = (타인자본 / 자기자본) × 100
③ 유동비율 = (유동자산 / 유동부채) × 100
④ 이자보상비율 = (이자비용 / 영업이익) × 100
⑤ 매출액순이익률 = (당기순이익 / 매출액) × 100

24 A기업의 배당성장률은 5%로 내년도 주당 배당금은 1,050원으로 예상되며, 투자자들의 요구수익률은 10%이다. 정률성장 배당모형에 의한 A기업 주식의 가치는?
① 20,000원　　② 21,000원　　③ 22,000원
④ 23,000원　　⑤ 24,000원

25 다음 중 정률성장 배당모형에 대한 설명으로 옳지 않은 것은?
① 배당이 클수록 주가는 상승한다.
② 요구수익률이 클수록 주가는 하락한다.
③ 배당성장률이 클수록 주가는 하락한다.
④ 무위험이자율이 클수록 주가는 하락한다.
⑤ 기업의 베타가 클수록 주가는 하락한다.

26 A기업의 당기순이익은 50억원이고, 발행 총 주식 수는 10만주이다. A기업이 속한 산업의 평균 PER이 10이라면, A기업의 현재 적정주가는?
① 50,000원　　② 100,000원　　③ 250,000원
④ 500,000원　　⑤ 1,000,000원

27 다음 중 PBR(주가순자산비율)을 통해 파악할 수 있는 지표가 아닌 것은?
① 마 진
② 활동성
③ 부채 레버리지
④ 배당수익률
⑤ 기업수익력의 질적인 측면

28 다음 중 주식포트폴리오 운용계획에 대한 설명으로 옳지 않은 것은?
① 투자목표는 단순한 수치가 아니라 투자수익과 위험을 동시에 고려한 값으로 설정해야 한다.
② 투자기간이 짧을수록 고객의 위험수용도는 커지는 경향이 있다.
③ 퇴직에 임박한 고객은 젊은 고객에 비해 자금에 대한 유동성 요구가 상대적으로 크다.
④ 매매빈도가 높을 경우 세금문제에 더욱 민감해질 수 있다.
⑤ 투자계획서에는 투자목표, 투자분석, 자본시장의 가정, 자산배분과 종목선정, 사후통제와 같은 사항들이 포함되어야 한다.

29 다음 중 포트폴리오 성과 평정에 대한 설명으로 옳지 않은 것은?
① 내부수익률은 현금유출액의 현재가치와 현금유입액의 현재가치를 일치시키는 할인율이다.
② 기하평균 수익률은 중도에 현금이 재투자된 것과 최종시점의 부의 크기가 감안된 방법이다.
③ 샤프지수는 분산투자가 잘 되어 있는 펀드를 평가할 때 유용한 지표이다.
④ 트레이너지수는 펀드의 베타계수 한 단위당 무위험초과수익률을 나타내는 지표이다.
⑤ 정보비율은 펀드매니저의 능력을 측정할 수 있는 지표로 초과수익률을 추적오차로 나누어 구한다.

30 다음 주식투자전략 중 적립식 투자와 관련이 깊은 것은?
① 평균투자법
② 포뮬라 플랜
③ 인덱스펀드 투자
④ 시장투자적기포착
⑤ 단순 매수·보유전략

31 다음 중 적극적 투자전략에 대한 설명으로 옳지 않은 것은?
① 증권시장이 비효율적이라는 것을 전제로 한다.
② 분산투자보다는 소수 정예종목에 집중 투자하는 경향이 있다.
③ 시장을 조사하고 종목을 분석해야 하기 때문에 정보비용이 많이 든다.
④ 포뮬라 플랜 중 변동비율법은 한 개의 추세선 밴드를 설정하여 자산 간의 비율을 조절한다.
⑤ 강세시장에서는 베타계수가 높은 종목군을 선정하여 초과이익을 추구한다.

32 현재 매월 한국은행 금융통화위원회에서 결정하는 정책(기준)금리는?
① COFIX 금리
② 1일물 콜금리
③ 3년물 국고채금리
④ 7일 만기 RP금리
⑤ 91일 만기 CD금리

33 다음 중 시장금리를 상승시키는 요인이 아닌 것은?
① 경기호전
② 물가상승
③ 시중자금 풍부
④ 국채발행 증가
⑤ 채권수급 악화

34 다음 중 금리 하락으로 인한 영향을 모두 고른 것은?

> 가. 저축 감소
> 나. 주식투자 증가
> 다. 부동산 투자 감소
> 라. 경기 및 물가 하락 압력 발생
> 마. 소비 증가
> 바. 기업의 투자 및 생산 증가

① 가, 다, 라　　② 가, 라, 마　　③ 나, 마, 바
④ 가, 나, 마, 바　　⑤ 가, 다, 라, 바

35 다음은 액면가 10,000원, 표면금리와 만기수익률이 5%인 3년 만기 연복리채의 타임라인이다. 빈칸에 들어갈 금액을 순서대로 나열한 것은? (계산 없이 풀 수 있음)

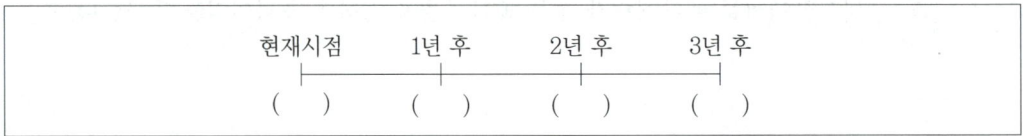

① -8,638원, 0원, 0원, 10,000원
② -10,000원, 0원, 0원, 11,576원
③ -10,000원, 500원, 500원, 10,500원
④ 10,000원, 0원, 0원, 11,576원
⑤ 10,000원, 500원, 500원, 10,500원

36 다음 중 채권시장에 대한 설명으로 옳지 <u>않은</u> 것은?
① 소수 종목을 제외하고는 대부분 장외시장에서 거래되고 있다.
② 채권시장에서의 거래는 기관투자자들 간의 거래가 거의 대부분이다.
③ 장내시장인 국채전문유통시장은 기관투자자는 물론 일반투자자도 참여할 수 있다.
④ 개인투자자들의 채권거래는 증권회사나 일부 은행 창구를 통해 이루어진다.
⑤ 발행시장에서 증권사는 발행기관이 되어 주간·인수·판매 업무를 수행한다.

37 다음 중 채권가격과 수익률(금리)의 관계에 대한 설명으로 옳지 않은 것은?

① 채권가격과 채권수익률은 서로 반대방향으로 움직인다.
② 금리변동에 따른 채권가격 변동폭은 만기가 길수록 증가하나 그 증가율은 체감한다.
③ 금리 상승 시 채권가격 하락폭은 체감하며, 금리하락 시 채권가격 상승폭은 체증한다.
④ 수익률이 하락할 때 채권가격의 상승폭이 수익률이 상승할 때 채권가격의 하락폭보다 크다.
⑤ 표면이자율이 높은 채권이 표면이자율이 낮은 채권보다 금리변동에 따른 가격 변동폭이 크다.

38 한국은행의 기준금리 인상으로 인해 향후 채권수익률이 상승할 것으로 예상될 경우 가장 투자하기 적절한 채권은?

① 만기 3년, 표면금리 3%인 할인채 A
② 만기 3년, 표면금리 5%인 이표채 B
③ 만기 3년, 표면금리 5%인 복리채 C
④ 만기 5년, 표면금리 3%인 이표채 D
⑤ 만기 5년, 표면금리 5%인 복리채 E

39 다음 중 채권의 수익률곡선에 대한 설명으로 옳지 않은 것은?

① 일반적인 수익률곡선은 장고단저(長高短低) 형태의 우상향하는 모습이다.
② 채권 약세장에서 장단기 스프레드가 축소되는 것을 베어 플래트닝이라고 한다.
③ 일반적으로 단기 채권의 금리는 정책금리(기준금리)의 영향을 크게 받는다.
④ 유동성선호이론에 따르면 투자자는 단기채보다 장기채에 프리미엄을 요구한다.
⑤ 장단기 스프레드가 확대된다는 것은 수익률곡선의 기울기가 평평해진다는 것을 의미한다.

40 표면금리가 4.0%인 채권을 4.5%의 수익률로 매입한 경우 세후수익률은? (단, 채권시장의 금리변동은 없으며, 이자소득에 대한 세율은 15.4%이다)

① 3.30% ② 3.38% ③ 3.50%
④ 3.80% ⑤ 3.88%

41 A공사채 1년물 수익률은 5%, 2년물 수익률은 6%, 3년물 수익률은 7%이다. A공사채 3년물에 1년간 투자하는 경우 기대수익률은? (단, 수익률곡선의 변동은 없다)
① 7%   ② 7.5%   ③ 8%
④ 8.5%   ⑤ 9%

42 다음 중 채권투자와 관련된 위험에 대한 설명으로 옳지 <u>않은</u> 것은?
① 투자기간 동안 시장금리의 변동으로 인해 투자수익률이 하락할 가능성을 시장위험이라고 한다.
② 듀레이션위험은 채권의 듀레이션이 길수록, 보유하는 채권의 금액이 많을수록 증가한다.
③ 신용위험은 발행자가 원리금을 지급하지 않을 부도위험만을 계량화한 것이다.
④ 유동성위험은 신용등급이 낮을수록, 장기물일수록 증가한다.
⑤ 발행자의 채무상환능력에 변화가 없다면 헤드라인위험은 좋은 투자기회가 될 수 있다.

43 다음 중 채권투자전략의 분류에 대한 설명으로 옳지 <u>않은</u> 것은?
① 이자수익의 비중이 높을수록 그 투자전략은 소극적인 것으로 분류된다.
② 중도매각전략은 채권을 일정 기간 보유한 후 롤링효과를 누리며 매각한다.
③ 교체매매전략은 채권매각 직후 향후 많은 수익이 기대되는 채권을 재매입한다.
④ 단기매매전략은 단기채 위주의 채권 보유를 지속하는 만기전략이다.
⑤ 만기보유전략은 채권 매입 후 만기까지 보유하여 순수하게 채권의 이자수익률만을 목적으로 한다.

44 다음 중 바벨형 만기전략과 불렛형 만기전략에 대한 설명으로 옳지 <u>않은</u> 것은?

① 바벨형 만기전략은 단기채와 장기채 보유를 병행하는 투자전략이다.
② 불렛형 만기전략은 중기채 위주로 보유하는 투자전략이다.
③ 두 만기전략은 비교적 시장상황에 신속히 대처할 수 있다.
④ 두 만기전략은 사다리형 만기전략에 비해 평균적으로 기대수익률과 위험이 높다.
⑤ 두 만기전략은 채권의 이자율을 중시하는 전형적인 소극적 전략으로 분류된다.

45 다음 중 채권형 펀드와 운용전략에 대한 설명으로 옳지 <u>않은</u> 것은?

① 채권형 펀드는 채권 및 채권 관련 파생상품, 유동성자산에 투자하여 수익을 올리는 펀드를 말한다.
② 채권형 펀드는 환매수수료 부과기간에 따라 단기형, 중기형, 장기형으로 분류된다.
③ 듀레이션 운용전략, 섹터 운용전략, 종목투자전략은 적극적 투자전략에 해당한다.
④ 듀레이션 운용전략은 전망투자철학을 가진 펀드매니저들의 주력전략이다.
⑤ 만기섹터 운용전략을 구사하기 위해 전망투자자들은 신용스프레드를 전망한다.

46 다음과 같은 상황에서 채권형 펀드매니저가 취할 수 있는 전략으로 가장 거리가 <u>먼</u> 것은?

> 향후 채권시장이 강세로 전환될 것으로 많은 투자자들이 예상하고 있으며, 특히 단기물에 비해 장기물의 강세가 우수할 것으로 판단된다. 또한 국채에 비해 회사채가 이러한 시장상황에 영향을 더 크게 받을 것으로 예상된다.

① 펀드의 듀레이션을 벤치마크의 듀레이션보다 높인다.
② 가치분석을 통해 저평가된 회사채 종목을 발굴하여 투자한다.
③ 신용섹터 운용전략 중 크레딧물 약세 예상 포지션을 구축한다.
④ 만기섹터 운용전략 중 일드커브 플래트너 전략을 실행한다.
⑤ 채권형 펀드 내 구성종목 중 국채보다 회사채의 투자비중을 전반적으로 높게 유지한다.

47 다음 중 파생상품거래의 구성요소에 대한 설명으로 옳지 않은 것은?

① 농산물, 축산물, 에너지, 귀금속 등과 같은 상품도 파생상품의 거래대상이 될 수 있다.
② KRX에서 거래되는 미국달러선물의 계약단위는 100만달러, KOSPI200 선물은 '지수 × 25만원'이다.
③ CME에서 거래되는 통화선물의 가격은 해당 통화 1단위를 사기 위해 지불하는 달러로 표시된다.
④ KRX 국채선물의 최소호가단위는 0.01이고, KOSPI200 선물은 0.05포인트이다.
⑤ CME의 주요 금리선물과 통화선물은 가격제한폭이 없으나 KRX의 KOSPI200 선물은 가격제한폭이 있다.

48 다음 중 파생상품에 대한 설명으로 옳지 않은 것은?

① 투자한 원본뿐 아니라 추가적인 지급 의무를 부담할 수 있다.
② 스왑션이란 옵션을 행사하면 스왑 포지션을 갖게 되는 합성형 파생상품을 의미한다.
③ 거래소는 파생상품거래의 원활한 계약이행을 보증하기 위해 청산기관을 운영하고 있다.
④ 일일 정산 결과 계좌의 잔액이 개시증거금 수준 이하로 떨어지면 선물회사는 마진콜을 통보한다.
⑤ 장내파생상품은 최종거래일 이전에 거래당사자가 원할 경우 언제든지 반대매매를 통해 계약에서 벗어날 수 있다.

49 투자자 A씨는 KOSPI200 지수선물을 205포인트에 10계약 매수하고 3개월 뒤 210포인트에 매도하여 포지션을 청산하였다. 이 경우 투자자 A씨의 총 투자손익은? (단, KOSPI200 지수선물의 계약당 거래승수는 25만원이다)

① 1,250,000원 이익 ② 1,250,000원 손실
③ 2,500,000원 이익 ④ 2,500,000원 손실
⑤ 12,500,000원 이익

50 다음 중 미국 T-Bond선물과 한국 국채선물에 대한 설명으로 옳지 <u>않은</u> 것은?
① 미국 T-Bond선물과 한국 국채선물의 가격은 기초자산의 금리를 지수화하여 표시된다.
② 미국 T-Bond선물은 표면금리가 6%인 T-Bond를 거래대상으로 하는 채권선물이다.
③ 한국 국채선물의 거래대상은 표면금리가 연 5%인 6개월 이표지급방식의 3년, 5년, 10년 만기 국고채권이다.
④ 미국 T-Bond선물의 계약단위는 10만달러이고 한국 국채선물은 1억원이다.
⑤ 미국 T-Bond선물의 최종결제방식은 실물인수도이고, 한국 국채선물은 현금결제이다.

51 다음 중 금리관련 선물을 이용한 투자전략과 리스크관리에 대한 설명으로 옳은 것은?
① 향후 채권투자를 할 예정인 사람은 금리가 상승할 경우 기회손실이 발생한다.
② 현재 고정금리로 차입하고 있는 사람은 금리선물을 매도하여 금리리스크를 관리할 수 있다.
③ 향후 자금조달이 예정되어 있는 기업은 금리선물을 매수하여 금리리스크를 관리할 수 있다.
④ 수익률곡선이 가팔라질 것으로 예상되는 경우 장기물을 매도하고 단기물을 매수하는 것이 적절하다.
⑤ 플래트닝전략은 장기물의 수익률 상승폭이 단기물의 수익률 상승폭보다 클 것으로 예상될 때 사용하는 것이 적절하다.

52 다음 중 통화선물과 선물환에 대한 설명으로 옳지 <u>않은</u> 것은?
① KRX에서 거래되는 통화선물의 최종결제방법은 실물인수도이다.
② KRX에서 거래되는 미국달러선물은 1달러당 원화, 엔선물은 100엔당 원화, 유로선물은 1유로당 원화, 위안선물은 1위안당 원화로 표시된 환율을 사용한다.
③ 수입업자나 외화 차입자는 통화선물 또는 선물환을 매수하여 환리스크를 관리할 수 있다.
④ 수출업자는 외화의 가치가 하락하면 손실이 발생하므로 매도헤지를 활용하여 환리스크를 관리할 수 있다.
⑤ 주가가 상승하여 포트폴리오의 순자산가치가 증가하면 헤지비율을 재조정하기 위해 선물환을 추가적으로 매입해야 한다.

53 다음 중 주식관련 옵션에 대한 설명으로 옳지 <u>않은</u> 것은?

① 우리나라의 주식옵션과 주가지수옵션의 최종결제방식은 현금결제이다.
② 주식옵션 스프레드 전략은 이익과 손실이 한정된 보수적인 투자전략이다.
③ 우리나라의 주식옵션과 주가지수옵션은 최종거래일에만 권리행사가 가능한 유럽형 옵션이다.
④ 버터플라이 매도는 변동성 매도전략으로 낮은 행사가격과 높은 행사가격의 콜옵션을 1개씩 매수하고, 중간 행사가격 옵션을 2개 매도하는 전략이다.
⑤ 약세 콜옵션 스프레드 전략은 약세가 예상되나 확신이 서지 않을 때 사용하는 전략으로 초기에 프리미엄 순수입이 발생한다.

54 A기업은 3개월 후 500만달러의 수출대금을 수취할 예정이다. 달러/원 환율 하락리스크를 헤지함과 동시에 환율상승 시 이익의 기회에도 참여하고 싶다고 할 경우 적절한 방법은?

① 달러선물 매수
② 달러선물 매도
③ 달러 풋옵션 매수
④ 달러 풋옵션 매도
⑤ 달러 콜옵션 매수

55 A기업과 B기업의 차입금리가 다음과 같은 상황에서 A기업은 변동금리로 차입하기를 원하고, B기업은 고정금리로 차입하기를 원한다. 두 기업이 금리스왑을 체결할 경우 실제 부담하게 될 금리는? (단, 스왑딜러에게 지불하는 수수료는 10bp이며, 스왑의 결과 생기는 이익은 두 기업에 동일하게 분배된다고 가정한다)

구 분	A기업	B기업
고정금리	5.0%	6.0%
변동금리	CD + 2.5%	CD + 3.0%

① A기업 : CD + 2.20%, B기업 : 5.60%
② A기업 : CD + 2.25%, B기업 : 5.75%
③ A기업 : CD + 2.30%, B기업 : 5.80%
④ A기업 : CD + 2.40%, B기업 : 5.90%
⑤ A기업 : CD + 2.50%, B기업 : 6.00%

56 다음 중 금리스왑과 통화스왑에 대한 설명으로 옳지 <u>않은</u> 것은?

① 금리스왑은 원금의 교환이 발생하지 않으나 통화스왑은 원금의 교환이 발생한다.
② 동종통화를 대상으로 하는 금리스왑과 달리 통화스왑은 원금과 이자가 상이한 통화로 표시된다.
③ 쿠폰스왑이란 변동금리와 고정금리의 이자지급을 교환하는 형태로 가장 일반적인 금리스왑의 형태이다.
④ 통화스왑에서 만기 시 원금교환에 적용되는 환율은 만기 시점의 현물환율이다.
⑤ 베이시스스왑은 변동금리와 다른 변동금리에 따라 결정되는 이자지급을 교환하는 것이다.

57 주식연계상품 중 낙아웃 구조화상품에 대한 설명으로 옳지 <u>않은</u> 것은?

① 낙아웃 구조는 원금보장형 상품이 많이 활용된다.
② 주가지수에 대해 Up-and-Out 낙아웃 콜옵션을 매수하는 상품구조를 갖는다.
③ 리베이트가 없는 낙아웃 구조는 확정금리에 지수변동에 따른 보너스 금리를 지급하는 형태이다.
④ KOPSI200 지수가 만기 전에 한 번이라도 배리어 이상 상승하면 만기 시 수익은 지수상승률에 따라 보너스 금리를 지급받는다.
⑤ 낙아웃 리베이트 콜옵션은 낙아웃 콜옵션과 디지털 배리어옵션으로 구성된다.

58 조건을 충족시키는 일수를 매일 관측하여 일할계산 방식으로 이자를 지급함으로써 이자수취의 안정성을 강조하는 금리연계상품은?

① 레인지 채권
② 역변동금리채권
③ 이중변동금리채권
④ 레인지 어크루얼 채권
⑤ 금리상하한 변동금리채권

59 다음 중 투자수익과 위험에 대한 설명으로 옳지 않은 것은?

① 투자는 저축과 달리 불확실한 수익을 얻을 목적으로 위험을 부담한다.
② 금융소득 중 배당소득은 화폐의 시간가치에 대한 소득을 의미한다.
③ 일반적으로 투자위험은 수익률의 표준편차(σ)로 측정된다.
④ 기하평균 수익률은 복리요소를 고려하지만 산술평균 수익률은 복리요소를 무시한다.
⑤ 공분산은 $-\infty \sim +\infty$의 값을 갖지만 상관계수는 $-1 \sim +1$의 값을 가진다.

60 A씨는 1년 전 투자자금 1억원을 주식펀드, 채권펀드, 부동산투자신탁에 각각 2천만원, 4천만원, 4천만원을 투자하여 포트폴리오를 운용하고 있다. 1년 후 현재 주식펀드, 채권펀드, 부동산투자신탁의 가치가 각각 3천만원, 5천만원, 3천만원이라면 포트폴리오의 가중평균 수익률은?

① 10% ② 12% ③ 15%
④ 18% ⑤ 20%

61 다음 중 투자자의 무차별곡선에 대한 옳은 설명으로 모두 묶인 것은?

> 가. 동일한 무차별곡선상에 있는 모든 기대수익-위험 조합은 투자자에게 동일한 만족을 준다.
> 나. 위험회피자의 무차별곡선은 양(+)의 기울기를 가지는데 이는 위험증가 시 수익도 함께 증가해야 동일한 효용을 유지할 수 있다는 의미이다.
> 다. 위험회피자의 위험회피 성향이 클수록 무차별곡선의 기울기는 완만한 형태를 띠게 된다.
> 라. 여러 무차별곡선 중 좌측 상단에 위치한 무차별곡선일수록 더 큰 효용을 갖는다.
> 마. 위험회피자의 무차별곡선은 원점에 대해 오목한 형태를 갖는다.

① 가, 다 ② 나, 라 ③ 가, 나, 라
④ 가, 다, 마 ⑤ 나, 라, 마

62 다음 중 자본배분선(CAL)에 대한 설명으로 옳지 <u>않은</u> 것은?

① 무위험자산이 포함될 때의 투자기회선으로 무위험수익률을 절편으로 한다.
② 투자자의 위험회피 성향에 따라 자본배분선의 기울기는 달라진다.
③ 자본배분선의 기울기가 클수록 더 좋은 투자대상이라고 할 수 있다.
④ 위험회피 성향이 높을수록 자본배분선상에서 왼쪽에 위치한 포트폴리오를 선택할 것이다.
⑤ 위험자산에 100% 투자하는 점을 기준으로 오른쪽에 위치한 포트폴리오를 차입포트폴리오라고 한다.

63 다음 중 CAPM(자본자산가격결정모형)에 대한 설명으로 옳지 <u>않은</u> 것은?

① 자본시장이 균형상태를 이룰 때 위험자산의 적정가격수준을 도출하는 모형이다.
② 균형상태에서는 수요나 공급에 변화가 없는 한 가격은 변하지 않는다.
③ 완전자본시장이라는 비현실적인 가정에 바탕을 둔 모형이다.
④ 위험자산의 기대수익률은 위험자산의 베타에 의해서만 결정된다고 본다.
⑤ 투자자들의 위험회피 성향에 따라 서로 다른 위험자산 포트폴리오를 보유한다고 본다.

64 다음 중 CAPM(자본자산가격결정모형)과 APT(차익거래가격결정이론)에 대한 설명으로 옳은 것은?

① CAPM과 APT는 상호 배타적인 모형이다.
② CAPM과 APT는 기대수익률과 체계적 위험 간의 비선형관계를 설명한다.
③ CAPM은 시장포트폴리오에 의존하지 않지만 APT는 시장포트폴리오를 전제로 한다.
④ CAPM은 모든 자산에 예외 없이 적용되지만 APT는 잘 분산된 포트폴리오에만 적용된다.
⑤ CAPM은 설명요인이 다수인 모형이고, APT는 설명요인이 하나인 모형이다.

65 다음 중 포트폴리오의 소극적 전략과 적극적 전략에 대한 설명으로 옳지 않은 것은?
① 소극적 전략은 시장 평균의 수익과 위험을 최소비용과 노력으로 달성하고자 한다.
② KOSPI200 지수를 추종하는 펀드에 투자하는 것은 소극적 전략에 해당한다.
③ 적극적 전략을 구사하는 투자자들은 증권선택전략보다는 시장예측전략을 더 빈번하게 활용한다.
④ 1월 효과, 기업규모 효과, 소외기업 효과, 과잉반응 등의 존재는 적극적 전략의 타당성을 뒷받침하는 증거이다.
⑤ 적극적 전략을 구사하는 투자자들 간의 경쟁이 심화될수록 소극적 전략이 효과를 발휘한다.

66 다음 중 소극적 자산배분과 소극적 증권선택을 구사하는 제1사분면 투자관과 투자전략에 대한 설명으로 가장 거리가 먼 것은?
① 시장이 매우 효율적이어서 시장예측과 증권선택의 기술적 가치가 없다고 믿는다.
② 제1사분면 투자전략은 포트폴리오를 재조정하지 않는 단순한 매입보유전략이다.
③ 현대 포트폴리오 이론과 투자 연구의 상당수가 지지하는 투자관이다.
④ 제1사분면 투자관을 가진 투자자는 자산관리자의 필요성을 강하게 느끼지 못한다.
⑤ 모든 전략의 출발점이 되는 전략으로 다른 전략들의 우수성을 검증하는 벤치마크 포트폴리오의 역할을 한다.

67 다음 중 전술적 자산배분에 대한 설명으로 옳지 않은 것은?
① 정보에 대한 투자자와 시장의 과잉반응을 이용한다.
② 주로 위험자산과 무위험자산 간의 배분 비중 조정을 통해 이루어져야 한다.
③ 전략적 배분에서 결정한 전술적인 변화폭을 중단기적으로 실행하는 것이다.
④ 기술적 분석의 단기적인 가격 등락 패턴이 아닌 자산가격 변화에 내재하는 관성적인 추세를 이용한다.
⑤ 단기적으로는 자산가격이 내재가치를 벗어나도 장기적으로는 내재가치에 수렴한다는 것을 전제로 실행된다.

68 다음 중 베타(β)에 대한 설명으로 옳지 <u>않은</u> 것은?

① 시장 수익률의 베타는 0이다.
② 증권특성선(SCL)의 기울기로 측정된다.
③ 시장 수익률의 변동에 대한 민감도를 나타낸다.
④ 표준편차와는 달리 상대적인 위험을 측정하는 척도이다.
⑤ 베타가 1보다 큰 주식을 경기민감주, 작은 주식을 경기방어주라고 한다.

69 베타가 0.8인 펀드 A의 3년간 연 평균수익률이 14%, 표준편차는 20%, 연 평균 무위험이자율이 5%일 때 샤프지수를 계산한 값은?

① 0.11   ② 0.23   ③ 0.38
④ 0.45   ⑤ 0.57

70 다음은 투자자 A씨의 연간 성과 평가 내용이다. 이에 대한 해석으로 옳지 <u>않은</u> 것은?

구 분	총 수익률
전략적 자산배분 수익률	10.42%
전술적 자산배분 수익률	11.58%
실제 포트폴리오 수익률	8.22%
자산배분 효과	
증권선택 효과	

① 전술적 자산배분 효과는 1.16%이다.
② A씨의 시장예측 능력은 우수한 편이다.
③ 잘못된 증권선택으로 인해 수익률 저하 현상이 발생하였다.
④ 실제 포트폴리오 수익률이 7%로 하락하면 자산배분 효과는 (-)로 나타날 것이다.
⑤ 실제 포트폴리오 수익률이 12%로 상승하면 증권선택 효과는 (+)로 나타날 것이다.

제2과목 | 비금융자산 투자설계 (30문제)

71 다음 중 부동산의 개념에 대한 설명으로 옳지 <u>않은</u> 것은?
① 현재 우리나라 가계자산의 70~80%는 부동산으로 구성되어 있다.
② 광의의 부동산은 준부동산과 협의의 부동산으로 구분된다.
③ 협의의 부동산은 토지와 정착물로 구분된다.
④ 준부동산의 등기대상권리에는 어업권과 광업권 등이 있다.
⑤ 준부동산은 감정평가의 대상이 되지 않는다.

72 다음 중 부동산과 동산의 차이점으로 옳지 <u>않은</u> 것은?
① 동산은 점유만으로도 공시의 효과를 가진다.
② 부동산은 지역권, 지상권 설정이 가능하다.
③ 부동산은 질권 설정이 가능하다.
④ 부동산은 공신력이 인정되지 않는다.
⑤ 동산은 일물일가 원칙이 적용된다.

73 다음 중 도시의 녹지공간 확보, 도시확산의 방지, 장래 도시용지의 공급 등을 위해 보전할 필요가 있는 지역으로 제한적인 개발이 허용되는 지역은?
① 자연녹지지역　② 보전녹지지역　③ 보전관리지역
④ 생산녹지지역　⑤ 계획관리지역

74 다음 중 각 동의 바닥면적이 630㎡이고 3층이며 30세대가 거주하는 주택은?
① 다중주택　② 다세대주택　③ 아파트
④ 연립주택　⑤ 다가구주택

75 다음 중 준주택에 대한 설명으로 옳지 <u>않은</u> 것은?

① 준주택에는 기숙사, 다중생활시설, 노인복지주택, 오피스텔 등이 있다.
② 바닥면적이 500㎡ 미만인 다중생활시설은 욕실설치가 가능하다.
③ 바닥면적이 500㎡ 미만인 다중생활시설은 임대사업자 등록이 불가능하다.
④ 바닥면적이 500㎡ 미만인 다중생활시설은 제2종 근린생활시설로 분류된다.
⑤ 바닥면적이 500㎡ 이상인 다중생활시설은 임대사업자 등록이 가능하다.

76 다음에서 설명하는 부동산 관련 용어는?

- 담보대출의 가치인정 비율을 의미한다.
- 담보대출 시 담보가치에 대한 안정성을 담보하기 위한 규제장치로 활용되기도 한다.

① LTV ② DTI ③ 용적률
④ 총부채상환비율 ⑤ 건폐율

77 다음 중 주요 부동산 용어에 대한 설명으로 옳은 것은?

가. 표준지공시지가는 약 50만 필지에 대하여 매년 1월 1일 현재의 적정가격을 조사·평가하여 공시한 표준지의 단위면적당 가격을 말한다.
나. 표준지공시지가는 시·군·구청장이 공시하며 개별공시지가는 국토교통부장관이 공시한다.
다. 표준지공시지가는 국세 및 지방세의 부과기준이 된다.
라. 개별공시지가에 대하여 이의가 있을 경우 공시일로부터 30일 이내에 서면으로 시·군·구청장에게 이의를 신청할 수 있다.

① 가, 나 ② 가, 라 ③ 나, 다
④ 가, 다, 라 ⑤ 나, 다, 라

78 부동산 공적장부의 활용으로 옳지 않은 것은?
① 토지이용계획확인서 – 해당 토지에 대한 공법적 제한사항
② 토지(임야)대장 – 토지의 소재지, 소유자의 주소 및 성명
③ 건축물대장 표제부 – 해당 건축물의 주요 변동사항
④ 건축물대장 전유부 – 전유면적, 소유자
⑤ 등기사항증명서 갑구 – 소유권 이외의 권리 사항

79 다음 중 부동산 법률 용어에 대한 설명으로 옳지 않은 것은?
① 법정지상권은 건물소유자를 위해 법률로 인정되는 지상권을 말한다.
② 지역권은 남의 토지를 자기 토지의 편익에 이용하는 부동산용익물권이다.
③ 투기과열지구는 국토교통부장관이 지정한다.
④ 투기지역은 전국 부동산가격상승률 및 소비자물가상승률 등을 감안, 부동산가격이 급등하거나 급등할 우려가 있는 경우 지정된다.
⑤ 투기지역 관련 규제는 직접규제로, 투기과열지구 관련 규제는 간접규제로 볼 수 있다.

80 다음 중 주택임대차보호법에 대한 설명으로 옳지 않은 것은?
① 미등기건물, 무허가건물과 불법건축물도 주택임대차보호법의 대상이 된다.
② 가건물이나 비닐하우스도 주택임대차보호법의 대상이 된다.
③ 최우선변제권은 대항력만으로도 발생한다.
④ 대항력은 주택의 인도와 전입신고를 끝마친 익일로부터 발생한다.
⑤ 임차인은 계약갱신청구권을 1회 행사할 수 있으며, 갱신되는 임대차 존속기간은 2년이다.

81 다음 중 주택임대차보호법과 상가임대차보호법을 비교한 것으로 옳지 않은 것은?

	구 분	주택임대차 보호법	상가임대차 보호법
①	환산보증금(서울)	제한 없음	9억원
②	차임의 증감 한도	5%	5%
③	임대차 존속기간	2년	3년
④	계약 갱신 거절 사유	2기 차임 연체	3기 차임 연체
⑤	계약갱신(임대인)	기간만료 전 6~2월 갱신통지	10년 내 정당한 사유 없이 갱신거절 불가

82 다음 중 국내 부동산시장에 대한 설명으로 옳지 않은 것은?
① 인플레이션은 부동산 투자를 감소시키는 요인이다.
② 경제상황은 시장 전체의 흐름을 좌우하는 미시적이고 거시적인 효과를 가진다.
③ PIR은 주택가격을 연간소득으로 나눈 값으로 주택에 대한 구매력을 비교하는 데 사용된다.
④ 대출규제는 국회의 동의 없이 사용할 수 있는 강력한 규제이다.
⑤ 금리인상은 부동산가격을 하락시키는 요인이다.

83 다음 중 해외 부동산에 대한 설명으로 옳지 않은 것은?
① 해외 부동산 투자의 자유화로 인해 실수요자가 아닌 투자자도 송금액제한이 없어졌다.
② 취득 후 3개월 이내에 지정거래외국환은행에 취득보고서를 제출해야 한다.
③ 거주자 본인 또는 배우자가 해외에서 2년 이상 체류할 목적으로 주거용 주택을 취득할 경우 지정거래 외국환은행장에게 신고해야 한다.
④ 처분 후 3개월 이내에 지정거래외국환은행에 처분보고서를 제출해야 한다.
⑤ 처분한 달의 말일부터 3개월 이내에 양도소득세 예정신고 납부를 해야 한다.

84 다음 중 인구구조 변화에 따른 부동산시장에 대한 설명으로 옳지 <u>않은</u> 것은?

① 우리나라의 인구는 수도권의 밀도가 높기 때문에 전국적인 인구추이를 적용하기 보다는 지역적으로 세분화하여 부동산시장에 미치는 영향을 분석하는 것이 적절하다.
② 주택수요 분석 시 인구보다는 주거단위를 기준으로 분석해야 한다.
③ 중산층은 향후 33평을 가장 선호할 것으로 보인다.
④ 1~2인 가구의 비중이 확대됨에 따라 소형주택의 강세가 지속될 것으로 보인다.
⑤ 베이비부머의 80~90% 이상이 은퇴 후 주택을 매도하고 이동할 것으로 보인다.

85 다음 중 시대별 부동산정책에 대한 설명으로 옳은 것은?

> 가. 김대중 정부는 부동산실명제를 실시하였다.
> 나. 노무현 정부는 양도소득세를 중과하여 주택 투기를 억제하려 하였다.
> 다. 이명박 정부는 부동산 규제를 완화하고 LTV비율을 높여 침체된 부동산시장을 회복시키려 하였다.
> 라. 문재인 정부는 투기과열지구 지정, 주택공급 확대 등을 통해 실수요 보호와 단기 투기수요 억제를 통한 주택시장 안정화를 추진하였다.
> 마. 윤석열 정부는 9억원 이하의 1주택 소유라는 상생임대주택 인정요건을 폐지해 임대차 시장을 안정시키려 하였다.

① 가, 나, 라 ② 가, 다, 라 ③ 나, 다, 마
④ 나, 라, 마 ⑤ 다, 라, 마

86 문재인 정부의 2019. 12. 16. 주택시장 안정화 방안으로 옳지 <u>않은</u> 것은?

① 시가 9억원 초과 주택담보대출 LTV 강화
② 시가 10억원 아파트 주택담보대출 금지
③ 2년 미만 보유 주택 양도세율 인상
④ 민간택지 분양가 상한제 적용 지역 확대
⑤ 청약 재당첨 제한 강화

87 다음 중 부동산 투자의 특징에 대한 설명으로 옳지 않은 것은?

① 부동산은 장기 투자이다.
② 다른 투자수단보다 많은 자본을 필요로 한다.
③ 장래에 기대되는 수익이 확정적이다.
④ 투자대상물은 도난의 위험이 없다.
⑤ 건물 등의 감가상각에 의한 절세효과를 기대할 수 있다.

88 A씨는 B빌딩에 대한 투자를 생각하고 있는데 B빌딩의 연평균 예상수익은 2천만원이고 투자가치는 2억원이다. B빌딩에 대한 설명으로 옳지 않은 것은?

① B빌딩의 요구수익률이 증가할수록 투자가치는 감소한다.
② A씨의 B빌딩에 대한 요구수익률은 10%이다.
③ B빌딩의 기대수익률이 8%라면 시장가치는 2억 5천만원이다.
④ B빌딩의 기대수익률이 10%라면 A씨는 투자하지 않을 것이다.
⑤ B빌딩의 시장가치가 3억원이라면 A씨는 투자하지 않을 것이다.

89 다음 중 부동산 가치평가방식을 비교한 것으로 옳지 않은 것은?

① 원가방식 – 원가법 – 적산임료
② 비교방식 – 거래사례비교법 – 유추가격
③ 수익방식 – 미래 – 수익분석법
④ 비용성 – 과거 – 복성가격
⑤ 시장성 – 미래 – 수익가격

90 다음 중 부동산 가치평가방식에 대한 설명으로 옳지 않은 것은?
① 비교방식은 사례가격, 사정보정, 시점수정, 지역요인 등을 고려한다.
② 물리적 감가는 시간 경과로 인해 마모되는 것을 말한다.
③ 경제적 감가는 설비가 불량하거나 형식의 구식화로 인해 발생한다.
④ 수익방식의 직접환원법은 순운영수입을 환원이율로 나누어 부동산의 가치를 판단한다.
⑤ 원가방식은 비교 대상이 없는 신축건물의 가치판단에 유용하다.

91 다음 중 부동산의 경제성 분석기법에 대한 설명으로 옳은 것은?

> 가. 회수기간법과 회계적이익률법은 화폐의 시간가치를 고려하지 않는다.
> 나. 순현가법은 투자자금을 한 곳이 아닌 여러 곳에 투자할 경우 부의 극대화를 달성할 수 없다.
> 다. 내부수익률법은 동일한 투자안에 대하여 두 개 이상의 내부수익률이 생길 수 있다.
> 라. 상호배타적인 투자안의 경우 순현가가 0보다 큰 투자안을 모두 선택하는 것이 유리하다.
> 마. 순현가법은 할인율로 요구수익률을 사용한다.

① 가, 다
② 나, 마
③ 가, 나, 라
④ 가, 다, 마
⑤ 나, 다, 라

92 다음 중 각 포트폴리오의 장점이 아닌 것은?
① 주식 – 수익성
② 부동산 – 환금성
③ 예금 – 안정성
④ 부동산 – 수익성
⑤ 예금 – 환금성

93 주택청약종합저축은 매월 ( )까지 10원 단위로 납입이 가능하며 납입한 총액이 ( )에 도달할 때까지 초과납입이 가능하다. 빈칸에 들어갈 내용이 순서대로 묶인 것은?
① 2~10만원, 500만원
② 2~10만원, 1,000만원
③ 2~10만원, 1,500만원
④ 2~50만원, 1,000만원
⑤ 2~50만원, 1,500만원

94 다음 중 정비사업의 문제점으로 옳지 <u>않은</u> 것은?
① 정비사업은 주로 개발이익을 바탕으로 공동주택 건설과 기반시설 설치를 하고 있다.
② 개발이익을 기대한 주민의 요구에 따라 정비예정구역이 과도하게 지정되고 있다.
③ 주민 간의 민사소송 등이 지속적으로 발생하고 있다.
④ 정부 등으로부터 기반시설부담금을 과도하게 요구받고 있다.
⑤ 개발이익이 환수되지 않아 사업성이 악화되고 있다.

95 다음 중 토지거래허가가 필요 <u>없는</u> 대상은?
① 토지에 대한 대물변제 계약
② 토지에 대한 전세권 설정계약
③ 토지에 대한 양도담보
④ 토지에 대한 유저당계약
⑤ 부담부증여

96 다음 중 토지투자 요령에 대한 설명으로 옳지 <u>않은</u> 것은?
① 준보전산지는 개발이 용이하므로 미래가치가 높아질 수 있다.
② 도로에 접하지 않는 맹지는 투자가능성이 높다.
③ 토지단가는 가급적 금액이 적은 것을 매입해야 한다.
④ 비도시 지역의 토지를 매입할 경우 기반시설에 대한 검토가 필요하다.
⑤ 기획부동산의 토지투자 권유는 주의해야 한다.

97 다음 중 NPL 투자에 대한 설명으로 옳지 <u>않은</u> 것은?
① NPL은 미회수채권, 무수익여신, 부실채권을 말한다.
② 부동산담보채권을 도매가격으로 넘기는 행위는 법적으로 문제가 된다.
③ NPL 투자에 개인이 직접 참여할 수 있는 방법이 차단되었다.
④ 은행이 매각한 부실채권을 인수한 자산유동화전문회사는 페이퍼컴퍼니로서 목적을 다하면 없어지는 회사이다.
⑤ 자산유동화전문회사에 돈을 빌려주는 주체는 대부분 기관투자자이다.

98 다음 중 부동산 자산관리 및 임대관리에 대한 설명으로 옳지 않은 것은?
① 자산 투자업 시장은 투자의 특성상 부동산투자회사를 중심으로 형성된다.
② 임대계약 체결 시 제소 전 화해조서를 작성하여 연체 임차인에 대하여 법적으로 대처할 수 있다.
③ 부동산 자산관리 운영방식 중 위탁관리방식은 전문가의 우수한 서비스를 통해 빌딩관리의 전문화가 가능하다.
④ 부동산 자산관리 운영방식 중 혼합관리방식은 과도기적 관리방식이라는 특징이 있다.
⑤ 임대료 비율 조정기법이란 장기임대 시 임대료를 인상하는 시점을 매년이나 격년 방식 등 탄력적으로 조정하는 기법을 말한다.

99 다음 중 부동산금융 상품에 대한 설명으로 옳지 않은 것은?
① 부동산 직접투자는 부동산 비전문가의 투자로 볼 수 있다.
② 부동산 간접투자는 취득세 감면 혜택이 주어진다.
③ 부동산 직접투자는 소액으로 대형 부동산 투자가 가능하다.
④ 부동산 간접투자는 지역별, 투자유형별로 분산투자가 가능하다.
⑤ 부동산 간접투자 상품은 양도소득세가 비과세되기도 한다.

100 다음 중 부동산개발금융(PF)에 대한 설명으로 옳지 않은 것은?
① PF 브리지론은 정상 대출이자 밖의 별도의 수수료를 선취하는 이중적 성격이 있다.
② 국내 일반적인 부동산개발시행사업에서 시공사의 공사대금은 도급공사의 경우보다 낮다.
③ 프로젝트금융투자회사(PFV)는 배당가능 이익의 90% 이상을 배당하는 경우 그 금액을 사업연도의 소득금액에서 공제하고 PFV가 취득하는 부동산에 대해서 취득세의 50%를 감면받을 수 있다.
④ 대출기관의 PF Loan형 ABS와 건설업체의 매출채권형 ABS 중 가장 각광받는 형태는 PF Loan형 ABS이다.
⑤ PF의 대출을 받은 시행사가 관할 행정당국의 인허가를 받지 못할 경우 대출금의 원활한 상환이 어렵게 된다.

fn.Hackers.com

제4회 적중 실전모의고사

▶ 정답 및 해설 p.444

제1과목 | 금융자산 투자설계 (70문제)

01 금융상품 선택 시 주의사항에 대한 설명으로 옳지 <u>않은</u> 것은?
① 투자목적, 투자기간, 안전성, 수익성, 유동성 등의 항목을 고려해야 한다.
② 투자목적에 적합한 금융상품을 선택하는 것은 누구에게나 가장 우선시되어야 할 요소이다.
③ 금융상품의 안전성은 물론 가입하는 금융기관의 안전성도 고려해야 한다.
④ 수익성의 기준은 이자의 재투자수익을 제외하고 실제 받게 되는 투자원금에 대한 총수익의 비율이다.
⑤ 유동성은 기회비용 측면과 반드시 동시에 고려해야 한다.

02 입출금이 자유로운 상품에 대한 설명으로 옳지 <u>않은</u> 것은?
① 저축예금은 현재 가장 널리 이용되는 요구불예금으로 보통예금 대비 고금리를 지급한다.
② MMDA는 시장 실세금리를 적용하는 단기 고금리 예금상품으로 매월 이자를 계산하여 원금에 가산한다.
③ 별단예금은 예금거래약관이 없고, 원칙적으로 예금이자를 지급하지 않는다.
④ 어음관리구좌(CMA)는 단기 실적배당형 상품으로 예금액의 제한 없이 수시입출금이 가능하고 실제금리 수준의 수익을 올릴 수 있다.
⑤ 보통예금은 적용금리가 매우 낮고 현재는 특별한 경우 외에는 거래가 거의 이루어지지 않는다.

03 목돈마련을 위한 적립식 상품에 대한 설명으로 옳지 <u>않은</u> 것은?
① 정기적금은 비과세종합저축으로 가입이 가능하다.
② 재형저축의 저축한도는 분기별 최저 1만원 이상 300만원 이내이다.
③ 농어가목돈마련저축의 가입대상은 일정 자격을 갖춘 일반 상품 및 저소득 상품이다.
④ 상호부금은 우리나라 고유의 전통적인 계를 제도화한 금융상품이다.
⑤ 총급여액이 3,000만원 이하인 근로자가 재형저축에 가입하여 비과세 혜택을 받기 위한 최소계약기간은 3년이다.

04 금융회사 창구직원이 목돈운용을 위한 거치식 상품에 대해 설명한 것으로 옳지 않은 것은?
① 주가지수연동정기예금은 일반적인 정기예금과 달리 이자 부문에 대한 리스크가 따른다.
② 주가지수연동정기예금은 원금손실은 원하지 않으나 일반 정기예금 금리는 너무 낮아서 마음에 들지 않는 보수적 투자자에게 적합하다.
③ 주가지수연동정기예금은 주로 낙아웃 옵션을 이용하며, 낙아웃이란 기초자산가격이 일정 수준에 도달 시 기존의 수익구조가 사라지는 것이다.
④ 양도성예금증서는 중도 해지가 불가능하고 비과세종합저축으로는 가입이 불가능하다.
⑤ 양도성예금증서의 이자지급방식은 할인식과 월이자지급식 모두 가능하다.

05 다음 중 예금자보호법에 의한 예금자보호가 되는 상품은?
① 골드뱅킹
② 기업어음
③ 환매조건부채권
④ 당좌예금
⑤ 정기예탁금

06 다음 중 고객에게 해외자산에 투자하는 집합투자증권을 투자권유 시 추가 설명의무가 있는 사항으로만 모두 묶인 것은?

가. 투자대상 국가 또는 지역의 경제여건 및 시장현황에 따른 위험
나. 투자대상 국가 또는 지역의 인구통계적 변화 및 문화적 환경
다. 집합투자기구 투자에 따른 일반적 위험 외에 환율변동 위험, 해당 집합투자기구의 환위험 헤지 여부 및 목표 환위험 헤지 비율
라. 환위험 헤지가 모든 환율 변동 위험을 제거하진 못하며, 투자자가 직접 환위험 헤지를 하는 경우 시장 상황에 따라 헤지 비율 미조정 시 손실이 발생할 수 있다는 사실
마. 모자형 집합투자기구의 경우 투자자 요청에 따라 환위험 헤지를 하는 자펀드와 환위험 헤지를 하지 않는 자펀드 간 판매비율 조절을 통해 환위험 헤지 비율을 달리하여 판매할 수 있다는 사실

① 가, 나, 다
② 나, 다, 라
③ 다, 라, 마
④ 가, 다, 라, 마
⑤ 가, 나, 다, 라, 마

07 금융소비자의 해지요구권에 대하여 금융소비자보호법상 인정되는 금융상품판매업자의 정당한 사유에 해당하지 않는 것은?

① 위반사실에 대한 근거를 제시하지 않거나 거짓으로 제시한 경우
② 계약체결 당시에는 위반사항이 없었으나 금융소비자가 계약체결 이후의 사정변경에 따라 위반사항을 주장하는 경우
③ 투자자의 동의를 받아 위반사항을 시정한 경우
④ 계약의 해지 요구를 받은 날부터 7일 이내에 법 위반사실이 없음을 확인하는 데 필요한 객관적·합리적인 근거자료를 금융소비자에게 제시한 경우
⑤ 투자자가 금융회사의 행위에 금융소비자보호법 위반사실이 있다는 사실을 계약 체결 전에 이미 알고 있었다고 볼 수 있는 명백한 사유가 있는 경우

08 주식형 펀드에 대한 설명으로 옳지 않은 것은?

① 주식 및 주식 관련 파생상품의 투자비율이 집합투자재산의 60% 이상인 증권펀드이다.
② 액티브형 펀드는 펀드매니저에 대한 의존도가 높고 매매회전율이 높은 편이다.
③ 인덱스 펀드는 패시브형 펀드로 분류되는 가장 대표적인 상품이다.
④ 가치주 펀드는 기업의 내재가치를 기준으로 시장가격이 저평가된 종목을 선정하여 투자한다.
⑤ 성장주 펀드는 가치주 펀드에 비해 상대적으로 낮은 변동성과 낮은 시장민감도를 특징으로 한다.

09 채권형 펀드에 대한 설명으로 옳지 않은 것은?

① 금리 하락 시 채권가격이 상승하며 펀드 수익률이 올라간다.
② 주식형 펀드와 비교하여 기대수익률과 변동성이 낮은 저위험·저수익 상품이다.
③ 물가가 상승하면 투자 수익의 구매력을 유지하기 위해 채권투자자는 더 높은 수익률을 요구한다.
④ 듀레이션이 긴 채권형 펀드가 듀레이션이 짧은 채권형 펀드보다 투자위험이 더 높다.
⑤ 만기보유전략, 채권면역전략 등은 자산배분 운용전략 중 소극적 전략에 해당한다.

10 특수한 형태의 집합투자기구에 대한 설명으로 옳지 않은 것은?

① 환매금지형 집합투자기구는 집합투자증권의 최초발행일부터 90일 이내에 집합투자증권을 거래소시장에 상장해야 한다.
② 종류형 집합투자기구는 각 클래스별로 판매보수, 판매수수료, 환매수수료를 제외하고는 운용보수, 수탁보수 등은 차등화할 수 없다.
③ 모자형 집합투자기구는 모펀드와 자펀드의 자산운용회사가 동일해야 하며, 자펀드 외의 펀드가 모펀드를 취득하는 것이 허용되지 않는다.
④ 상장지수집합투자기구는 개별 투자종목에 따라 수익률을 얻도록 설계된 수익구조로 개별 종목에 대한 별도의 분석이 요구된다.
⑤ 전환형 집합투자기구는 동일한 집합투자규약에 포함되는 펀드라면 투자시장 및 기초자산의 성격과 관계없이 자유로운 전환이 가능하다.

11 구조화 상품에 대한 설명으로 옳지 않은 것은?

① 금리, 통화, 원자재, 부동산 가격지수 등의 기초자산과 연계하여 수익이 결정되는 상품을 기타파생결합증권(DLS)이라 한다.
② 주가연계신탁(ELT)은 증권사에서 발행한 ELS를 기초자산으로 편입하여 판매하는 특정금전신탁이다.
③ 주가연계파생결합사채(ELB)는 채권상품으로 예금자보호법에 의하여 보호받을 수 없다.
④ 하락수익추구형은 주가지수 하락 시 원본을 보존하고, 주가지수 상승 시 참여율을 적용하여 수익률이 정해지지만 상승률이 사전에 정한 배리어를 초과한 경우 원금만 지급하는 수익구조이다.
⑤ 디지털형은 사전에 정한 조건 충족 시 수익을 지급하고, 그렇지 않을 경우 수익을 지급하지 않는 수익구조이다.

12 신탁에 대한 설명으로 옳지 않은 것은?

① 신탁은 위탁자, 수탁자, 수익자로 구성된 3면 관계로 이루어진 계약이다.
② 위탁자는 특정 재산권을 수탁자에게 위탁하는 자이다.
③ 수탁자는 위탁자로부터 특정 재산권의 운용 및 처분 관련 권리를 인수하는 자이다.
④ 신탁이익은 수익자에게 귀속되며, 위탁자 자신은 수익자가 될 수 없다.
⑤ 신탁관리인은 수익자가 특정되어 있지 않거나 존재하지 않는 경우 수익자를 위하여 이해관계인의 청구 또는 직권으로써 법원이 선임하는 자이다.

13 대출 관련 주요 제도에 대한 설명으로 옳지 않은 것은?
   ① 변동금리부대출은 상대적으로 자영업자 등 소득이 안정적이지 않은 가계에는 적합하지 않은 금리조건이다.
   ② 프라임레이트는 대출금리 산정에 기본이 되는 금리로 금융기관의 프라임레이트가 상승하면 기존 대출자의 금리도 상승한다.
   ③ 조건변경이란 대출의 만기일 외 대출금액, 금리 등 기존 대출의 중요 사항을 변경하는 것을 말한다.
   ④ 계약인수는 면책적 채무인수와 달리 기한연장뿐만 아니라 재대출 및 대환대출의 취급도 가능하다.
   ⑤ 특정채무담보는 대출의 기한연장이나 갱신 등이 허용되지 않는다.

14 환율에 대한 설명으로 옳지 않은 것은?
   ① 자국통화표시법은 외국화폐 1단위에 대한 자국화폐의 교환가치를 표시하는 방법이다.
   ② 외국통화표시법에서 환율상승은 자국 통화가치의 상승을 의미한다.
   ③ 우리나라 환율은 외환의 수요·공급에 의해 결정되는 시장평균환율제도가 적용된다.
   ④ 전신환매입률은 타발송금, 타발추심의 결제, 외화수표의 매입, 외화예금의 지급 등에 사용된다.
   ⑤ 일반적으로 대고객매매율에서 최고환율은 현찰매도율이 된다.

15 다음 중 외국환거래법상 비거주자인 외국인으로 분류되는 자는?
   ① 국내에서 6개월 이상 체재하고 있는 외국인
   ② 대한민국 재외공관
   ③ 외국에 2년 이상 체재하고 있는 대한민국 국민
   ④ 주한미군 및 이에 준하는 국제연합군
   ⑤ 국내에서 영업활동에 종사하고 있는 외국인

16 신용카드에 대한 설명으로 옳지 <u>않은</u> 것은?

① 사용자 지정카드는 카드표면에 기업회원이 지정한 특정 인원의 명의가 기입된 카드이다.
② 가족회원의 한도는 본인회원의 한도에 포함하여 관리한다.
③ 회전결제는 별도의 수수료 부담 없이 일시적 결제대금 부족에 유연하게 대처할 수 있는 제도이다.
④ 카드의 분실·도난 사실을 알고도 바로 신고하지 않은 경우 부정사용액에 대해 보상받을 수 없다.
⑤ 카드 뒷면에 서명하지 않은 경우 부정사용액에 대해 보상받을 수 없다.

17 주식투자에 대한 설명으로 옳지 <u>않은</u> 것은?

① 주식은 증권보다 훨씬 포괄적인 개념이다.
② 주식의 가치와 회사가치가 반드시 일치하는 것은 아니다.
③ 주식은 수익성과 유동성은 높으나, 안정성은 낮다.
④ 주식투자의 수익요인에는 시세차익, 배당수익, 유·무상수익, 세제상의 혜택 등이 있다.
⑤ 매매차익에 대한 비과세 혜택이 있으며, 주식의 배당금에 대해서는 배당소득세가 과세된다.

18 다음 중 주가형성의 결정요인 중 기업 외적 요인으로 옳지 <u>않은</u> 것은?

① 기관투자자의 동향　② 물가와 이자율　③ 주주현황
④ 정치적 변화　⑤ 경기변동

19 다음 중 기술적 분석에 대한 설명으로만 모두 묶인 것은?

> 가. 과거의 증권가격 및 거래량의 추세와 변동 패턴에 관한 역사적 정보를 이용한다.
> 나. 기업의 수익성, 자산 등 내재가치를 분석한다.
> 다. 주식의 본질적 가치를 산출하여 매도·매수 여부를 결정한다.
> 라. 주로 매매시점을 포착하기 위한 목적으로 사용한다.
> 마. 과거의 주가, 거래량과 같은 시장자료를 나타내는 차트에 의존한다.

① 가, 나　　　　② 다, 마　　　　③ 가, 다, 마
④ 가, 라, 마　　⑤ 나, 다, 라

20 다음 중 주식 발행시장의 주요 기능으로 옳지 <u>않은</u> 것은?

① 금융정책의 수단　　② 투자수단 제공　　③ 가격결정의 지표
④ 자본의 효율성 제고　　⑤ 자금조달 기능

21 경제분석에 대한 설명으로 옳지 <u>않은</u> 것은?

① 장기적인 통화량의 증가는 주가를 상승시킨다.
② 일반적으로 주가는 경제성장률에 선행한다.
③ 이자율과 주가는 반비례관계에 있다.
④ 일반적으로 물가가 완만하게 장기적으로 상승하는 경우 기업의 투자의욕을 제고시킨다.
⑤ 환율이 상승하면 수출기업의 주가는 상승한다.

22 다음 중 기업의 질적 분석요인에 해당하지 <u>않는</u> 것은?

① 경영자의 능력 분석　　② 회사의 사업내용 분석
③ 업계에서의 위치 분석　　④ 재무비율 분석
⑤ 기술수준 분석

23 다음 중 재무비율의 수식이 옳지 않은 것은?

① 자기자본이익률 = (당기순이익 / 자기자본) × 100
② 매출액순이익률 = (당기순이익 / 매출액) × 100
③ 이자보상비율 = (이자비용 / 영업이익) × 100
④ 총자산증가율 = (당기말 총자산 / 전기말 총자산 − 1) × 100
⑤ 유동비율 = (유동자산 / 유동부채) × 100

24 시장가치비율 분석에 대한 설명으로 옳지 않은 것은?

① 주가수익비율은 주가를 주당순이익으로 나눈 값이다.
② 주가순자산비율은 분모는 시장가치를, 분자는 장부가치를 사용하여 계산한 비율이다.
③ 주가수익비율은 수익이 나지 않을 경우 분석에 어려움이 있지만 주가매출액비율은 수익이 없는 회사의 주가 수준을 파악할 때 유용하다.
④ 토빈의 q가 1보다 낮은 경우 자산의 시장가치가 대체비용보다 낮아 M&A의 대상이 되는 경향이 있다.
⑤ 배당률은 주식의 액면가에 대한 배당금 비율을 의미하며, 배당수익률은 1주당 배당금이 주가에서 차지하는 비율을 의미한다.

25 정률성장 배당모형에 대한 설명으로 옳지 않은 것은?

① 기업의 이익과 배당이 매년 g%만큼 일정하게 성장한다.
② 요구수익률은 일정하되, 성장률보다는 크다.
③ 성장에 필요한 자금은 내부자금과 외부자금으로 조달한다.
④ 배당이 클수록, 요구수익률이 낮을수록, 배당성장률이 높을수록 주식가치는 상승한다.
⑤ 배당을 적게 하고 내부유보를 많이 하는 기업의 주식가치는 저평가될 수 있다.

26 주가배수 평가모형에 대한 설명으로 옳지 않은 것은?
① 다른 조건이 동일하다면 PER은 배당성향과 이익성장률이 클수록 커진다.
② 주당순이익의 값이 음(-)의 값을 가질 경우 PER 평가모형을 적용하기 어렵다.
③ PBR은 기업의 마진, 활동성, 부채 레버리지, 기업수익력의 질적 측면이 반영된 지표이다.
④ PBR 평가모형은 계속기업을 전제로 한 기업의 평가기준에 적합하다.
⑤ EV/EBITDA 모형은 경제상황이 극도로 악화되어 기업들의 부도 가능성이 높아지면서 주가는 극도로 낮아지고 현금흐름이 중요해지는 상황에서 유용하게 사용할 수 있다.

27 다음 중 투자목표 설정 시 고려해야 할 사항으로 옳지 않은 것은?
① 위험수용도 ② 자본시장의 가정 ③ 세금관계
④ 자금의 성격 ⑤ 기대수익

28 주식포트폴리오의 종목선정 방법에 대한 설명으로 옳지 않은 것은?
① 주식포트폴리오의 성격을 충분히 반영할 수 있는 종목이어야 한다.
② 종목선정 시 주식의 유동성은 주식포트폴리오로의 편입과 편출에 용이할 정도로 충분해야 한다.
③ 최종적인 종목선정은 거시경제적 접근방식을 감안한 하향식 방법이 일반적으로 사용된다.
④ 하향식 방법에서는 섹터가 너무 포괄적이거나 세부적이지 않아야 종목선정 과정이 수월해진다.
⑤ 상향식 방법에서는 시장가치가 내재가치보다 낮을수록 유망한 종목으로 평가된다.

29 투자위험을 고려한 성과평가지표에 대한 설명으로 옳지 않은 것은?
① 보다 합리적이고 정확한 성과평가를 하기 위하여 위험이 조정된 수익률을 산출하는 방법에는 샤프지수, 트레이너지수, 젠센지수 등이 있다.
② 샤프지수는 총위험 한 단위당 초과수익의 정도를 나타내는 지표로 위험조정성과 평가지표로 가장 많이 사용된다.
③ 트레이너지수는 펀드의 베타계수 한 단위당 실현된 무위험 초과수익률을 나타내는 지표로 분산투자가 잘 되어 있지 않은 펀드 평가 시 유용하다.
④ 젠센지수 값이 마이너스를 나타내면 펀드의 성과가 시장수익률보다 우수하지 못함을 나타낸다.
⑤ 정보비율은 펀드매니저의 능력을 측정할 수 있는 지표로 미국에서는 0.5 이상이면 우수하다고 평가한다.

30 주식투자전략에 대한 설명으로 옳지 않은 것은?
① 소극적 투자전략과 적극적 투자전략으로 구분된다.
② 패시브전략은 시장이 비효율적이라는 전제 하에 초과수익을 얻을 수 있다고 가정한다.
③ 적극적 투자전략에서 초과수익을 얻기 위해서는 기본적 분석을 통해 주식의 내재가치와 시장가치의 차이가 있는 종목을 발견해내는 것이 중요하다.
④ 적극적 투자전략은 마켓타이밍, 테마선택, 종목선택 중 한 가지 이상의 전략을 실전에 적용한다.
⑤ 적극적 투자전략은 여러 종목에 분산투자하기보다는 소수 정예종목에 집중 투자하는 경향이 있다.

31 다음에서 설명하는 투자전략으로 적절한 것은?

> 주가의 등락에 관계없이 정기적으로 일정금액의 주식을 계속 투자하는 전략으로 매 기간에 일정 금액을 투자하므로 주가가 하락할 경우 이전보다 많은 수의 주식을 매수할 수 있다. 평균매입단가의 하락효과가 발생하나 만약 시장이 지속적으로 하락할 경우 오히려 손실을 볼 수도 있다.

① 단순 매수·보유 전략　　② 평균투자법
③ 인덱스펀드 투자전략　　④ 불변금액법
⑤ 시장투자적기포착

32 금리에 대한 적절한 설명으로 모두 묶인 것은?

> 가. 물가상승률을 고려한 이자율을 실질이자율이라고 한다.
> 나. 현재 7일 만기 RP금리가 정책금리로 사용되고 있다.
> 다. 연복리 8%인 상품에 1억원을 투자할 경우 9년 뒤 약 2억원이 된다.
> 라. 수익률은 미래 지급되는 금액을 기준으로 한 금리를 말한다.
> 마. 1억원을 500만원의 이자로 2년간 대출해준 경우의 기간수익률은 2.47%이다.

① 가
② 가, 나
③ 가, 나, 다
④ 가, 나, 다, 라
⑤ 가, 나, 다, 라, 마

33 주요 경제변수가 시장의 금리에 주는 영향이 나머지와 다른 것은?

① 국채발행 증가
② 채권 발행자가 채권 매수자보다 많은 상태
③ 우리나라에 영향을 미치는 선진국의 금리 상승
④ 금융시장 자금 증가
⑤ 물가 상승

34 채권에 대한 설명으로 옳지 않은 것은?

① 증권거래법에 따라 유가증권시장에서 거래된다.
② 액면 1만원 단위로 발행된다.
③ 만기일 전에는 상환받을 수 없으며, 시장에서의 중도매각이 불가능하다.
④ 1년 이상 만기물의 발행이 대부분이다.
⑤ 채권자는 정해진 지급시기에 정해진 원금과 이자를 받을 수 있는 원리금상환청구권을 가진다.

35 채권의 종류에 대한 설명으로 옳지 않은 것은?
① 발행주체에 따라 국채, 지방채, 특수채, 금융채, 회사채로 구분된다.
② 잔존만기에 따라 이표채, 할인채, 복리채 등으로 구분된다.
③ 채권의 지급을 보증하느냐에 따라 보증채와 무보증채로 구분된다.
④ CD금리＋0.5%를 제공하겠다는 채권은 변동금리부채권(FRN)에 해당한다.
⑤ 투자자가 강제로 채권을 해지할 수 있는 권한을 가진 경우 그 채권은 풋옵션부채권에 해당한다.

36 채권의 타임라인에 대한 설명으로 옳지 않은 것은?

현 재	1년 차	2년 차	3년 차
−10,000원	1,000원	1,000원	(가)

① 수익률은 연 10%이다.
② 해당 채권이 3개월 이표채일 경우 6개월 이표채인 경우보다 실효수익률이 높다.
③ 해당 채권의 만기가 3년일 경우, (가)에 해당하는 값은 11,000원이다.
④ 해당 채권이 국고채일 경우 3개월 이표채로 볼 수 있다.
⑤ 해당 채권의 발행가격은 10,000원으로, 액면가와 일치한다.

37 채권가격과 채권수익률 간의 관계에 대한 설명으로 옳지 않은 것은?
① 채권가격과 채권수익률은 반비례관계이다.
② 채권 만기가 길수록 수익률 변화에 따른 가격변동폭이 크다.
③ 채권 만기가 길어질 경우 수익률 변화에 따른 채권가격 증가폭은 체증한다.
④ 채권수익률이 하락에 따른 가격상승폭이 채권수익률 상승에 따른 가격하락폭보다 크다.
⑤ 수익률이 상승할 때의 가격하락폭은 체감한다.

38 듀레이션에 대한 설명으로 옳지 <u>않은</u> 것은?
① 듀레이션은 채권의 투자금을 모두 회수하는 데 걸리는 평균적인 기간을 말한다.
② 일반적으로 복리채의 듀레이션은 이표채의 듀레이션보다 길다.
③ 일반적으로 채권금리가 하락하는 경우에는 듀레이션이 짧은 채권이 유리하다.
④ 금리변동에 따른 가격변동폭을 가장 정확하게 측정할 수 있는 듀레이션은 수정듀레이션이다.
⑤ 채권의 만기가 같아도 지급되는 이표가 많을수록 듀레이션은 더 짧다.

39 표면이자율은 5%, 맥컬레이 듀레이션은 2.7년, 채권수익률은 4%일 경우의 수정듀레이션은?
(단, 이자는 연 1회 지급된다)
① 2.547   ② 2.596   ③ 2.612
④ 2.808   ⑤ 2.862

40 다음 중 채권시장이 강세를 보이며 장단기 스프레드가 축소되는 것은?
① 불리쉬   ② 불 플래트닝   ③ 불 스티프닝
④ 베어 플래트닝   ⑤ 베어 스티프닝

41 채권신용등급에 대한 설명으로 옳지 <u>않은</u> 것은?
① 일반적으로 통화안정채권과 지방채는 무위험채권으로 본다.
② 통화안정채권의 경우 신용등급을 부여받지 않는다.
③ 일반적으로 BBB⁻ 등급 이상을 투자등급 채권으로 본다.
④ 신용물이 국채에 비해 약세를 보일 경우 신용스프레드는 확대된다.
⑤ 일반적으로 신용등급이 높을수록 높은 금리 수준에서 거래된다.

42. 채권투자수익에 대한 설명으로 옳지 않은 것은?
① 3년 만기 24억원의 복리채를 4%에 매입하였으며, 2년 후 이를 3%에 매각하였을 경우 채권투자수익률은 0.5%이다.
② 채권 보유기간이 지속되어 잔존기간이 단축됨에 따라 채권수익률이 하락하고 가격이 상승하는 효과를 롤링효과라고 한다.
③ 일반적으로 일드커브가 스팁할 때 롤링수익률도 증가한다.
④ 이표채의 경우 투자 시 계산된 만기수익률보다 실현수익률이 더 낮을 수 있다.
⑤ 일드커브에서 채권의 잔존만기가 짧아질 경우 숄더효과가 발생한다.

43. 현재 복리채 1년물 수익률은 3%, 2년물 수익률은 4%, 3년물 수익률은 5%이다. 향후 1년간 시장금리가 2% 상승할 것으로 예상된다면 3년물에 1년간 투자할 경우 예상되는 투자수익률은?
① −2%　　② −1%　　③ 1%
④ 3%　　⑤ 5%

44. 채권 위험의 종류에 대한 설명으로 옳지 않은 것은?
① 채권을 중도매각하고자 하지만 매수자가 없어 매각하지 못하는 위험을 중도상환위험이라고 한다.
② 3개월 단위로 기대수익률을 계산하는 투자자가 듀레이션이 10년인 채권에 투자할 경우 미스매칭위험이 발생할 수 있다.
③ 투자자가 보유한 채권의 신용등급이 하락할 가능성이 있는 경우 신용위험이 존재한다고 볼 수 있다.
④ 신용채권 가격이 국채 가격보다 약세일 경우 신용스프레드위험이 발생한다.
⑤ 금리변동으로 투자수익률이 하락할 위험을 시장위험이라고 하며, 이는 듀레이션위험으로도 볼 수 있다.

45 단기채와 장기채를 병행하여 단기채의 현금유동성과 장기채의 수익률을 동시에 확보할 수 있는 전략은?

① 바벨형 만기전략　　② 매칭전략　　③ 불렛형 만기전략
④ 면역전략　　⑤ 현금흐름 일치전략

46 채권투자전략에 대한 설명으로 옳지 않은 것은?

① 채권들이 인덱스의 성과를 최대한 따르는 전략을 인덱싱전략이라고 한다.
② 듀레이션 운용전략은 금리 하락이 예상되면 펀드의 듀레이션을 벤치마크의 듀레이션보다 낮게 하는 것을 말한다.
③ 장기물이 단기물보다 우수할 것으로 판단될 경우 일드커브 플래트너 포트폴리오를 구성한다.
④ 크레딧물의 약세가 예상될 경우 국채의 비중을 높이고 낮은 신용등급의 채권 비중을 벤치마크보다 줄인다.
⑤ 사다리형 만기전략은 소극적 투자전략에 해당한다.

47 다음 중 파생상품에 대한 설명으로 옳지 않은 것은?

① 증권과 파생상품은 원본 초과의 손실가능성에 따라 구분된다.
② 결제안정화제도에서는 일일정산, 증거금제도를 갖추고 있으며, 상환기한 이전에 거래당사자가 원할 경우 언제든지 상환할 수 있는 반대매매를 허용하고 있다.
③ 결제안정화제도의 추가증거금은 유지증거금 수준으로 납입해야 한다.
④ 결제안정화제도의 추가증거금은 현금으로 납입해야 한다.
⑤ 자본시장법에서는 파생상품을 선도형, 옵션형, 스왑형으로 구분하고 있다.

48 다음 중 선도거래에 대한 적절한 설명으로 모두 묶인 것은?

> 가. 경쟁호가방식으로 가격이 형성된다.
> 나. 계약의 대부분이 실물인수도가 이루어진다.
> 다. 일일정산이 이루어지지 않는다.
> 라. 계약불이행위험이 존재한다.
> 마. 거래장소는 거래소이다.

① 가, 나, 라 ② 가, 다, 마 ③ 나, 다, 라
④ 나, 라, 마 ⑤ 다, 라, 마

49 KOSPI200 지수선물의 3월물은 170.0에 거래되고, 6월물은 173.0에 거래되고 있다. 투자자는 3월물을 1계약 매수하고 6월물을 1계약 매도하였다. 이후 투자자는 3월물은 172.0에 전매하고 6월물은 174.0에 환매하여 포지션을 청산하였다. 이 거래를 통해 발생한 순손익은? (단, KOSPI200 지수선물의 승수는 25만원이다)

① −500,000 ② −250,000 ③ 0
④ 250,000 ⑤ 500,000

50 향후 장단기금리차가 축소될 것이라고 예측될 경우의 수익률곡선전략으로 적절한 것은? (단, 국채선물 3년물의 듀레이션은 2.1년, 10년물의 듀레이션은 8.4년이다)

① 3년물 25계약을 매수하고 10년물 100계약 매도한다.
② 3년물 25계약을 매도하고 10년물 100계약 매수한다.
③ 3년물 100계약을 매수하고 10년물 25계약 매도한다.
④ 3년물 100계약을 매도하고 10년물 25계약 매수한다.
⑤ 주식시장의 변화가 적기 때문에 수익률곡선전략을 구사하지 않는다.

51 다음 중 통화선물에 대한 설명으로 옳지 않은 것은?

① CME에서 거래되는 통화선물은 모두 미국달러화 기준으로 표시된다.
② 한국거래소는 외국통화 1단위에 대한 원화의 가치를 표시하는 방법을 사용한다.
③ 매수헤지는 수입자가 주로 활용하는 방법으로, 미래 매수해야 하는 통화의 가치가 상승하여 손실이 발생할 경우를 대비해서 통화선물을 매수하는 거래를 말한다.
④ KRX는 최종결제방식으로 현금결제방식을 활용하고 있다.
⑤ KRX의 최소호가단위는 0.1원이며, 1틱은 1,000원이다.

52 다음 중 선물가격의 변동성에 대한 옵션가격의 변화(민감도)를 말하며, 콜옵션과 풋옵션 매수에서 양(+)의 값을 가지고, 옵션이 등가격일 때 가장 큰 값을 가지는 것은?

① 델 타   ② 감 마   ③ 베 가
④ 쎄 타   ⑤ 로 우

53 다음 중 주식 관련한 옵션투자전략에 대한 설명으로 옳은 것은?

① 주가가 약세이고 가격변동성이 커질 것으로 예상될 경우 풋옵션을 매도하는 것이 바람직하다.
② 약세 풋옵션 스프레드전략의 경우 주가의 약세가 확실할 경우에 선택하는 투자전략이다.
③ 약세 콜옵션 스프레드전략과 약세 풋옵션 스프레드전략은 초기 프리미엄 순지출이 발생한다.
④ 스트랭글 매수전략은 이익은 무한정으로 발생하지만 손실은 한정적이고, 프리미엄 지출이 발생한다.
⑤ 스트래들 매도전략은 행사가격이 같은 콜옵션과 풋옵션을 매도하는 전략으로 손실이 한정된다.

54 수입자가 환율이 상승할 것을 두려워하지만, 환율이 하락하면서 발생하는 수익도 포기하려 하지 않을 경우의 행동으로 옳은 것은?

① 풋옵션을 매수한다.
② 금리선물을 매수한다.
③ 선물환을 매수한다.
④ 통화선물을 매수한다.
⑤ 콜옵션을 매수한다.

55 다음 중 통화스왑에 대한 설명으로 옳지 않은 것은?

① 거래 당사자가 계약일에 약정된 환율에 따라 해당통화를 상호 교환하는 외환거래이다.
② 만기 시 상호 교환되는 환율은 거래 초기 현물환율을 그대로 적용한다.
③ 한편은 변동금리이고, 다른 한편은 고정금리인 스왑거래도 가능하며, 둘 다 변동금리인 스왑거래도 가능하다.
④ 스왑거래 만기에는 반드시 초기 원금교환과 반대방향의 원금교환이 이루어져야 한다.
⑤ 외화로 표시된 자산을 보유한 국내 투자자가 환율하락과 원화금리 하락을 예상할 경우 원화 변동금리 수취자로 통화스왑을 함으로써 환위험을 회피할 수 있다.

56 다음 중 구조화 상품에 대한 설명으로 옳지 않은 것은?

① 일반 금융상품과 파생상품을 결합한 상품이다.
② 구조화 상품을 구성함으로써 투자자의 니즈를 충족시킬 수 있는 리스크와 손익구조가 설계된다.
③ 시장수익률보다 높은 수익률을 얻을 수 있다.
④ 일반 금융상품과 다른 특이한 손익구조를 설계할 수 있다.
⑤ 접근이 용이하지 않은 시장의 경우에는 대체투자가 불가능하다.

57 다음 중 주식연계 구조화 상품에 대한 설명으로 옳지 않은 것은?
① 옵션 스프레드 전략은 시간가치에 따른 소멸효과가 없기 때문에 옵션포지션의 장기보유가 가능하다.
② 낙아웃 구조는 원금보장형 상품에 많이 활용된다.
③ 디지털옵션 구조화 상품의 경우 원금보장에 더불어 지수가 상승할 경우의 추가혜택을 얻을 수 있다는 장점이 있다.
④ 일반적으로 원금보장을 위한 자금을 제외한 이자 부분을 프리미엄으로 사용하여 주가지수에 대한 Up-and-Out 낙아웃 콜옵션을 매수하는 구조를 가진다.
⑤ 대부분의 조기상환형 구조는 원금비보장형의 구조를 가진다.

58 다음 중 통화연계 구조화 상품에 대한 설명으로 옳은 것은?
① 레인지 선물환은 미래 거래 환율을 확정함으로써 환율변동에 따른 이익기회를 포기하게 된다는 단점이 존재한다.
② 낙아웃 목표 선물환의 경우 환율이 낙아웃 배리어 이하가 될 경우 계약 자체가 소멸되며, 헤지 거래를 실행하지 않는 것과 같게 된다.
③ 레인지 선물환은 두 옵션의 행사가격이 동일한 구조로 설계된다.
④ 합성선물환 매도는 콜옵션을 매수하고 풋옵션을 매도한 것이다.
⑤ 낙인 낙아웃 목표 선물환은 환율 상승 시에도 리스크를 경감시킬 수 있다는 장점이 있다.

59 다음 중 수익과 위험에 대한 설명으로 옳지 않은 것은?
① 산술평균수익률은 미래 수익률을 예측하는 데 유용하다.
② 일반적으로 기하평균수익률은 산술평균수익률보다 작다.
③ 일반적으로 투자위험의 측정지표로 수익률의 표준편차를 사용한다.
④ 공분산은 -1과 +1 사이의 값을 지닌다.
⑤ 두 자산 간의 상관계수가 -1일 경우 투자포트폴리오를 구성하여 투자위험을 줄일 수 있다.

60 다음 중 투자설계 프로세스 중 계획단계에 대한 설명으로 옳지 <u>않은</u> 것은?
① 재무목표는 현실적인 여건을 반영하여 구체적인 화폐가치로 설정해야 한다.
② 재무목표 설정 시 고객이 제시하지 않은 잠재적인 필요까지도 감안해야 한다.
③ 고객의 재무목표별로 투자기간이 달라질 수 있다.
④ 투자기간이 길어질수록 위험도가 높은 자산이라도 투자위험을 분산시킬 수 있다.
⑤ 일반적으로 한 번 측정된 고객의 위험에 대한 감내도는 변하지 않는다.

61 투자설계 프로세스 6단계 중 3단계(자산배분 전략을 포함한 투자정책서 작성)에 대한 설명으로 옳지 <u>않은</u> 것은?
① 투자정책서는 투자설계 계획 단계의 최종 산출물이다.
② 투자정책서는 포괄적인 투자 가이드라인으로 고객과의 분쟁 발생 시 법적 효력은 없다.
③ 투자정책서에는 간략한 고객정보, 위험허용수준, 성과평가를 위한 벤치마크 기술 등의 내용이 포함된다.
④ 전략적 자산배분은 자산집단에 투자 비율과 최대·최소치 등의 한계를 결정하는 과정이다.
⑤ 전술적 자산배분은 역발상 전략에 가깝다.

62 다음 중 투자자의 효용에 대한 설명으로 옳지 <u>않은</u> 것은?
① 효용이란 투자자가 느끼는 주관적인 만족도를 말한다.
② 투자자의 기대효용은 예상되는 위험이 작을수록, 기대수익률이 높을수록 커진다.
③ 투자자의 위험에 대한 감내도에 따라 위험회피형, 위험중립형, 위험선호형으로 분류한다.
④ 대부분의 사람들은 위험회피형에 해당하며, 위험회피형 투자자는 위험을 전혀 감수하지 않는다.
⑤ 한계효용 체감의 법칙에 따라 수익의 한 단위 증가에 따른 효용의 증가폭은 수익이 증가할수록 점차 감소한다.

63 위험자산의 효율적 프런티어와 최적 포트폴리오에 대한 설명으로 옳지 <u>않은</u> 것은?
① 어떤 포트폴리오가 다른 포트폴리오에 의해 지배된다면 그 포트폴리오는 투자자들의 선택대상에서 제외된다.
② 효율적 프런티어상의 포트폴리오들 중 위험이 최소가 되는 포트폴리오를 최소분산 포트폴리오라고 한다.
③ 효율적 프런티어상의 포트폴리오들은 효율적으로 분산투자된 포트폴리오이다.
④ 투자자들은 효율적 프런티어상의 포트폴리오 중 최고의 기대수익률을 제공하는 포트폴리오를 선택한다.
⑤ 효율적 프런티어와 무차별곡선이 접하는 점에서 개인별 최적의 포트폴리오가 결정된다.

64 다음 중 자본자산가격결정모형(CAPM)에 대한 설명으로 옳지 <u>않은</u> 것은?
① CAPM은 자본시장이 균형상태를 이룰 때 위험이 존재하는 자산의 균형가격 수준을 도출해내는 모형이다.
② CAPM은 넓은 의미에서 자본시장선과 증권시장선을 모두 포함하는 개념이나, 일반적으로 증권시장선(SML)으로 설명되는 경우가 대부분이다.
③ 자본시장선(CML)은 완전히 분산투자된 효율적 포트폴리오만을 분석 대상으로 한다.
④ 증권시장선(SML)은 비효율적인 포트폴리오나 개별 자산까지 포함한 모든 투자자산의 기대수익률과 위험과의 관계를 설명할 수 있다.
⑤ 특정 주식의 기대수익률이 증권시장선(SML) 위쪽에 위치하면 주가가 과대평가된 상태로 판단되어 매도가 발생하게 된다.

65 CAPM이 성립하는 시장을 가정하였을 때, 무위험 자산의 기대수익률이 4%, 시장의 기대수익률이 12%일 때 베타가 1.5인 주식의 기대수익률을 계산한 값은?
① 10% ② 12% ③ 14%
④ 16% ⑤ 18%

66 다음 중 CAPM과 APT에 대한 설명으로 옳지 <u>않은</u> 것은?

① CAPM과 APT는 상호 배타적인 모형이 아니다.
② CAPM과 APT는 체계적 위험과 기대수익률 간의 선형관계를 설명한다는 공통점이 있다.
③ CAPM은 수익률 결정요인이 1개, APT는 수익률 결정요인이 여러 개 존재한다는 차이점이 있다.
④ CAPM은 잘 분산된 포트폴리오에만, APT는 모든 자산에 예외 없이 적용된다는 측면에서 CAPM보다 더 일반적인 모형이라고 볼 수 있다.
⑤ CAPM은 시장포트폴리오를 전제로 하기 때문에 비현실적인 가정에 의존하지만, APT는 시장포트폴리오에 의존하지 않는다.

67 다음 중 포트폴리오 전략에 대한 설명으로 옳지 <u>않은</u> 것은?

① 소극적 전략은 시장이 효율적이라는 전제하에 시장평균수익률과 위험을 추구하는 전략이다.
② 적극적 투자자들 간의 경쟁이 격화될수록 소극적 전략이 더욱 효과를 발휘하게 된다.
③ 1월 효과, 기업규모효과 등은 소극적 전략을 뒷받침하는 근거가 된다.
④ 인덱스펀드를 매입하는 것은 대표적인 소극적 전략에 해당한다.
⑤ 시장 방향성을 예측하여 자산별로 적절한 매수·매도 시점을 찾아내는 것은 적극적 전략에 해당한다.

68 다음은 고객의 투자관과 네 가지 투자전략을 나타내는 매트릭스이다. 다음 설명 중 옳지 <u>않은</u> 것은?

구 분		자산배분활동	
		적극적	소극적
증권선택활동	적극적	제4사분면	제2사분면
	소극적	제3사분면	제1사분면

① 제1사분면 투자자는 특정 자산군의 잠재적 장기 성장 경로를 통한 수익만을 기대하는 것이다.
② 제2사분면 투자관을 가진 투자자에게는 액티브펀드보다는 인덱스펀드를 추천해야 한다.
③ 제3사분면 투자관을 가진 투자자에게는 시장을 예측하여 최고의 수익률을 기대할 수 있는 자산군을 추천해주고 적절한 매도·매수 시점을 제시해주어야 한다.
④ 제4사분면 투자관은 투자 경험이 전무하거나 적은 투자자들이 주로 가지고 있는 투자관으로 이들의 기대를 낮추기 위해 노력해야 한다.
⑤ 자산관리자의 역할에 대한 기대 수준이 가장 낮은 투자관은 제1사분면 투자관이다.

69 다음 중 투자성과의 평가에 대한 설명으로 옳지 않은 것은?

① 벤치마크는 투자설계의 계획 단계에서 제한적으로 활용된다.
② 베타는 증권특성선의 기울기로 측정되며 투자 포트폴리오의 벤치마크의 수익률 변동에 대한 민감도를 측정하는 척도이다.
③ 금액가중수익률은 투자기간 중 현금유입에서 현금유출을 차감한 순현금흐름을 할인하여 0으로 만드는 내부수익률이 된다.
④ 시간가중수익률은 매일 산출되어 현금의 유출입이 매일 발생하는 펀드 등에 적용되는 가장 정확한 수익률이다.
⑤ 표준편차는 절대적인 위험 수준을 나타내는 척도인 반면, 베타는 상대적인 위험 수준을 나타내는 척도이다.

70 투자자 김지현 씨는 전략적 자산배분으로 주식 30%, 채권 40%, 현금성자산 30%의 비중을 수년간 유지해오고 있었다. 하지만 지난 1년간 정부의 투자자 규제완화로 주식시장의 호황을 예상하고 주식 투자비중을 50%로 늘리고, 채권 투자비중을 20%로 줄이는 전술적 자산배분을 실행하였다. 투자자 김지현 씨의 지난 1년간의 성과 평가에 대한 내용으로 옳지 않은 것은?

구 분		주 식	채 권	현금성자산
벤치마크		주가지수	회사채 수익률	정기예금
구 성	전략적 자산 구성	30%	40%	30%
	전술적 자산 구성	50%	20%	30%
수익률	벤치마크 수익률	12.5%	6.5%	4%
	실제 수익률	−7%	8.2%	4%

① 주식의 전략적 자산배분 수익률은 3.75%이다.
② 채권의 전술적 자산배분 수익률은 1.3%이다.
③ 주식의 실제 포트폴리오 수익률은 −3.5%이다.
④ 주식의 증권선택 효과는 −9.75%로 증권선택은 실패했다고 볼 수 있다.
⑤ 전체적으로 자산배분과 증권선택 모두 실패했다고 볼 수 있다.

제2과목 | 비금융자산 투자설계 (30문제)

71 토지의 특성에 대한 설명으로 옳지 않은 것은?

① 토지의 가격변화에 따라 변화하는 공급의 탄력성이 매우 낮은 특성은 부증성이다.
② 생산비를 투입하더라도 물리적인 양을 증가시키지 못한다는 특성은 고정성이다.
③ 토지의 면적이 고정되어 있기 때문에 똑같은 토지는 결코 존재하지 못한다는 특성은 개별성이다.
④ 토지는 산사태나 홍수 등으로 토양이 유실되더라도 전체 토지를 놓고 볼 때는 가치보존이 된다.
⑤ 외부효과 및 공간적 부조화의 문제는 토지의 연접성에 대한 특성이다.

72 용도지역·지구·구역에 대한 적절한 설명으로 모두 묶인 것은?

> 가. 용도지역은 토지의 효율적 활용을 위해 서로 중복되지 않게 국토교통부장관 및 특·광·도지사가 정하는 지역이다.
> 나. 용도지역의 관리지역은 도시지역에 속하지 않는 농지법에 의한 농업진흥지역 또는 산지법에 따른 보전산지 등으로서 농림업의 보전·육성을 위해 지정하는 지역이다.
> 다. 저층주택을 중심으로 편리한 주거환경을 조성하기 위해 필요한 지역은 제1종 일반주거지역이다.
> 라. 보전녹지지역은 도시의 무질서한 팽창을 막고 도시 주변의 자연환경을 보전하기 위하여 도시 외곽에 도시민의 쾌적한 환경을 제공하려는 목적으로 지정된다.
> 마. 용도지역은 필요한 토지에 지정하며, 용도지역과 용도지역 간에는 중복지정이 불가능하다.

① 가, 다
② 나, 라
③ 가, 나, 마
④ 가, 다, 라
⑤ 나, 라, 마

73 다음 빈칸에 들어갈 내용으로 적절한 것은?

> 다가구주택의 경우 주택부분(주택으로 사용되는 층수)이 (　　)개 층 이하이고, 연면적(주택으로 사용되는 바닥면적)이 (　　) 이하인 주택을 말한다.

① 3,330㎡
② 3,660㎡
③ 4,330㎡
④ 4,660㎡
⑤ 5,660㎡

74 준주택 및 도시형생활주택에 대한 설명으로 옳지 않은 것은?

① 다중생활시설은 바닥면적의 크기에 따라 제2종 근린생활시설 및 숙박시설로 분류된다.
② 준주택은 주택 이외의 건축물과 부속토지로, 주거시설로 이용할 수 있는 시설을 말한다.
③ 도시형생활주택은 도시지역에 건설해야 하며, 300세대 미만이어야 하고 국민주택규모에 해당하는 주택이어야 한다.
④ 단지형 연립 도시형생활주택의 주택으로 사용되는 층수는 5층까지 건축 가능하다.
⑤ 아파트형 주택의 세대당 주거전용면적은 50㎡ 이하이다.

75 다음 자료를 바탕으로 용적률을 계산한 값은?

- 건물의 대지면적 : 100㎡
- 건물의 바닥면적 : 50㎡
- 건물은 지하 1층에서 지상 4층까지 있다.

① 100% ② 150% ③ 200%
④ 250% ⑤ 300%

76 다음 중 담보대출의 가치인정 비율을 의미하며, 담보대출 시 담보가치에 대한 안정성을 담보하기 위한 규제장치로 활용되는 것은?

① LTV ② DTI ③ IRR
④ NPV ⑤ INV

77 부동산 공적장부에 대한 설명으로 옳지 않은 것은?

① 건축물대장을 통해 건축물의 대수선 및 용도변경 사항을 파악할 수 있다.
② 건축물대장을 통해 건축물의 소유권 변동사항을 파악할 수 있다.
③ 토지대장을 통해 토지의 소재 및 지번, 지목, 면적 등을 파악할 수 있다.
④ 등기사항증명서의 갑구를 통해 부동산의 지상권, 지역권, 저당권 등의 사항을 파악할 수 있다.
⑤ 토지이용계획서를 통해 용도지역, 지구, 군사시설, 토지거래 등의 사항을 파악할 수 있다.

78 부동산 관련 법률에 대한 설명으로 옳지 <u>않은</u> 것은?

① 기부채납은 국가 등이 부동산과 같은 사유재산을 무상으로 받아들이는 것을 말한다.
② 재건축부담금은 재건축사업으로 주택가격이 정상 주택가격보다 상승하였을 경우 그 이익에 대해 국가가 조합원들에게 환수하는 형태로 부담금을 부과하는 제도이다.
③ 도시·군 관리계획은 광역도시계획 및 도시·군 기본계획에서 제시된 시·군의 장기적인 발전방향을 공간에 구체화하고 실현시키는 중기계획이다.
④ 이행강제금은 건축법이나 농지법에 저촉되는 행위를 한 자에게 시정명령을 내린 후 시정기간 내 시정명령을 이행하지 않을 경우 부과하는 것이다.
⑤ 지역권은 토지와 건물이 동일 소유자에게 속한 경우에 토지 또는 건물의 일방에만 제한물권이 설정되어 있다가, 그 후에 토지와 건물이 소유자를 달리하게 된 때에 건물소유자를 보호하기 위하여 법률로 인정하는 권리를 말한다.

79 상가건물임대차보호법에 대한 설명으로 옳지 <u>않은</u> 것은?

① 소액임차인이 등기 및 확정일자를 부여받은 경우 최우선변제권이 발생하여 최우선적으로 변제받을 수 있다.
② 상가건물이어야 하며, 사업자등록의 대상이 되는 영업용 건물에 적용된다.
③ 임대차기간을 정하지 않은 임대차계약의 기간은 1년으로 본다.
④ 전체 임대차기간이 10년을 초과하지 않는 한 임차인이 임대차기간이 만료되기 6개월 전부터 1개월 전 사이에 계약갱신을 요구할 수 있다.
⑤ 최우선으로 보호되는 소액임대차 보증금액의 합계액은 임차상가 경매대금의 2분의 1을 초과할 수 없다.

80 국내 부동산시장에 대한 설명으로 옳지 <u>않은</u> 것은?

① 일반적으로 금리가 상승하면 부동산 투자수요는 감소한다.
② 금리상승은 대출금리 상승을 통한 시장침체를 가져올 수 있다.
③ 일반적으로 금리가 하락할 경우 부동산시장에서 레버리지 효과를 기대할 수 있게 된다.
④ 수요·공급 원리로 부동산시장을 판단할 경우 전국적인 통계치를 통해 분석해야 한다.
⑤ 정부는 대출규모, 금리, 소득공제뿐만 아니라 대출대상 등을 규제하여 시장에 개입하게 된다.

81 일반적인 법률개정 사항이 아니기 때문에 국회의 동의 없이 정부가 결정할 수 있어서, 시장에 즉각적으로 대응할 수 있는 조정방법은 무엇인가?

① 금리규제 ② 구매력규제 ③ 대출규제
④ 수요·공급 조정 ⑤ 세금부과

82 다음 빈칸에 들어갈 내용으로 적절한 것은?

- 해외부동산을 (　　) 이상 본인의 거주목적으로 취득하는 경우 신고 대상 부동산에 해당한다.
- 해외부동산 처분 후 (　　) 이내에 지정거래외국환은행에 처분보고서를 제출해야 한다.

① 2년, 2개월 ② 2년, 3개월
③ 2년, 처분연도 다음 연도 5월 ④ 3년, 2개월
⑤ 3년, 3개월

83 인구구조 변화에 따른 부동산시장에 대한 설명으로 옳지 않은 것은?

① 단기적으로 인구감소가 부동산에 미치는 영향력은 제한적이다.
② 주택수요 분석 시 인구를 기준으로 하기보다는 가구변화를 우선적으로 검토해야 한다.
③ 주택의 다운사이징 현상이 지속될 것이다.
④ 1~2인 가구 확대를 통해 소형주택 강세가 지속될 것으로 보인다.
⑤ 베이비부머 세대는 은퇴 후 주택을 매도하는 경향이 높아 중소형 주택의 강세를 지속시킬 것으로 보인다.

84 부동산정책에 대한 설명으로 옳지 않은 것은?

① 일반적으로 저금리는 부동산가격을 상승시킨다.
② 부동산조세는 특정한 정책 목표를 달성하기 위한 수단으로 주로 사용된다.
③ 대출정책은 대출대상을 제한하여 특정 계층만 이용이 가능하도록 규제하기도 한다.
④ 대출정책은 다른 주택정책에 비해 효과가 빠르다.
⑤ 최유효이용론은 부동산은 공공성이 강하기 때문에 형평성을 위해 정부의 규제가 필요하다는 논리이다.

85 시대별 부동산 정책에 대한 설명으로 옳지 <u>않은</u> 것은?
① 김영삼 정부 – 부동산실명제 도입
② 김대중 정부 – 주택건설촉진법 개정
③ 노무현 정부 – 다주택자 양도세 중과
④ 이명박 정부 – 다주택자 중과세 폐지
⑤ 문재인 정부 – 3기 신도시 개혁(주택 공급 대책)

86 2020년 7월 31일 주택임대차보호법 개정안에 대한 설명으로 옳지 <u>않은</u> 것은?
① 임차인은 계약갱신청구권을 1회 행사할 수 있으며, 갱신되는 임대차 존속기간은 2년으로 본다.
② 임대인이 실거주를 이유로 갱신을 거절한 후, 정당한 사유없이 제3자에게 주택을 임대하면 임차인이 입은 손해를 배상해야 한다.
③ 갱신 시 증액 상한은 10%로 하며, 다만 지자체가 임대차 시장여건을 고려하여 조례로 다르게 정할 수 있다.
④ 대한법률구조공단과 함께 LH 및 한국감정원에도 확대하여 분쟁조정위원회를 설치한다.
⑤ 주택임대차 표준계약서를 법무부 장관이 국토부 장관과 협의하는 등 공동소관한다.

87 국토부 등 정부 발표자료에 대한 설명으로 옳지 <u>않은</u> 것은?
① 미분양주택 추이는 해당 지역의 주택시장 상황을 나타내므로 시장분석자료로 활용이 가능하다.
② 주택거래량은 시장동향을 나타내는 중요한 지표이다.
③ 지가변동률은 해당지역의 토지시장 추이를 나타내는 지표이다.
④ 미분양주택의 주택시장에 대한 영향력이 점점 증가하고 있다.
⑤ 실거래가는 거래를 하는데 중요한 선행자료이다.

88 부동산투자에 대한 설명으로 옳지 <u>않은</u> 것은?

① 다른 투자에 비해 장기간이다.
② 투자자의 능력에 따라 투자수익의 변동성이 크다.
③ 고정적인 자산이므로 자본손실이 발생하지 않는다.
④ 일반적으로 부동산은 환금성이 떨어진다.
⑤ 감가상각을 통한 절세를 기대할 수 있다.

89 다음 자료를 토대로 부동산 투자수익 및 레버리지에 대해 설명한 것으로 옳지 <u>않은</u> 것은?

- 수익금 : 2천만원
- 현재 시장가치 : 3억원
- 요구수익률 : 5%

① 기대수익률은 6.7%이다.
② 기대수익률이 요구수익률보다 크기 때문에 투자해도 좋다고 본다.
③ 만약 대출금리가 기대수익률과 같을 경우 레버리지의 활용가치가 없다고 본다.
④ 기대수익률은 수익금이 증가함에 따라 함께 증가한다.
⑤ 대출금리보다 기대수익률이 높을 경우 자기자본 대비 투자수익률이 증가한다.

90 순현가법과 내부수익률법에 대한 설명으로 옳은 것은?

① 순현가법은 미래가치를 현재가치로 할인할 때 사용하는 비율로 내부수익률을 활용한다.
② 순현가가 1보다 작을 경우 투자하지 않는다.
③ 순현가법에서 상호배타적인 투자안의 경우 순현가가 가장 큰 투자안을 선택한다.
④ 내부수익률법에서 독립적인 투자안의 경우 내부수익률이 요구수익률보다 큰 투자안에 투자한다.
⑤ 내부수익률법은 순현가법과 달리 화폐의 시간가치를 고려한 투자성 분석기법이다.

91 부동산 포트폴리오에 대한 적절한 설명으로 모두 묶인 것은?

> 가. 일반적으로 부동산시장은 불완전시장이라는 특성을 가지고 있다.
> 나. 부동산투자의 체계적 위험은 완벽한 포트폴리오를 구성하여 피할 수 있다.
> 다. 부동산투자는 분리할 수 없는 불가분성의 특성을 가진다.
> 라. 포트폴리오 이론은 단기시장보다 장기시장에 적합한 이론으로 부동산시장에 적용하기 어렵다.
> 마. 부동산 투자안에 대한 서로 다른 세율이 적용되므로 평균적인 수익률을 측정하기 어렵다.

① 가, 다
② 나, 라
③ 가, 다, 마
④ 나, 라, 마
⑤ 다, 라, 마

92 다음 중 정비기반시설이 열악하고 노후화된 불량건물이 밀집한 지역에서 주거환경을 개선하기 위해 시행하는 사업은?

① 재개발사업
② 재건축사업
③ 자율주택정비사업
④ 주거환경개선사업
⑤ 가로주택정비사업

93 정비사업의 문제점에 대한 설명으로 옳지 않은 것은?

① 부동산 경기침체로 인해 사업성이 떨어진다.
② 과도하게 정비구역을 지정하고 있다.
③ 주민과 지자체 간의 행정소송이 진행되거나 주민 간의 민사소송이 빈번하다.
④ 기부채납 등이 과도하게 요구된다.
⑤ 재개발 비례율이 지속적으로 높아지고 있다.

94 주택의 분양가격이 4억원이고 비례율이 80%, 권리가액이 2억 8천만원일 경우 해당 주택의 입주부담금은 얼마인가?

① 4천만원
② 5천만원
③ 1억 2천만원
④ 2억 8천만원
⑤ 3억 5천만원

95 도시형 생활주택 투자전략에 대한 설명으로 옳은 것은?
① 주로 기반시설이 부족한 비도시 설치 지역에서 원활한 주거 공급을 위해 건설된다.
② 난개발을 방지하기 위해 분양가 상한제 적용을 받는다.
③ 승강기 등 부대 복리시설의 설치 의무가 있다.
④ 일반 주택에 비해 주차장 설치 기준이 높다.
⑤ 수익성을 높이기 위해 상당수 원룸으로 공급되고 있다.

96 토지투자에 대한 설명으로 옳은 것은?
① 도로는 보행이나 자동차의 통행이 가능한 6m 이상의 도로를 말한다.
② 농지전용부담금은 농지를 보전관리 하는 데 부담하는 부담금으로 개별공시지가의 30% 이내에서 납부하며, 한도는 50,000원이다.
③ 대체산림자원조성비는 산지전용허가 등을 받으려는 사람이 산지의 보전관리를 위해 납부하는 비용으로 일반적으로 준보전산지의 경우 보전산지나 산림전용제한지역에 비해 단위면적당 금액이 높은 편이다.
④ 준보전산지는 임업용 산지와 공익용 산지로 구분된다.
⑤ 토지거래허가제도에서 토지거래허가를 요구하지 않는 경우로는 상속, 유증, 소유권이전 계약, 부담부증여 등이 있다.

97 경매 투자에 대한 설명으로 옳은 것은?
① 법원 경매는 국세징수법에 의한 체납처분으로 국세우선의 원칙이 적용된다.
② 경매의 입찰금액은 수정할 수 없으므로, 새로운 용지에 작성해야만 한다.
③ 공동 입찰할 경우 입찰인은 이후 소유권 이전 시의 소유자와 동일인이 되어서는 안 된다.
④ 말소기준권리보다 임차인의 전입일자가 빠를 경우, 매수인은 임차보증금을 인수할 필요가 없다.
⑤ 입찰을 실시했으나 낙찰자가 없어 다시 기일을 정해 실시하는 경매를 재경매라고 한다.

98 부동산 자산관리에 대한 설명으로 옳지 않은 것은?
① 소극적 자산관리는 부동산 시설관리에 초점을 맞춘 자산관리 방법이다.
② 부동산 시설관리는 부동산의 생산성 향상, 운영효율 상승 등의 서비스를 제공한다.
③ 부동산 재산관리에는 수익관리, 공실관리, 시설물관리 등이 있다.
④ 현재 부동산시장은 거주이용 목적의 수요 증가, 부동산 수요자 중심의 시장, 직접투자 증가 등의 이유로 부동산 자산관리의 필요성이 증대되고 있다.
⑤ 혼합관리방식은 대형건물에 적합한 과도기적 관리방식이다.

99 부동산금융상품에 대한 설명으로 옳지 않은 것은?
① 부동산 직접투자는 취득세, 재산세 등의 세금 부담이 상대적으로 높다.
② 부동산 직접투자는 상대적으로 고액의 투자자금이 필요하다.
③ CR리츠의 경우 상근임직원이 없는 페이퍼컴퍼니이다.
④ 프로젝트 금융의 경우 프로젝트의 사업성을 담보로 대출이 이루어진다.
⑤ 부동산펀드의 투자대상으로는 토지 및 정착물과 부동산 관련 주식, 지상권, 지역권 등이 포함되며, 임차권, 분양권 등은 제외된다.

100 다음 중 빈칸에 들어갈 내용으로 적절한 것은?

- 리츠는 다수의 (　　　)에게 투자를 받아 투자하고, 이후 발생하는 수익을 투자자에게 배당한다.
- 리츠는 (　　　)의 형태로 운영된다.

① 일반투자자, 비영리법인
② 일반투자자, 주식회사
③ 일반투자자, 무한책임회사
④ 전문투자자, 주식회사
⑤ 전문투자자, 무한책임회사

정답 및 해설 제1회 적중 실전모의고사

■ 정답

제1과목 금융자산 투자설계

01 ②	02 ⑤	03 ⑤	04 ③	05 ④	06 ③	07 ④	08 ②	09 ④	10 ④
11 ③	12 ⑤	13 ④	14 ②	15 ③	16 ②	17 ④	18 ③	19 ③	20 ②
21 ①	22 ③	23 ③	24 ②	25 ③	26 ②	27 ②	28 ①	29 ②	30 ⑤
31 ⑤	32 ③	33 ③	34 ④	35 ②	36 ③	37 ⑤	38 ④	39 ①	40 ④
41 ④	42 ③	43 ①	44 ③	45 ③	46 ⑤	47 ④	48 ③	49 ⑤	50 ③
51 ③	52 ⑤	53 ④	54 ③	55 ③	56 ⑤	57 ⑤	58 ②	59 ③	60 ⑤
61 ⑤	62 ④	63 ⑤	64 ④	65 ③	66 ⑤	67 ③	68 ④	69 ③	70 ④

제2과목 비금융자산 투자설계

71 ④	72 ③	73 ①	74 ③	75 ①	76 ①	77 ④	78 ⑤	79 ③	80 ①
81 ③	82 ①	83 ⑤	84 ②	85 ①	86 ④	87 ⑤	88 ⑤	89 ⑤	90 ④
91 ②	92 ①	93 ④	94 ④	95 ④	96 ①	97 ④	98 ②	99 ②	100 ③

■ 해설

제1과목 | 금융자산 투자설계

[1~16] 금융상품

01 정답 ②
일반적으로 금융상품은 수익성이 높으면 안전성은 떨어지게 되며, 안전성이 높으면 수익성은 떨어지게 된다.

02 정답 ⑤
정기예금은 거치식 상품에 해당한다.

03 정답 ⑤
상호부금은 일반 시중은행에서 취급하는 상품이며, 상호저축은행은 상호부금과 유사한 상품으로 신용부금을 취급하고 있다.

04 정답 ③
20% 낙아웃 하락수익추구형으로 주가가 20% 이하로 하락했기 때문에 기존의 수익구조가 사라져 사전에 약정한 소정의 리베이트(보상수익)만을 지급받게 되어 수익률은 4%가 된다.

05 정답 ④
주택청약종합저축 및 주택청약저축은 신한·우리·하나·기업·농협·국민·대구·부산·경남은행 등의 시중은행에서 취급하고 있다.

06 정답 ③
금융기관별 규율체계가 아닌 금융기능별 규율체계를 가지고 있다.

07 정답 ④
판매수수료는 기준가격에 영향을 미치지 않는다.

08 정답 ②
주식이 50% 이상 편입된 펀드를 월요일 오후 3시 30분 이전에 매수청구한 경우 기준가 적용일은 화요일(T+1일)이다.

09 정답 ④
일반적으로 액티브형 펀드에 비해 성과지속성이 높다.

10 정답 ④
금융 위험은 비체계적 위험에 해당한다.

11 정답 ③
운용보수·수탁보수의 차등은 둘 수 없으나, 판매보수, 판매수수료, 환매수수료는 차등을 둘 수 있다.

12 정답 ⑤
구조화 상품은 월이자지급식으로 가입이 가능한 상품이다.

13 정답 ④
불특정하거나 아직 존재하지 않는 수익자를 위하여 신탁의 이익을 관리하는 사람은 신탁관리인이며, 신탁재산관리인은 수탁자를 대신하여 임시적으로 신탁재산을 관리하는 자이다.

14 정답 ②
역모기지론에 대한 설명이다.

15 정답 ③
서명은 어떤 형태로도 가능하지만, 반드시 구매신청서와 동일해야 한다.

16 정답 ②
가족회원은 본인회원의 부모, 자녀 등 직계혈족뿐만 아니라 형제자매도 가능하다.

[17~31] 주식투자

17 정답 ④
주식투자의 수익요인은 시세차익, 배당수익, 세제상 혜택, 유·무상 증자 수익 등이다.

18 정답 ③
노사관계는 기업 내적요인 중 질적 요인에 해당한다.

19 정답 ③
환금성 제공은 유통시장의 주요 기능이며 발행시장의 주요 기능은 자금조달, 자본의 효율성 제고, 금융정책의 수단, 투자수단 제공이다.

20 정답 ②
KRX100은 유가증권시장과 코스닥시장의 대표종목 100개로 구성된 주가지수이다.

21 정답 ①
이자율이 상승하면 투자자는 위험자산인 주식보다 채권에 투자하려는 욕구가 커지기 때문에 주식의 수요가 감소하므로 주가는 하락한다.

22 정답 ③
자금조달 능력이 중요한 단계는 성장기이며, 성숙기의 기업은 성장단계에서 차입한 자금을 상환하게 된다.

23 정답 ③
총자산회전율(= 매출액 / 총자산)은 활동성을 측정하기 위한 재무비율이다.

24 정답 ②
주식의 가치 = $D_0(1+g) / (k-g) = D_1 / (k-g)$
= (500원 × 1.06) / (0.11 − 0.06)
= 10,600원

25 정답 ③
자산가치 평가모형은 장부가치기준으로 순자산가치를 평가한 것이기 때문에 실제 주가와 큰 차이를 보일 수 있다는 한계점을 가지고 있다.

26 정답 ②
- 다른 조건이 같다면 PER은 배당성향과 이익성장률이 클수록 커지고, 기대수익률이 클수록 작아진다.
- PER = P_0 / EPS_0
  = 배당성향 × (1 + 이익성장률) / (기대수익률 − 이익성장률)

27 정답 ②
매매빈도가 높을 경우 세금문제는 더욱 민감해진다.

28 정답 ①
② 포트폴리오 업그레이딩 시 대개의 경우 높은 성과를 지닌 주식을 식별하는 것보다 손실을 크게 가져다주는 주식을 찾아 포트폴리오에서 제거하는 방법을 이용한다.
③ 내부수익률은 금액가중평균수익률로 화폐의 시간적 가치가 고려된 평균투자수익률이다.
④ 기하평균수익률은 중도 현금흐름이 재투자되어 증식되는 것을 감안하기 때문에 산술평균수익률보다 합리적이다.
⑤ 산술평균수익률은 단일기간수익률을 모두 합한 값을 기간 수로 나누어 구한다.

29 정답 ②
샤프지수에 대한 설명이다.

30 정답 ⑤
일정한 규칙에 따라 기계적으로 자산배분을 하는 방법은 포뮬라 플랜으로 적극적 투자전략에 해당한다.

31 정답 ⑤
시가총액에 의한 스타일은 대형주, 중형주, 소형주 투자로 나눌 수 있으며, 이 중 소형주 투자는 대형주에 비해 애널리스트의 분석이 적어 적정가격 대비 저평가된 기업을 찾을 기회가 많을 것이라는 기대를 근거로 한다.

[32~46] 채권투자

32 정답 ③
실질이자율 = [(1 + 명목이자율) / (1 + 물가상승률)] − 1
= (1.06 / 1.03) − 1 = 2.91%

33 정답 ③
금리가 상승하면 물가 하락 압력이 발생한다.
금리↑ ⇨ 금리상품(예금) 매력↑, 실물경제(주식·부동산)의 매력↓ ⇨ 저축↑, 소비↓, 주식·부동산투자↓ ⇨ 경기↓, 물가↓

34 정답 ④
채권은 원금과 이자의 상환기간이 발행 시 미리 정해지는 기한부증권이다. (단, 영구채 제외)

35 정답 ②

좀 더 일찍 받은 이자로 다시 돈을 굴릴 수 있는 기간만큼의 복리효과가 있으므로 다른 조건이 같다면 이표채의 이자지급주기가 짧을수록 실효수익률이 높다.

36 정답 ③

유통수익률(만기수익률, 시장수익률)과 표면이율(표면금리)이 같다면 채권의 가격은 액면가와 같으므로 연이표채의 가격은 10,000원이다.

37 정답 ⑤

단기적인 투자관점에서 금리 상승 시에는 듀레이션이 짧은 채권을 보유하는 것이 유리하다.

38 정답 ④

유동성선호이론에 따르면 투자자들은 기본적으로 유동성을 선호하기 때문에 만기가 짧은 채권을 선호한다. 따라서 투자자들은 만기가 긴 채권일수록 프리미엄을 요구하게 되고, 수익률곡선은 우상향한다.

39 정답 ①

② 국채, 통안채, 지방채는 무위험채권으로 간주되어 신용평가사들로부터 신용등급을 부여받지 않고 있다.
③ BBB⁻등급 이상을 투자등급, 그 미만을 투기등급 채권으로 분류한다.
④ 부도등급인 D등급의 채권은 원리금 지급 불능상태를 나타낸다.
⑤ A1등급의 기업어음은 A3등급의 기업어음보다 원리금 상환능력이 좋다.

40 정답 ④

연환산 자본손익률 = [(매입금리 − 매도금리)
　　　　　　　　　× 잔존듀레이션] / 투자연수
　　　　　　＝ [(6% − 7%) × 3년] / 2년 = −1.50%

(참고) 복리채의 듀레이션은 표면만기와 듀레이션이 동일함

41 정답 ④

같은 수익률이라면 개인 채권투자자는 발행금리가 최대한 낮은 채권을 매입하는 것이 유리하다. 채권의 이자에 대한 세금이 발행금리로 매겨지므로 발행금리가 높으면 세후수익률이 낮아지기 때문이다.

42 정답 ③

1년간 롤링수익률 = (매입금리 − 1년 후 평가금리)
　　　　　　　　　× 잔존듀레이션
　　　　　＝ (4.5% − 3.5%) × 1년 = 1.0%
∴ 1년간 기대수익률 = 1년간 채권이자수익률
　　　　　　　　　　+ 1년간 롤링수익률
　　　　　　　　　＝ 4.5% + 1.0% = 5.5%

43 정답 ①

- 듀레이션프리미엄 = 4.2% − 3.5% = 0.7%
- 크레딧(신용위험)프리미엄 = 5.5% − 4.2% = 1.3%

44 정답 ③

가치투자는 자산가격을 전망하지 않는 대신 자산의 가치를 분석하고 측정하는 것을 말하는데, 이때 자산의 가치를 측정하는 명확한 규칙이 필요하다.

45 정답 ③

불렛형 만기전략에 대한 설명이다. 이 전략은 중기채 위주로 채권의 보유를 지속하는 것으로 특히 기대수익률이 우수한 특정 만기구간에 집중투자하는 경우 많이 사용한다.

46 정답 ⑤

상대적으로 장기물 시장이 강세를 보일 경우 만기섹터 운용전략 중 일드커브 플래트너를 구사하는 것이 유리하다.

[47~58] 파생금융상품투자

47 정답 ④

주식연계워런트(ELW)는 상품구조가 주식옵션과 유사하지만 파생상품이 아닌 증권으로 분류된다.

48 정답 ②

장내파생상품은 거래단위, 결제월, 결제방법 등의 계약명세가 거래소에 의해 표준화되어 있다. 맞춤형 계약은 장외파생상품인 선도의 특징이다.

49 정답 ④

KRX 주식선물의 최종결제방법은 현금결제이다.

50 정답 ③
- 3개월 후 주식을 매입할 예정이므로 가격 상승 리스크를 헤지해야 한다. 따라서 지수선물을 23계약 매수하는 매수헤지를 실시해야 한다.
- 헤지계약 수(N) = 베타 × [주식포트폴리오 금액 / (주가지수선물 가격 × 25만원)]
  = 1.2 × [10억원 / (205.00pt × 25만원)]
  = 23.41

51 정답 ③
무담보 금리에 다양한 만기를 제공하는 LIBOR 금리와는 달리 SOFR은 1일물 무위험 금리이기에, SOFR로 LIBOR를 대체하기 위해서는 신용리스크를 반영하는 보정작업이 필요하다.

52 정답 ⑤
주식시장의 강세가 예상되나 확신이 서지 않을 때 사용하는 보수적인 투자전략은 강세 스프레드 전략으로 강세 풋옵션 스프레드전략은 초기에 프리미엄 순수입이 발생하고, 강세 콜옵션 스프레드전략은 초기에 프리미엄 순지출이 발생한다.

53 정답 ④
플로어는 금리의 하한을 설정하는 것으로 자금의 대여자가 이용하는 것이 적절하다.

54 정답 ③
콜옵션을 이용한 매수헤지(현물포지션 + 콜옵션 매수)는 환율이 상승하면 손실이 발생하나 최대손실폭은 고정되어 있으며, 환율하락 시 이익의 기회에도 참여할 수 있다.

55 정답 ③
- 변동금리로 대출을 받은 A기업은 금리 상승 리스크를 헤지하기 위해서 고정금리를 지급하고, 변동금리를 수취하는 금리스왑을 체결해야 한다.
- 자금조달비용 = −(CD + 2.5%) − 3.72% + CD
  = −6.22%

56 정답 ⑤
리베이트가 없는 낙아웃구조는 확정금리에 지수변동에 따른 보너스 금리(변동금리)를 지급하는 형태이다. 즉, '확정금리(x%) + 낙아웃 콜옵션'으로 구성된다.

57 정답 ⑤
레인지 채권은 발행채권의 기준금리가 사전에 정한 범위 안에 머무르면 높은 이자를 지급하고, 범위를 벗어나면 낮은 이자를 지급한다.

58 정답 ②
레인지 선물환에 대한 설명이다. 수출업자 A씨는 만기환율이 1,100원 이하이면 1,100원에 달러를 매도하고, 만기환율이 1,200원 이상이면 1,200원에 달러를 매도하고, 만기환율이 1,100~1,200원 범위 내에서 결정되면 시장환율로 달러를 매도해야 한다.

[59~70] 금융상품 투자설계 프로세스

59 정답 ③
기대수익률 = Σ(i 상황이 발생할 확률 × i 상황 시 예상수익률)
= 0.2 × 50% + 0.5 × 20% + 0.3 × −20%
= 14%

60 정답 ③
상관계수 = 공분산 / ($\sigma_A \times \sigma_{KOSPI}$)
= 0.0054 / (0.18 × 0.1)
= 0.30

(참고) 문제에 표준편차(σ)가 아닌 분산(σ^2)이 주어졌으므로 제곱근을 씌워서 표준편차 값을 먼저 구해야 함

61 정답 ⑤
포트폴리오의 수익률은 개별자산의 수익률을 투자비중으로 가중평균한 값이지만, 포트폴리오의 위험은 개별자산의 위험을 단순히 가중평균한 값이 아니다. 포트폴리오의 위험을 측정할 때에는 개별자산 간 상관계수도 고려해야 한다.

62 정답 ④
효율적 프런티어는 수익률−위험의 평면에서 가장 좌측 상단에 위치한 효율적 포트폴리오들을 연결한 곡선으로 이는 투자자의 위험회피 성향에 따라 달라지지 않으며, 효율적 프런티어상의 어느 점이 최적인지가 투자자의 위험회피 성향에 따라 달라진다.

63 정답 ⑤

자본시장선상의 포트폴리오들은 무위험자산과 시장포트폴리오로만 구성되므로 비체계적 위험이 완전히 제거된 포트폴리오이다. 따라서 자본시장선은 완전히 분산투자된 효율적 포트폴리오만을 분석 대상으로 한다.

[참고] 체계적 위험은 분산투자로 제거할 수 없으며 분산투자로 제거할 수 있는 위험은 비체계적 위험임

64 정답 ④

- SML에 의한 주식 A의 요구수익률(기대수익률)
  $= R_f + \beta_i \times [E(R_m) - R_f]$
  $= 5\% + 1.5 \times (12\% - 5\%)$
  $= 15.5\%$
- 실제로 주식 A에 투자 시 예상되는 수익률은 14%이므로 주식 A는 현재 고평가된 상태이며, SML선 아래쪽에 위치한다.

65 정답 ③

포트폴리오 이론에서 나온 알파(α)를 추구하는 전략은 적극적 전략에 해당한다.
① ② ④ ⑤ 소극적 전략에 해당하는 내용이다.

66 정답 ⑤

적극적 자산배분을 구사하는 제3사분면 또는 제4사분면 투자전략에 해당하는 내용이다.

67 정답 ③

최소한 분기, 보통은 연 단위 이상의 시장예측을 근거로 실행되는 것은 전술적 자산배분이다. 전략적 자산배분은 장기적 관점(5년 이상의 기간을 대상으로 수립)에서의 최적 자산배분을 말한다.

68 정답 ④

시간가중수익률은 매일 현금의 유출입이 발생하는 펀드 등 간접투자상품에 적용되는 가장 정확한 수익률 계산방법이다. 금액가중수익률은 투자기간 중 현금 유출입으로 인한 수익률 왜곡현상이 발생할 수 있다.

69 정답 ③

$\alpha_p = R_p - [R_f + \beta_p \times (R_B - R_f)]$
$= 15\% - [5\% + 1.2 \times (10\% - 5\%)] = +4\%$

70 정답 ④

펀드가 골고루 분산투자되어 있다면 비체계적 위험은 대부분 제거되고 체계적 위험만이 초과수익에 기여하므로, 이러한 체계적 위험 대비 초과수익을 평가하는 트레이너지수가 적합하다.

제2과목 | 비금융자산 투자설계

[71~81] 부동산상담 사전 준비

71 정답 ④

어업권, 광업권이 준부동산의 등록대상권리에 해당한다.

72 정답 ③

① 부동산의 권리변동은 등기를 통해 이루어진다.
② 무주물의 부동산은 국가소유가 된다.
④ 공신력이 인정되지 않는다.
⑤ 용익물권의 설정이 가능하다.

73 정답 ①

물을 상시적으로 이용하지 않고 곡물 등을 재배하는 토지는 '전'이다.

74 정답 ③

다가구주택은 주택으로 사용되는 층수가 (3개층) 이하이고 연면적이 (660㎡) 이하인 (단독주택)을 말한다.

75 정답 ①

신축에 해당한다. 천재지변으로 멸실된 건축물을 종전과 같은 규모로 건설할 경우 재축에 해당한다.

76 정답 ①

LTV에 대한 설명이다.

77 정답 ④

저당권은 등기사항증명서의 을구에 해당한다.

78 정답 ⑤

면적정보, 토지지분 등의 정보가 건축물대장과 다를 경우 건축물대장상의 정보가 우선시된다.

79 정답 ③

① 기부채납 : 국가나 지자체가 사유재산을 무상으로 받아들이는 것이다.
② 도시·군 기본계획 : 물적 측면뿐만 아니라 인구·산업·사회개발·재정 등 사회경제적 측면을 포괄하는 종합계획이다.
④ 교통유발부담금 : 도시의 교통 혼잡을 완화하기 위해 시장이 교통혼잡의 원인이 되는 시설물의 소유자에게 부과하는 부담금이다.
⑤ 이행강제금 : 건축법이나 농지법에 저촉되는 행위를 한 자가 시정명령을 이행하지 않을 경우 부과하는 부과금이다.

80 정답 ①

'가, 나'는 올바른 설명이다.
다. 주민등록신고는 가족 전원이 아니더라도 무방하다.
라. 임차인의 지위가 높을수록(선순위) 유리하다.

81 정답 ③

서울특별시의 환산보증금은 9억원이다.

[82~87] 부동산시장 및 정책 분석

82 정답 ①

가격 상승기에 적용하는 규제책의 효과가 가격 하락기에 적용하는 시장부양책의 효과보다 더 크다.

83 정답 ⑤

해외 부동산 처분한 달의 말일부터 2개월 이내에 거주지 관할세무서에 양도소득세 예정신고 납부를 해야 한다.

84 정답 ②

'가, 나'는 옳은 설명이다.
다. 인구는 감소했지만 가구는 증가하여 주택 수요가 증가했다.
라. 60평, 70평에서 80평 거주자는 주택규모를 줄이는 경향이 많지만 45평에서 33평으로 내려가는 경향은 거의 없다.

85 정답 ①

정부실패는 부동산정책의 필요성이 아니라 정부개입의 불안전한 요소이다.

86 정답 ④

노무현 정부 – 주택거래신고제도 도입

87 정답 ⑤

모두 부동산관련 발표자료에 해당한다.

[88~97] 부동산 투자전략

88 정답 ⑤

투자에 따라 기대되는 예상수익에 대한 수익률이므로, 기대수익률이 적절하다.

$$\text{기대수익률} = \frac{\text{예상수익}}{\text{시장가치}} \times 100$$
$$= \frac{1억원}{10억원} \times 100$$
$$= 10\%$$

89 정답 ⑤

$$\text{레버리지 비율} = \frac{\text{부채}}{\text{총자본}} \times 100$$
$$= \frac{2억원}{8억원} \times 100$$
$$= 25\%$$

90 정답 ④

원가방식의 중요한 단점은 수요와 공급을 반영하지 못한다는 것이다.

91 정답 ②

'연금 × 연금의 내가계수'이다.

92 정답 ①

② 상호독립적인 투자안의 경우 투자안 4~6 중 투자안 5, 6을 선택한다.
③ 상호배타적인 투자안의 경우 투자안 4~6 중 투자안 6을 선택한다.
④ 내부수익률법에서는 할인율로 내부수익률을 사용한다.
⑤ 내부수익률법에서는 복수의 해가 존재할 수 있다.

93 정답 ④

체계적 위험은 완벽한 포트폴리오를 구성해도 줄어들지 않는다.

94 정답 ④

입주부담금 = 주택분양가격 − 권리가액(종전재산 × 비례율)
= 2억원 − 1억원(= 1억 2,500만원 × 0.8)
= 1억원

95 정답 ④

(1,000㎡) 이상 농지에서 농작물을 경작·재배하거나 1년 중 (90일) 이상 농업에 종사하는 자는 농업인으로 본다.

96 정답 ①

② ③ ④ ⑤ 토지거래허가가 필요하지 않는 대상이다.

97 정답 ④

경매는 채권자 평등원칙이 적용되며 공매는 국세 우선의 원칙이 적용된다.

[98~100] 부동산 자산관리 전략

98 정답 ②

현재 간접투자가 확대되고 있다.

99 정답 ②

주택은 유동성이 낮다.

100 정답 ③

기업구조조정리츠는 상근임직원을 둘 수 없다.

정답 및 해설 제2회 적중 실전모의고사

■ 정답

제1과목 금융자산 투자설계

01 ③	02 ③	03 ⑤	04 ⑤	05 ③	06 ③	07 ②	08 ②	09 ⑤	10 ⑤
11 ①	12 ②	13 ①	14 ④	15 ③	16 ③	17 ③	18 ⑤	19 ⑤	20 ④
21 ②	22 ③	23 ②	24 ③	25 ④	26 ②	27 ③	28 ④	29 ②	30 ③
31 ④	32 ③	33 ⑤	34 ④	35 ②	36 ④	37 ④	38 ⑤	39 ②	40 ⑤
41 ②	42 ③	43 ②	44 ③	45 ③	46 ④	47 ④	48 ④	49 ⑤	50 ①
51 ⑤	52 ④	53 ②	54 ③	55 ④	56 ⑤	57 ④	58 ①	59 ④	60 ③
61 ②	62 ①	63 ④	64 ③	65 ③	66 ④	67 ②	68 ⑤	69 ④	70 ④

제2과목 비금융자산 투자설계

71 ②	72 ③	73 ③	74 ⑤	75 ③	76 ③	77 ②	78 ⑤	79 ⑤	80 ①
81 ④	82 ④	83 ④	84 ⑤	85 ④	86 ⑤	87 ③	88 ①	89 ②	90 ①
91 ⑤	92 ④	93 ③	94 ④	95 ⑤	96 ④	97 ①	98 ①	99 ②	100 ⑤

해설

제1과목 | 금융자산 투자설계

[1~16] 금융상품

01 정답 ③
제권판결에 의한 수표대금 지급 시 제권판결을 선언한 날부터 1개월이 경과한 후에 수표대금을 지급한다.

02 정답 ③
직전 과세기간의 종합소득과세표준에 합산되는 종합소득금액이 3,500만원 이하일 경우 재형저축에 가입할 수 있다.

03 정답 ⑤
표지어음은 예금자보호법에 의한 보호대상 금융상품이다.

04 정답 ⑤
비과세종합저축으로 가입이 가능하다.

05 정답 ③
집합투자재산은 은행과 같이 공신력 높은 수탁회사에 의해 별도로 보관·관리되고 있다.

06 정답 ③
계약의 체결권유를 받은 금융소비자가 이를 거부하는 취지의 의사표시를 하였는데도 계약의 체결권유를 계속하는 행위는 금소법에서 정한 부당권유 금지행위에 해당한다. 다만, 다른 금융상품에 대한 체결권유 행위와 거부 취지의 의사표시 후 1개월이 지난 경우에 해당 상품에 대한 체결권유 행위는 가능하다.

07 정답 ②
①③④⑤ 해외투자펀드(역내펀드)에 대한 설명이다.

08 정답 ②
금융기관에 대한 단기대출의 경우 30일 이내의 단기대출에 대해 투자가 가능하다.

09 정답 ⑤
자펀드는 투자자가 투자한 재산을 직접 운용하는 것이 아니라, 모펀드의 집합투자증권에 투자하고 다수의 자펀드에서 모인 펀드재산을 모펀드에서 운용한다.

10 정답 ⑤
국내 주식형 상품뿐만 아니라 해외형이나 채권형 등 다양한 상품이 개발되어 판매되고 있다.

11 정답 ①
상승수익추구형에 대한 설명이다.

12 정답 ②
2012년 12월 31일 이전에는 연금 수령 시 연금소득세 5.5%를 과세하였으나, 2013년 1월 1일 이후에는 연금 수령 한도 범위 내에서 수령할 경우 연령에 따른 차등 연금소득세율이 적용되며 연금 수령 한도 범위를 초과하여 수령할 경우 기타소득세 16.5%를 과세한다.

13 정답 ①
모기지론에 대한 설명이다.

14 정답 ④
외국에 있는 국제기구에 근무하고 있는 대한민국 국민은 비거주자에 해당한다.

15 정답 ③
외화예금을 해지할 때 지급되는 금액은 전신환매입율을 적용한다.

16 정답 ③
선불카드의 발급방법에는 기명식, 무기명식이 있다.

[17~31] 주식투자

17 정답 ③
어음은 화폐증권으로 분류된다.

18 정답 ⑤
증권시장을 통해 주가라는 객관적 기업평가기준에 의해 수익성과 성장성이 기대되는 기업에 자금이 집중됨으로써 산업 간 효율적인 자본이동과 배분이 이루어져 산업구조가 고도화된다.

19 정답 ⑤
다우존스 산업평균 지수와 Nikkei225지수는 주가평균식 주가지수에 해당한다.

20 정답 ④
우리나라와 같이 자원의 대부분을 수입하는 나라는 원자재 가격과 주가가 역(-)의 관계에 있다. 따라서 국제 원자재 가격이 하락하면 주가는 상승하게 된다.

21 정답 ②
기존 기업들의 입장에서 철수장벽이 낮을수록 매력적인 시장이다.

22 정답 ③
질적 분석은 기업의 성장성, 연혁, 사업내용, 경영진, 업계에서의 위치 등 수치로 표현하기 힘든 사항을 분석하는 것을 말한다. 기업이 공시한 재무제표를 중심으로 이루어지는 것은 양적 분석이다.

23 정답 ②
토빈의 q(= 자산의 시장가치 / 추정 대체비용)는 시장가치비율로 그 값이 1보다 작을 경우에는 자산의 시장가치가 대체비용에 비하여 저렴하게 평가되어 있으므로 M&A의 대상이 된다.

24 정답 ③
- 주식의 가치 = $D_0(1+g) / (k-g) = D_1 / (k-g)$
  = (1,000원 × 1.08) / (0.12 - 0.08)
  = 27,000원
- k(요구수익률) = $R_f + \beta_i \times (E(R_M) - R_f)$
  = 6% + 1.5 × (10% - 6%) = 12%

25 정답 ④
PER = P_0 / EPS_0
   = 배당성향 × (1 + 이익성장률) / (기대수익률 - 이익성장률)
   = 0.15 × 1.04 / (0.10 - 0.04) = 2.6배

26 정답 ②
PBR = $\dfrac{순이익}{매출액} \times \dfrac{매출액}{총 자본} \times \dfrac{총 자본}{자기자본} \times \dfrac{P}{E}$
   = $\dfrac{100억원}{500억원} \times \dfrac{500억원}{120억원} \times \dfrac{120억원}{50억원} \times 4배$
   = 8배

27 정답 ③
PBR의 분자인 주가와 분모인 주당순이익은 시간성과 집합성에서 차이가 난다.
- 시간성의 차이 : 주가는 현재의 주가를 사용하고, 주당순이익은 역사적 취득원가에 준하여 과거에서 현재까지 누적된 자산과 부채를 나타낸다.
- 집합성의 차이 : 주가는 기업을 총체적으로 반영하는 데 비해 주당순이익은 수많은 개별 자산과 부채의 단순한 합에 불과하다.

28 정답 ④
액티브 운용은 시장이 비효율적이라고 생각하고 시장평균이익을 초과하는 이익 달성이 목적이며, 패시브 운용은 시장이 효율적이라고 생각하고 시장평균이익을 추종하는 전략이다.

29 정답 ②
트레이너지수 = (펀드의 실현수익률 - CD금리) / 펀드의 베타계수
- 펀드 A의 트레이너지수 = (0.12 - 0.05) / 1.0 = 0.07
- 펀드 B의 트레이너지수 = (0.14 - 0.05) / 1.4 = 0.064

따라서, 트레이너지수는 그 값이 클수록 펀드 성과가 우수한 것으로 평가하기 때문에 펀드 A가 펀드 B보다 성과가 우수하다고 평가할 수 있다.

30 정답 ③
'가, 마, 바'는 적극적 투자전략에 해당하고, '나, 다, 라'는 소극적 투자전략에 해당한다.

31 정답 ④
내재가치를 분석하여 과소평가된 주식을 매수하고 과대평가된 주식을 매도하는 것은 적극적 전략에 해당한다.

[32~46] 채권투자

32 정답 ②
다른 조건이 동일하다면 단리수익률 상품보다 복리수익률 상품에 투자하는 것이 더 유리하다.

33 정답 ⑤
채권의 매수자보다 매도자와 발행자가 많은, 즉 채권수급이 악화된 경우에 금리가 상승하게 된다.

34 정답 ④
① 주식의 액면가는 대부분 5천원이지만, 채권의 액면가는 1만원이다.
② 채권투자자는 의결권이 없지만, 주식투자자는 의결권을 가진다.
③ 주주(주식투자자)는 이익배당권을 가지며 채권자(채권투자자)는 원리금상환청구권을 가진다.
⑤ 회사 청산 시 채권자는 주주에 우선하여 청산받을 권리가 있다.

35 정답 ②
이익참가부채권은 일정한 이자가 지급되면서도 발행회사의 이익분배에도 참가할 수 있는 권리가 부여된 채권이다.

36 정답 ④
이표채의 채권가격은 발생하는 모든 미래 현금흐름(원금 + 이자)을 각각 현재가치로 환산한 값들의 합계이다.
∴ 채권가격 = [800 / (1 + 0.05)]
   + [10,800 / (1 + 0.05)^2]
   = 10,557원(원 미만의 값 절사)

37 정답 ④
수익률이 하락할 때의 채권가격 상승폭이 수익률이 상승할 때의 채권가격 하락폭보다 크다. 이는 수익률 변화에 따른 채권가격의 변화가 직선의 형태가 아닌 원점에 대해 볼록한 모습을 나타내기 때문이다.

38 정답 ⑤
채권수익률이 상승하면 채권가격은 하락하기 때문에 듀레이션이 짧은 채권을 보유하는 것이 유리하다. 따라서 복리채나 할인채보다는 이표채가 유리하며, 이표채 중에서는 표면금리가 높고, 만기가 짧을수록 유리하다.

39 정답 ②
전반적으로 채권수익률이 하락추세에 있다는 것은 채권시장이 전반적으로 강세(불)를 보임을 의미하며, 단기채 수익률의 하락폭이 장기채 수익률의 하락폭보다 크다는 것은 장단기 스프레드가 확대(스티프닝)된다는 것을 의미한다. 이러한 현상을 불 스티프닝이라고 한다.

40 정답 ⑤
크레딧물이 국채에 비해 강세를 보이는 것을 신용스프레드 축소라고 한다.

41 정답 ②
연환산 자본손익률 = [(매입금리 − 매도금리)
   × 잔존듀레이션] / 투자연수
   = [(6% − 5%) × 1년] / 2년 = 0.5%
∴ 연환산 투자수익률 = 이자수익률 + 자본수익률
   = 6% + 0.5% = 6.5%

(참고) 복리채의 듀레이션은 표면만기와 듀레이션이 동일함

42 정답 ③
1년간 롤링수익률 = (매입금리 − 1년 후 예상금리)
   × 잔존듀레이션
   = (5% − 6%) × 2년 = −2%
∴ 1년간 예상투자수익률 = 1년간 채권이자수익률
   + 1년간 롤링수익률
   = 5% + (−2)% = 3%

43 정답 ②
시장위험은 채권의 듀레이션이 길수록 커진다.

44 정답 ③
단기매매전략(딜링전략)이나 교체매매전략 등 추가적인 자본수익을 얻기 위해 많은 노력이 동반되는 투자전략은 적극적 투자전략으로 분류된다.

45 정답 ③
딜링전략은 채권수익률이 상승(채권가격 하락)할 때 딜링매수기회를 가지며, 채권수익률이 하락(채권가격 상승)할 때 딜링매도기회를 가진다.

46 정답 ④

파생상품 운용전략에서 BM듀레이션보다 펀드듀레이션이 과도하게 높을 경우 파생상품을 매도하고, 펀드듀레이션이 과도하게 낮을 경우 파생상품을 매수하는데, 이를 듀레이션 헤지라고 한다.

[47~58] 파생금융상품투자

47 정답 ⑤

마진콜을 받은 고객은 다음 날 12시까지 선물회사에 추가증거금을 현금으로 납입해야 한다.

48 정답 ④

옵션스프레드거래는 만기는 동일하나 행사가격이 다른 콜옵션 또는 풋옵션을 동시에 매수·매도하는 전략으로 매수·매도하는 두 옵션의 베가의 크기가 같고 반대부호이기 때문에 옵션포지션의 손익은 기초자산 가격의 변동성과 독립적이다.

49 정답 ③

선물은 실물인수도 비율이 매우 낮으며, 선도는 대부분 만기에 실물인수도 된다. (단, NDF 제외)

50 정답 ①

KOSPI200 지수선물은 주로 체계적 리스크를 관리하는 데 이용된다.

51 정답 ⑤

강세 스프레드전략은 원월물 가격이 근월물에 비해 상대적으로 더 많이 하락하거나 더 적게 상승할 것(스프레드 축소)으로 예상되는 경우 근월물을 매수하고, 원월물을 매도한다.

52 정답 ④

$$\text{선물계약 수}(N) = \frac{(D_T - D_P)}{D_F} \times \frac{P}{F} = \frac{(0 - 2\text{년})}{2.5\text{년}} \times \frac{100\text{억원}}{1\text{억원}}$$
$$= -80\text{계약}(80\text{계약 매도})$$

[참고] 헤지는 목표 듀레이션(D_T)을 0으로 만드는 경우임

53 정답 ⑤

옵션포지션의 델타가 양(+)이면 기초자산을 매도, 옵션포지션의 델타가 음(-)이면 기초자산을 매수하여 델타 중립으로 만든다.

54 정답 ③

선물환이나 통화선물에 대한 설명이다. 통화옵션은 불리한 환율변동으로부터의 손실위험을 제거할 수 있을 뿐 아니라 유리한 환율변동으로 인한 이익의 기회도 유지할 수 있다는 장점이 있다.

55 정답 ④

향후 시장금리가 하락하면 자산수익률은 하락할 것이므로 A기업은 장기 IRS 수취포지션을 통해 자산듀레이션을 장기화할 수 있다.

[참고] IRS 수취포지션(매도)은 고정금리를 수취하고, 변동금리를 지급하는 것을 의미하며, IRS 지급포지션(매수)은 고정금리를 지급하고, 변동금리를 수취하는 것을 의미함

56 정답 ⑤

달러화 고정금리 부채를 가지고 있는 A기업은 달러의 강세가 예상되므로 달러화 고정금리를 수취해야 하며, 원화의 금리는 하락할 것으로 예상되므로 원화 변동금리를 지급해야 한다. 즉, Cross Currency Coupon Swap을 통해 달러화 고정금리를 수취하고, 원화 변동금리를 지급해야 한다.

57 정답 ④

콜 강세스프레드 구조에서 원금이 보장되는 상품으로 만들기 위해서는 주가지수 상승 시 참여율을 낮추어야 한다. 프리미엄이 낮을수록 참여율은 낮아진다.

58 정답 ①

합성선물환 매수포지션은 만기와 행사가격이 동일한 콜옵션을 매수하고 풋옵션을 매도하여 구성된다.

[59~70] 금융상품 투자설계 프로세스

59 정답 ④

① 일반적으로 산술평균 수익률은 기하평균 수익률보다 높다.
② 개별 자산의 분산(σ^2)은 언제나 양수(+)이지만, 공분산은 음수(-)이거나 양수(+)로 측정된다.
③ 상관계수는 두 자산 간의 공분산을 각 자산의 표준편차(σ)로 나누어 산출한다.
⑤ 상관계수가 0이라면 두 자산의 수익률이 독립적으로 움직인다는 것을 의미하며, 상관계수가 +1만 아니라면 분산투자효과는 존재한다.

60 정답 ③

① 투자정책서를 작성하는 단계는 투자설계 프로세스 중 2단계가 아니라 3단계이다.
② 고객의 총 투자자산 규모가 작다면 간접 금융상품을 중심으로 자산배분을 실행하는 것이 합리적이다.
④ 비상 자금 확보가 미진한 경우에는 원금손실 없이 단기간 내에 현금화할 수 있는 유동성 자산의 비중을 높여야 한다.
⑤ 고객의 위험감내도는 안정형, 안정추구형, 위험중립형, 적극투자형, 공격투자형으로 구분되며, 위험중립형의 위험자산 투자비중은 30~50%가 적정하다.

61 정답 ②

'나, 다'는 투자자의 효용에 대한 옳은 설명이다.
가. 효용이란 투자자가 느끼는 주관적인 만족도를 의미한다.
라. 대부분 투자자의 위험에 대한 태도는 위험회피이다.
마. 위험회피자의 효용은 수익이 증가함에 따라 증가한다. 그러나 수익 한 단위 증가에 따른 효용 증가폭은 수익이 증가할수록 감소한다. (한계효용 체감)

62 정답 ①

• 포트폴리오의 기대수익률
$= w_A \times E(R_A) + w_B \times E(R_B)$
$= 0.5 \times 4\% + 0.5 \times 10\%$
$= 7\%$

• 포트폴리오의 표준편차
$= \sqrt{(w_A\sigma_A)^2 + (w_B\sigma_B)^2 + 2(w_A\sigma_A)(w_B\sigma_B)\rho_{AB}}$
$= \sqrt{(0.5 \times 6\%)^2} = 3\%$

참고 무위험자산의 표준편차는 0이며, 다른 자산과의 상관계수도 0임

63 정답 ④

알파(α_i)값이 양(+)인 주식은 저평가, 음(-)인 주식은 고평가임을 나타낸다.

64 정답 ③

시장포트폴리오를 편입한 최적 포트폴리오는 비체계적 위험이 완전히 제거되고 체계적 위험만 남아 자본시장선과 증권시장선이 동일하다.

65 정답 ③

① 고객의 투자관에 따라 투자전략 정책과 FP의 역할이 달라진다.
② 제4사분면이 처음 투자하거나 투자 경험이 적은 투자자들이 주로 가진 투자관이다.
④ 제2사분면이 투자경험이 많은 투자자들이나 투자전문가들이 주로 사용하는 투자전략이다.
⑤ 제1사분면이 현대 포트폴리오 이론과 투자 연구가 상당수 지지하는 투자관이다.

66 정답 ④

시장 상황 변화에 따른 일시적인 위험회피 성향의 변화는 전략적 자산배분에서 반영하지 않는다.

67 정답 ②

① 쉽고 체계적이며 소액으로도 투자 가능하여 목돈이 필요하지 않다.
③ 투자시점의 위험은 감소시켜주지만 투자회수시점의 가격 하락 위험은 감소시키지 못한다.
④ 은퇴준비자금처럼 장기간 꾸준한 투자가 필요한 경우에 적합하다.
⑤ 자산가격의 적정성과 적정 투자기간에 대한 기준을 제시하지 못한다.

68 정답 ⑤

표준편차는 총 위험을 나타내는 절대적인 위험 척도, 베타는 체계적 위험을 나타내는 상대적인 위험 척도이다.

69 정답 ④

젠센의 알파는 개별 펀드매니저의 증권선택 능력을 측정하는 지표이다.

70 정답 ④

A씨는 상대적으로 주식(-1.2%)보다 채권(0.5%)의 증권선택 능력이 우월하다.

• 자산배분 효과 = 전술적 자산배분 수익률 - 전략적 자산배분 수익률
• 증권선택 효과 = 실행 포트폴리오 수익률 - 전술적 자산배분 수익률

구 분	주 식	채 권	현금성자산	총 수익률
자산배분 효과	-0.6%	0.8%	0%	0.2%
증권선택 효과	-1.2%	0.5%	0%	-0.7%

제2과목 | 비금융자산 투자설계

[71~82] 부동산상담 사전 준비

71 정답 ②
협의의 부동산이 민법상의 부동산이다.

72 정답 ③
'가, 다, 라'는 옳은 설명이다.
나. 건물은 비영속성을 가진다.
마. 토지는 물리적 불가변성을 갖지만, 사회적·경제적으로는 가변성을 가진다.

73 정답 ③
제1종 전용주거지역에 해당한다.

74 정답 ⑤
① 용도지역은 모든 토지에 지정하며 지역 간 중복지정이 불가능하다.
② 용도구역은 필요한 토지에 지정하며 지역·지구와 구역 간의 중복지정이 가능하다.
③ 용도지역은 총 21개의 지역으로 나뉜다.
④ 시가화조정구역은 도시지역의 개발을 막는 것이 아니라 계획적·단계적인 개발을 위해 지정된다.

75 정답 ③
도시지역에 건설되어야 한다.

76 정답 ③
필지에 해당하는 설명이다.

77 정답 ②
- 건폐율 = $\frac{건축면적}{대지면적} \times 100$
- 대지면적 = 100㎡
- 용적률 = $\frac{각\ 층의\ 바닥면적}{대지면적} \times 100 = \frac{60㎡ \times 3}{100㎡} \times 100$
  = 180%

(참고) 연면적 산정에 사용되는 층수는 지하층과 주차장층이 제외된 3층임

78 정답 ⑤
토지이용계획확인서상에서 확인이 불가능한 규제정보도 존재한다.

79 정답 ⑤
'가, 나, 다, 라' 모두 옳은 설명이다.

80 정답 ①
'가, 나'는 투기지역 지정효과에 해당한다.
'다, 라, 마'는 투기과열지구 지정효과에 해당한다.

81 정답 ④
환산보증금 = 임차보증금 + (월차임 × 100)
= 6,000만원 + (100만원 × 100)
= 1억 6,000만원

82 정답 ④
토지, 상가, 오피스텔 등 주택 외 부동산 매매·교환·임대차 거래 시 상한요율은 0.9%이다.

[83~88] 부동산시장 및 정책 분석

83 정답 ④
지역별 차별화 : 2008년 경제위기 이후 수도권 주택가격은 약세가 지속되었지만 지방 주택가격은 상승세를 나타내었고, 2017년에는 대체적으로 수도권 주택가격의 상승 속에 지방 주택가격의 약세가 나타났다.

84 정답 ⑤
대규모 매도경향이 발생하기 보다는 일부 주택의 다운사이징 추세정도로 예측할 수 있다.

85 정답 ④
주택보급률은 이사 등 예비주택 확보를 위해 100% 이상의 여유분이 필요하다.

86 정답 ⑤
분양가 상한제를 폐지하지 않고 폐지를 추진하였을 뿐이다.

87 정답 ③

'나, 다, 마'는 박근혜 정부의 부동산정책에 해당한다.
가. 다주택자 양도세 중과를 폐지하였다.
라. 다주택자 감점제를 폐지하였다.

88 정답 ①

안전진단 종합판정 항목 중 구조안정성의 비중이 기존 20%에서 50%로 강화되었다.

> [참고] 구조안정성 20% → 50%, 주거환경 40% → 15%, 시설노후도 30% → 25%로 변동되었고, 비용분석은 10%로 유지되었다.

[89~98] 부동산 투자전략

89 정답 ②

매도를 원하는 시기에 매수자를 찾기 어려워 즉시 현금화가 어렵다.

90 정답 ①

기대수익률은 내부적 수익률이고 요구수익률은 외부적 수익률이다.

91 정답 ⑤

부동산을 급매하였다고 해서 가치가 갑자기 하락한 것으로 볼 순 없다.

92 정답 ④

부동산은 비용이나 가격 등에 관한 정보가 불확실한 불완전경쟁시장이다.

93 정답 ③

재건축사업에 해당하는 설명이다.

94 정답 ④

정비사업 추진절차는 '재건축진단 ⇨ 정비구역지정 ⇨ 조합설립추진위원회 구성 및 승인 ⇨ 조합설립인가 ⇨ 시공사 선정 ⇨ 사업시행인가' 순이다.

95 정답 ⑤

① 비도시지역에는 건설이 불가능하다.
② 분양가상한제의 적용을 받지 않는다.
③ 부대 복리시설 설치 의무가 없다.
④ 일반 주택에 비해 주차장의 설치 기준이 낮다.

96 정답 ④

오피스텔은 주택임대사업자로의 등록이 가능하다.

97 정답 ①

② 예정도로는 도로에 포함된다.
③ 주말농장은 세대당 1,000㎡ 미만의 범위에서 취득할 수 있다.
④ 농지전용부담금은 개별공시지가의 30% 이내에서 납부하며, 산지전용부담금은 산지 면적에 단위면적당 금액을 곱한 금액으로 한다.
⑤ 토지거래허가구역 내의 농지를 경매할 경우 토지거래허가를 받지 않아도 된다. 하지만 농지취득자격증명은 반드시 받아야 한다.

98 정답 ①

제출된 입찰서는 취소나 변경·교환이 불가능하다.

[99~100] 부동산 자산관리 전략

99 정답 ②

인적건물관리회사 ⇨ 전문자산관리회사

100 정답 ⑤

리츠는 공모의무가 있다.

정답 및 해설 제3회 적중 실전모의고사

■ 정답

제1과목 금융자산 투자설계

01 ⑤	02 ③	03 ⑤	04 ③	05 ②	06 ②	07 ②	08 ③	09 ⑤	10 ①
11 ③	12 ⑤	13 ②	14 ②	15 ①	16 ④	17 ④	18 ④	19 ③	20 ①
21 ④	22 ①	23 ④	24 ②	25 ③	26 ④	27 ④	28 ②	29 ③	30 ①
31 ④	32 ③	33 ③	34 ④	35 ②	36 ③	37 ⑤	38 ②	39 ⑤	40 ⑤
41 ⑤	42 ③	43 ④	44 ⑤	45 ⑤	46 ③	47 ②	48 ④	49 ⑤	50 ①
51 ④	52 ⑤	53 ④	54 ③	55 ③	56 ④	57 ④	58 ④	59 ②	60 ①
61 ③	62 ②	63 ⑤	64 ④	65 ③	66 ②	67 ②	68 ①	69 ④	70 ④

제2과목 비금융자산 투자설계

71 ⑤	72 ③	73 ①	74 ②	75 ⑤	76 ①	77 ②	78 ⑤	79 ⑤	80 ②
81 ③	82 ①	83 ⑤	84 ⑤	85 ④	86 ②	87 ③	88 ④	89 ⑤	90 ③
91 ④	92 ②	93 ⑤	94 ⑤	95 ②	96 ②	97 ②	98 ⑤	99 ③	100 ②

■ 해설

제1과목 | 금융자산 투자설계

[1~16] 금융상품

01 정답 ⑤
종합금융회사의 CMA는 예금자보호법에 의한 보호를 받는 것이 가능하지만, 증권회사의 경우 그렇지 않다.

02 정답 ③
농어가목돈마련저축은 저소득 상품뿐만 아니라 일반 상품도 가입대상으로 한다.

03 정답 ⑤
환매조건부채권은 예금자보호법에 의한 보호를 받지 않으며 중도 해지가 가능하다.

04 정답 ③
실물 거래형의 경우 부가가치세 문제가 발생한다.

05 정답 ②
투자합명회사는 집합투자기구의 법적형태에 해당하지 않는다.

06 정답 ②
적정성의 원칙은 적합성의 원칙보다 더 강화된 투자자보호제도로서 금융회사 임직원의 투자권유 여부와 관계없이 금융소비자보호법에서 정한 특정 상품을 판매할 때 반드시 지켜야하는 원칙이다.

07 정답 ②
판매보수의 부담주체는 집합투자기구이다.

08 정답 ③
주식이 50% 미만 편입된 펀드를 월요일 오후 5시 이전에 환매청구한 경우 기준가 적용일은 수요일(T + 2일)이다.

09 정답 ⑤
가치주펀드는 성장주펀드에 비해 상대적으로 변동성과 매매회전율이 낮다.

10 정답 ①
표면이율이 높을수록 채권수익률 변동으로 인한 채권가격의 변동률이 적어진다.

11 정답 ③
원칙적으로 펀드의 추가발행이 불가하나, 예외적으로 기존 투자자 전원의 동의를 받은 경우, 이익 분배금 범위 내에서 추가 발행하는 경우, 기존 집합투자자의 이익을 해할 우려가 없는 경우로서 수탁회사의 확인을 받은 경우, 집합투자증권의 추가 발행이 가능하다.

12 정답 ⑤
주가연계정기예금(ELD)은 예금자보호법에 의한 보호를 받을 수 있으나 주가연계파생결합사채(ELB)는 예금자보호법에 의한 보호를 받을 수 없다.

13 정답 ②
신탁은 (위탁자), (수탁자), (수익자)의 3면 관계에 의한 계약이다.

14 정답 ②
한정근담보에 대한 설명이다.

15 정답 ①
대고객매매율에서 최고환율이 되는 것은 현찰매도율이며, 최저환율이 되는 것은 현찰매입률이다.

16 정답 ④
특별한 사유로 인하여 일정 기간 일정 금액을 예외적으로 사용할 수 있도록 인정하는 한도란 특별한도이며, 초과한도란 일시적으로 잔여한도를 초과하여 물품을 구매하는 경우 1회에 한하여 승인하는 한도를 의미한다.

[17~31] 주식투자

17 정답 ④
물가와 이자율, 경기변동, 환율, 정치·사회적 변화 등은 기업의 시장 외적요인에 해당한다.

18 정답 ③
유통시장에서 형성된 가격은 향후 발행될 증권가격을 결정하는 기준을 제공한다. 따라서 가격결정의 지표는 유통시장의 주요 기능에 해당한다.

> 참고　유통시장의 주요 기능은 환금성 제공, 공정가격의 제공, 가격결정의 지표, 유가증권 담보력 제고임

19 정답 ③
① 우리나라 대부분의 주가지수는 시가총액식으로 산출된다.
② 중국의 A주 시장은 중국인 대상 주식시장으로 위안화로 거래되며, B주 시장은 외국인 전용시장으로 미국달러로 거래된다.
④ 일본의 Nikkei225 지수는 주가평균식으로 산출된다.
⑤ 시가총액식은 자본금 규모가 큰 종목의 영향이 상대적으로 커서 시장이 왜곡될 수 있다는 단점이 있다.

20 정답 ①
일반적으로 주가는 경기변동에 선행한다. 따라서 호황기에는 경기가 최고조에 달하기 전에 주가는 이미 상승세에서 하락세로 접어든다.

21 정답 ④
환율상승은 수입비중이 높은 기업의 주가에는 부정적인 영향을, 수출비중이 높은 기업의 주가에는 긍정적인 영향을 준다.

22 정답 ①
시장수요의 포화상태는 성숙기의 특징이다.

23 정답 ④
이자보상비율 = (영업이익 / 이자비용) × 100

24 정답 ②
주식의 가치 = $D_0(1+g)/(k-g) = D_1/(k-g)$
　　　　　　 = 1,050원 / (0.10 - 0.05) = 21,000원

> 참고　문제에 주어진 배당금은 D_1(내년도 예상 배당금)임

25 정답 ③
배당성장률(g)이 클수록 주가는 상승한다.
④ ⑤ 무위험이자율(R_f)이나 베타($β_i$)가 커지면 요구수익률(k)이 커진다. 따라서 주가는 하락한다.

> 참고　k(요구수익률) = $R_f + β_i × (E(R_M) - R_f)$

26 정답 ④
P_0 = 동종산업의 평균 PER × EPS_0
　　 = 10 × (50억원 / 10만주)
　　 = 10 × 50,000원 = 500,000원

> 참고　EPS_0(주당순이익) = 당기순이익 / 발행 총 주식 수

27 정답 ④
PBR은 기업의 마진, 활동성, 부채 레버리지, 기업수익력의 질적인 측면(PER)이 반영된 지표이며, PBR로 배당수익률을 파악할 순 없다.

28 정답 ②
투자기간이 길수록 고객의 위험수용도가 커지는 경향이 있으며, 짧을수록 손실에 대해 상대적으로 민감할 수밖에 없어 위험수용도가 작아진다.

29 정답 ③
샤프지수는 분산투자가 잘 되어 있지 않은 펀드를 평가할 때 유용한 방법이며, 잘 분산되어 있는 펀드를 평가할 때 적합한 지표는 트레이너지수이다.

30 정답 ①
적립식 투자와 관련이 깊은 것은 평균투자법으로 이 투자법의 가장 큰 장점은 Cost Averaging 효과이다.

31 정답 ④
변동비율법은 자산 간의 비율을 탄력적으로 변화시키기 위해 추세선 밴드를 여러 개 설정하여 밴드의 중심선에서 멀어질수록 주식비율을 낮추거나 높인다.

[32~46] 채권투자

32 정답 ④
현재 매월 한국은행 금융통화위원회에서 결정하는 정책(기준)금리는 7일 만기 RP금리이다.

33 정답 ③
시중자금 풍부는 시장금리 하락요인이며, 시중자금이 부족할 경우 시장금리가 상승하게 된다.

34 정답 ④

'가, 나, 마, 바'는 금리 하락으로 인한 영향, '다, 라'는 금리 상승으로 인한 영향이다.
- 소비·투자활동 부문 : 금리↓ ⇨ 금리상품(예금) 매력↓, 실물경제(주식·부동산)의 상대적 매력↑ ⇨ 저축↓, 소비↑, 주식·부동산 투자↑ ⇨ 경기↑, 물가↑
- 생산활동 부문 : 금리↓ ⇨ 대출 등 조달금리↓ ⇨ 투자↑, 생산↑ ⇨ 경기↑

35 정답 ②

복리채의 경우 만기일에 원금과 재투자된 이자를 함께 상환받기 때문에 1년 후와 2년 후에는 현금흐름이 발생하지 않고, 만기 시 10,000원 × $(1+0.05)^3$ = 11,576원을 상환받게 된다. 현재시점의 -10,000원은 채권의 발행가격을 의미하며, 표면금리와 만기수익률이 같다면 채권의 발행가격은 액면가와 같다.

36 정답 ③

채권의 장내시장으로는 기관투자자들이 참여하는 국채전문유통시장과 소액매매가 가능하여 일반투자자들도 참여할 수 있는 일반채권시장이 있다.

37 정답 ⑤

표면이자율이 낮은 채권이 표면이자율이 높은 채권보다 금리변동에 따른 가격 변동폭이 크다.

38 정답 ②

채권수익률이 상승하면 채권가격은 하락하기 때문에 듀레이션이 짧은 채권을 보유하는 것이 유리하다. 따라서 복리채나 할인채보다는 이표채가 유리하며, 이표채 중에서는 표면금리가 높고, 만기가 짧을수록 유리하다. 그러므로 A~E 중 투자하기 적절한 채권은 이표채이고, 표면금리가 가장 높으며 만기가 짧은 B이다.

39 정답 ⑤

장단기 스프레드가 확대된다는 것은 수익률곡선의 기울기가 가팔라진다는 것을 의미하며 이를 일드커브 스티프닝이라고 한다.

40 정답 ⑤

이자수익에 대한 세금은 매입금리(4.5%)가 아닌 발행금리(표면금리, 4.0%)로 매겨진다. 따라서 이자에 대한 세금은 0.62%(= 4.0% × 0.154)이며, 이를 매입금리에서 차감한 것이 세후수익률(= 4.5% - 0.62% = 3.88%)이다.

41 정답 ⑤

1년간 롤링수익률 = (매입금리 - 1년 후 평가금리)
× 잔존듀레이션
= (7% - 6%) × 2년 = 2%
∴ 1년간 기대수익률 = 1년간 채권이자수익률
+ 1년간 롤링수익률
= 7% + 2% = 9%

42 정답 ③

신용위험에는 부도위험뿐 아니라 신용등급하락위험, 신용스프레드위험이 포함된다.

43 정답 ④

단기매매전략(딜링전략)은 단기간의 금리 움직임을 전망하여 자본수익을 얻기 위해 잦은 단기매매를 실행하는 것이다.

44 정답 ⑤

바벨형 만기전략과 불렛형 만기전략은 추가적인 자본수익을 위한 투자자의 노력 유무에 따라 소극적 또는 적극적 투자전략으로 분류될 수 있으며, 사다리형 만기전략이 채권의 이자율을 중시하는 전형적인 소극적 전략으로 분류된다.

45 정답 ⑤

만기섹터 운용전략을 구사하기 위해 전망투자자들은 수익률곡선을 전망한다. 신용스프레드를 전망하는 것은 신용섹터 운용전략에 해당한다.

46 정답 ③

국채에 비해 회사채(크레딧물)가 채권시장 강세의 영향을 크게 받으므로 신용섹터 운용전략 중 크레딧물 강세 예상 포지션을 구축한다.

[47~58] 파생금융상품투자

47 정답 ②

KRX에서 거래되는 미국달러선물의 계약단위는 1만달러, KOSPI200 선물은 '지수 × 25만원', 3년 국채선물은 1억원이고, CME에서 거래되는 유로달러선물의 계약단위는 100만달러, T-Bond선물은 10만달러이다.

48 정답 ④
일일 정산 결과 계좌의 잔액이 유지증거금(일반적으로 개시증거금의 약 70%) 수준 이하로 떨어지면 선물회사는 마진콜을 통보한다.

49 정답 ⑤
총 투자손익 = (210pt − 205pt) × 10계약 × 250,000원
= +12,500,000원

50 정답 ①
미국 T-Bond선물과 한국 국채선물은 선물가격이 채권가격으로 표시된다. 기초자산의 금리를 지수화하여 가격을 표시(IMM 지수방식)하는 것은 연방기금선물, SOFR 선물, KOFR 선물이다.

51 정답 ④
① 향후 채권투자를 할 예정인 사람은 금리가 하락(채권가격 상승)할 경우 기회손실이 발생한다. 따라서 채권선물을 매수하는 것이 적절한 리스크관리 방법이다.
② 현재 고정금리로 차입하고 있는 사람은 금리가 하락할 경우 기회손실이 발생한다. 따라서 금리선물을 매수하여 금리리스크를 관리할 수 있다.
③ 향후 자금조달이 예정되어 있는 기업은 금리가 상승할 경우 차입비용이 증가하기 때문에 리스크에 노출된다. 따라서 금리선물을 매도하여 금리리스크를 관리할 수 있다.
⑤ 플래트닝전략은 단기물의 수익률 상승폭이 장기물의 수익률 상승폭보다 클 것으로 예상될 때 사용하는 것으로 장기물을 매수하고 단기물을 매도한다.

52 정답 ⑤
주가가 상승하여 포트폴리오의 순자산가치가 증가하면 헤지비율이 감소하게 되고 이에 따라 헤지비율을 재조정(동적 헤지)하기 위해 선물환을 추가적으로 매도해야 한다.

53 정답 ④
버터플라이 매도는 변동성 매수전략으로 낮은 행사가격과 높은 행사가격의 콜옵션을 1개씩 매도하고, 중간 행사가격 옵션을 2개 매수하는 전략이다.

54 정답 ③
풋옵션을 이용한 매수헤지(현물포지션 + 풋옵션 매수)는 환율이 하락하면 손실이 발생하나 최대손실폭은 고정되어 있으며, 환율 상승 시 이익의 기회에도 참여할 수 있다.

55 정답 ③
각 기업별 절감되는 자금비용
= [(두 당사자의 고정금리 차이 − 변동금리 차이)
 − 수수료] / 2
= [(6.0% − 5.0%) − (CD + 3.0% − CD − 2.5%)
 − 0.1%] / 2
= 0.20%
따라서 금리스왑을 통해 A기업은 직접 변동금리로 자금을 조달할 때(CD + 2.5%)보다 0.20%의 비용을 절감할 수 있으므로 금리스왑 후 실질적인 A기업의 조달금리는 CD + 2.30%이고, B기업은 직접 고정금리로 자금을 조달할 때(6.0%)보다 0.20%의 비용을 절감할 수 있으므로 금리스왑 후 실질적인 B기업의 조달금리는 5.80%이다.

[참고] 1bp는 0.01%를 의미하므로 수수료 10bp는 0.1%임

56 정답 ④
통화스왑에서 만기 시 원금교환에 적용되는 환율은 거래 초기 원금교환에 적용했던 현물환율이다.

57 정답 ④
낙아웃 구조는 KOPSI200 지수가 만기 전에 한 번이라도 배리어 이상 상승하면 만기 시 수익은 지수와 상관없이 확정금리($x\%$)를 지급한다.

58 정답 ④
레인지 어크루얼 채권에 대한 설명이다.

[59~70] 금융상품 투자설계 프로세스

59 정답 ②
금융소득 중 이자소득은 화폐의 시간가치에 대한 소득이고, 배당소득은 불확실한 투자위험을 부담한 투자성과에 따른 소득을 의미한다.

60 정답 ①

가중평균 수익률
= Σ (개별자산 투자비중 × 개별자산 보유기간별 수익률)
= [0.2 × (3천만원 − 2천만원) / 2천만원] + [0.4 × (5천만원 − 4천만원 / 4천만원)] + [0.4 × (3천만원 − 4천만원 / 4천만원)]
= 0.2 × 50% + 0.4 × 25% + 0.4 × (−25%)
= 10%

61 정답 ③

'가, 나, 라'는 투자자의 무차별곡선에 대한 옳은 설명이다.
다. 위험회피자의 위험회피 성향이 클수록 동일한 위험 증가에 대해 더 큰 보상을 요구할 것이므로 무차별곡선의 기울기는 가파른 형태를 띠게 된다.
마. 위험회피자의 무차별곡선은 원점에 대해 볼록한 형태를 갖는데 이는 한계효용체감의 법칙에 의한 것이다.

62 정답 ②

자본배분선의 기울기는 투자자의 위험회피 성향과 상관없이 위험보상비율에 따라 달라지며, 자본배분선상의 어느 점을 선택할 지가 투자자의 위험회피 성향에 따라 달라진다.

63 정답 ⑤

CAPM의 가정하에서 모든 투자자는 동일한 위험자산 포트폴리오를 보유하게 된다. 모든 투자자들은 동일한 조건과 동질적 기대하에서 동일한 효율적 프런티어를 도출해내며, 무위험자산과 효율적 프런티어가 접하는 동일한 점을 최적 위험포트폴리오로 결정하기 때문이다. 결국 모든 투자자는 시장포트폴리오를 최적 위험포트폴리오로 보유하게 된다. 위험회피 성향에 따라 변하는 것은 무위험자산과 시장포트폴리오에 대한 투자비중이다.

64 정답 ④

① CAPM과 APT는 상호 배타적인 모형이 아니다.
② CAPM과 APT는 기대수익률과 체계적 위험 간의 선형관계를 설명한다.
③ CAPM은 시장포트폴리오를 전제로 하기 때문에 비현실적인 가정에 의존하지만 APT는 시장포트폴리오에 의존하지 않는다.
⑤ CAPM은 설명요인(체계적 위험의 원천)이 하나인 모형이고, APT는 설명요인이 다수인 모형이다.

65 정답 ③

적극적 전략을 구사하는 투자자들은 시장예측에 의한 자산배분 조정보다 저평가된 종목을 발굴하여 시장 평균 이상의 초과수익을 얻는 증권선택전략을 더 빈번하게 활용한다.

66 정답 ②

제1사분면 투자전략에서 유의할 점은 이 투자전략이 단순한 매입보유전략은 아니라는 것이다. 처음 구성한 포트폴리오의 비중을 원칙적으로 유지하므로 예상치 못한 사건으로 인해 시장가격이 변화하여 처음에 설정한 자산군별 투자비중을 벗어나게 되면 전략적 자산배분 기준에 맞춰 포트폴리오를 재조정해야 한다. (시장예측과 증권선택에 따른 자의적인 조정이 아니라 시장가격 변화에 따른 기계적인 조정임)

67 정답 ②

전술적 자산배분은 주로 위험자산 내의 배분 비중 조정을 통해 이루어져야 하며, 무위험자산의 비중 조정은 허용하지 않거나 매우 제한적으로 허용해야 한다.

68 정답 ①

시장 수익률 자체의 베타는 1이다.

69 정답 ④

샤프지수 = (펀드의 연 평균수익률 − 연 평균 무위험이자율) / 펀드의 연 표준편차
= (14% − 5%) / 20% = 0.45

참고) 트레이너지수
= (펀드의 연 평균수익률 − 연 평균 무위험이자율) / 베타
= (0.14 − 0.05) / 0.8
= 0.1125

70 정답 ④

실제 포트폴리오는 자산배분의 권한이 없다. 따라서 실제 포트폴리오의 수익률이 어떻게 변하더라도 자산배분 효과와는 관련이 없다.
- 자산배분 효과 = 전술적 자산배분 수익률 − 전략적 자산배분 수익률
= 11.58% − 10.42% = 1.16%
- 증권선택 효과 = 실제 포트폴리오 수익률 − 전술적 자산배분 수익률
= 8.22% − 11.58% = −3.36%

참고) 일반적으로 전술적 자산배분은 시장예측 부분에 해당함

제2과목 | 비금융자산 투자설계

[71~81] 부동산상담 사전 준비

71 정답 ⑤
준부동산은 감정평가의 대상이 된다.

72 정답 ③
부동산은 질권 설정이 불가능하다.

73 정답 ①
자연녹지지역에 대한 설명이다.

74 정답 ②
다세대주택에 대한 설명이다.

75 정답 ⑤
다중생활시설은 바닥면적과 관계없이 임대사업자 등록이 불가능하다.

76 정답 ①
LTV에 대한 설명이다.

77 정답 ②
'가, 라'는 옳은 설명이다.
나. 표준지공시지가는 국토교통부장관이 공시하며 개별공시지가는 시·군·구청장이 공시한다.
다. 개별공시지가는 국세 및 지방세의 부과기준이 된다.

78 정답 ⑤
등기사항전부증명서 갑구 - 소유권에 관한 사항

79 정답 ⑤
투기지역 관련 규제는 간접규제로, 투기과열지구 관련 규제는 직접규제로 볼 수 있다.

80 정답 ②
비닐하우스는 제외된다.

81 정답 ③
상가임대차보호법의 임대차 존속기간은 1년이다.

[82~86] 부동산시장 및 정책 분석

82 정답 ①
인플레이션은 부동산 투자를 증가시키는 요인이다.

83 정답 ⑤
처분한 달의 말일부터 2개월 이내에 양도소득세 예정신고 납부를 해야 한다.

84 정답 ⑤
베이비부머의 80~90% 이상이 은퇴 후 현재 거주지에 머물 것으로 보인다.

85 정답 ④
'나, 라, 마'는 옳은 설명이다.
가. 김영삼 정부가 부동산실명제를 실시하였다.
다. 이명박 정부는 침체된 부동산시장을 회복시키면서도 리스크 강화를 위해 LTV비율을 낮췄다.

86 정답 ②
시가 15억원 아파트에 대하여 주택담보대출이 금지된다.

[87~97] 부동산 투자전략

87 정답 ③
장래에 기대되는 수익이 유동적이다.

88 정답 ④
$$\text{투자가치} = \frac{\text{예상수익}}{\text{요구수익률}} \times 100$$
$$= \frac{2천만원}{\text{요구수익률}} \times 100 = 2억원$$
⇨ 요구수익률 = 10%
∴ '기대수익률(10%) ≧ 요구수익률(10%)'일 경우 투자안을 채택한다.

89 정답 ⑤
시장성 - 현재 - 비준(유추)가격, 비준(유추)임료이다.

90 정답 ③
기능적 감가는 설비가 불량하거나 형식의 구식화로 인해 발생한다. 경제적 감가는 새로운 쇼핑센터 개발 등으로 인한 인근 지역의 교통난, 소음 등이 생기는 경우에 발생한다.

91 정답 ④
'가, 다, 마'는 옳은 설명이다.
나. 순현가법은 투자자금을 한 곳이 아닌 여러 곳에 투자해도 부의 극대화를 달성할 수 있다.
라. 상호배타적인 투자안의 경우 순현가가 0보다 큰 투자안 중 순현가가 가장 큰 투자안을 선택한다.

92 정답 ②
부동산은 환금성이 낮고 안정성과 수익성이 높다.

93 정답 ⑤
주택청약종합저축은 매월 (2~50만원)까지 10원 단위로 납입이 가능하며 납입한 총액이 (1,500만원)에 도달할 때까지 초과납입이 가능하다.

94 정답 ⑤
재건축부담금 등의 많은 개발이익환수로 인하여 사업성이 악화되고 있다.

95 정답 ②
토지에 대한 전세권 설정계약은 토지거래허가가 필요하지 않다.

96 정답 ②
도로에 접하지 않는 맹지는 투자대상으로 보기 어렵다.

97 정답 ②
부동산담보채권을 도매가격으로 넘기는 행위는 법적으로 문제가 없다.

[98~100] 부동산 자산관리 전략

98 정답 ⑤
임대료 인상시점 조정법에 대한 설명이다.

99 정답 ③
부동산 간접투자는 소액으로 대형 부동산 투자가 가능하다.

100 정답 ②
국내 일반적인 부동산개발시행사업에서 시공사는 자금지원의 대가로 시공권을 받고, 이에 대한 보상을 위해 공사대금이 일반적으로 도급공사의 경우보다 높다.

정답 및 해설 제4회 적중 실전모의고사

■ 정답

제1과목 금융자산 투자설계

01 ④	02 ②	03 ⑤	04 ⑤	05 ④	06 ④	07 ④	08 ⑤	09 ⑤	10 ④
11 ④	12 ④	13 ①	14 ④	15 ④	16 ③	17 ①	18 ③	19 ④	20 ③
21 ①	22 ④	23 ③	24 ②	25 ③	26 ④	27 ②	28 ③	29 ③	30 ②
31 ②	32 ③	33 ④	34 ③	35 ②	36 ④	37 ③	38 ③	39 ②	40 ②
41 ⑤	42 ①	43 ④	44 ①	45 ①	46 ②	47 ③	48 ③	49 ④	50 ④
51 ④	52 ③	53 ④	54 ⑤	55 ⑤	56 ⑤	57 ③	58 ②	59 ④	60 ⑤
61 ②	62 ④	63 ④	64 ⑤	65 ④	66 ④	67 ③	68 ②	69 ①	70 ⑤

제2과목 비금융자산 투자설계

71 ②	72 ①	73 ②	74 ⑤	75 ③	76 ①	77 ④	78 ⑤	79 ①	80 ④
81 ③	82 ②	83 ⑤	84 ⑤	85 ④	86 ③	87 ④	88 ③	89 ③	90 ④
91 ③	92 ①	93 ⑤	94 ③	95 ⑤	96 ②	97 ②	98 ④	99 ⑤	100 ②

해설

제1과목 | 금융자산 투자설계

[1~16] 금융상품

01 정답 ④
수익성의 기준은 이자의 재투자수익 등을 포함하여 실제 받게 되는 투자원금에 대한 총수익의 비율이다.

02 정답 ②
MMDA는 3개월마다 이자를 계산하여 원금에 가산한다.

03 정답 ⑤
재형저축은 서민 및 청년근로자 등에 대한 우대로 총급여액이 2,500만원 이하 또는 종합소득금액 1,600만원 이하인 거주자이거나 대통령령으로 정하는 중소기업에 근무하는 청년근로자에 해당하는 경우에는 최소계약기간이 3년 이상이면 비과세 혜택을 받을 수 있다.

04 정답 ⑤
양도성예금증서는 예치기간 동안의 이자를 액면금액에서 할인하여 발행한 후 만기 시 증서 소지인에게 액면금액을 지급하는 할인식으로 발행되는 형태이다.

05 정답 ④
당좌예금은 예금자보호법에 의한 예금자보호가 되는 상품이다.

06 정답 ④
'가, 다, 라, 마'는 해외자산에 투자하는 집합투자기구의 집합투자증권을 투자권유 시 투자설명사항에 포함하여 설명해야 하는 사항이다.
나. 해외자산에 투자하는 집합투자기구의 집합투자증권을 투자권유 시 투자설명사항에 해당하지 않는다.

07 정답 ④
계약의 해지 요구를 받은 날부터 10일 이내에 법 위반사실이 없음을 확인하는 데 필요한 객관적·합리적인 근거자료를 금융소비자에게 제시한 경우가 금융소비자의 해지요구권에 대하여 금융소비자보호법상 인정되는 금융상품판매업자의 정당한 사유에 해당한다.

08 정답 ⑤
성장주 펀드는 가치주 펀드에 비해 상대적으로 높은 변동성 및 높은 시장민감도를 특징으로 한다.

09 정답 ⑤
채권면역전략은 자산배분 운용전략 중 중립적 전략에 해당한다.

10 정답 ④
상장지수 집합투자기구는 특정 지수와 연동되는 수익률을 얻도록 설계된 수익구조로 개별 종목에 대한 별도의 분석이 필요하지 않다.

11 정답 ④
주가지수 하락 시 원본을 보존하고, 주가지수 상승 시 참여율을 적용하여 수익률이 정해지지만 상승률이 사전에 정한 배리어를 초과한 경우 원금만 지급하는 수익구조는 상승수익추구형이다. 하락수익추구형은 주가지수 상승 시 원본을 보존하면서 하락에 따른 참여율을 적용받는 수익구조이다.

12 정답 ④
위탁자 자신 또는 위탁자가 지정한 특정인이 수익자가 될 수 있다.

13 정답 ①
변동금리부대출은 채무자 입장에서 미래 금리변동 위험에 노출되므로 상대적으로 경기변동과 가계소득의 관련성이 높은 자영업자 등 소득이 일정치 않은 가계에 더 적합하다.

14 정답 ④
타발추심의 결제 시에는 전신환매도율이 적용된다.

15 정답 ④
주한미군 및 이에 준하는 국제연합군은 비거주자인 외국인으로 분류된다.

16 정답 ③

회전결제는 일정률의 회전결제 이용수수료를 추가 부담해야 한다.

[17~31] 주식투자

17 정답 ①

증권은 주식보다 훨씬 포괄적인 개념이다.

18 정답 ③

주주현황은 주가형성의 결정요인 중 기업 내적 요인에 해당한다.

19 정답 ④

'가, 라, 마'는 기술적 분석에 대한 설명이다.
'나, 다'는 기본적 분석에 대한 설명이다.

20 정답 ③

가격결정의 지표는 주식 유통시장의 주요 기능에 해당한다.

21 정답 ①

장기적인 통화량의 증가는 주가를 하락시키며, 단기적인 통화량의 증가는 주가를 상승시킨다.

22 정답 ④

재무비율 분석은 기업의 양적 분석요인에 해당한다.

23 정답 ③

이자보상비율 = (영업이익 / 이자비용) × 100

24 정답 ②

주가순자산비율은 주가를 1주당 순자산으로 나눈 값으로, 분모는 장부가치를, 분자는 시장가치를 사용한다.

25 정답 ③

정률성장 배당모형에서 성장에 필요한 자금은 내부자금만으로 조달한다.

26 정답 ④

PBR 평가모형은 기업의 청산을 전제로 한 청산가치를 추정할 때는 유용한 평가기준이 될 수 있으나 미래의 수익발생능력을 반영하지 못하기 때문에 계속기업을 전제로 한 기업의 평가기준에는 한계가 있다.

27 정답 ②

자본시장의 가정은 투자계획서 작성 시 포함되어야 할 사항에 해당한다.

28 정답 ③

최종적인 종목선정은 개별종목 분석을 통해 저평가된 종목을 선정하는 상향식 방법이 일반적으로 사용된다.

29 정답 ③

트레이너지수는 분산투자가 잘 되어 있는 펀드 평가 시 유용하며, 분산투자가 잘 되어 있지 않은 펀드를 평가할 때 유용한 지표는 샤프지수이다.

30 정답 ②

패시브전략은 시장이 효율적이라는 전제 하에 초과수익을 얻을 수 없다고 가정한다.

31 정답 ②

평균투자법에 대한 설명이다.

[32~46] 채권투자

32 정답 ③

'가, 나, 다'는 금리에 대한 적절한 설명이다.
라. 수익률은 현재에 투자되는 금액을 기준으로 한 금리를 말한다.
마. 1억원을 500만원의 이자로 2년간 대출해준 경우의 기간수익률은 5%이며, 연환산수익률은 2.47%이다.

33 정답 ④

금융시장의 자금이 증가하면 시장금리는 하락한다.
① ② ③ ⑤ 시장금리가 상승하는 요인이다.

34 정답 ③

시장에서 거래되므로 중도매각이 가능하다.

35 정답 ②
이자지급방식에 따른 구분이다. 잔존만기에 따라서는 단기채, 중기채, 장기채 등으로 구분된다.

36 정답 ④
국고채의 경우 6개월 이표채로 발행되는 것이 대부분이다.

37 정답 ③
채권 만기가 길어질 경우 수익률 변화에 따른 채권가격 증가폭은 체감한다.

38 정답 ③
채권금리가 하락하는 경우에는 듀레이션이 긴 채권이 유리하다.

39 정답 ②
수정듀레이션
= 맥컬레이 듀레이션 / (1 + 채권수익률/연간 이자지급 횟수)
= 2.7 / (1 + 0.04) = 2.596

40 정답 ②
불 플래트닝에 대한 설명이다.

41 정답 ⑤
신용등급이 높을수록 낮은 금리와 높은 가격 수준에서 거래된다.

42 정답 ①
채권투자수익률 = 자본손익률 + 이자수익률
• 자본손익률 = (4% − 3%) × 1년 / 2년 = 0.5%
• 이자수익률 = 4%
∴ 채권투자수익률 = 0.5% + 4% = 4.5%

43 정답 ④
투자수익률 = 5% + (5% − 6%) × 2년 = 3%

44 정답 ①
유동성위험에 대한 설명이다.

45 정답 ①
바벨형 만기전략에 대한 설명이다.

46 정답 ②
듀레이션 운용전략은 금리 하락이 예상되면 펀드의 듀레이션을 벤치마크의 듀레이션보다 높게 하는 것을 말한다.

[47~58] 파생금융상품투자

47 정답 ③
결제안정화제도의 추가증거금은 개시증거금 수준으로 납입해야 한다.

48 정답 ③
'나, 다, 라'는 선도거래에 대한 설명이다.
'가, 마'는 선물거래에 대한 설명이다.

49 정답 ④
• 3월물 손익 = (172.0 − 170.0) × 1계약 × 250,000
  = +500,000(이익)
• 6월물 손익 = (173.0 − 174.0) × 1계약 × 250,000
  = −250,000(손실)
∴ 순손익 = +500,000 + (−250,000)
  = +250,000(이익)

50 정답 ④
• 향후 장단기금리차가 축소될 것이라고 예측될 경우 수익률곡선 플래트닝전략을 구사해야 한다. 즉, 단기물을 매도하고 장기물을 매수한다.
• 10년물의 계약 수
  = 3년물 듀레이션 / 10년물 듀레이션
    × 3년물의 계약 수
    − 3년물을 100계약 매도할 경우 10년물의 계약 수
  = 2.1년 / 8.4년 × 100 = 25계약(매수)

51 정답 ④
KRX는 최종결제방식으로 실물인수도방식을 활용하고 있다.

52 정답 ③
베가에 대한 설명이다.

53 정답 ④

① 풋옵션을 매수하는 것이 바람직하다.
② 주가의 약세가 예상되지만 그 예상이 확실하지 않을 경우에 선택하는 보수적인 투자전략이다.
③ 약세 콜옵션 스프레드전략과 약세 풋옵션 스프레드전략은 초기 프리미엄 순이익이 발생하느냐 순지출이 발생하느냐의 차이가 존재하며, 약세 콜옵션 스프레드전략은 초기 프리미엄 순이익이 발생하며, 약세 풋옵션 스프레드전략은 초기 프리미엄 순지출이 발생한다.
⑤ 손실이 무한정으로 발생할 수 있다.

54 정답 ⑤

콜옵션을 매수한다.

55 정답 ⑤

원화 고정금리 수취자로 통화스왑을 할 경우 환위험을 회피할 수 있다.

56 정답 ⑤

접근이 용이하지 않은 시장의 경우 구조화 상품을 통해 대체투자가 가능해진다.

57 정답 ③

디지털옵션 구조화 상품의 경우 만기시점의 지수상승률과 관계없이 행사가격 이상일 경우 동일한 수익률을 지급하기 때문에 투자자가 지수상승의 혜택을 보지 못한다는 단점이 있다.

58 정답 ②

① 레인지 선물환은 미래 거래 환율을 확정함으로써 환율변동에 따른 이익기회를 포기하게 되는 일반선물환 거래와 다르게 일정 수준의 이익 실현이 가능하다는 장점이 있다.
③ 레인지 선물환은 두 옵션의 행사가격이 서로 다른 구조로 설계된다.
④ 합성선물환 매도는 풋옵션을 매수하고 콜옵션을 매도한 것이다.
⑤ 낙인 낙아웃 목표 선물환은 환율 상승 시 두 배의 달러를 매도해야 하는 리스크에 노출된다.

[59~70] 금융상품 투자설계 프로세스

59 정답 ④

공분산 값은 일정 범위로 나타나지 않으며, 상관계수는 공분산을 표준화한 것으로서 −1과 +1 사이의 값을 지닌다.

60 정답 ⑤

고객의 위험에 대한 감내도는 지속적으로 변한다.

61 정답 ②

추후 예기치 못한 고객과의 분쟁 발생 시 법적인 보호장치로 사용될 수 있다.

62 정답 ④

위험회피형 투자자라고 해서 전혀 위험을 감수하지 않는 것은 아니며 위험을 부담해야 할 경우 위험에 대한 적절한 보상을 요구한다.

63 정답 ④

투자자들은 효율적 프런티어상의 포트폴리오 중 최고의 효용을 주는 포트폴리오를 선택할 것이다. 기대수익률이 높을수록 위험도 커지기 때문에 투자자의 위험회피성향에 따라 자신에게 가장 큰 효용을 주는 포트폴리오를 선택해야 한다.

64 정답 ⑤

특정 주식의 기대 수익률이 증권시장선(SML) 위쪽에 위치하면 주가가 과소평가된 것으로 판단되어 매수가 발생하게 된다.

65 정답 ④

$E(R_i) = R_f + \beta[E(R_m) - R_f] = 4\% + 1.5(12\% - 4\%) = 16\%$

66 정답 ④

APT는 잘 분산된 포트폴리오에만, CAPM은 모든 자산에 예외 없이 적용된다는 측면에서 CAPM이 더 일반적인 모형이라고 볼 수 있다.

67 정답 ③

1월 효과, 기업규모효과 등은 적극적 전략을 뒷받침하는 근거가 된다.

68 정답 ②

제2사분면 투자관을 가진 투자자에게는 인덱스펀드보다는 액티브펀드를 추천해야 한다.

69 정답 ①

벤치마크는 성과 평가의 기준점이 되는 기준 잣대로 투자설계의 모든 단계에서 활용된다.

70 정답 ⑤

전체적으로 자산배분 효과는 1.2%로 성공적이었으나, 증권선택은 −9.41%로 실패했다고 볼 수 있다.

구분	주식	채권	현금성 자산	총수익률
전략적 자산 배분 수익률	0.3 × 12.5% = 3.75%	0.4 × 6.5% = 2.6%	0.3 × 4% = 1.2%	3.75% + 2.6% + 1.2% = 7.55%
전술적 자산 배분 수익률	0.5 × 12.5% = 6.25%	0.2 × 6.5% = 1.3%	0.3 × 4% = 1.2%	6.25% + 1.3% + 1.2% = 8.75%
실제 포트 폴리오 수익률	0.5 × (−7%) = −3.5%	0.2 × 8.2% = 1.64%	0.3 × 4% = 1.2%	−3.5% + 1.64% + 1.2% = −0.66%
자산 배분 효과	6.25% − 3.75% = 2.5%	1.3% − 2.6% = −1.3%	1.2% − 1.2% = 0%	2.5% + (−1.3%) + 0% = 1.2%
증권 선택 효과	−3.5% − 6.25% = −9.75%	1.64% − 1.3% = 0.34%	1.2% − 1.2% = 0%	−9.75% + 0.34% + 0% = −9.41%

제2과목 | 비금융자산 투자설계

[71~79] 부동산상담 사전 준비

71 정답 ②

고정성 → 부증성

72 정답 ①

'가, 다'는 적절한 설명이다.
나. 용도지역의 농림지역에 대한 설명이다.
라. 용도구역의 개발제한구역에 대한 설명이다.
마. 용도지역은 모든 토지에 지정된다.

73 정답 ②

다가구주택의 경우 주택부분(주택으로 사용되는 층수)이 (3)개 층 이하이고, 연면적(주택으로 사용되는 바닥면적)이 (660㎡) 이하인 주택을 말한다.

74 정답 ⑤

50㎡ 이하 → 85㎡ 이하

75 정답 ③

용적률 = 건물의 바닥면적의 합(지하층 제외) / 대지면적 × 100
= 50 × 4 / 100 × 100 = 200%

76 정답 ①

LTV에 대한 설명이다.

77 정답 ④

갑구를 통해 소유권에 관련한 압류, 가압류 가등기 등의 사항을 파악할 수 있고, 을구를 통해 지상권, 지역권, 저당권 등의 사항을 파악할 수 있다.

78 정답 ⑤

지역권 → 법정지상권

79 정답 ①

확정일자 없이 인도 및 사업자등록을 받은 경우 최우선변제권이 발생한다.

[80~87] 부동산시장 및 정책 분석

80 정답 ④
전국적인 통계치는 의미가 없으며, 국지성을 통해 분석해야 한다.

81 정답 ③
대출규제에 대한 설명이다.

82 정답 ②
- 해외부동산을 (2년) 이상 본인의 거주목적으로 취득하는 경우 신고 대상 부동산에 해당한다.
- 해외부동산 처분 후 (3개월) 이내에 지정거래외국환은행에 처분보고서를 제출해야 한다.

83 정답 ⑤
베이비부머 세대는 은퇴 후 주택을 매도하고 이동하기보다는 현재의 거주지를 유지할 것으로 보인다.

84 정답 ⑤
강력한 복지론에 대한 설명이다.

85 정답 ④
이명박 정부는 다주택자 중과세를 폐지하지 못했다.

86 정답 ③
갱신 시 증액 상한은 5%로 한다.

87 정답 ④
미분양주택의 주택시장에 대한 영향력은 점점 감소하고 있는 추세이다.

[88~97] 부동산 투자전략

88 정답 ③
매매, 양도 등의 거래 시 자본손실이 발생할 수 있다.

89 정답 ③
대출금리가 기대수익률과 같더라도 투자자금이 모자라거나 절세효과 등을 고려하여 레버리지를 활용할 수 있다.

90 정답 ④
① 내부수익률 → 요구수익률
② 1 → 0
③ 순현가가 가장 크더라도 0보다 크지 않을 경우 투자하지 않는다.
⑤ 내부수익률법과 순현가법 모두 화폐의 시간가치를 고려한 투자성 분석기법에 해당한다.

91 정답 ③
'가, 다, 마'는 적절한 설명이다.
나. 체계적 위험은 완벽한 포트폴리오를 구성해도 피할 수 없다.
라. 포트폴리오 이론은 장기보다는 단기에 어울리는 이론으로 장기인 부동산시장에 적용하기 어렵다.

92 정답 ①
재개발사업에 대한 설명이다.

93 정답 ⑤
재개발 비례율은 부동산의 문제점에 해당하지 않는다. 또한 일반적으로 비례율이 높으면 조합원에게 유리한 것으로 해석된다.

94 정답 ③
입주부담금 = 주택의 분양가격 − 권리가액(= 종전재산가액 × 비례율)
= 4억원 − 2억 8천만원 = 1억 2천만원

95 정답 ⑤
① 기반시설이 부족한 비도시 설치 지역에서는 건설이 불가능하다.
② 분양가 상한제 적용을 받지 않는다.
③ 부대 복리시설의 설치 의무가 없다.
④ 일반 주택에 비해 주차장 설치 기준이 낮다.

96 정답 ②
① 6m → 4m
③ 준보전산지의 경우 보전산지나 산림전용제한지역에 비해 단위면적당 금액이 낮은 편이다.
④ 준보전산지 → 보전산지
⑤ 소유권이전계약, 부담부증여는 토지거래허가를 요구하는 경우에 해당한다.

97 정답 ②

① 공매에 대한 설명이다. 법원 경매는 민사집행법에 의하며 채권자 평등원칙이 적용된다.
③ 공동 입찰할 경우 입찰인은 추후 소유권 이전 시의 소유자와 동일인이 된다.
④ 말소기준권리보다 임차인의 전입일자가 빠를 경우, 매수인은 임차보증금을 인수해야 한다.
⑤ 재경매 → 신경매

[98~100] 부동산 자산관리 전략

98 정답 ④

직접투자 증가 → 간접투자 증가

99 정답 ⑤

임차권, 분양권도 부동산펀드의 투자대상에 포함된다.

100 정답 ②

- 리츠는 다수의 (일반투자자)에게 투자를 받아 투자하고, 이후 발생하는 수익을 투자자에게 배당한다.
- 리츠는 (주식회사)의 형태로 운영된다.

제1회 적중 실전모의고사 OMR 답안지

✂ 자르는 선

합격의 기준, **해커스금융**
fn.Hackers.com

성 명

교시	문제형	주민등록번호							
								—	
①	①	①	①	①	①	①	①		①
②	②	②	②	②	②	②	②		②
		③	③	③	③	③	③		③
		④	④	④	④	④	④		④
		⑤	⑤	⑤	⑤	⑤	⑤		
		⑥	⑥	⑥	⑥	⑥	⑥		
		⑦	⑦	⑦	⑦	⑦	⑦		
		⑧	⑧	⑧	⑧	⑧	⑧		
		⑨	⑨	⑨	⑨	⑨	⑨		
		⓪	⓪	⓪	⓪	⓪	⓪		

수험번호									
①	①	①	①	①	①	①	①	①	①
②	②	②	②	②	②	②	②	②	②
③	③	③	③	③	③	③	③	③	③
④	④	④	④	④	④	④	④	④	④
⑤	⑤	⑤	⑤	⑤	⑤	⑤	⑤	⑤	⑤
⑥	⑥	⑥	⑥	⑥	⑥	⑥	⑥	⑥	⑥
⑦	⑦	⑦	⑦	⑦	⑦	⑦	⑦	⑦	⑦
⑧	⑧	⑧	⑧	⑧	⑧	⑧	⑧	⑧	⑧
⑨	⑨	⑨	⑨	⑨	⑨	⑨	⑨	⑨	⑨
⓪	⓪	⓪	⓪	⓪	⓪	⓪	⓪	⓪	⓪

감독관 확인란

* 필기도구는 검정색 펜(연필류 제외)을 이용하고, 정답을 정해진 칸에 까맣게 칠하시오.

제2회 적중 실전모의고사 OMR 답안지

1	① ② ③ ④ ⑤	21	① ② ③ ④ ⑤	41	① ② ③ ④ ⑤	61	① ② ③ ④ ⑤	81	① ② ③ ④ ⑤
2	① ② ③ ④ ⑤	22	① ② ③ ④ ⑤	42	① ② ③ ④ ⑤	62	① ② ③ ④ ⑤	82	① ② ③ ④ ⑤
3	① ② ③ ④ ⑤	23	① ② ③ ④ ⑤	43	① ② ③ ④ ⑤	63	① ② ③ ④ ⑤	83	① ② ③ ④ ⑤
4	① ② ③ ④ ⑤	24	① ② ③ ④ ⑤	44	① ② ③ ④ ⑤	64	① ② ③ ④ ⑤	84	① ② ③ ④ ⑤
5	① ② ③ ④ ⑤	25	① ② ③ ④ ⑤	45	① ② ③ ④ ⑤	65	① ② ③ ④ ⑤	85	① ② ③ ④ ⑤
6	① ② ③ ④ ⑤	26	① ② ③ ④ ⑤	46	① ② ③ ④ ⑤	66	① ② ③ ④ ⑤	86	① ② ③ ④ ⑤
7	① ② ③ ④ ⑤	27	① ② ③ ④ ⑤	47	① ② ③ ④ ⑤	67	① ② ③ ④ ⑤	87	① ② ③ ④ ⑤
8	① ② ③ ④ ⑤	28	① ② ③ ④ ⑤	48	① ② ③ ④ ⑤	68	① ② ③ ④ ⑤	88	① ② ③ ④ ⑤
9	① ② ③ ④ ⑤	29	① ② ③ ④ ⑤	49	① ② ③ ④ ⑤	69	① ② ③ ④ ⑤	89	① ② ③ ④ ⑤
10	① ② ③ ④ ⑤	30	① ② ③ ④ ⑤	50	① ② ③ ④ ⑤	70	① ② ③ ④ ⑤	90	① ② ③ ④ ⑤
11	① ② ③ ④ ⑤	31	① ② ③ ④ ⑤	51	① ② ③ ④ ⑤	71	① ② ③ ④ ⑤	91	① ② ③ ④ ⑤
12	① ② ③ ④ ⑤	32	① ② ③ ④ ⑤	52	① ② ③ ④ ⑤	72	① ② ③ ④ ⑤	92	① ② ③ ④ ⑤
13	① ② ③ ④ ⑤	33	① ② ③ ④ ⑤	53	① ② ③ ④ ⑤	73	① ② ③ ④ ⑤	93	① ② ③ ④ ⑤
14	① ② ③ ④ ⑤	34	① ② ③ ④ ⑤	54	① ② ③ ④ ⑤	74	① ② ③ ④ ⑤	94	① ② ③ ④ ⑤
15	① ② ③ ④ ⑤	35	① ② ③ ④ ⑤	55	① ② ③ ④ ⑤	75	① ② ③ ④ ⑤	95	① ② ③ ④ ⑤
16	① ② ③ ④ ⑤	36	① ② ③ ④ ⑤	56	① ② ③ ④ ⑤	76	① ② ③ ④ ⑤	96	① ② ③ ④ ⑤
17	① ② ③ ④ ⑤	37	① ② ③ ④ ⑤	57	① ② ③ ④ ⑤	77	① ② ③ ④ ⑤	97	① ② ③ ④ ⑤
18	① ② ③ ④ ⑤	38	① ② ③ ④ ⑤	58	① ② ③ ④ ⑤	78	① ② ③ ④ ⑤	98	① ② ③ ④ ⑤
19	① ② ③ ④ ⑤	39	① ② ③ ④ ⑤	59	① ② ③ ④ ⑤	79	① ② ③ ④ ⑤	99	① ② ③ ④ ⑤
20	① ② ③ ④ ⑤	40	① ② ③ ④ ⑤	60	① ② ③ ④ ⑤	80	① ② ③ ④ ⑤	100	① ② ③ ④ ⑤

제3회 적중 실전모의고사 OMR 답안지

✂ 자르는 선

합격의 기준, **해커스금융**
fn.Hackers.com

성 명

교시	문제형	주민등록번호							
								–	
①	①	①	①	①	①	①	①		①
②	②	②	②	②	②	②	②		②
		③	③	③	③	③	③		③
		④	④	④	④	④	④		④
		⑤	⑤	⑤	⑤	⑤	⑤		
		⑥	⑥	⑥	⑥	⑥	⑥		
		⑦	⑦	⑦	⑦	⑦	⑦		
		⑧	⑧	⑧	⑧	⑧	⑧		
		⑨	⑨	⑨	⑨	⑨	⑨		
		ⓞ	ⓞ	ⓞ	ⓞ	ⓞ	ⓞ		

수험번호									
①	①	①	①	①	①	①	①	①	①
②	②	②	②	②	②	②	②	②	②
③	③	③	③	③	③	③	③	③	③
④	④	④	④	④	④	④	④	④	④
⑤	⑤	⑤	⑤	⑤	⑤	⑤	⑤	⑤	⑤
⑥	⑥	⑥	⑥	⑥	⑥	⑥	⑥	⑥	⑥
⑦	⑦	⑦	⑦	⑦	⑦	⑦	⑦	⑦	⑦
⑧	⑧	⑧	⑧	⑧	⑧	⑧	⑧	⑧	⑧
⑨	⑨	⑨	⑨	⑨	⑨	⑨	⑨	⑨	⑨
ⓞ	ⓞ	ⓞ	ⓞ	ⓞ	ⓞ	ⓞ	ⓞ	ⓞ	ⓞ

감독관 확인란

* 필기도구는 검정색 펜(연필류 제외)을 이용하고, 정답을 정해진 칸에 까맣게 칠하시오.

제4회 적중 실전모의고사 OMR 답안지

1	① ② ③ ④ ⑤	21	① ② ③ ④ ⑤	41	① ② ③ ④ ⑤	61	① ② ③ ④ ⑤	81	① ② ③ ④ ⑤
2	① ② ③ ④ ⑤	22	① ② ③ ④ ⑤	42	① ② ③ ④ ⑤	62	① ② ③ ④ ⑤	82	① ② ③ ④ ⑤
3	① ② ③ ④ ⑤	23	① ② ③ ④ ⑤	43	① ② ③ ④ ⑤	63	① ② ③ ④ ⑤	83	① ② ③ ④ ⑤
4	① ② ③ ④ ⑤	24	① ② ③ ④ ⑤	44	① ② ③ ④ ⑤	64	① ② ③ ④ ⑤	84	① ② ③ ④ ⑤
5	① ② ③ ④ ⑤	25	① ② ③ ④ ⑤	45	① ② ③ ④ ⑤	65	① ② ③ ④ ⑤	85	① ② ③ ④ ⑤
6	① ② ③ ④ ⑤	26	① ② ③ ④ ⑤	46	① ② ③ ④ ⑤	66	① ② ③ ④ ⑤	86	① ② ③ ④ ⑤
7	① ② ③ ④ ⑤	27	① ② ③ ④ ⑤	47	① ② ③ ④ ⑤	67	① ② ③ ④ ⑤	87	① ② ③ ④ ⑤
8	① ② ③ ④ ⑤	28	① ② ③ ④ ⑤	48	① ② ③ ④ ⑤	68	① ② ③ ④ ⑤	88	① ② ③ ④ ⑤
9	① ② ③ ④ ⑤	29	① ② ③ ④ ⑤	49	① ② ③ ④ ⑤	69	① ② ③ ④ ⑤	89	① ② ③ ④ ⑤
10	① ② ③ ④ ⑤	30	① ② ③ ④ ⑤	50	① ② ③ ④ ⑤	70	① ② ③ ④ ⑤	90	① ② ③ ④ ⑤
11	① ② ③ ④ ⑤	31	① ② ③ ④ ⑤	51	① ② ③ ④ ⑤	71	① ② ③ ④ ⑤	91	① ② ③ ④ ⑤
12	① ② ③ ④ ⑤	32	① ② ③ ④ ⑤	52	① ② ③ ④ ⑤	72	① ② ③ ④ ⑤	92	① ② ③ ④ ⑤
13	① ② ③ ④ ⑤	33	① ② ③ ④ ⑤	53	① ② ③ ④ ⑤	73	① ② ③ ④ ⑤	93	① ② ③ ④ ⑤
14	① ② ③ ④ ⑤	34	① ② ③ ④ ⑤	54	① ② ③ ④ ⑤	74	① ② ③ ④ ⑤	94	① ② ③ ④ ⑤
15	① ② ③ ④ ⑤	35	① ② ③ ④ ⑤	55	① ② ③ ④ ⑤	75	① ② ③ ④ ⑤	95	① ② ③ ④ ⑤
16	① ② ③ ④ ⑤	36	① ② ③ ④ ⑤	56	① ② ③ ④ ⑤	76	① ② ③ ④ ⑤	96	① ② ③ ④ ⑤
17	① ② ③ ④ ⑤	37	① ② ③ ④ ⑤	57	① ② ③ ④ ⑤	77	① ② ③ ④ ⑤	97	① ② ③ ④ ⑤
18	① ② ③ ④ ⑤	38	① ② ③ ④ ⑤	58	① ② ③ ④ ⑤	78	① ② ③ ④ ⑤	98	① ② ③ ④ ⑤
19	① ② ③ ④ ⑤	39	① ② ③ ④ ⑤	59	① ② ③ ④ ⑤	79	① ② ③ ④ ⑤	99	① ② ③ ④ ⑤
20	① ② ③ ④ ⑤	40	① ② ③ ④ ⑤	60	① ② ③ ④ ⑤	80	① ② ③ ④ ⑤	100	① ② ③ ④ ⑤

2025 최신개정판

해커스 은행FP 자산관리사 2부
최종핵심정리문제집

개정 11판 2쇄 발행 2025년 10월 20일
개정 11판 1쇄 발행 2025년 6월 11일

지은이	해커스 금융아카데미 편저
펴낸곳	해커스패스
펴낸이	해커스금융 출판팀
주소	서울특별시 강남구 강남대로 428 해커스금융
고객센터	02-537-5000
교재 관련 문의	publishing@hackers.com
	해커스금융 사이트(fn.Hackers.com) 교재 Q&A 게시판
동영상강의	fn.Hackers.com
ISBN	979-11-7244-572-0 (13320)
Serial Number	11-02-01

저작권자 © 2025, 해커스금융
이 책의 모든 내용, 이미지, 디자인, 편집 형태는 저작권법에 의해 보호받고 있습니다.
서면에 의한 저자와 출판사의 허락 없이 내용의 일부 혹은 전부를 인용, 발췌하거나 복제, 배포할 수 없습니다.

금융자격증 1위,
해커스금융(fn.Hackers.com)

해커스금융

- 핵심 내용을 빠르고 쉽게 정리하는 **하루 10분 개념완성 자료집**
- **금융자격증 무료 특강**, 1:1 질문/답변 서비스, 시험후기/합격수기 등 다양한 금융 학습 콘텐츠
- 내 점수와 석차를 확인하는 **무료 바로 채점 및 성적 분석 서비스**
- 은행FP 전문 교수님의 **본 교재 인강**(교재 내 할인쿠폰 수록)

주간동아 선정 2022 올해의 교육 브랜드 파워 온·오프라인 금융자격증 부문 1위

해커스금융 단기 합격생이 말하는
은행/외환자격증 합격의 비밀!

해커스금융과 함께하면
다음 합격의 주인공은 바로 여러분입니다.

첫 시험 1달 합격
김*식
신용분석사

더도 말고 덜도 말고 이 인강과 책 2권이면 충분합니다!

비전공자인 제가 1달 만에 합격할 수 있었던 이유는 **교재와 인강이 알찼기 때문입니다.**
교수님께서 일상생활에서의 **사례를 접목하면서 쉽게 설명해주고**
그것이 **연상기억**이 되면서 문제의 프로세스를 쉽게 까먹지 않을 수 있었습니다.

수석 합격!
박*현
자산관리사
(은행FP)

은행FP, 해커스에서 단기 합격!

처음 접하는 사람이더라도 **적절한 실제 사례 등을 통해 어려운 법적 내용을**
흥미롭고 쉽게 이해할 수 있었습니다. **최종핵심문제풀이 정리본** 프린트물은 시험장에서
시험 직전 훑어보기 쉬웠습니다. 경제에 대해 잘 모르더라도 해커스금융 인강을 통해서
함께 배우고 복습하면, **어려운 부분도 쉽고 빠르게 이해하면서 동시에 결과까지**
얻을 수 있기 때문에 해커스금융을 추천합니다!

첫 시험 2주 합격!
배*철
외환전문역 I종

해커스금융 덕에 한번에 합격했습니다!

다양하고 새로운 알찬 기타 과정들과 함께 교수님의 역량을 들어 **추천**하고 싶습니다.
해외에서 외환딜러로 수십년 일해오신 경력과 함께 타의 추종을 불허하는 다양한 비유들을
들음으로써 자칫하여 **이해가 되기 어려운 부분들도 한번에 이해 되게 설명을 해주십니다.**

합격의 기준, 해커스금융 fn.Hackers.com

더 많은 합격수기가 궁금하다면? ▶